高等职业教育"十二五"规划教材
汽车专业工作过程导向职业核心课程双证系列教材
人力资源和社会保障部职业技能鉴定中心组编

汽车电气设备检修一体化项目教程

主　编　谭善茂　　黎亚洲
副主编　邓湘滨　　豆红波　曾　文
主　审　张　森　　张荣权

上海交通大学出版社

内 容 简 介

本书按照工作过程系统化项目教学和任务驱动组织教学,以解决维修案例为主线,将汽车电气设备的结构、工作原理、故障诊断与检修方法等渗透到各项目或任务中,以完成任务展开学习,边学边执行任务,是典型的集理论与实践的一体化教材。本书力求将元器件在车上的位置、电路图、各元器件连接器、工作原理和检测方法一并介绍,使知识更系统,使学生更容易理解和掌握。本书浅显易懂,说理清楚,既注重必要的理论,又注重实际操作。在检修故障一节,将电路原理图、故障元器件、故障检测点、故障分析与检测操作方法融为一体。

本书可作为高职高专、技工院校、普通院校、远程教育和培训机构的汽车电气设备检修教材,也可供广大汽车检修从业人员学习参考和职业鉴定前应试辅导。

为了方便老师教学及学生自学,本书配有多媒体课件,欢迎读者来函来电索取。

联系电话:(021)60403010;电子邮箱:39366534@qq.com。

图书在版编目(CIP)数据

汽车电气设备检修一体化项目教程/谭善茂,黎亚洲主编. —上海:上海交通大学出版社,2012(2022重印)
汽车专业工作过程导向职业核心课程双证系列教材
ISBN 978-7-313-07996-1

Ⅰ.①汽… Ⅱ.①谭… ②黎… Ⅲ.①汽车-电气设备-车辆修理-职业教育-教材 Ⅳ.①U472.41

中国版本图书馆 CIP 数据核字(2012)第 006623 号

汽车电气设备检修一体化项目教程
谭善茂 黎亚洲 主编
上海交通大学出版社出版发行
(上海市番禺路 951 号 邮政编码 200030)
电话:64071208
苏州市古得堡数码印刷有限公司 印刷 全国新华书店经销
开本:787 mm×1092 mm 1/16 印张:22.25 字数:520 千字
2012 年 2 月第 1 版 2022 年 1 月第 5 次印刷
ISBN 978-7-313-07996-1 定价:48.00 元

序

随着社会经济的高速发展和现代制造业的不断升级,我国对技能人才地位和作用的认识得到了空前的提高,技能人才的价值越来越得到认可。如何培养符合未来中国经济社会发展需要的技能人才也得到社会的广泛关注。

人力资源和社会保障部职业技能鉴定中心、中国就业培训技术指导中心担负着为我国就业和职业技能培训领域提供技术支持和技术服务的重要任务。在新的形势下,为各类技工院校、职业院校和培训机构提供技能人才培训、培养模式及方法等方面的技术指导尤为重要。在党中央国务院就业培训政策方针指引下,中心结合国情,开拓创新思路,探索培训方式,研究扩大就业,提供技术支持,为国家就业服务和职业培训鉴定事业的发展,提供了强有力的支撑。与此同时,中心不断深化理论研究,注重将理论转化为实践,成果也十分明显,由中心组编的"汽车专业工作过程导向职业核心课程双证系列教材"便是这种实践成果之一。

我国作为世界汽车生产和消费大国,汽车产业的快速发展和汽车消费的持续增长,为国民经济的增长产生了巨大拉动作用。近年来,我国汽车专业职业教育事业取得了长足发展,为汽车行业输送了大量的人才。随着汽车产业的迅猛发展,社会对汽车专业人才提出了更高的要求。进一步深化人才培养模式、课程体系和教学内容的改革,不断提高办学质量和教学水平,培养更多的适应新时代需要的具有创新能力的高技能、高素质人才,是汽车专业教育的当务之急。

作为汽车专业教育的重要环节,教材建设肩负着重要使命,新的形势要求教材建设适应新的教学要求。职业教育教材应针对学生自身特点,按照技能人才培养模式和培养目标,以应用性职业岗位需求为中心,以素质教育、创新教育为基础,以学生能力培养、技能实训为本位,使职业资格认证培训内容和教材内容有机衔接,全面构建适应 21 世纪人才培养需求的汽车类专业教材体系。

我热切地期待,本系列教材的出版将对职业教育汽车类专业人才的培养和教育教学改革工作起到积极的推动作用。

人力资源和社会保障部职业技能鉴定中心主任

中国就业培训技术指导中心主任

2011 年 5 月

目 录

第一部分

课程整体设计

1. 课程内容设计

现代汽车是高度机电一体化的综合系统,本书在分系统纵向讲述的基础上,更注重知识的横向联系与比较,以及各分系统故障之间的相互影响。本书由汽车电路的组成、电路图的识读方法、电气设备的结构与工作原理、元器件在车上的位置、电气检测与故障诊断、电气维修与保养等内容组成。本书内容全面,体系严密,理论够用,注重实践。本书的一大特点是,维修人员在没有高精尖检测设备,以及利用检测仪器不能准确判断出故障的情况下,以大量的实例来说明如何凭经验诊断故障。

本课程为理论实训一体化教学,选取了汽车电气系统的结构原理、日常维护、检测与维修等典型工作任务,具体教学安排建议如下。

项 目 名 称	工 作 任 务	课时分配
项目一 汽车蓄电池	汽车蓄电池	18
项目二 汽车发电机	任务 2.1 交流发电机的结构与检修	18
	任务 2.2 汽车发电机充电电路检修	24
项目三 诊断与排除汽车起动系统故障	诊断与排除汽车起动系统故障	30
项目四 汽车点火系	任务 4.1 传统点火系检修	12
	任务 4.2 电子点火系检修	12
	任务 4.3 微机控制的点火系统检修	24
项目五 汽车照明、信号系统	任务 5.1 汽车照明系统检修	12
	任务 5.2 汽车信号系统检修	30
项目六 汽车仪表与报警电路检修	汽车仪表与报警电路检修	30

笔记

项 目 名 称	工 作 任 务	课时分配
项目七 汽车辅助电气设备	任务 7.1 刮水器与洗涤器检修	18
	任务 7.2 电动车窗检修	12
	任务 7.3 电动顶窗检修	12
	任务 7.4 电动门锁检修	12
	任务 7.5 无线防盗门锁的检修	12
	任务 7.6 电动座椅检修	12
	任务 7.7 电动后视镜检修	12
合计		290

2. **课程目标设计**

能描述汽车电气各系统的结构、工作原理、功能及装配关系,能拆装与检测汽车电气各系统元件。

能根据汽车电气设备的使用性能,制定维护计划,并熟练实施汽车电气设备基本维护作业。

会利用汽车电气设备的原理,分析汽车电气设备故障的原因;并能根据汽车电气设备系统结构特点,排除故障。

能正确使用常用工具、仪器仪表等维修设备,实施维修作业。

会根据汽车电气设备的结构原理,诊断与排除汽车电气设备的常见故障。

在学习或作业过程中严格执行 5S 现场管理及操作规范,能与其他学员团结协作,共同处理工作或学习过程中的一般问题。

了解汽车电气设备新技术的应用。

3. **课程教学资源要求**

师资要求:建议中级以上职称,或技师职业资格,或具有 3 年以上企业维修经验的双师型教师任课。

实训资源:

实习场所名称	实习场所要求	设备序号	设 备 名 称	数量	设备功能/技术指标
汽车电气设备实训室	面积:180 m² 配电:380 V/220 V/12 V 环保:符合 JY/T0380—2006 要求	1	汽车蓄电池	5 台	检测与实验
		2	密度计	5 台	检测电解液密度
		3	高率放电计	5 台	检测蓄电池容量
		4	起动机系统	5 套	接线与检测
		5	交流发电机及调节器	5 套	接线与检测
		6	分电器式点火系统部件	5 台	接线与检测

续 表

笔 记

实习场所名称	实习场所要求	设备序号	设 备 名 称	数量	设备功能/技术指标
汽车电气设备实训室	面积：180 m² 配电：380 V/ 220 V/12 V 环保：符合 JY/ T0380—2006 要求	7	无分电器式点火系统部件	5 台	接线与检测
		8	车身电器总成	5 套	接线与检测
		9	充电机	5 只	蓄电池充电
		10	举升设备	5 台	举升车辆
		11	中高级轿车	5 辆	实习用车
		12	多媒体教学系统	1 套	辅助教学

4. 项目设置与项目能力培养目标分解

序号	项目名称	工 作 任 务	能力(知识、技能、职业素养)目标	课时分配
1	汽车蓄电池	汽车蓄电池	1. 收集蓄电池操作规范相关信息,制定汽车蓄电池检测操作计划 2. 能描述蓄电池功用,能正确给它充电 3. 能根据蓄电池日常维护作业规范,实施维护作业	12
2	汽车发电机	交流发电机的结构与检修	1. 理解交流发电机的结构及工作原理,会诊断交流发电机的故障 2. 会拆装交流发电机,会进行相关检修作业	12
3		汽车发电机充电电路检修	1. 理解充电电路的工作原理,会诊断充电电路的故障 2. 会拆装充电电路,进行相关检修作业	18
4	诊断排除汽车起动系统故障	诊断排除汽车起动系统故障	1. 理解起动系统的工作原理,会诊断起动系统的故障 2. 会拆装起动机,进行相关检修作业	24
5		传统点火系检修	1. 理解传统点火系的工作原理,会诊断传统点火系的故障 2. 会拆装传统点火系,进行检修作业	8
6	汽车点火系	电子点火系检修	1. 理解电子点火系的工作原理,会诊断电子点火系的故障 2. 会拆装电子点火系,进行检修作业	8
7		微机控制的点火系统检修	1. 理解微机控制的点火系统的工作原理,会诊断微机控制的点火系统的故障 2. 会拆装微机控制的点火系统	18
8	汽车照明、信号系统	汽车照明系统检修	1. 理解照明系统的工作原理,会诊断照明系统的故障 2. 会拆装照明系统,进行相关检修作业	8
9		汽车信号系统检修	1. 理解信号系统的工作原理,会诊断信号系统的故障 2. 会拆装信号系统,进行相关检修作业	24

笔记

序号	项目名称	工作任务	能力(知识、技能、职业素养)目标	课时分配
10	汽车仪表与报警电路检修	汽车仪表与报警电路检修	1. 理解仪表与报警电路的工作原理,会诊断仪表与报警电路的故障 2. 会拆装仪表与报警系统	24
11	汽车辅助电气设备	刮水器与洗涤器检修	1. 理解刮水器与洗涤器的工作原理,会诊断刮水器与洗涤器系统的故障 2. 会拆刮水器与洗涤器系统	12
12		电动车窗检修	理解电动车窗电路的工作原理,会诊断电动车窗电路的故障。会拆装电动车窗	8
13		电动顶窗检修	理解电动顶窗电路的工作原理,会诊断电动顶窗电路的故障。会拆装电动顶窗	8
14		电动门锁检修	理解电动门锁电路的工作原理,会诊断电动门锁电路的故障。会拆装电动门锁	8
15		无线防盗门锁的检修	理解无线防盗门锁电路的工作原理,会诊断无线防盗门锁电路的故障	8
16		电动座椅检修	理解电动座椅电路的工作原理,会诊断电动座椅电路的故障。会拆装电动座椅	8
17		电动后视镜检修	理解电动后视镜电路的工作原理,会诊断电动后视镜电路的故障。会拆装电动后视镜	8
	合计			216

5. 课程考核方案设计

序号	考核项目	考核任务	考核方案	考核权重
1	汽车蓄电池	维护保养、充电和检测	过程考核	10%
2	诊断与排除汽车发电机不充电的故障	维护保养、拆装和检测	过程考核	20%
3	诊断排除汽车起动系统故障	维护保养、拆装和检测	过程考核	10%
4	诊断排除汽车点火系故障	维护保养、拆装和检测	过程考核	20%
5	诊断排除汽车照明、信号系统故障	维护保养、拆装和检测	过程考核	10%
6	汽车仪表与报警电路检修	维护保养、拆装和检测	过程考核	10%
7	诊断排除汽车辅助电气设备故障	维护保养、拆装和检测	过程考核	20%
	合　计			100%

注:过程考核重点考核工作态度、工作结果及工作过程中起到的作用。

6. 教学建议

本课程是汽车专业必修的技术课程,是基于汽车机电维修工岗位工作任务分析而设置的项目课程。本书的项目按工作过程系统化原则组织编写。即将项目工作流程"咨询—决策—计划—实施—检验—评估"与汽车维修行业的"维修接待—收集信息—制订维修方案—实施维修作业—维修质量检验—业务考核"相结合,确定了本书的编写思路。即"维修接待(或布置任务)—信息收集与处理—制定维修计划—实施维修作业—检验与评估"。

　　本书建议按工作过程系统化项目教学和任务驱动组织教学,以解决维修案例为主线,将汽车电气设备的结构、工作原理、故障诊断与检修方法等渗透到各项目或任务中,以完成任务展开学习,边学边做。通过项目训练,培养学生"从故障入手—分析故障—制订维修方案—实施检修作业—维修质量检验"等企业工作或学习的过程能力,实现做中学、学中做的一体化教学核心思想。要求全面实施任务驱动式的项目教学法。同时,建议创建汽车电气设备工作站,模拟企业工作环境,从具体车辆典型故障案例入手,按维修接待—收集信息—制定维修计划—实施维修作业—维修质量检查与评估等 6 个环节实施项目教学。在教学过程中,要求体现教师引导、学生训练为主的现代职业教育理念(职业活动行动导向教学法),培养学生专业能力的同时全过程渗透职业核心能力训练。同时还在潜移默化中学习问题解决方法,培养学生的工作能力。

笔 记

第二部分

教 学 内 容

项目一 汽 车 蓄 电 池

一、任务导入与要求

任务导入	如果蓄电池没有电,汽车将不能启动,如何维护蓄电池确保蓄电池正常工作呢?
目标要求	1. 掌握汽车蓄电池类型和工作原理 2. 掌握汽车蓄电池技术检查技能 3. 提高维修接待与人交往的素质
学习步骤	蓄电池的组成→蓄电池原理→检修方法→故障排除举例
任务实施	

二、维修接待

按照表1-1完成待修车辆的维修接待,并准确填写接车问诊表。

表1-1　维修接待与接车问诊表

1. 通过询问客户了解汽车发生故障情况,填写接车问诊表 2. 车间检测初步确认蓄电池没电,需要检查蓄电池的技术状况

接 车 问 诊 表

车牌号:＿＿＿＿＿＿＿＿＿　车架号:＿＿＿＿＿＿＿＿＿　行驶里程:＿＿＿＿＿＿＿＿＿(km)

用户名:＿＿＿＿＿＿＿＿＿　电　话:＿＿＿＿＿＿＿＿＿　来店时间:＿＿＿＿＿／＿＿＿＿

用户陈述及故障发生时的状况:**捷达汽车放置一个晚上后早上启动不了**

故障发生状况提示:**行驶速度、发动机状态、发生频度、发生时间、部位、天气、路面状况、声音描述**

接车员检测确认建议:**需要对蓄电池进行检查**

车间检测确认结果及主要故障零部件:**蓄电池老化,需更换蓄电池**

车间检查确认者:＿＿＿＿＿＿＿＿＿

外观确认:

(请在有缺陷部位作标识)

功能确认:(工作正常√　不正常×)
- □音响系统　　□门锁(防盗器)　□全车灯光　□工具
- □后视镜　　　□顶窗　　　　　□座椅　　　□点烟器
- □玻璃升降器　□玻璃

物品确认:(有√　无×)
- □贵重物品提示
- □工具　□备胎　□灭火器
- □其他(　　　　　　　　)
- 旧件是否交还用户　□是　□否
- 用户是否需要洗车　□是　□否

- 检测费说明:本次检测的故障如用户在本店维修,检测费包含在修理费用内;如用户不在本店维修,请您支付检测费。本次检测费:¥＿＿＿＿＿元。
- 贵重物品:在将车辆交给我店检查修理前,已提示将车内贵重物品自行收起并保存好,如有遗失恕不负责。

接车员:＿＿＿＿＿＿＿＿＿　　　　用户确认:＿＿＿＿＿＿＿＿＿

三、相关知识

(一)蓄电池的作用

蓄电池是将化学能转换为电能的一种装置,是一种可逆直流电源,在汽车上与交流发电机并联共同向汽车的用电设备供电,它有以下几个作用。

(1)发动机起动时向起动系统和点火系统供电。

(2)发动机低速运转时向用电设备供电。

(3)发动机中高速运转时储存电能。

(4)发电机负荷过载时协同发电机共同向汽车用电设备供电。

(二)蓄电池的类型

蓄电池种类很多,汽车上所使用的蓄电池必须能满足起动发动机的需要,即短时间(5～10 s)内可供给起动机强大的启动电流(一般为200～600 A,有的柴油机可达1 000 A),因此这种蓄电池通常称为启动型蓄电池。由于电解液不同,蓄电池又有酸性和碱性之分,碱性蓄电池的电解液为纯净的苛性钠或苛性钾溶液,酸性蓄电池的电解液为纯净的硫酸溶液。汽车上使用最广泛的是启动型铅酸蓄电池,其电极的主要成分是铅,电解液是稀硫酸溶液。它构造简单、内阻小、启动性好、价格低廉,因此在汽车上得到广泛的应用。

铅酸蓄电池分为湿荷电蓄电池(普通蓄电池)、干荷电蓄电池和免维护蓄电池。

目前世界各国研究新型高能电池有钠硫电池、燃料电池、锌-空气电池、锂合金二硫化铁电池等。

20世纪70年代以来,由于受到内燃机污染和能源危机的冲击,世界各国都在大力开发研究新型电池。用电池代替发动机作为电动汽车的动力源,不但可以节约石油,而且可使汽车的传动系统大大简化,污染降低、噪声减小、操纵方便。但是,由于铅酸蓄电池比能量仅为40～50 W·h/kg(瓦·时/千克),故质量大,容量小,而且需要经常充电,因此很不适宜用做长途电动汽车的动力源。目前常用的电动汽车只能用于车站、码头、工厂内部等短距离运输。对新型高能电池的要求是:比能量应达140 W·h/kg,充放电循环次数达到800次以上,充电一次可使电动汽车行驶240 km。

1. 干荷电铅酸蓄电池

干荷电铅酸蓄电池,即干式荷电铅酸蓄电池,它与普通铅酸蓄电池的区别是极板组在干燥状态的条件下能够较长期地保存制造过程中所得到的电荷。所以,干荷电铅酸蓄电池在规定的保存期内(两年)如需使用,只要灌入符合规定密度的电解液,搁置20～30 min,液面高度至规定标准后,不进行初次充电即可使用,且荷电量可达到蓄电池额定容量的80%以上,因此是应急的理想电源。目前,国内已大批量生产,并且基本上取代了普通铅酸蓄电池。干荷电铅酸蓄电池之所以具有干荷电性能,主要在于负极板的制造工艺与普通铅酸蓄电池不同。正极板的活性物质二氧化铅化学活性比较稳定,其荷电性能可以较长期地保持,而负极板上的活性物质海绵状纯铅,则由于表面积大,化学活性高、容易氧化,所以要在负极板的铅膏中加入松香、油酸、硬脂酸等防氧化剂,并在化成过程中有一次深放电循环或进行反复地充电、放电,使极板的深层也形成海绵状纯铅,活性物质达到深化。化成后的负极板,先用清水冲洗后,再放入防氧化剂溶液(硼酸、水杨酸混合液)中进行浸渍处理,让负极板表面生成一层保护膜,避免与空气接触而氧化,最后采用特殊工艺(干燥罐中充入惰性气体或抽真空)干燥处理后即制成干荷电极板。与普通铅酸蓄电池相比,干荷电铅酸蓄电池自放电小,储存期长。

干荷电蓄电池的维护与普通蓄电池基本一样。对于储存期超过两年的干荷电蓄电池,因极板有部分氧化,使用前应以补充充电流的电流充电 5~10 h 后再用。

2. 免维护蓄电池

免维护蓄电池是现代汽车上广泛使用的一种新型蓄电池,也称为 MF(Maintenance Free 的缩写)蓄电池。这种新型蓄电池 20 世纪 70 年代后期进入国际市场,并得到迅速发展。其结构如图 1-1 所示。

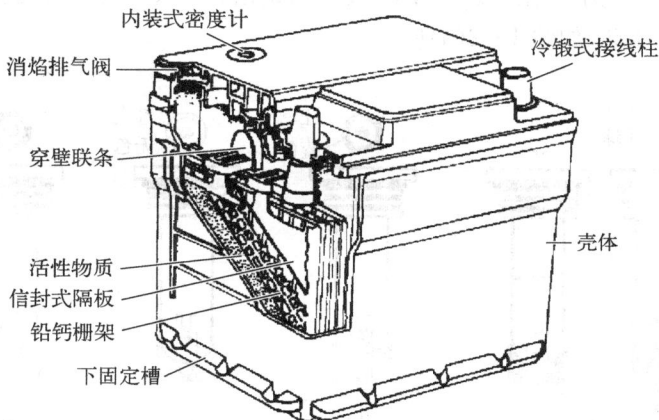

图 1-1　免维护蓄电池

免维护蓄电池的含义是,在汽车合理使用过程中无需加水,只要把电池装好即可使用;在使用过程中也不需做任何维护或只需较少的维护工作,即能保证蓄电池的技术状况良好和一定的使用寿命。无论气候怎样恶劣,都有足够的电力启动汽车,结构坚固耐用,保护装置多,市内短途车可行驶 80 000 km,长途货车可行驶 400 000~480 000 km 不需进行维护,可用 3.5~4 年不必加水,接线柱基本没有腐蚀,自放电少。在车上或储存时不需要进行补充充电,是一种先进的新型汽车电源。

免维护蓄电池是通过降低或消除栅架中锑的含量来达到免维护的,与普通铅酸蓄电池相比,它主要在极板栅架材料上做了重大改进,采用低锑合金(3%)或无锑合金栅架。普通铅酸蓄电池的极板栅架在浇铸过程中加入了 6%~8% 的锑,可使浇铸性能好,极板机械强度高,且焊接性能好。但由于极板栅架中含有较多的锑,在电化学反应中,锑会不断地从正极板析出,迁移到负极板表面沉积,并与负极板上的活性物质构成局部电池而导致自放电。

根据极板栅架所用合金材料的不同,免维护蓄电池一般分为两种类型,一种采用低锑(1%~3%)栅架,通常称为少维护蓄电池;另一种采用铅钙合金或铅钙锡合金的无锑栅架。是真正的免维护蓄电池。免维护蓄电池在设计上还有以下一些特点,高强度低阻值薄型栅架,厚度为 1.1~1.5 mm,密封的外壳、穿壁式联条、平底结构的大储液室、信封式隔板。这种蓄电池比普通蓄电池体积小,质量轻。使用中无需加蒸馏水。接线柱不会腐蚀。自放电少,寿命长,使用时不需补充充电。

笔记

免维护蓄电池的通气孔采用新型安全通气装置,可避免蓄电池内的氢气与外部的火花直接接触而爆炸。通气塞中还装入催化剂钯,可帮助排出的氢氧离子结合生成水再回到电池中去。这种通气装置还可以使蓄电池顶部和接线柱保持清洁,减少接线柱的腐蚀,保证接线牢固可靠。

免维护蓄电池盖上没有设置加液孔,内部常配有蓄电池技术状态指示器,又称为内装式密度计。以不同颜色显示蓄电池的存电情况及液面高度。

蓄电池技术状态指示器由透明塑料管、底座和两只小球(一只为红色、另一只为蓝色)组成,借助于螺纹安装在蓄电池盖上,两只颜色不同的小球安放在塑料管与底座之间的中心孔中,红色小球在上,蓝色小球在下。由于两只小球是由密度不同的材料制成,因此可随电解液密度变化而上下浮动,如图1-2(a)所示。

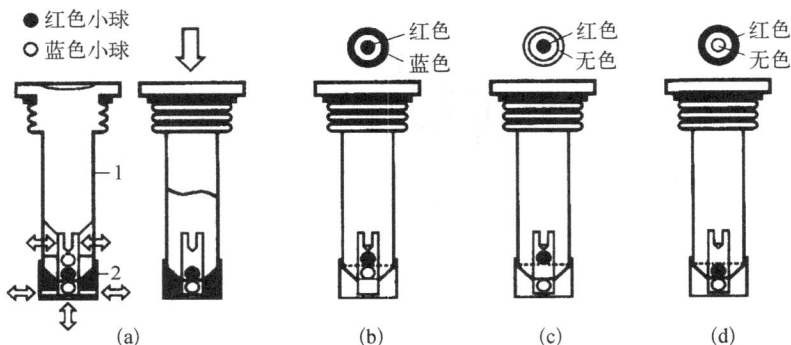

图 1-2　蓄电池技术状态指示器

(a) 指示器结构;(b) 存电充足;(c) 充电不足;(d) 电解液不足
1—透明塑料管;2—指示器底座

蓄电池技术状态指示器是根据光学折射原理来反映蓄电池技术状态的。当蓄电池存电充足、电解液相对密度大于1.22时,两只小球向上浮动到极限位置,经过光线折射小球的颜色,从指示器顶部观察到的结果如图1-2(b)所示,中心呈红色圆点、周围呈蓝色圆环,表示蓄电池技术状态良好,英文标示为"OK"。

当蓄电池充电不足、电解液相对密度过低时,蓝色小球下移到极限位置,观察结果如图1-2(c)所示,中心呈红色圆点、周围呈无色透明圆环,表示蓄电池充电不足,应及时补充充电,英文标示为"Charging necessary"。

当电解液液面过低时,两只小球都将下移到极限位置,观察结果如图1-2(d)所示,中心呈无色透明圆点、周围呈红色圆环,表示电解液不足,蓄电池无法继续使用,必须更换蓄电池。

如果这种指示器安装在干荷电蓄电池上,则表示必须添加蒸馏水,英文标示为"Add distilled water"。

3. 螺旋状极板胶体型免维护电池

螺旋状极板胶体型免维护电池结构如图1-3所示,它具有下列特点:

（1）蓄电池极板及隔板呈螺旋紧密捆绑状，使得同样容积的极板反应面积增大（比普通电池几乎大一倍）。低温启动电流达 850 A。

（2）胶体状电解液粘附于极薄的纤维隔板网材料上，零下 40℃低温下也不会结冰，高温 65℃时不会漏液、漏气，可以以任何角度固定电池。

（3）自放电极少。它可在不使用状态下至少放置 10 个月以上，仍能维持 50% 以上的容量。

（4）过充电性能好。能在 1 h 内以 100 A 的大充电电流应急充足。

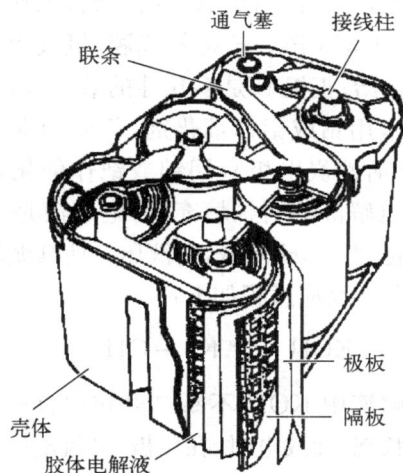

图 1-3　螺旋状极板胶体型免维护电池

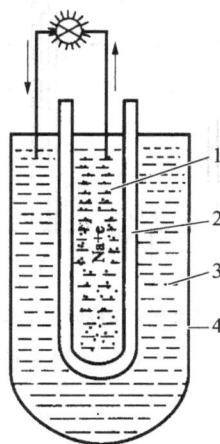

图 1-4　钠硫电池原理图

1—熔融钠；2—电解质；3—熔融硫；4—不锈钢壳体

4. 钠硫电池

钠硫电池的结构原理如图 1-4 所示。

在钠硫电池中，阴极的反应物质是熔融的钠，阳极反应物质是带有一定导电物质的硫，电解质为 β-氧化铝矾土的陶瓷管（$NaAl_{11}O_{17}$），它既是绝缘体又能自由传导钠离子。其作用原理是，当外电路闭合时，阴极处不断产生钠离子并放出电子，即

$$Na \rightleftharpoons Na^+ + e$$

电子 e 通过外电路移向阳极，而钠离子 Na^+ 通过 β-氧化铝电解质与阳极的反应物质硫起作用，生成钠的硫化物，即 Na_2S_x 可以是 Na_2S_2，Na_2S_4，Na_2S_5 等。

$$2Na + xS = Na_2S_x$$

上述反应不断进行，电路中就能获得电流。这种电池的理论比能量高达 664 W·h/kg，效率可达 100%，即放电量等于充电量，且充电时间短、无污染、原材料丰富，因此各国对这种电池开发研制都很重视。缺点是硫化钠易燃烧，工作温度高达 250~300℃，且寿命短，使用还有困难。

5. 燃料电池

燃料电池由燃料（氢、煤气、天然气等）、氧化剂（氧气、空气、氯气）、电极（多孔烧结镍电

笔记

极、多孔银电极等)和电解质 KOH 溶液等组成,是利用燃料的氧化反应将化学能直接转变为电能的一种电池。燃料电池与普通蓄电池不同之处在于,只要不断地加入燃料和氧气,就会不断地产生电能,故称燃料电池。燃料电池的种类很多,有氢-氧、碳化氢、联氨等,现以氢-氧燃料电池为例说明。

氢-氧燃料电池是一种最普通的燃料电池,先把燃料转化为氢气,然后与氧气分别在电池的两极发生氧化和还原反应,从而产生电能。

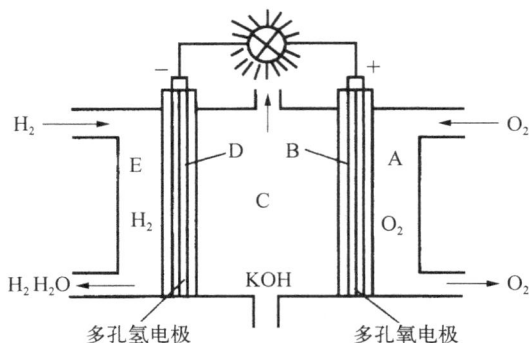

图 1-5　氢氧燃料电池结构示意图

A—氧化腔;B—正极;C—饱含电解质石棉层;D—负极;E—氢气腔

氢-氧燃料电池的结构如图 1-5 所示,A 是氧气腔,氧气由高压氧气筒供给,工作压力为 666～1 333 Pa。E 是氢气腔,氢气由高压氢气筒供给;正极 B 是多孔性的氧电极(活性炭电极),用钴或铝作催化剂,负极 D 是多孔氢电极(活性炭电极),用铂或钯作催化剂;C 是饱含电解液的石棉填充物;电解液是 30% 的氢氧化钾 KOH 溶液,由液压泵使其循环。

其化学反应过程如下:

$$KOH \Longleftrightarrow K^+ + OH^-$$

电解液中 KOH 不断电离和化合形成相对平衡状态,即放电时,在负极 D(氢电极)处,氢与氢氧根离子结合生成水,并放出电子。电子通过外电路送到正极。在正极 B(氧电极)处,氧与水及外电路电流中的电子起作用,生成氢氧根离子,进入电解液。

$$2H_2 + 4OH \longrightarrow 4H_2O + 4e$$

电池总反应为

$$2H_2 + O_2 \longrightarrow 2H_2O$$

在反应过程中,氢和氧不断地消耗并生成水,所以只要不断地供给氢和氧,反应就能继续进行,不断地产生电能向外电路供电。由于燃料电池的比能量已达到 $200～350$ W·h/kg,为铅酸蓄电池的 4～7 倍,且不需充电,只要不断供应燃料就可继续使用,因此适合作为汽车的动力源。但它需要贵重金属作催化剂,成本高,且燃料的储藏和运输都有一定困难,有待进一步解决。

6. 锌-空气电池

锌-空气电池的比能量可达 $150～400$ W·h/kg,正极板是一薄层空气电极,由金属网集电器、活性层等组成;负极板由纯锌组成;电解液为氢氧化钾水溶液。其工作电压为 $1.0～1.2$ V。放电时正极板上的反应为

$$O_2 + 2H_2O + 4e \longrightarrow 4OH^-$$

理论上空气的消耗量约为 1 m³/(kA·h)。负极板锌的氧化过程可概括为

$$Zn + 2OH^- \longrightarrow ZnO + H_2O + 2e$$

充电时按上述过程反向进行。

蓄电池的总反应式为

$$2H_2 + O_2 \longrightarrow 2H_2O$$

锌-空气电池具有放电电压稳定、无污染等优点。但工作时用于清除空气中的二氧化碳,滤清、通风等需要消耗一定能量,还存在要限制放电电流等缺点,尚需进一步研究解决。

（三）蓄电池的结构与型号

1. 蓄电池的结构

图1-6所示为蓄电池的结构。

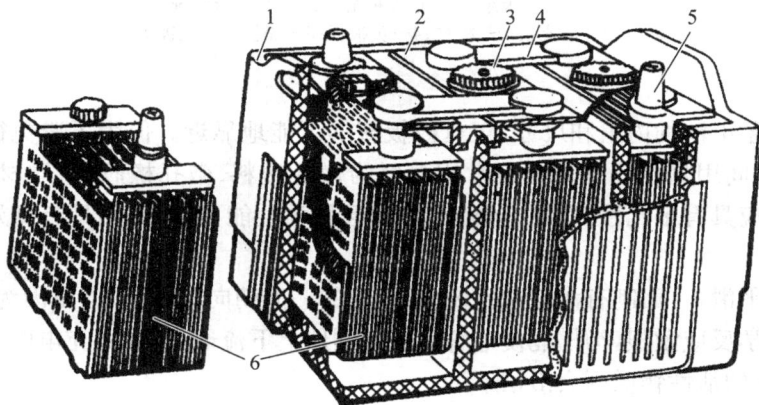

图1-6 蓄电池

1—蓄电池外壳；2—盖；3—加液孔盖；4—联条；5—极桩；6—极板组

蓄电池主要由正极板、负极板、壳体、隔板、联条、电解液和极桩等组成。

1）极板

极板是蓄电池的核心,分正极板和负极板两种,正极板上的活性物质是二氧化铅（PbO_2）,呈深棕色,负极板上的活性物质是海绵状纯铅（Pb）,呈青灰色。均由栅架和填充在其上的活性物质构成。蓄电池充、放电过程中,电能和化学能的相互转换是依靠极板上活性物质和电解液的化学反应来实现的。

栅架的作用是容纳活性物质并使极板成型,一般由铅锑合金浇铸而成。铅锑合金中,含锑6%~8.5%,加入锑是为了提高栅架的强度并改善浇铸性能。但铅锑合金耐电化学腐蚀性能比纯铅差,锑易从正极板栅架中解析出来,从而引起蓄电池的自放电和栅架的膨胀、溃烂。因此,改为低锑（含锑量小于3%）,甚至不含锑的铅钙合金栅架。栅架的制造成型除浇铸外,还采用滚压扩展成型的方式。

将正负极板各一片浸入电解液中,便可获得2V左右的电动势。为了增大蓄电池的容量,将多片正、负极板分别并联,用横条焊接,组成正、负极板组,见图1-7。

横条上连有极柱,各片间留有间隙。安装时正负极板相互嵌合,中间插入隔板。由于正极板放电时的化学反应较强烈,因此,每个单体电池中,负极板的数量比正极板多一片,这样正极板都处于负极板之间,使其两侧放电均匀,否则易造成极板拱曲。

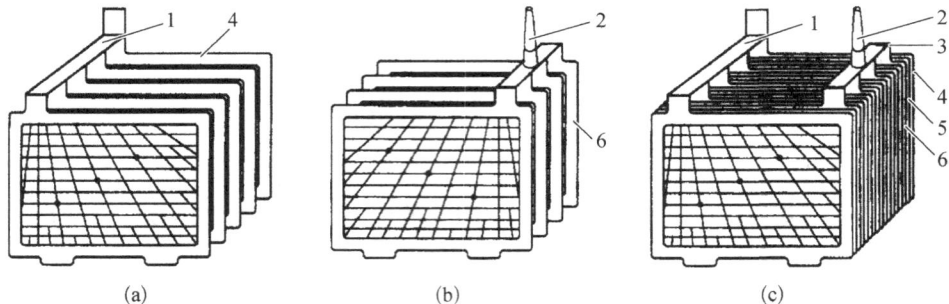

图1-7　极板组的结构

（a）负极板组；（b）正极板组；（c）极板组合情况
1,3—汇流条；2—极柱；4—负极板；5—隔板；6—正极板

2）隔板

为了减小蓄电池的内阻和尺寸，正负极板应尽可能地靠近。但为了避免彼此接触而短路，正负极板之间用隔板隔开。隔板常用材料为微孔塑料、微孔橡胶、木质材料、玻璃纤维等。隔板材料应具有多孔性，以便电解液渗透，且化学性能要稳定，即具有良好的耐酸性和抗氧化性。

隔板一面平滑，一面制有沟槽。安装时，沟槽的一面朝向正极板，这是因为正极板在充、放电过程中化学反应激烈，沟槽能使电解液较顺利地上下流通。同时，充电时生成的气泡可沿槽上升，脱落的活性物质则会沿槽下沉。

新型蓄电池中，将微孔塑料隔板制成袋状包在正极板外部，可进一步防止活性物质脱落，并使组装工艺简化。

3）壳体

蓄电池的外壳是用来盛放电解液和极板组的。外壳材料多采用硬橡胶或聚丙烯塑料两种制成。外壳不仅要求耐酸、耐热、耐震，而且要求壳体壁较薄（一般为 3.5 mm，而硬橡胶壳体壁厚为 10 mm），重量轻，外形美观，透明。

壳体底部的凸筋是用来支持极板组的，并可使脱落的活性物质掉入凹槽中，以免正、负极板短路。若采用袋式隔板，则可取消凸筋以降低壳体高度。

4）电解液

电解液是由化学纯硫酸和蒸馏水按一定的比例配制而成，是电池内部发生化学反应的主要物质，电解液的密度一般为 $1.24 \sim 1.31$ g/cm^3。

电解液的纯度和密度对蓄电池寿命和性能影响极大，如用工业硫酸和非蒸馏水配制，将带进有害物质（如铁、盐酸、锰、硝酸、铜、砷、醋酸及有机化合物等）而引起蓄电池内部自行放电，减少蓄电池容量。若电解液密度低，冬季易结冰，且降低蓄电池容量；电解液密度大，可以减少冬季结冰的损害，同时可使蓄电池电动势增高，但密度过大，使电解液黏度增加，蓄电池内阻增大，同时加速隔板、极板的腐蚀而缩短使用寿命。因此应根据地区、气候条件和制造厂的要求而定。

5）联条和极桩

蓄电池的各单格电池由联条串联起来。有外露式、跨桥式、穿壁式连接三种方式。外露

笔记

式连接联条外露在蓄电池盖的上面,这种连接方式耗铅量最多,连接电阻最大,这种形式已淘汰。穿壁式连接在蓄电池中间格壁上打孔,供联条穿过,将两个单格的电池的极板连接在一起,这种连接方式具有省材料、电阻小、连接短等优点。

极桩分为正极桩和负极桩,正极桩在周围涂上红颜色,用"＋"符号表示。负极桩一般不涂颜色,用"－"称号表示。

2. 蓄电池的型号

根据原机械工业部颁发的 JB/T2599—1985《启动型铅酸蓄电池标准》,蓄电池型号由以下 5 部分组成:

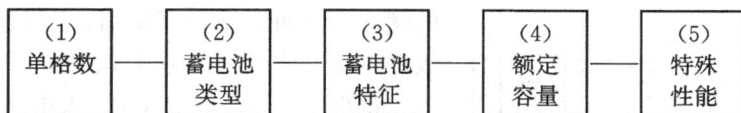

(1) 单格数	(2) 蓄电池类型	(3) 蓄电池特征	(4) 额定容量	(5) 特殊性能

(1)串联的单体电池数,用阿拉伯数字表示。

(2)蓄电池类型,是根据其主要用途来划分的。如启动用蓄电池代号为"Q",摩托车用蓄电池代号为"M"。

(3)蓄电池产品特征代号,仅在同类用途产品中具有某种特征,而在型号中又必须加以区别时采用。当产品同时具有两种特征时,原则上按表 1－2 顺序将两个代号并列标出。

(4)额定容量,单位为 A·h,用阿拉伯数字表示。

(5)在产品具有某些特殊性能时,可用相应的代号加在产品型号的末尾。如 G 表示薄型极板的高启动率蓄电池,S 表示采用工程塑料外壳、电池盖及热封工艺的蓄电池。

型号和规格举例:

(1) 6－QA－105G 表示由 6 个单体电池组成,额定电压为 12 V,额定容量为 105 A·h 的启动用干荷电高启动率蓄电池。

(2) 6－QAW－100 表示由 6 个单体电池组成,额定电压为 12 V,额定容量为 100 A·h 的启动用干荷电免维护蓄电池。

表 1－2 产品特征代号

产品特征	代号	产品特征	代号	产品特征	代号	产品特征	代号
干荷电	A	少维护	S	半密闭式	B	激活式	I
湿荷电	H	防酸式	F	液密式	Y	带液式	D
免维护	W	密闭式	M	气密式	Q	胶质电解液	J

(四)蓄电池的工作原理

蓄电池中发生的化学反应是可逆的。铅酸蓄电池正极板上的活性物质(参与化学反应的物质)是二氧化铅,负极板上的活性物质是海绵状纯铅,电解液是硫酸的水溶液。放电时,正极板上的 PbO_2 和负极板上的 Pb 都变成 $PbSO_4$,电解液中的 H_2SO_4 减少,密度减小。充电时按相反的方向变化,正负极板上的 $PbSO_4$ 分别变成原来的 PbO_2 和 Pb,电解液中的硫酸

笔记

增加,密度增大。如果略去中间的化学反应过程可用下式表示:

$$PbO_2 + Pb + 2H_2SO_4 \underset{充电}{\overset{放电}{\rightleftharpoons}} 2PbSO_4 + 2H_2O$$
$$正极 \quad 负极 \quad 电解液 \qquad\qquad 2PbSO_4 \quad 电解液$$

1. 电动势的建立

当极板浸入电解液时,在负极板处,金属铅受到两方面的作用,一方面它有溶解于电解

图 1-8 电动势的建立

液的倾向,因而有少量铅进入电解液,生成Pb^{2+},在极板上留下两个电子,使极板带负电;另一方面,由于正、负电荷的吸引,Pb^{2+}有沉附于负极板表面的倾向。当两者达到平衡时,溶解便停止,此时极板具有负电位,约为$-0.1\,V$。

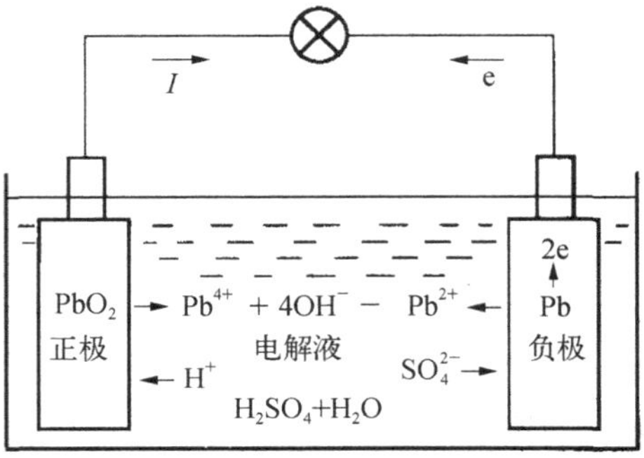

正极板处,少量PbO_2溶入电解液,与水生成$Pb(OH)_4$,再分离成Pb^{4+}和$4OH^-$。Pb^{4+}沉附于极板的倾向大于溶解的倾向,因而沉附在正极板上,使极板呈正电位,达到平衡,如图 1-8 所示。

2. 放电过程

蓄电池接上负载,在电动势的作用下,电流I从正极经过负载流往负极(即电子从负极到正极),使正极电位降低,负极电位升高,破坏了原有的平衡。在正极板处,Pb^{4+}和电子结合,变成Pb^{2+},Pb^{2+}与电解液中的SO_4^{2-}结合生成$PbSO_4$沉附在正极板上和电解液中。在负极板处,Pb^{2+}与电解液中的SO_4^{2-}结合也生成$PbSO_4$沉附在负极板上和电解液中,而极板上的Pb继续溶解,生成Pb^{2+}和电子。如果电路不中断,上述化学反应将继续进行,使正极板上的PbO_2和负极板上的Pb都逐渐转变为$PbSO_4$,电解液中H_2SO_4逐渐减少而H_2O增多,故电解液密度下降。放电时的化学反应过程如图1-8所示。

3. 充电过程

充电时,应将蓄电池接直流电源。当电源电压高于蓄电池电动势时,电流从蓄电池正极流入,负极流出(即驱动电子从正极经外电路流入负极)。这时正负极板发生的反应与放电过程相反。在负极板处有少量的$PbSO_4$进入电解液中,电解为Pb^{2+}和SO_4^{2-},Pb^{2+}在电源的作用下获得两个电子变为Pb,沉附在负极板上,而SO_4^{2-}则与电解液中的H^+结合,生成H_2SO_4。正极板处,也有少量的$PbSO_4$进入电解液中,离解为Pb^{2+}和SO_4^{2-},Pb^{2+}在电源作用下失去两个电子变为Pb^{4+},Pb^{4+}和电解液中水电解出来的OH^-化合生成$Pb(OH)_4$,$Pb(OH)_4$又分解为PbO_2和H_2O,而SO_4^{2-}与电解液中的H^+化合生成H_2SO_4。充电时的化学反应过程如图 1-9 所示。充电过程中,正、负极板上的$PbSO_4$逐渐恢复为PbO_2和Pb,电解液中H_2SO_4逐渐增多,H_2O逐渐减少,密度增大。

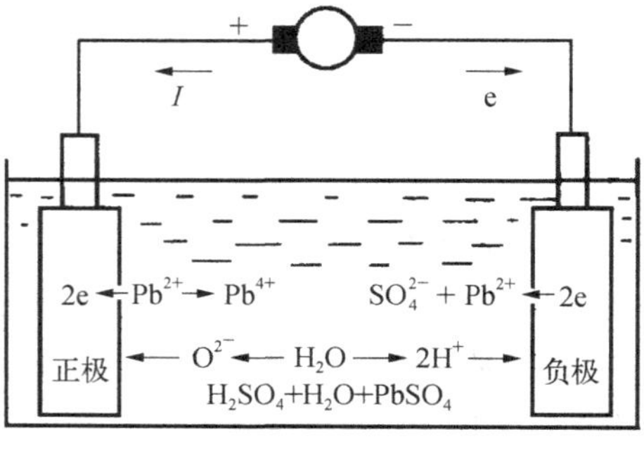

图 1-9 蓄电池充电

(五) 蓄电池的充电

1. 充电机的原理

蓄电池是直流电源,必须用直流电对其充电。在汽车上是由发动机驱动的硅整流发电机充电。汽车修理厂采用硅整流充电机、晶闸管整流充电机和脉冲快速充电机等。

硅整流充电机是一种简易的充电设备,由人工控制充电电流和充电时间。蓄电池容易过充电。简易的硅整流充电机电路原理见图 1 - 10 所示。

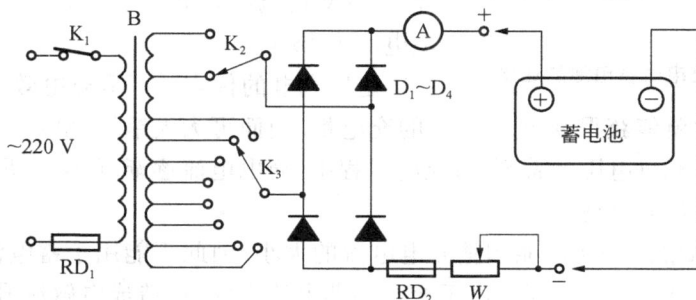

图 1 - 10　简易硅整流充电机

变压器 B 将输入的 220 V 交流电转变为 6~20 V 的交流电;二极管 D_1~D_4 组成桥式整流电路,将 6~20 V 交流电整流为直流;K_2 和 K_3 用以变换提供给桥式整流电路的交流电压,从而调节充电机的输出电压和充电电流;线绕电位器 W 用以更精确调节充电电流。

晶闸管整流充电机可对充电电流和充电时间实行自动控制。蓄电池不容易过充电。

脉冲快速充电机不仅可以对充电电流和充电时间实行自动控制,而且充电时间短、节能、可以增加蓄电池的容量和具有显著的去硫化作用。初次充电一般不超过 5 h,补充充电只需 0.5~1.5 h。消耗电能为常规充电的 80%~85%。由于脉冲快速充电能消除极化,因此,充电时化学反应充分,加深了反应深度,使蓄电池容量有所增加。但是蓄电池的寿命有所缩短,仍需进一步改进。

2. 充电方法

1) 定流充电

在充电过程中,使充电电流保持恒定的充电方法称为定电流充电法,简称定流充电。

定流充电时,被充电的蓄电池不论是 6 V 或 12 V,均可串联在一起进行充电,其连接方法如图 1 - 11 所示。

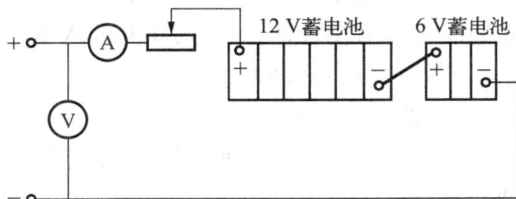

图 1 - 11　定流充电时蓄电池的连接

所串联的蓄电池的容量应尽可能相同,如不相同,充电电流应以小容量的蓄电池来计算。当小容量的蓄电池充足电后,应随之去除,再继续给大容量的蓄电池充电。

定流充电的优点是适用性好,可任意选择和调整充电电流,有益于延长蓄电池的使用寿命。这种充电方式可用于各种不同的蓄电池,如新蓄电池的初次充电、去硫充电、补充充电等,均可采用这种方式。它的缺点是充电时间长,且需要经常调节充电电流。定流充电要完成一次初次充电需 60~70 h,补充充电也需 20 h 左右。

笔记

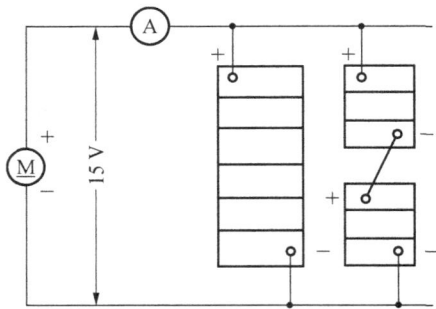

图 1-12　定压充电时蓄电池的连接

2）定压充电

在充电过程中，充电电压始终保持不变的充电方法称为定电压充电法，简称定压充电。定压充电蓄电池的联接方式如图 1-12 所示。采取此方式时，要求各支路蓄电池的额定电压必须相同，容量也要一样。

定压充电的充电电压一般按单体电池 2.5 V 选择，即 6 V 蓄电池充电电压为 7.5 V；12 V 蓄电池充电电压为 15 V。

定压充电的优点：一是充电效率高。开始充电4～5 h 内，蓄电池就能获得 90%～95% 的充电量，因而可大大缩短充电时间。二是操作方便，不易过充电。充电电压无需调整；充电过程中，充电电流逐渐减小，充足电时，充电电流接近零，不易发生过充电现象。

定压充电的缺点：由于不能调整充电电流的大小，因此不能用于蓄电池的初次充电和去硫充电，仅用于补充充电。同时由于充电初期电流太大，易造成电解液升温过快、极板弯曲、活性物质脱落，从而影响蓄电池的技术性能和使用寿命。因此，这种方法除在短时间补充充电的情况下，一般很少使用。

3）快速充电

上述两种常规充电方法充电时间较长，很不方便。单纯加大充电电流可以缩短充电时间，但也容易损坏蓄电池。而脉冲快速充电的整个过程由脉冲充电控制电路进行自动控制，脉冲快速充电的电流波形如图 1-13 所示。

一般来讲，经快速充电的蓄电池只是提高了充电容量，并未充足电。若想充足，尚需用小电流或正常充电电流进行最后充电。多数快速充

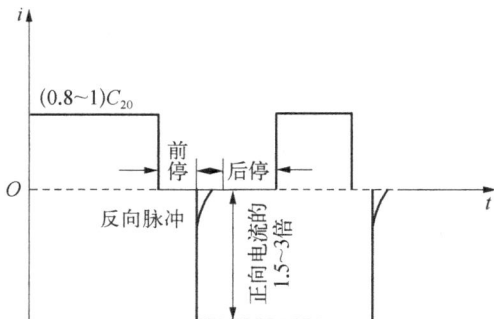

图 1-13　脉冲快速充电的电流波形

电设备都装有温控器，充电时将其插入蓄电池的注液口中。当电解液超过一定温度（通常为50℃）时，设备会自动停止充电。

3. 蓄电池的充电

对于新启用的蓄电池或修复的蓄电池，在使用前必须进行初次充电；使用中的蓄电池也要进行补充充电（特别是在汽车充电系统发生故障而导致蓄电池充电不足的情况下）；在存放期中，每 3 个月也要进行一次放电—充电循环处理，以保持蓄电池的容量，延长其使用寿命。

1）初次充电

初次充电对蓄电池的性能和使用寿命影响很大。若初次充电未充足，则蓄电池的容量会长期偏低，寿命显著缩短；若初次充电过量，隔板和极板受到严重腐蚀，其寿命也会大大降低。因此，初次充电要十分认真。

初次充电的特点是充电电流小，充电时间长。初次充电的步骤如下：

（1）按蓄电池制造厂的规定，加注一定密度的电解液（密度一般为 $1.25 \sim 1.28 \text{ g/cm}^3$）。电解液加入前的温度不应超过 30℃，然后静放 6～8 h 后，再将液面调整到极板以上 15 mm，

<<<< ──────────────────────────────────── 项目一　汽车蓄电池　　019

笔记

等电解液温度低于 35℃方可进行充电。

（2）接通充电电路，按表 1－3 中，蓄电池初次充电第一阶段的电流值进行充电。当单体电池端电压达到 2.3～2.4 V 时；再按初次充电第二阶段的电流值（一般为第一阶段电流值的一半）继续进行充电，直至蓄电池端电压和电解液密度在 2～3 h 内不再上升，并有大量气泡放出为止。

表 1－3　蓄电池充电电流和充电时间

阶　　　段	第　一　阶　段		第　二　阶　段	
参　　　数	充电电流/A	充电时间/h	充电电流/A	充电时间/h
初次充电	$\frac{1}{15}$容量	25～35	$\frac{1}{30}$容量	20～30
补充充电	$\frac{1}{10}$容量	10～15	$\frac{1}{20}$容量	3～5

充电过程中应经常测量电解液的温度，若温度上升到 40℃，应将电流值减半，若温度上升到 45℃，应立即停止充电，并人工冷却，待温度下降至 35℃以下时方可继续充电。

（3）初次充电接近结束时，应测量电解液密度和液面高度，若不符合规定，应用蒸馏水或密度为 1.40 g/cm³ 的电解液进行调整。调整后，应再充电 2 h，直至电解液密度和液面高度符合要求。

对于新蓄电池的初次充电作业，应进行一至三次充、放电循环，目的是检查它的容量是否达到额定容量，并促使极板上未转化的物质转变为活性物质，以提高蓄电池的容量。方法是新蓄电池初次充电后，用 20 h 率电流放电至单体电池电压降至 1.75 V，测量蓄电池容量是否达到额定容量，如容量低于额定容量的 90%，应再进行一次充放电循环，直到容量达到额定容量的 90%以上为止。

蓄电池充足电的标志是同时具备：电解液中有大量气泡冒出，并呈“沸腾”状态。在停止充电 1 h 后，若再进行充电会立即“沸腾”。电解液的密度上升到规定值，且在 2～3 h 保持恒定不变。单格电压上升到 2.7 V，且在 2～3 h 保持不变。

2）补充充电

在使用中，若发现蓄电池电力不足，不能使起动机有力地运转，或蓄电池已连续使用 3 个月时，应进行补充充电。补充充电也称普通充电。表示蓄电池容量不足的现象有下列几项：

（1）电解液密度下降到 1.20 g/cm³ 以下。

（2）冬季放电超过额定容量 25%，夏季超过 50%。

（3）灯光比正常时暗淡。

（4）单体电池电压降到 1.7 V 以下。

补充充电的过程和方法与初次充电基本相同。

3）去硫充电

当极板硫化较严重时，可进行“去硫充电”。方法是先倒出电池内的电解液，用蒸馏水反复冲洗数次，然后灌入蒸馏水至高出极板 15 mm，用初次充电电流进行充电，并随时测量电解液密度。如密度升到 1.15 g/cm³ 以上时，可用蒸馏水冲淡，继续充电至电解液密度不再上升后进行放电。如此反复多次，或充 6 h，中间停 2 h。反复进行，直到电解液密度不变为止，最后参照初次充电方法充电并调整电解液密度至规定值，用 20 h 放电率放电检查容量（即放电电流为容量除以 20），如容量达到额定容量的 80% 时，说明硫化已基本消除，即可使用。

4）均衡充电

蓄电池在使用过程中，由于制造、使用等因素，会出现各单体电池的端电压、电解液密度、容量等的差异，采用均衡充电的方法可消除这种差异。具体方法是：先用正常的方法进行充电，待蓄电池端电压稳定后，停充 1 h，改用 20 h 率电流（即充电电流为容量除以 20）进行充电，充 2 h 停 1 h，反复三次，直至蓄电池各单体一开始充电立即剧烈地产生气泡为止，最后调整各单体电池的电解液密度至规定值。

（六）蓄电池的维护

1. 蓄电池的技术检查

汽车每行驶 1 000 km，或冬季行驶 10～15 天，夏季行驶 5～6 天，需对蓄电池进行下列检查，以便及时发现蓄电池的故障。

1）电解液液面高度的检查

液面高度可用玻璃管测量，如图 1-14 所示。

电解液液面应高出极板 10～15 mm，电解液不足时应加注蒸馏水。不允许加入硫酸溶液，但如系确知液面降低是由于电解液溅出则除外。

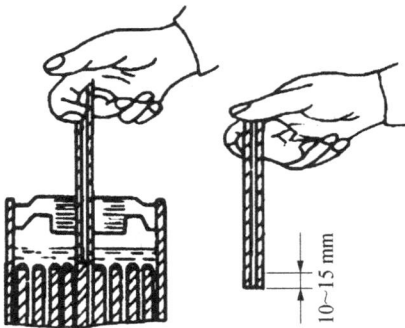

图 1-14　电解液液面高度的检测　　　　图 1-15　检测电解液密度

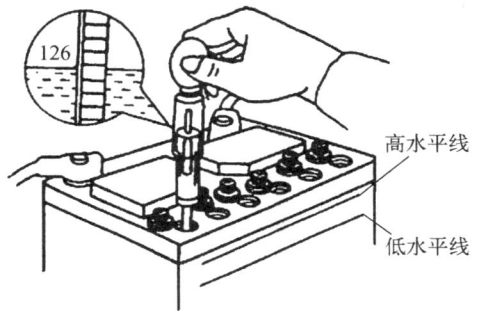

2）用密度计测量电解液密度

将密度计插入电池单体内，吸入电解液，使密度计浮子浮起，如图 1-15 所示。

电解液液面所在的刻度即为密度值，其观察方法如图 1-15 的小图所示。注意在测量密度时，应同时测量电解液温度，并将测得的电解液相对密度换算成 25℃ 时的相对密度值。

根据实际经验，电解液密度每减小 0.01 g/cm^3，相当于蓄电池放电 6%，所以从测得的电解液相对密度就可以粗略地估算出蓄电池的放电程度。需要注意的是，在强电流放电和加注蒸馏水后，由于电解液混合不匀，不应立即测量电解液相对密度。

3）检验蓄电池放电程度

用高率放电计可测量放电电压。

高率放电计是接入起动机的模拟负荷，测量蓄电池在接近启动电流放电时的端电压，用以判断蓄电池的放电程度和启动能力。

高率放电计由一个电压表和一个定值负载电阻组成，用来测单体蓄电池。图 1-16 为测量单体蓄电池的高率放电计。

笔记

　　测量外露式铅连接条的蓄电池时,应将两叉尖紧压在单体电池的正、负极柱上 5 s 左右,观察大负荷放电情况下蓄电池所能保持的端电压。测 12 V 电池,当蓄电池充满电时,密度为 1.24 g/cm³,测量结果为:

　　(1) 电压能保持在 10.5～11.6 V 以上,说明存电量为充足,蓄电池无故障。

　　(2) 电压能保持在 9.6～10.5 V,说明存电量为不足,蓄电池无故障。

　　(3) 电压降到:9.6 V 以下,说明存电量严重不足或蓄电池有故障。

图 1-16　高率放电计

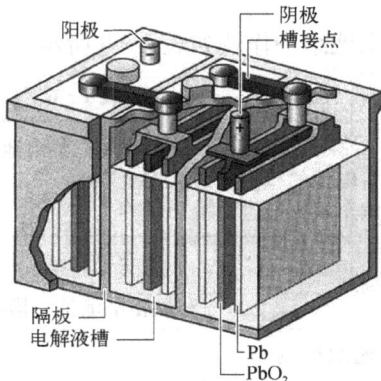

　　2. 蓄电池的正确使用

　　(1) 大电流放电时间不宜过长。

　　(2) 充电电压不能过高。

　　(3) 防止过放电和欠充电。

　　(4) 冬季调整电解液密度,防结冰。

　　3. 蓄电池的日常维护

　　(1) 保持蓄电池清洁。

　　(2) 检查蓄电池极桩的连接情况。

　　(3) 检查调整液面高度。

　　(4) 检查电解液的密度。

　　(5) 及时充电,放完电的电池应在 24 h 内充电。

　　(6) 检查并疏通加液孔盖上的通气孔。

　　(7) 正确使用起动机,每次启动时间不超过 5 s,启动间隔时间 15 s,最多连续启动 3 次。

四、信息收集与处理

　　按表 1-4 完成任务的信息收集与处理。

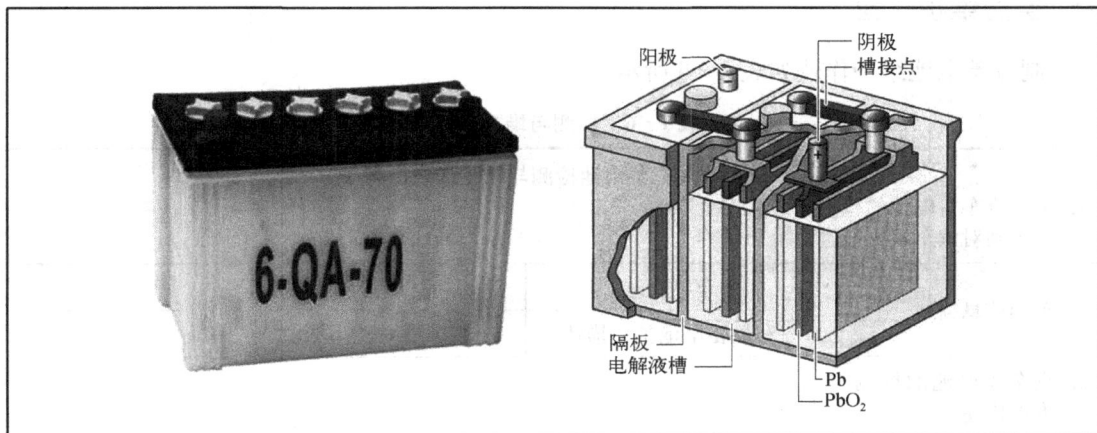

表 1-4　信息收集与处理

笔记

续　表

蓄电池的作用	
蓄电池的类型及牌号	
蓄电池的组成	
蓄电池的技术检查	
蓄电池的充电	
蓄电池的日常维护	

五、制订维护计划

制订蓄电池维护计划如表1-5所示。

表1-5　制订蓄电池的检测与维护计划

1. 查阅资料,了解车辆蓄电池类型信息、汽车蓄电池拆卸作业注意事项 2. 查阅维修手册,学习蓄电池的检查和保养内容		
车辆发动机类型信息描述	车辆描述	
	发动机类型描述信息描述	
检 修 项 目	工 作 内 容	
拆卸蓄电池	从汽车上拆下蓄电池	
蓄电池电解液液面高度检查	检查蓄电池电解液液面高度是否符合要求	
蓄电池电解液的密度检查	检查蓄电池电解液的密度是否符合要求	
蓄电池的性能及放电程度检查	检查蓄电池的电量情况	
蓄电池的充电	能正确使用充电机对蓄电池进行充电	
蓄电池的日常维护	能对蓄电池进行日常的维护	

六、实施维护作业

制订蓄电池维护作业如表1-6所示。

表1-6　检测与维护作业表

任务　汽车蓄电池检测与维护作业任务书 1. 了解汽车蓄电池的检测与维护安全事项 2. 会正确对汽车蓄电池进行维护保养		
1. 车辆信息描述	车辆描述	
	车辆蓄电池类型描述	
2. 汽车蓄电池的检测与维护描述		

笔记

续 表

	检查项目	作业要领及技术标准	检查记录
3. 汽车蓄电池的检测与维护	蓄电池的拆卸	(1) 将点火开点关打到“OFF”位置 (2) 拆下蓄电池的固定螺栓，取下固定夹板 (3) 先拧松负极柱上的接头螺栓，取下电缆，再拧松正极柱上的接头螺栓，取下电缆 (4) 从汽车上取下蓄电池，要轻拿轻放 (5) 检查蓄电池的外表情况	
	蓄电池电解液液面高度检查	(1) 玻璃管测量法：玻璃管下端液柱高度为 10～15 mm (2) 液面高度指示线法：正常液面高度应在两线之间	
	电解液密度检查	室温 25℃时，密度为 1.25 g/cm^3	
	蓄电池的性能及放电程度检查	(1) 电压能保持在 10.5～11.6 V 以上，存电量为充足，蓄电池无故障 (2) 电压能保持在 9.6～10.5 V，存电量为不足，蓄电池无故障 (3) 电压降到 9.6 V 以下，存电量严重不足或蓄电池有故障	
	蓄电池的充电	(1) 与充电机的连接方法 (2) 充电电流的选择 (3) 充电的方法选择	
检查与维护结论			

七、检验评估

检验评估如表 1－7 所示。

表 1－7 检验评估表

评价指标	检验说明	检验记录
维护检查项目	➢ 电解液液面高度 ➢ 电解液密度 ➢ 蓄电池的放电程度	
汽车蓄电池的充电情况		

评价内容	检验指标	权重	自评	互评	总评
检查任务完成情况	1. 完成任务过程情况	4			
	2. 任务完成质量				
	3. 在小组完成任务过程中所起的作用				

笔记

评价内容	检 验 指 标	权重	自评	互评	总评
专业知识	1. 能描述汽车蓄电池的作用	4			
	2. 能描述汽车蓄电池的结构				
	3. 能描述汽车蓄电池的牌号含义				
	4. 会描述汽车蓄电池的技术检查内容				
	5. 会描述汽车蓄电池的日常维护要领				
职业素养	1. 学习态度：积极主动参与学习	2			
	2. 团队合作：与小组成员一起分工合作，不影响学习进度				
	3. 现场管理：服从工位安排、执行实训室"5S"管理规定				
综合评议与建议					

项目拓展

想一想：

1. 我们日常如何正确给蓄电池充电呢？
2. 电动汽车使用的电池是什么样的呢？

项目二　汽车发电机

任务2.1　交流发电机的结构与检修

一、任务导入与要求

任务导入	当你驾车行驶时、突遇发电机不发电的故障时,车辆将很快因缺电而被迫抛锚停驶,怎么办呢？
目标要求	1. 掌握汽车发电机类型和工作原理 2. 掌握汽车发电机技术检查技能 3. 提高维修接待与人交往的素质

续 表

学习步骤	发电机的组成→发电机原理→检修方法→故障排除举例
任务实施	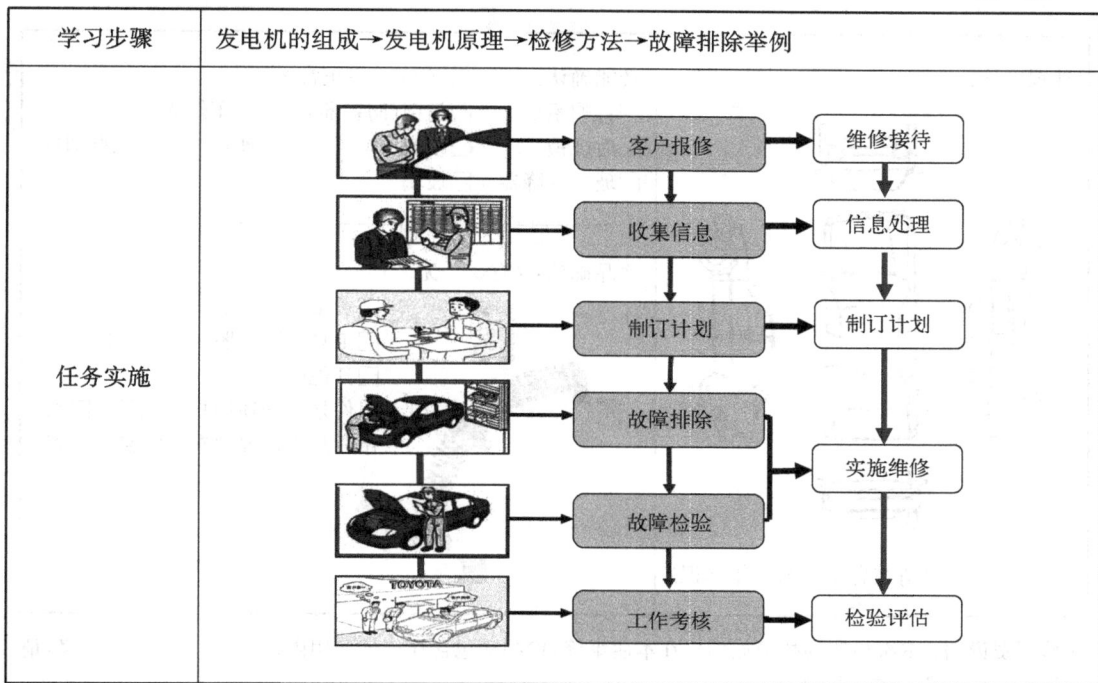

二、维修接待

按照表2-1完成待修车辆的维修接待,并准确填写接车问诊表。

表2-1 维修接待与接车问诊表

1. 通过询问客户了解汽车发生故障情况,填写接车问诊表 2. 车间检测初步确认交流发电机有故障,需要进行检修

接 车 问 诊 表

车牌号:_____ 车架号:_____ 行驶里程:_____(km)

用户名:_____ 电 话:_____ 来店时间:_____/_____

用户陈述及故障发生时的状况:**汽车充电指示灯常亮**

故障发生状况提示:**行驶速度、发动机状态、发生频度、发生时间、部位、天气、路面状况、声音描述**

接车员检测确认建议:**需要对充电系进行检查**

车间检测确认结果及主要故障零部件:**调节器损坏,更换调节器**

车间检查确认者:_____

笔记

续　表

外观确认：

（请在有缺陷部位作标识）

功能确认：（工作正常√　不正常×）
□音响系统　□门锁(防盗器)　□全车灯光　□工具
□后视镜　□顶窗　□座椅　□点烟器
□玻璃升降器　□玻璃

物品确认：（有√　无×）
□贵重物品提示
□工具　□备胎　□灭火器
□其他(　　　　　)
旧件是否交还用户　□是　□否
用户是否需要洗车　□是　□否

- 检测费说明：本次检测的故障如用户在本店维修,检测费包含在修理费用内;如用户不在本店维修,请您支付检测费。本次检测费：￥＿＿＿＿元。
- 贵重物品：在将车辆交给我店检查修理前,已提示将车内贵重物品自行收起并保存好,如有遗失恕不负责。

接车员：＿＿＿＿＿＿＿＿＿＿＿＿　　　用户确认：＿＿＿＿＿＿＿＿＿＿＿＿＿＿

三、相关知识

(一) 交流发电机的作用

发电机是汽车电气系统的主要电源,由汽车发动机驱动。在汽车上的作用是,给除起动机外的一切用电设备供电,并向蓄电池充电,以补充蓄电池在使用中所消耗的电能。

发电机有直流发电机和硅整流发电机两大类。

早期使用的是直流发电机,它是利用机械换向器将电枢绕组内感应的交流电转变为直流电的。在换向过程中,电刷与换向器之间易产生火花引起换向器和电刷的烧蚀和磨损,并且随着发电机转速的提高,换向火花也相应增大,对无线电干扰严重,换向器与电刷的磨损加剧。因此,传统的直流发电机已不能适应现代高速发动机的要求。

硅整流发电机包括一个三相同步交流发电机和数个整流二极管,它利用硅整流二极管将发电机定子绕组中所感应的三相交流电整流为直流电。由于发电机先产生交流电,因此也称为交流发电机。

硅整流发电机必须配用调节器,当发电机转速变化时用来稳定其输出电压。

硅整流发电机与直流发电机相比,具有体积小、重量轻、结构简单、维修方便、使用寿命长、发动机低速充电性能好、配用的调节器结构简单、无线电干扰小及节约铜材等优点。目前,汽车全部装用硅整流发电机。

（二）交流发电机的结构

1. 交流发电机的分类如表 2-2 所示。

表 2-2 交流发电机的种类

发电机种类	注　　解	相 应 图 片
普通硅整流发电机	由三相交流发电机和 6 只硅整流二极管组成。如东风 EQ1091 型载货汽车用 JF132 型发电机和北京切诺基的发电机。其电刷式有外装式和内装式之分，前者电刷架可直接在电机的外部拆装，后者更换电刷时，则必须将发电机解体	
整体式硅整流发电机	其集成电路(IC)调节器装在硅整流发电机内部。减少发电机外部的连接导线，而且还能大大简化制造过程，因而正在日益得到广泛的应用，如丰田 YR、YB 系列，北京切诺基，夏利，一汽奥迪，上海桑塔纳(JFZ1813Z 型发电机)等	
带泵硅整流发电机	是指带真空制动助力泵的硅整流发电机。多用于柴油车，如依维柯汽车用 JFZ1912Z 型发电机。这种交流发电机，是把发电机的轴与真空泵的轴连成一个整体，真空泵为叶片式转子泵，它通过软管连接在汽车液压制动装置的真空增力器上，其作用是吸出筒内空气，使其变成真空	
无刷硅整流发电机	这种交流发电机没有电刷和滑环，可以减少在运行中由于电刷与滑环而引起的各种故障。其结构与一般爪极式交流发电机大致相同，但其磁场绕组是静止的，它通过一个磁轭托架固定在后端盖上。这种交流发电机的缺点是：两个爪极之间连接的制造工艺较困难，另外由于磁路中增加了两个附加气隙，故在输出功率相同的情况下，必须增大磁场绕组的励磁功率	
带有励磁机的无刷硅整流交流发电机	右为德国博世(BOSCH)公司生产的 T4 型带有励磁机的无刷发电机结构图。它实际上是在爪极式三相交流发电机的基础上，增加了一部专为其励磁的小型硅整流发电机，称为励磁机。其特点是磁场绕组固定，而三相绕组是转动的。当发电机转动时，在三相绕组中便感应出三相交流电，在发电机内部经二极管整流后变为直流电，直接供给爪极式三相硅整流发电机的磁场绕组励磁发电。其结构比较复杂，故仅在需要大功率输出时采用	

笔记

2. 交流发电机的结构

汽车交流发电机可将发动机的部分机械能转变为汽车所需的电能。它主要由转子、定子、整流器、前后端盖等组成,图 2-1 为交流发电机的结构。

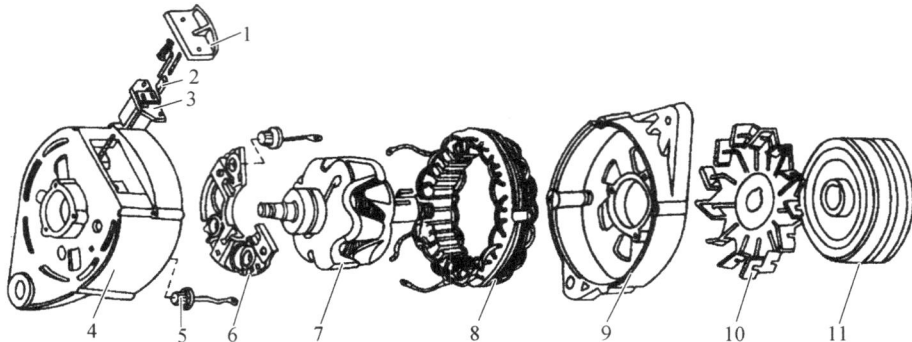

图 2-1 JF131 型发电机的结构图

1—电刷弹簧后盖;2—电刷;3—电刷架;4—后端盖;5—硅整流二极管;6—散热板;7—转子总成;8—定子总成;9—前端盖;10—风扇;11—皮带轮

1) 转子

转子是发电机的磁场部分,主要由转子轴、两块爪极、磁场绕组和滑环等组成,如图 2-2 所示。

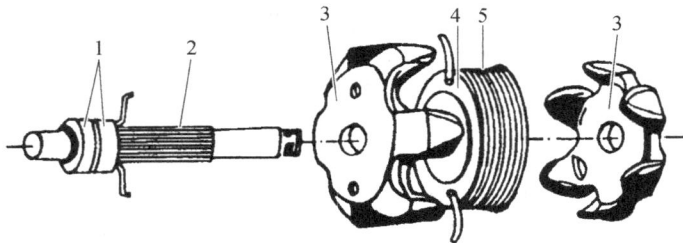

图 2-2 交流发电机的转子结构图

1—滑环;2—转子轴;3—爪极;4—磁轭;5—励磁绕组

在转子轴的中段轧有纵向滚花,其上压有两块爪极(每块爪极上各具有若干个鸟嘴形磁极),两块爪极的内腔装有铁芯称为磁轭,其上绕有磁场绕组,磁场绕组的两引出线分别焊在与轴 2 绝缘的两个铜制滑环 1 上。直流电通过电刷、滑环到磁场绕组,便产生了磁场。

转子用前轴承和后轴承支承于前后端盖上,以保证转子能高速旋转。

2) 定子

定子又叫电枢,由铁芯和三相绕组组成。定子铁芯是由环状硅钢片叠成,硅钢片相互绝缘,其内圆有槽,槽内嵌有三相定子绕组。对于 6 对磁极的转子,每相绕组中都有 6 个相互串联着的线圈,称为三相绕组,其功用是产生感应电动势。

为了使三相绕组中产生大小相等、相位互差 120°(电角度)的对称电动势,三相绕组有下列特点:

(1) 每相绕组的线圈个数和每个线圈的节距与匝数都必须完全相等。以 JF11 型发电机为例,磁极对数为 6,定子总槽数为 36,每相绕组占有的槽数为 $\frac{36 \text{槽}}{3 \text{相}} = 12$,并且采用的是单层集中绕法,即每个槽内放置一个有效边(一个线圈有 2 个有效边,放在两个定子槽内)。因此,每相绕组都由 $\frac{12 \text{槽}}{2 \text{边}} = 6$ 个线圈串联而成,每个线圈有 13 匝,则每相绕组共有 $6 \times 13 = 78$ 匝。每个线圈的两个有效边间隔的定子槽数叫作线圈节距,相邻两异性磁极中心线之间的槽数称为极距。即:线圈节距 $= \frac{\text{定子铁芯总槽数}}{\text{磁极个数}}$。

(2) 三相绕组的首端 A,B,C 在定子槽内的排列必须相隔 120°电角度。转子旋转时,磁极的磁场不断地和定子中的导体做相对运动,在定子绕组中产生交流电动势。每转过一对磁极,定子导体中的感应电动势就变化一个周期,即 360°电角度。每个磁极在定子圆周上占有的槽数为 $\frac{36 \text{槽}}{12 \text{磁极}} = 3$,即 180°电角度,所以每两个相邻的槽的中分线之间为 $\frac{180°}{3} = 60°$ 电角度。为了使三相绕组各个首端之间相隔 120°电角度,即线圈的节距为 3,各首端之间的距离应为 2+3n 个槽 $(n = 0,1,2,\cdots)$ 即 2,5,8,11,⋯个槽均可。三相绕组展开图如图 2-3 所示。A,B,C 三个首端依次放入第 1,9,17 三个槽中,而末端 x,y,z 则相应地放入第 34,6,14 三个槽内,就可保证三相绕组之间的相位差为 120°电角度。

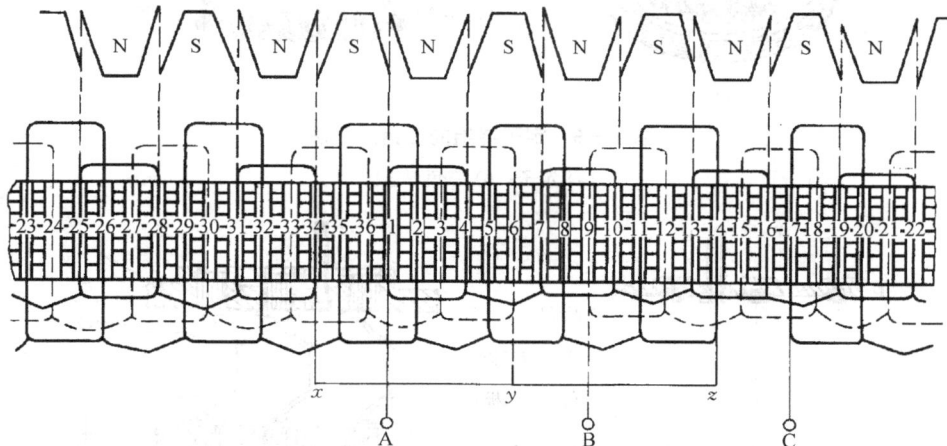

图 2-3　定子绕组的展开图

(3) 三相绕组的连接方法有星形接法(亦称 Y 形接法)(图 2-4)和三角形接法(亦称△形接法)两种(图 2-5)。Y 形接法即将三相绕组的 3 个末端 x,y,z 连接在一起,将三相绕组的首端 A,B,C 作为交流发电机的交流输出端。△形接法是将每相绕组的首端和另一绕组的末端依次相连接,因而有 3 个接头,这 3 个接点即为交流发电机的交流输出端。汽车用交流发电机大多采用 Y 形接法,只有少数大功率交流发电机采用△形接法。

3) 整流器

整流器的功用是将发电机定子绕组产生的交流电变换为直流电。一般由 6～8 只硅整流二极管和两片散热板组成。二极管的引线与三相绕组相连接,二极管的外壳分别压装或粘接在两片散热板上,如图 2-6 所示。

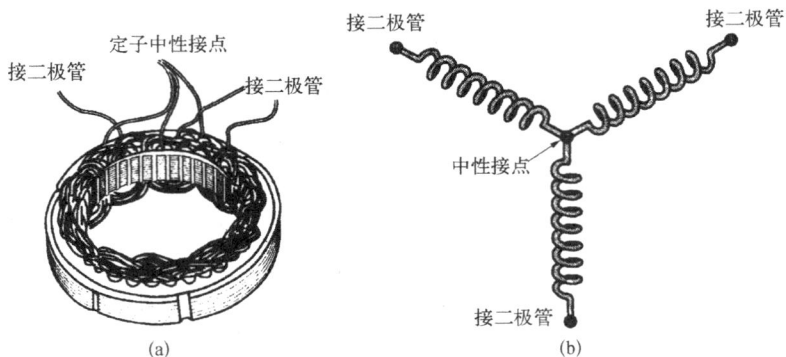

图 2-4 定子绕组的星形接法

（a）定子；（b）星形连接

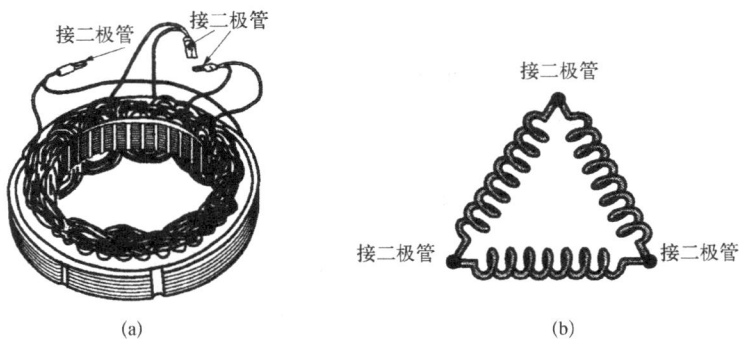

图 2-5 定子绕组的三角形接法

（a）定子；（b）三角形连接

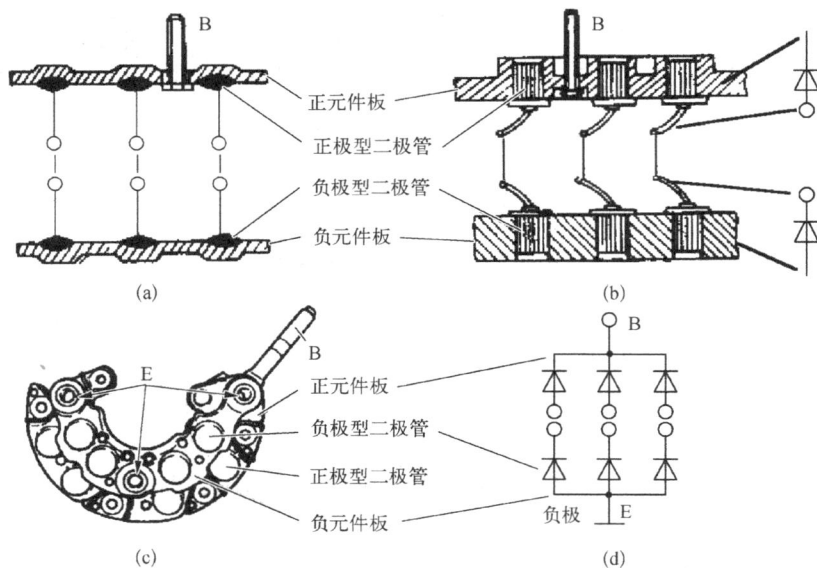

图 2-6 整流器

（a）、（b）、（c）整流器的外形；（d）整流器的电路

（1）正极型二极管，其引线为二极管的正极、外壳为负极（壳体上涂有红色标记）。三个正极管子压装或焊接在一片铝合金制成的散热板上（称为正元件板），并与后端盖绝缘，用螺栓引出后端盖外部，作为交流发电机的输出接线柱，其标记一般为"B"或"＋"或"A"。

（2）负极型二极管，其引线为二极管的负极、外壳为正极（壳体上涂有黑色标记）。三个负极管子压装或焊接在另一片散热板上（称为负元件板），并与发电机的后端盖连接（国产交流发电机多是将三个负极管子压装在后端盖上），构成负极搭铁。

4）电刷组件

电刷组件由两只电刷、电刷弹簧和电刷架组成。电刷装在电刷架的孔内，由电刷弹簧的压力使电刷与转子总成上的滑环保持紧密接触，用于给转子绕组提供磁场电流。两个电刷的引线分别与后端盖上的磁场接线柱"F"和搭铁接线柱"E"或"－"相连结。

电刷架由酚醛玻璃纤维塑料模压而成或用玻璃纤维增强尼龙制成。电刷架有外装式和内装式两种，如图2-7所示。交流发电机磁场绕组的搭铁方式有两种：一种是直接在发电机内部搭铁；另一种则是通过调节器搭铁即外搭铁，外搭铁式交流发电机两个电刷的引线均与后端盖绝缘，接线柱旁边的标记也有别于内搭铁式交流发电机，解放CA141型汽车用的JF152型外搭铁式交流发电机后端盖上两个电刷引线螺栓旁的标记分别为"F1"，"F2"（有的用"DF＋"、"DF－"表示），磁场绕组的两端均与后端盖绝缘。调节器内置发电机都是内搭铁。

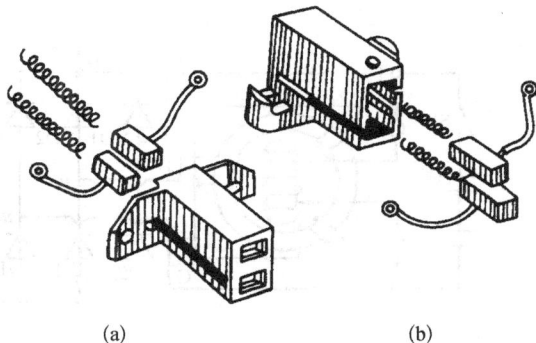

图2-7 电刷架结构

（a）外装式；（b）内装式

5）前后端盖

前后端盖为铝合金压铸件，可减少漏磁并具有轻便、散热性能良好的优点。为了提高轴承孔的机械强度，增加其耐磨性，在端盖的轴承座孔内镶有钢套。在后端盖内固定有一块或两块元件板，发电机的正极输出线由正元件板上的螺杆的绝缘套，通过后端盖上的孔输出。后端盖上还装有电刷架。

6）带轮与风扇

带轮与风扇借助半圆键和螺母固定在转子轴的前端。当带轮由发动机曲轴驱动时，风扇能使空气从后向前高速流过发电机内部进行冷却。

为了保证发电机在工作时不致因温升过高而损坏，在发电机转子轴上装有风扇（用钢板冲制而成或铝合金压铸而成），后端盖上有进风口，前端盖上有出风口。当发电机轴旋转时，风扇也一起旋转，使空气高速流经发电机内部对发电机进行强制冷却。

（三）交流发电机的工作原理

1. 发电原理

汽车用交流发电机是三相同步交流发电机，它产生的三相交流电经6只硅整流二极管整流后成为直流电。交流发电机的工作原理如图2-8所示。

笔记

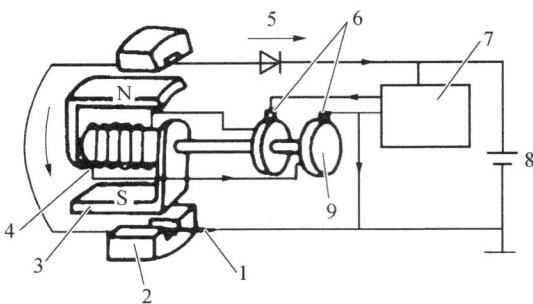

图 2-8　交流发电机的工作原理

1—定子绕组；2—定子铁芯；3—磁极；4—磁场绕组；5—二极管整流器；6—电刷；7—电压调节器；8—蓄电池；9—滑环

当磁场绕组接通直流电时即被励磁，一块爪极形成 N 极，另一块爪极形成 S 极。磁力线由转子的 N 极出发，穿过转子与定子间很小空气间隙进入定子铁芯，最后又经空气隙回到相邻的 S 极，通过磁极构成了磁回路。

当转子旋转时，由于定子绕组切割磁力线，所以在三相绕组中便产生频率相同、幅值相等、相位相差 120°电角度的三相交流电，波形如图 2-9(b)所示。

发电机每相绕组产生的电动势的大小与每相绕组串联匝数以及转子的转速成正比。

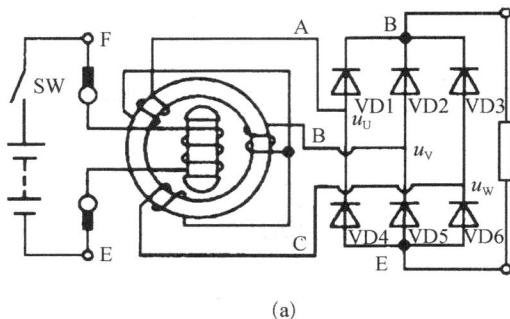

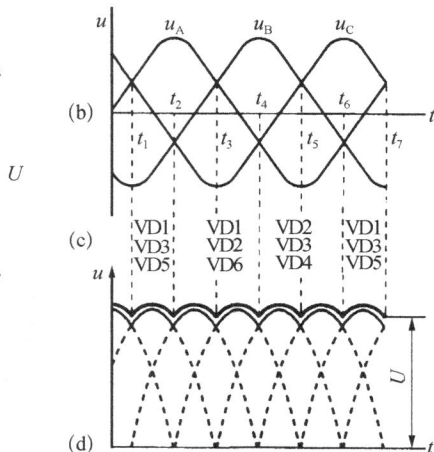

图 2-9　三相交流发电机的整流原理图

(a) 电路图；(b) 三相交流电的波形；(c) 导通的二极管；(d) 输出波形

2. 交流发电机的整流原理

交流发电机定子绕组中所感应出的交流电，由硅整流二极管组成的三相桥式整流器变为直流电，如图 2-9(a)所示。硅整流二极管具有单方向导电特性，当二极管外加电压为正向电压时（即二极管的正极电位高于负极电位时），二极管处于导通状态，而当外加电压为反向电压（即正极电位低于负极电位），二极管就会处于截止状态。这样，只有一个方向的电流可以通过二极管，因此可以把交流电变为直流电，其电压波形如图 2-9(d)所示。

发电机工作时，三相定子绕组中产生的是相位依次相差 120°的三相交流电，而且，当某相电动势的方向是从绕组中流出时，该电动势是正的，表示在曲线图的横坐标上方；当电动势的方向是朝绕组流入时，该相电动势是负的，表示在曲线图横坐标的下方，如图 2-9(b)所示。

为了便于分析，先把三相交流电在一个循环中的变化，分为 7 个时间段，在各个时间段再看各相电动势的方向是正的还是负的,然后再根据发电机定子绕组和二极管的线路连接情况,来具体分析在各个时刻中三相交流电是怎样通过桥形电路得到整流的。

在 $0\sim t_2$ 时间段,A,C 相电动势为正,B 相电动势为负,电流从 A,C 相流出,经过二极管 VD1,VD3,用电设备和二极管 VD5,流回 B 相绕组。

在 $t_2\sim t_4$ 时间段,A,B 相电动势为正,C 相电动势为负,电流从 A,B 相流出,经过二极管 VD1,VD2,用电设备和二极管 VD6,流回 C 相绕组。

在 $t_4\sim t_6$ 时间段,B,C 相电动势为正,A 相电动势为负,电流从 B,C 相流出,经过二极管 VD2,VD3,用电设备和二极管 VD4,流回 A 相绕组。

在 $t_6\sim t_7$ 时间段,A,C 相电动势为正,B 相电动势为负,电流从 A,C 相流出,经过二极管 VD1,VD3,用电设备和二极管 VD5,流回 B 相绕组。

由以上分析可看出,电路中的 6 只二极管是轮流导电的,而且在某一时刻,只有 3 只二极管工作。在交流电的每一周期中,每只管子只有三分之一时间导通,所以每只二极管的平均电流,只为发电机输出电流的三分之一。三相交流电经过整流后,改变为供用电设备使用的直流电,整流后的波形,见图 2-9(d),它的脉动性很小,完全能够满足汽车用电设备对电源的要求。

3. 硅整流发电机的励磁原理

在汽车上,硅整流发电机与蓄电池并联连接,在低速时,发电机的励磁电流由蓄电池供给,称为他励。硅整流发电机的励磁电路如图 2-10 所示。

硅整流发电机的发电过程:闭合点火开关 K,接通发电机的励磁电路。发电机低速运转时,励磁电流由蓄电池提供,因励磁电流较强,所以尽管发电机转速较低,还是能产生较高的电压,由蓄电池供给励磁电流的发电方式叫做他励发电。随着发电机转速的升高,其电压也不断升高。当发电机电压高于蓄电池端电压时,励磁电流由发电机自身供给,这种由发电机自身供给励磁电流的发电方式叫做自励发电。

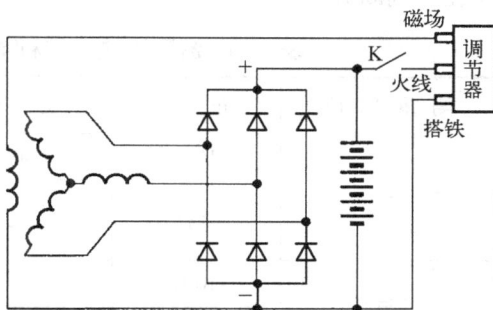

图 2-10　硅整流发电机的励磁电路

(四) 交流发电机的检修

1. 初步检查

交流发电机发生故障修理前,应先进行机械和电气方面的检查或测试,以初步确定故障的部位和程度。

1) 机械方面的检查

(1) 检查外壳、挂脚等处有无裂纹或损坏。

(2) 转动带轮,检查轴承阻力,以及转子与定子之间有无碰擦。

(3) 手持带轮,前后、左右摇晃,以检查前轴承的轴向与径向间隙是否过大。

2) 电气方面的检查

解体前,可用万用表 R×1 档测量发电机各接线柱之间的电阻值,以初步判断发电机内部是否有电气故障及故障所在的部位和程度。

　　测量发电机"F"与"一"(或"E")之间的电阻值,即发电机磁场电路中的电阻值。不同类型的发电机,磁场电路的电阻值不同,一般只有几欧姆。如电阻超过规定值,说明电刷与滑环接触不良;小于规定值,表明磁场绕组有匝间短路;电阻为零,说明两个滑环之间短路或"F"接线柱搭铁;电阻为无限大即表针不动,说明磁场电路有断路处。

　　测量"B"(或"+")与"E"(或"一"),或者测量"B"(或"+")与"F"之间的正、反向电阻值,以判断硅整流二极管有无短路、断路故障。交流发电机"B"与"E"、"B"与"F"之间的正反向电阻值见表2-3。用MF10型万用表"一"(黑)测试棒接触发电机外壳,"+"(红)测试棒接触发电机"B"(或"+")接线柱,测量反向电阻,阻值应为40~50 Ω;交换测试棒,测量正向电阻,如电阻值为无限大即表针不摆动,说明硅整流二极管正常;如正向电阻值在10 Ω左右,说明个别二极管击穿短路;如正向电阻值接近于零或等于零,说明正极管子和负极管子均有击穿短路故障。

表2-3　发电机各接线柱之间的电阻值

接线柱之间的电阻值/Ω 发电机型号	"F"与"一"	"+"与"一"		"F"与"+"	
		反　向	正　向	正　向	反　向
JF11,JF13,JF15,JF21	5~6	40~50	>1 000	50~60	>1 000
JF12,JF22,JF23,JF25	19.5~21	40~50	>1 000	50~70	>1 000

　　测量"N"与"E"(或"一")、"N"与"B"(或"+")之间的正反向电阻值,可进一步判断故障所在。判断方法见表2-4。

表2-4　测量"N"与"一"和"N"与"+"之间的正反向电阻值判断故障

测量部位	正　向	反　向	故　障　判　断
"N"与"E"	10 Ω	1 000 Ω	负元件板或端盖上的三只负极管子良好
	0 Ω	0 Ω	负元件板或端盖上的三只负极管子有短路故障或定子绕组有搭铁故障
"N"与"B"	10 Ω	1 000 Ω	正元件板上的三只正极管子良好
	0 Ω	0 Ω	正元件板上的三只正极管子有短路故障

3) 发电机电压波形检测

　　采用通用型示波器测量发电机输出的电压波形,然后根据波形的显示情况,可以准确而迅速地确定出故障的可能原因或损坏元件。各种电压显示波形及可能损坏的元件分析如图2-11及表2-5中所列。

表2-5　各种电压显示波形对应可能损坏的元件分析

波形	故　障　原　因	波形	故　障　原　因	波形	故　障　原　因
a	正常	d	两个同极二极管短路	g	一个二极管断路
b	两个同极二极管断路	e	一相定子绕组短路	h	两相定子绕组短路
c	一个二极管短路	f	一相定子绕组断路		

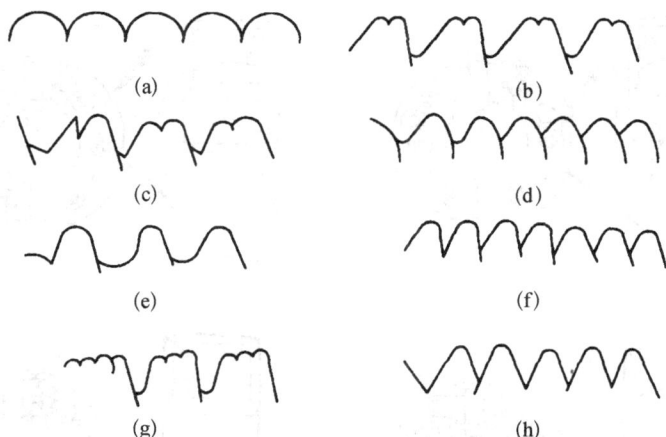

图 2-11　各种电压波形

交流发电机的故障可分为机械故障和电气故障两大类。

机械故障有：滑环表面有油污、烧蚀、失圆，电刷磨损，电刷弹簧弹力不足，轴承磨损，转子轴弯曲，外壳破裂等。

电气故障有：硅整流二极管损坏，转子磁场绕组或定子绕组断路、短路、搭铁等故障。

2. 硅整流器的检修

硅整流二极管的常见故障有断路和短路，如硅整流二极管发生断路、短路故障，则会失去其单向导电性。由于世界各国、各生产厂家生产的发电机在具体结构上有一定差异，因而二极管的安装位置和方法也不尽相同（整流器的外形参见图 2-6），但其故障检查方法基本相同，一般均采用万用表电阻档或用 12 V 蓄电池串接小试灯进行检查。

1）用万用表检查

检查前，应先将二极管与定子绕组间的连接线拆除或脱焊，然后用万用表的 $R \times 1$ 档逐个检查每个硅整流二极管的好坏，检查方法和要求如图 2-12 所示。

将万用表的一个测试棒接触元件板；另一测试棒分别触及该元件板上的三只硅整流二极管的引线，检查其电阻值。然后将测试棒调换过来，重新测量。两次测试，其电阻值应一次大（大于 1 000 Ω 或表针不动），一次小（小于 20 Ω，具体数值与使用的万用表有关）。如万用表指针在两种情况下都摆动，说明二极管短路；如指针在两种情况下都不摆动，则说明二极管断路，短路或断路的二极管均应更换。

2）用 12 V 蓄电池和小试灯进行检查

将 12 V 蓄电池和小试灯串联后按前述方法检查。两种情况测试时，试灯应一次亮一次灭。试灯亮表示二极管电阻小，处于导通状态；试灯灭表示二极管电阻很大，处于截止状态。如试灯在两种情况下均亮，说明二极管短路，如均不亮则说明二极管断路。

3）更换二极管

交流发电机经检查后，发现硅整流二极管断路、短路（击穿）时，必须予以更换。应换用同型号、同极性的二极管。换用的二极管外形尺寸应尽可能合适。

国产汽车交流发电机用二极管的型号的意义为："ZQ20"表示额定正向平均电流为 20 A 的汽车交流发电机用整流二极管。国产 ZQ20，ZQ30，ZQ50 三种型号的二极管均可替代丰

笔记

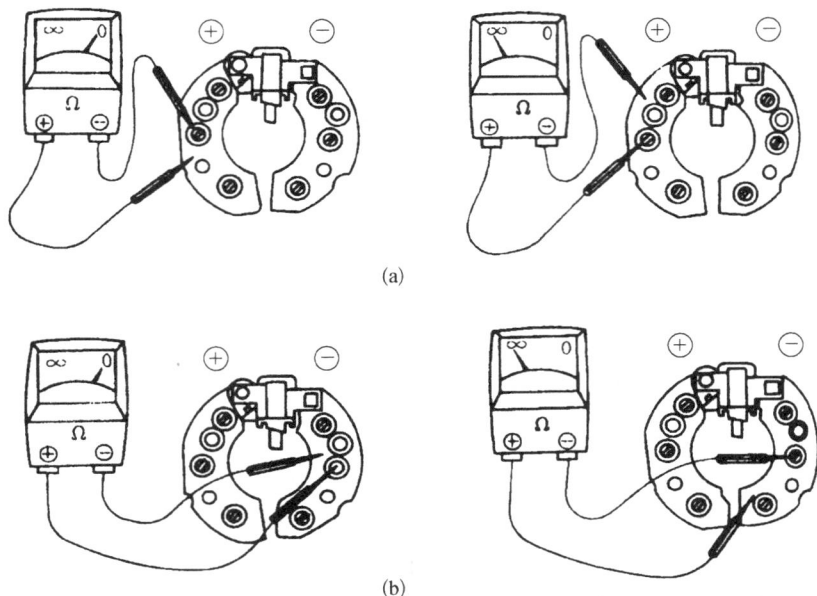

(a)

(b)

图 2 - 12　检测硅整流二极管

（a）检测正元件板上的二极管；（b）检测负元件板上的二极管

田汽车发电机二极管。

　　如果二极管外形尺寸不合适可采用扩孔法（当代用二极管直径大于原二极管座孔直径时采用）、镶套法（当代用二极管直径小于座孔直径时，可在其座孔内镶铜套或垫一层薄铜皮，再将二极管压入）、改装法（若原二极管形状或座孔特殊，无法再扩孔、镶套及加垫铜皮修复时，可另加工适宜的元件板，全部用国产硅整流二极管替代组成桥式整流器，然后安装在发电机上，并接好连线）修理。

　　更换二极管时，需要压出旧管，压入新管。压出或压入元件可用专用的压套和顶套，在小压床或台虎钳上进行，应缓缓将二极管压出或压入。

　　压装二极管严禁敲打，以免损坏元件。二极管与孔的配合必须合适，不能过紧或过松，过盈量应控制在 $0.05\sim0.1$ mm。二极管更换结束以后，要进行一次测量，如无异常，就可进行焊接。由于硅整流二极管不能承受焊接时的高温，所以在焊接时一定要迅速。为此，在焊前一定要把焊接处用刀片或断锯条刮除表面氧化层，使之露出洁净的新金属，并用尖嘴钳夹住焊接二极管中心电极的根部，以防热量传入管内。

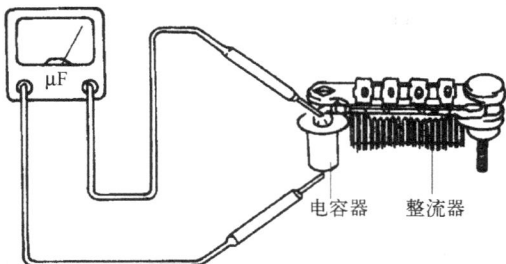

电容器　整流器

图 2 - 13　电容器的检查

4）电容器的检查

　　用万用表 $R\times1$ k 档测量电容器引线与外壳间的电阻，如果在表棒刚接触电容器时，显示某个电阻值，然后指针又迅速自动指向无穷大，表明电容器良好。否则应更换电容器。

　　用电容容量仪检查电容的容量，如图 2 - 13所示。电容器容量为 0.5 μF。

笔记

3. 定子绕组的检修

定子三相绕组的常见故障有短路、断路和搭铁。检查前,先将定子绕组放在垫有橡胶的工作台上,使三相绕组引线端(首端)朝上并保持其与铁芯不接触,然后再逐项进行检查。

1) 搭铁的检查

定子绕组搭铁是指绕组的绝缘损坏而直接与铁芯相通。可利用万用表或交、直流试灯进行检查。用万用表检查时,应将表拨到 $R\times1$ k 档或 $R\times10$ k 档,然后将表的一个测试棒接触定子铁芯 1,另一个测试棒轮流触及三相定子绕组的三个引线头 2,3,4,测得的电阻值应为无限大(即表针不摆动),否则说明定子绕组中有搭铁现象,如图 2-14(a)所示。

用交、直流试灯检查时,试灯不亮为良好,无搭铁故障;如试灯亮,说明有搭铁现象。如发现有搭铁现象,应将三相定子绕组的中性点熔开,重复上述试验,测定搭铁发生在哪一相绕组,然后再按下述方法找出搭铁部位。

如图 2-14(b)所示,将蓄电池、电流表、可变电阻串联起来,将测试线接定子铁芯;另一测试线与搭铁绕组的首端 2 相接。调整可变电阻,使电流表指示值达 5 A 左右,然后用起子在定子铁芯的内圆槽上试探电磁吸力,记下有吸力的线圈。将接搭铁绕组首端 2 的测试线改接在搭铁绕组的末端(熔开的中性点)上,重复上述试验,记下有吸力的线圈。搭铁处就位于两次试验中有吸力线圈的中间部位。

2) 短路、断路或接触不良的检测

如图 2-14(c)所示,将万用表拨到 $R\times1$ 档,然后用两测试棒分别轮流接触三相绕组的

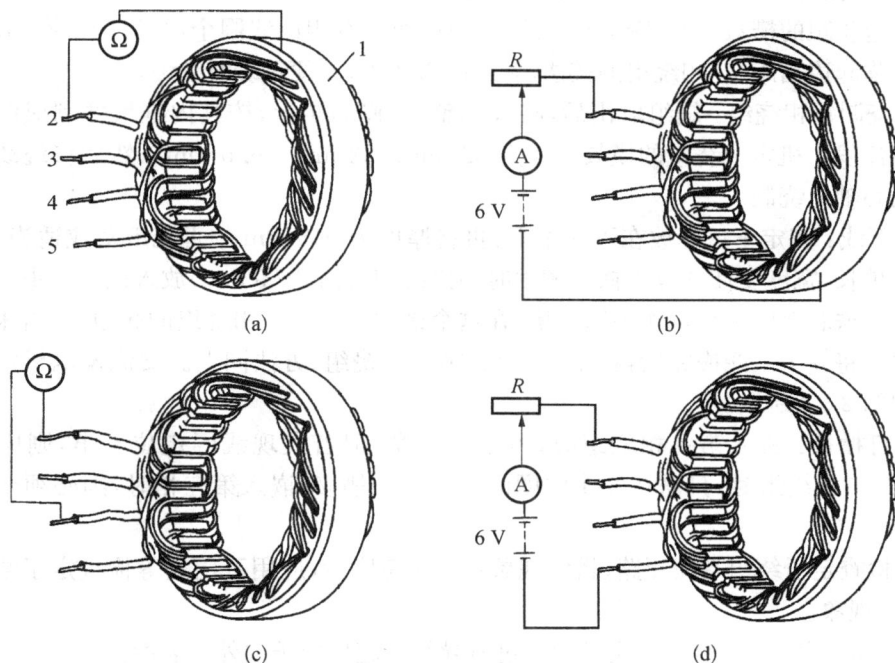

图 2-14 检测发电机的定子绕组

(a)用万用表检测搭铁;(b)用试灯检测搭铁;(c)用万用表检测短路和断路;(d)用试灯检测短路和断路
1—定子铁芯;2,3,4—三相绕组引线;5—中性线

笔记

三个引出线头。若指针读数在 $1\ \Omega$ 以下,为正常;若指针不摆动或大于 $1\ \Omega$,说明有断路或接触不良。

将测试棒轮流接触三相绕组的三个引出线,另一测试棒接中性点,指针不摆动时所在的那一相绕组断路。

检查定子绕组是否有断路或短路故障时,可用一个 $6\ V$ 蓄电池、$10\ A$ 电流表和 $5\ \Omega$ 可变电阻串联起来,分别测量通过每相定子绕组的电流值,如图 2-14(d)所示。在可变电阻不变的情况下,三相绕组上通过的电流值应一致,如某一相绕组通过的电流值过大,则说明这一相绕组有短路故障。无电流为断路。电流过小则为接触不良。

3)定子绕组的局部修理

对有短路故障的单线圈,可将其从槽中撬出,记录好线圈的绕线方向后,剪断前后两连线,取出单线圈后按其原匝数重绕,重绕后嵌入定子槽中。按记录的绕线方向将新线圈的线端与剪断的连线焊接起来,最后经检查、整形、浸漆及烘干后,即可装复使用。

将搭铁的线圈撬出,再用万用表测试,若撬出可疑线圈后,表针由零回到无限大,则证实该线圈确实损坏搭铁。可察看该线圈表面,找出绝缘层损坏的部位,然后用绝缘布包扎,最后进行涂漆烘干即可以装复。

4)定子绕组的重新绕制

定子绕组若有断路、短路和搭铁故障,无法用局部修理法修复时,则应更换或重绕定子绕组。其步骤如下:

(1)取出槽楔,拆除旧绕组:拆除旧绕组时,应记录其每相绕组的各项数据,如每个线圈起边与末边相距的槽数(即线圈节距)、绕制方向、每相绕组的线圈个数、每个线圈的匝数、各相绕组相临起边槽距、三相绕组的接法、导线的直径等,以便重绕时参考。

(2)绕制每相绕组:绕组取出后,将线圈整平、修为矩形,按其内框尺寸制成绕线模型(JF13,交流发电机定子绕组的模具尺寸为 $32\ mm \times 22\ mm \times 6.5\ mm$),然后将绕线模具套在绕线机心轴上绕制。

(3)下线:将定子铁芯放在下线架上,再将厚度为 $0.3\ mm$ 的青壳纸裁成适当大小(长度比铁芯稍长,宽度要使它放入铁芯槽中时高出线槽表面 $8 \sim 9\ mm$)放入铁芯槽中。

以定子铁芯上的定位槽作为第一槽,在这个槽中嵌入第一相绕组的起边,并将末边嵌入规定槽内。将 6 个线圈嵌完后,再下第二相、第三相绕组,方法同上。交流发电机定子绕组展开图如图 2-3 所示。

(4)打槽楔:嵌入第一相绕组时,可不打槽楔,但若发现线圈定位不牢,则应打上槽楔;嵌入第二相绕组时,只需在 6 个线圈的起边打上槽楔,嵌入第三相时,则必须全部打上槽楔。

(5)检查定子绕组有无短路、搭铁现象:嵌线完毕后,应用万用表等检查定子绕组有无短路、搭铁现象。

(6)整形:用木板整形,使定子两端过渡导线不超出定子内外圆表面。

(7)三相绕组的处理:把三相绕组的三个末端焊接在一起,并套上 $\phi 2 \times 25\ mm$ 的绝缘管。若三相定子绕组为"△"形联结时,则应将三相绕组的首末端依次焊接起来。

(8)浸漆处理:为了提高电机线圈的防潮和绝缘性能,必须对线圈进行浸漆和烘干处理。常用的绝缘漆有 1032 三聚胺醇酸漆和 1010 沥青漆等。如漆的黏度过大,可用二甲苯或松节油调稀。浸漆前,应将线圈放入烘箱内预烘 3 h 左右,以除去水分,然后趁热浸入漆中(注意引线应涂以蓖麻油),直至漆内不再冒气泡时取出并滴干余漆,擦去漆瘤和结块,再放入烘箱烘干。

4. 转子的检测

转子的常见故障有:转子轴弯曲、轴颈磨损、滑环烧蚀、磨损不均以及磁场绕组断路、短路和搭铁等。

1) 检查转子轴的圆跳动

如图 2 - 15 所示,作顶针固定转子,其径向圆跳动应不大于 0.10 mm。如超过此值,可用冷压法校正,校正无效时,应更换转子总成。

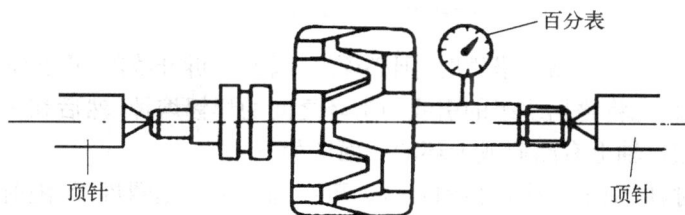

图 2 - 15　检测定子转子轴的圆跳动量

2) 检查转子轴颈的磨损

转子轴颈与滚动轴承的配合一般为 -0.01～+0.02 mm,转子轴、颈与带轮孔的配合为 -0.01～+0.03 mm,超过时,可采用刷镀法等修复。

3) 检查滑环

滑环表面如有轻微烧蚀,可用"00"号细砂布打磨,严重烧蚀、失圆或有较深沟槽时,应予车削。用卡尺测量滑环的磨损情况,如直径小于规定的最小允许值,如丰田汽车发电机滑环标准直径为 32.5 mm,磨损到直径小于 32.1 mm 时,则应更换新滑环。一般发电机要求滑环上的铜环厚度应不小于 1.5 mm,否则应予以更换。

4) 磁场绕组的检查

搭铁是指磁场绕组、绕组的引出线或滑环的绝缘被破坏,使本来应该与转轴绝缘的部位变成了导通。检查磁场绕组故障,一般可利用万用表或交、直流试灯测试转子轴或爪极与滑环是否相通。方法如图 2 - 16(a)所示。将万用表拨至 $R \times 1$ k 或 $R \times 10$ k 档,一个测试棒接触滑环,另一个测试棒触及转子轴或爪极,此时表针应不摆动,即电阻为无限大,说明磁场绕组良好,否则,说明磁场绕组有搭铁现象。

用交、直流试灯检查时,试灯不亮为良好,如试灯亮,则表明磁场绕组有搭铁故障。

检查断路与匝间短路时,将万用表拨到 $R \times 1$ 档,然后将两测试棒分别触及两个滑环,如图 2 - 16(b)所示,如 JF1311 发电机的阻值为 5.3 ± 0.2 Ω,说明磁场绕组良好;如阻值小于规定值,说明磁场绕组有匝间短路;如阻值为无限大,说明磁场绕组断路。

5) 磁场绕组的修理

磁场绕组断路若发生在绕组引线与滑环间的焊接点处,只要重新焊牢即可。若磁场绕

笔记

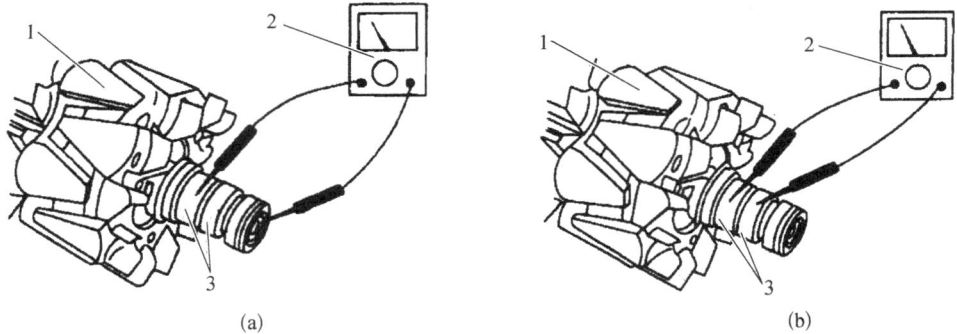

图 2 - 16　励磁绕组的检测

(a) 检测搭铁;(b) 检测断路和短路
1—转子;2—万用表;3—滑环

组烧坏而造成匝间短路、断路或搭铁时,则必须解体转子,拆开线圈,重新绕制。

拆除磁场绕组,先将磁场绕组的引线与滑环之间的焊锡熔掉,然后在手压机或油压机上将转子轴压出(注意,轴上有凸肩或卡环的一面应朝下)。

拆除旧绕组时,应记录导线直径和匝数。可在绕线机上逐圈拆除,随时观察短路和断路处,若故障处在表层,可及时停拆,接好断线或补好绝缘层后重新绕好,经检查无故障后,即可装复使用。若故障在里层,应先按原线径选择新漆包线,重新绕制磁场绕组。无同直径漆包线时,可选用略大于原线径的漆包线。

6) 改变交流发电机磁场绕组搭铁形式的方法

交流发电机按磁场绕组搭铁形式的不同可分为内搭铁式和外搭铁式。内搭铁式交流发电机磁场绕组的一端与端盖上的"E"(或"—"或"搭铁")接线柱相连;另一端与端盖上的"F"(或"磁场")接线柱相连,励磁电流流过调节器、磁场绕组后在发电机内部通过 E 端搭铁回到电源负极;外搭铁式交流发电机磁场绕组两端均与后端盖上的两个绝缘磁场接线柱"F1"和"F2"相连,励磁电流流过磁场绕组后必须在发电机外部通过调节器才能搭铁。内搭铁型发电机与内搭铁型调节器配套,外搭铁型发电机与外搭铁型调节器配套,才能满足励磁电路构成回路的要求。

搭铁形式不同的发电机在代用时,必须进行改装,以改变发电机励磁电路的搭铁形式使其与调节器相配套。

将内搭铁式交流发电机改为外搭铁式交流发电机的方法是:首先将交流发电机搭铁端("E"或"—"或"搭铁")的搭铁片拆下(若搭铁电刷架内部固定有多股搭铁线,也应同时予以拆下),然后使该接线柱及电刷与发电机机壳绝缘即可。

将外搭铁式交流发电机改为内搭铁式交流发电机的方法是用导线或搭铁片将电刷架一端直接搭铁即可。

5. 电刷的检测

电刷的常见故障有磨损和断裂。国产交流发电机电刷高度低于 7 mm 时,一般应予换新;某些进口交流发电机电刷标准外露长度为 12.5 mm,当磨损到外露长度低于 5.5 mm 时,应予更换,另有一些进口汽车交流发电机电刷上有最大磨损极限标志(如三菱汽车发电机电刷),当电刷磨损到标志线时,则应予以换新。北京切诺基电刷长度标准值 22 mm,使用极限 14 mm。

更换电刷的方法如下:

(1) 用电烙铁熔开接线端头,取出电刷和弹簧。

(2) 将新电刷的导线穿过弹簧,然后将电刷和弹簧一起装到电刷架上。

(3) 将电刷引线固定或焊接在电刷架上,焊前电刷的外露长度要符合标准。

(4) 检查电刷在电刷架中运动是否平滑自如。

6. 端盖及传动带轮的检查

发电机端盖不允许有裂纹,安装凸耳孔不得过于松动,否则应镶套修复。端盖上的轴承座孔与轴承外径,以及轴承内径与轴颈的配合过盈量一般为 0.01~0.02 mm;轴承的轴向和径向间隙均不应大于 0.20 mm,滚珠和滚道上不允许有斑点,转动时不应发卡,否则应更换。

带轮内孔与轴的配合过盈一般为 0.01~0.04 mm,若松动时应加工修复。

(五) 交流发电机的性能测试

1. 试验台上检查交流发电机的性能

装复后的发电机,需进行空载和功率试验,即检查发电机的空载发电转速及达到额定功率时的转速。试验方法是将发电机装到试验台上,试验台拖动发电机的转动部分,转速最好是可以调节的。试验时所用仪表及接线方法如图 2-17 所示。

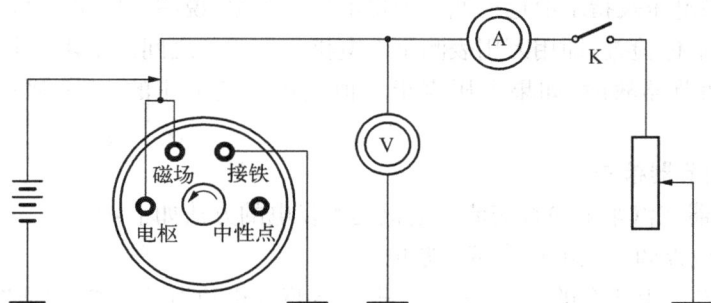

图 2-17 交流发电机的性能测试电路图

试验时,应先用蓄电池对发电机进行励磁,在当发电机转速提高时,用蓄电池的正极线碰一下发电机的磁场接线柱即可。

发电机的性能试验结果应符合规定。如 JF13 型发电机,空载试验:逐渐提高发电机的转速,当电压达到 14 V 时,发电机的转速不应大于 1 000 r/min。满载试验:合上开关 K,逐渐提高转速和减小电阻,当电压为 14 V、输出电流为 25 A 时,发电机转速不应大于 2 500 r/min。

发电机经空载和满载试验后,如发现空载转速或满载转速过高,则表示发电机性能不好。

带有中性点 N 的发电机在试验时,当发电机转速达到额定转速,其电压表指示值应为发电机额定输出电压的 $\frac{1}{2}$。

2. 在汽车上检查交流发电机的性能

1）配装调节器进行检查

在汽车修理作业中，如无任何试验设备，也可在汽车上检查交流发电机的性能好坏。其方法如下：

（1）检查并调整发电机皮带松紧度直至合适为止。

（2）停机，拆掉蓄电池上的搭铁线，拆除交流发电机"B"（或"＋"或"A"）接线柱上的导线。将一只量程为 0～50 A 的直流电流表串接在所拆除导线与"B"接线柱之间，另取一只量程为 0～50 V 的直流电压表，并将其与发电机并联，即将直流电压表的"＋"测试棒接交流发电机的"B"接线柱，"－"测试棒直接搭铁。

（3）断开汽车上所有用电设备的开关，以减小发电机的负载。

（4）接上蓄电池的搭铁线，起动发动机，并逐渐提高其转速，使发电机在略高于其满载转速下运转（相当于发动机转速为 1 000～1 300 r/min，日本汽车发动机转速可升至 2 000 r/min），此时电流表指示值应小于 10 A，电压表指示值应在调节器的限额电压范围内（一般 12 V 电系为 13.8～14.8 V；24 V 电系则为 27～28 V）。

（5）接通汽车上的主要用电设备（如照明、转向灯、暖风等，但不要接喇叭），使电流表指示数值大于 30 A，此时电压表指示值应大于标称电压（即 12 V 或 24 V）。

（6）停机，拆掉蓄电池的搭铁线，拆掉电流表和电压表。然后重新接好交流发电机"B"接线柱上的导线和蓄电池的搭铁线。

试验时，如果电压表指示值远远低于规定电压的下限，说明发电机或调节器有故障。应对发电机进行不解体检查，即用万用表测量发电机各接线柱之间的电阻，当确认发电机无故障时，可断定为调节器故障，如果电压表指示值超过规定电压的上限，则故障多发生在调节器。

2）不配装调节器检查

不配装调节器在汽车上检查交流发电机是否发电的方法如下：

（1）首先应检查调整发电机皮带松紧度。

（2）拆除发电机上所有的导线，另用一根导线将发电机"B"（或"＋"或"A"）与"F"接线柱连接起来。

（3）将万用表拨至 0～50 V 直流电压档，并将其与发电机并联，即表的正测试棒接"B"，表的负测试棒接铁（内搭铁式）。

（4）起动发动机，并用从发电机"B"接线柱上拆下的导线碰一下发电机"B"或"F"接线柱，对发电机进行他励，然后离去。

（5）缓慢提高发动机的转速至中速，同时观察电压表指针摆动情况，若电压表所指示的电压值随发动机转速的增高而升高，说明交流发电机良好，若电压表无指示，说明发电机不发电；若电压表指示值随转速的增高而上升缓慢，说明发电机发电不良。

若无电压表，用一小试灯代替也可。试灯明亮，表明发电机良好，试灯不亮，表明发电机有故障。

3. 就车检查整体式交流发电机是否发电的方法

当发动机在作中速以上运转时，充电指示灯仍旧发亮，说明发电机不充电，可按下列方法对其在汽车上进行检查：

（1）检查并调整三角皮带张力，检查电路中各连接点是否锈蚀、尘污以及有无松动、断路、短路等。

（2）打开发电机后罩盖，先从整体式交流发电机上拆下调节器，再用一根导线将调节器的"F"接线头与"－"接线头相连，然后再将调节器装入发电机后端盖内，使之处于不工作状态。

（3）起动发动机并缓慢提高转速至建压转速，如充电指示灯熄灭，说明发电机发电正常，故障在其调节器中；如充电指示灯仍旧发亮，说明故障在发电机本身。

（六）交流发电机的使用与维护

1. 使用交流发电机的注意事项

（1）蓄电池必须与交流发电机连接正确、牢固，极性不能接错。我国及世界上绝大多数国家均规定汽车电系为负极搭铁。因此，蓄电池也必须为负极搭铁，否则易烧坏硅整流二极管和集成电路调节器（整体式发电机）。发电机运转中，切不可任意接拆下连接线，以免短路烧坏整流器二极管或调节器。当发电机高速运转时，如果蓄电池与发电机连接突然断开，会产生瞬时高压，损坏电子元件。

（2）发电机停止时，应及时断开点火开关（或电源总开关），否则蓄电池将会一直经调节器向发电机磁场绕组等放电，不仅会造成蓄电池过放电，且易烧坏磁场线圈等元器件。

（3）交流发电机与调节器必须按生产厂家规定配套使用。发电机与调节器各接线柱之间必须正确连接。在使用电子调节器时，更应谨慎小心。如果连接不正确，可能在连接的一瞬间，电子调节器已经损坏。虽然发电机及调节器都经发动机机体和车身已搭铁，但两者搭铁接线柱间的连接导线不能省掉。

（4）磁场绕组外搭铁的交流发电机，不能与磁场绕组内搭铁的交流发电机互换，中性点带抽头接线柱的交流发电机不能与带相抽头接线柱的交流发电机互换。

（5）交流发电机不发电时，应及时找出故障部位，并予以排除，不可继续长时间带病运转。因为如有一只硅整流二极管短路，发电机输出电压下降，继续运转就会引起其他硅整流二极管或定子绕组烧坏。

（6）检查二极管性能时，只能使用万用表、欧姆表或 12 V 蓄电池串试灯，绝对禁止使用兆欧表（摇表）或 220 V 交流试灯，以免击穿二极管。

（7）发动机熄火后，应及时断开点火开关。发动机熄火后，如不及时断开点火开关，蓄电池会通过励磁绕组放电，浪费蓄电池电能，同时还容易烧坏发电机励磁绕组或调节器大功率管。

（8）交流发电机运转时，不得用试火花的方法检查发电机是否发电。否则，易损坏硅整流二极管。

（9）不能用短接"试火"的方法检验发电机的工作情况。因为发电机的火线与蓄电池正极是由导线直接连接的，无论发电机工作正常与否，在"试火"时，蓄电池都会短路放电，并且火花很强。用"试火"方法不仅检验不出发电机发电与否，而且容易产生瞬时高压，损坏发电机及调节器电子元件。

（10）发电机安装于发动机上时，必须保证交流发电机带轮槽中心与发动机带轮槽中心

笔记

对齐。三角带的松紧度要合适。过松,容易使三角带打滑,造成发电不足;过紧,容易损坏发电机轴承、V 形带,甚至折断发电机前盖的挂脚。一般三角带张力在三轮(曲轴、水泵和发电机带轮)张紧时,用 30~40 N 力在中心处下 10~15 mm 的距离比较适宜。

(11) 安装 V 形带时,应将木棒放在交流发电机前端盖用力撬,绝对禁止放在后端盖上用力撬,以免后盖受压损坏元件。

(12) 汽车在运行中,一旦发现不充电或充电电流过小,应立即停车检查维修。因为蓄电池容量有限,汽车在运行中单靠蓄电池为各用电设备供电,蓄电池在很短时间内就会把电放完,形成过放电,直接影响蓄电池的寿命。同时,蓄电池放完电汽车被迫停驶后,给查找故障、排除故障、起动发动机都带来很大困难,增加了维修的难度。

2. 交流发电机的维护

使用中应经常保持交流发电机外部清洁、干燥,并检查各接线柱有无松动或插接器是否可靠。汽车每行驶 30 000 km 左右时,应拆开发电机维护一次。维护的主要内容有:

(1) 用压缩空气或皮老虎吹净发电机内部的尘埃,并用汽油清洗各部油污和滚珠轴承。

(2) 检查内部各接线头接触是否可靠。

(3) 清洁滑环,并用"00"号砂布打磨表面烧蚀处。

(4) 检查电刷磨损程度,超过极限,应予以更换。

(5) 检查轴承,如有散架或明显松旷,应予以更换。

(6) 装配轴承时,其内部应填加 1~3 号复合钙钠基润滑脂,且填充量不宜过多,一般为轴承空腔的 $\frac{2}{3}$,否则容易溢出而溅在滑环上,造成滑环、电刷接触不良,而影响发电机正常发电。

四、信息收集与处理

按表 2-6 完成任务 2.1 的信息收集与处理。

表 2-6　信息收集与处理

发电机的作用	
发电机的类型及牌号	
发电机的组成	
发电机如何检查	
发电机的日常维护	

五、制订检修计划

制订交流发电机的结构与检修计划如表 2-7 所示。

表 2-7　制订交流发电机的结构与检修计划

1. 查阅资料，了解车辆发电机类型信息、汽车发电机拆卸作业注意事项 2. 查阅维修手册，学习交流发电机的检修方法，制订交流发电机检修计划		
1. 车辆发动机类型信息描述	车辆描述	
	发动机类型描述信息描述	
计 划 项 目	计　划　内　容	
交流发电机结构认识	说出交流发电机的组成及各零件的作用	
交流发电机的拆装	对交流发电机进行拆解	
交流发电机各部件的检修	对交流发电机各部件进行检修	
交流发电机的性能测试	对交流发电机进行各项性能测试	

六、实施检修作业

对交流发电机实施检修作业如表 2-8 所示。

表 2-8　交流发电机的结构检修

任务 2.1　交流发电机的结构与检修作业任务书			
1. 了解交流发电机的检测与维护安全事项 2. 会正确对汽车交流发电机进行维护保养			
1. 车辆信息描述	车辆描述		
	交流发电机类型描述		
2. 交流发电机的检测与维修描述			
3. 交流发电机的检测与维修	检查项目	作业要领及技术标准	检查记录
	转子总成	(1) 检查转子轴的圆跳动 (2) 检查转子轴颈的磨损 (3) 检查滑环 (4) 磁场绕组的检查	
	定子总成	(1) 搭铁的检查 (2) 短路、断路或接触不良的检测	
	硅整流器	(1) 用万用表检查 (2) 用 12 V 蓄电池和小试灯进行检查	
	电刷	(1) 电刷的高度 (2) 弹簧的弹力	
检查与维修结论			

笔记

七、检验评估

检验评估如表 2-9 所示

表 2-9 检验评估

评价指标	检验说明	检验记录
维护检查项目	➤ 转子总成的测试 ➤ 定子总成的测试 ➤ 硅整流器的测试	
汽车交流发电机整体情况		

评价内容	检验指标	权重	自评	互评	总评
检查任务完成情况	1. 完成任务过程情况	4			
	2. 任务完成质量				
	3. 在小组完成任务过程中所起作用				
专业知识	1. 能描述交流发电机的作用	4			
	2. 能描述交流发电机的结构				
	3. 能描述交流发电机的牌号含义				
	4. 会描述交流发电机各组成的检测内容				
	5. 会描述交流发电机的日常维护要领				
职业素养	1. 学习态度：积极主动参与学习	2			
	2. 团队合作：与小组成员一起分工合作,不影响学习进度				
	3. 现场管理：服从工位安排、执行实训室"5S"管理规定				
综合评议与建议					

项目拓展

想一想：

1. 发电机与电动机有什么联系与区别呢？

2. 汽车发电机与家用发电机有什么区别呢？

任务 2.2　汽车发电机充电电路检修

一、任务导入与要求

任务导入	当你驾车行驶时、突遇发电机不发电的故障时,车辆将很快因缺电而被迫抛锚停驶,怎么办呢?
目标要求	1. 掌握汽车发电机充电电路类型和工作原理 2. 掌握汽车发电机充电电路技术检查技能 3. 提高维修接待与人交往的素质
学习步骤	发电机充电电路的组成→发电机充电电路工作原理→检修方法→故障排除举例
任务实施	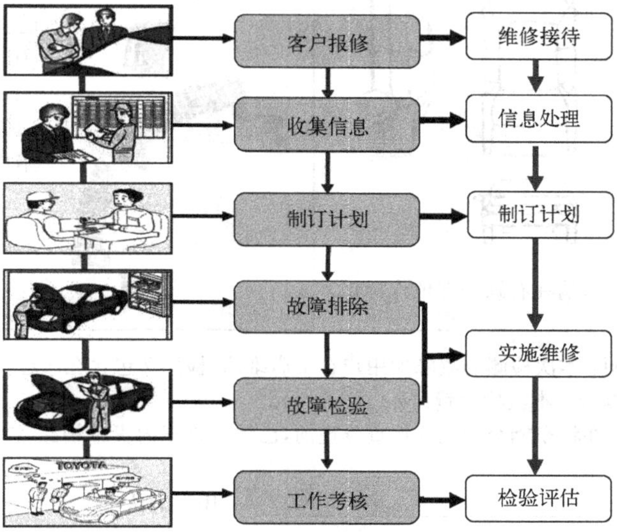

二、维修接待

按照表 2-10 完成待修车辆的维修接待,并准确填写接车问诊表。

表 2-10　维修接待与接车问诊表

1. 通过询问客户了解汽车发生故障情况,填写接车问诊表 2. 车间检测初步确认汽车充电电路有故障,需要进行检修

接车问诊表

车牌号:＿＿＿＿＿＿＿　　车架号:＿＿＿＿＿＿＿　　行驶里程:＿＿＿＿＿＿＿(km)

用户名:＿＿＿＿＿＿＿　　电　话:＿＿＿＿＿＿＿　　来店时间:＿＿＿/＿＿＿

用户陈述及故障发生时的状况:**捷达汽车充电指示灯常亮**

故障发生状况提示:**行驶速度、发动机状态、发生频度、发生时间、部位、天气、路面状况、声音描述**

续　表

接车员检测确认建议：**需要对充电系进行检查**

车间检测确认结果及主要故障零部件：**调节器损坏，更换调节器**

车间检查确认者：_____

外观确认：

（请在有缺陷部位作标识）

功能确认：（工作正常√　不正常×）

☐音响系统　☐门锁（防盗器）　☐全车灯光　☐工具
☐后视镜　　☐顶窗　　　　　☐座椅　　☐点烟器
☐玻璃升降器　☐玻璃

物品确认：（有√　无×）

☐贵重物品提示
☐工具　☐备胎　☐灭火器
☐其他（　　　　　　）
旧件是否交还用户　☐是　☐否
用户是否需要洗车　☐是　☐否

- 检测费说明：本次检测的故障如用户在本店维修，检测费包含在修理费用内；如用户不在本店维修，请您支付检测费。本次检测费：¥_____元。
- 贵重物品：在将车辆交给我店检查修理前，已提示将车内贵重物品自行收起并保存好，如有遗失恕不负责。

接车员：_____　　　　用户确认：_____

三、相关知识

（一）电压调节器的作用

发电机在汽车上是按固定的传动比由发动机来驱动的，因此发动机的转速决定了发电机的转速。交流发电机必须与电压调节器配合工作。这是因为交流发电机在结构一定、磁场强度不变的条件下，其输出电压大小与发电机的转速成正比；而发电机由发动机带动，其转速则由发动机转速所决定。汽车正常行驶时，发动机转速变化范围很大，对发电机输出电压的大小影响极大。为使发电机电压在不同的转速下，自动调节输出电压，电压调节器通过控制发电机的励磁线圈的电流，使其电压保持在一定范围，以防止发电机输出电压过高而烧坏用电设备和蓄电池过充电。

（二）电压调节器的分类

交流发电机所用的电压调节器种类繁多，交流发电机调节器按结构和工作原理可分为机械电磁振动式和电子调节器两大类。总体上分类如下：

笔记

1. 电磁振动式调节器

电磁振动式调节器是利用触点的反复断开和闭合改变励磁电路的电阻来调节励磁电流。

2. 电子式调节器

（1）电子式调节器按结构可分为分立元件式和集成电路式两种类型。

分立元件式调节器是指利用分立的电子元件组成调节器，如解放 CA1091 型载货汽车用 FTD106 型电子调节器，东风 EQ1090 型载货汽车用 FTD149 型电子调节器。

集成电路式调节器是指利用集成电路（IC）组成的调节器，目前大多数汽车如东风EQ2102 型越野汽车、斯太尔 SX2190、北京切诺基、奥迪轿车捷达、桑塔纳、天津夏利、长丰猎豹 PAJERO 汽车等都采用了集成电路调节器。

（2）电子式调节器按搭铁型式可分为内搭铁型和外搭铁型两种。

内搭铁型调节器是指与内搭铁型交流发电机配套使用的调节器，如 FTD146 型调节器。

外搭铁型调节器是指与外搭铁型交流发电机配套使用的调节器，如 FTD106 型调节器。

（3）电子调节器按结构型式分为可拆式和密封式。

可拆式的盖子与底座是用螺钉连接的，可拆开检修或更换元器件。

密封式的电子元器件装入后用树脂封装。如果损坏，只能更换调节器总成。

3. 汽车发电机调节器的型号编制方法

根据汽车行业标准 QC/T73—1993《汽车电气设备产品型号编制方法》规定，国产汽车发电机调节器型号编制方法如下五部分组成：（1）—（2）—（3）—（4）—（5）。

（1）产品代号：交流发电机调节器的产品代号为 FT，FTD 两种，分别表示电磁式调节器和电子式调节器（字母"F"，"T"，"D"分别为"发"，"调"，"电"字汉语拼音第一个大写字母）。老标准 JB1546—1983 规定，"JFT"表示晶体管发电机调节器，J 表示"晶"字。

（2）电压等级代号与交流发电机相同号。即"1"表示 12 V；"2"表示 24 V；"6"表示 6 V。

（3）结构型式代号：调节器的结构型式代号用一位阿拉伯数字表示，数字"4"表示分立元件式；数字"5"表示集成电路式。

（4）设计序号：按产品设计先后顺序，用 1～2 位阿拉伯数字表示。

（5）变形代号：以汉语拼音大写字母 A，B，C，…顺序表示（但不能用 O 和 I 两个字母）。

例如：FTD152 表示电压等级为 12 V 的集成电路式调节器，第二次设计（旧标准JB1546—1983 规定的型号为 JFT152）。

（三）电压调节器的工作原理

1. 单级电磁式调节器

图 2-18 为 FT111 型单级电磁式电压调节器电路图。其调节器只有一对触点，因而仅能调节一级电压。为了有效地减小触点断开时的火花，延长触点的使用寿命，在该调节器中增加了触点灭弧系统。

工作原理：

接通点火开关，蓄电池经触点 K 向发电机磁场绕组供电，进行他励建立电动势。当发电机转速升高到其端电压高于蓄电池电动势时，发电机他励转为自励正常发电。随着发电机转速

笔 记

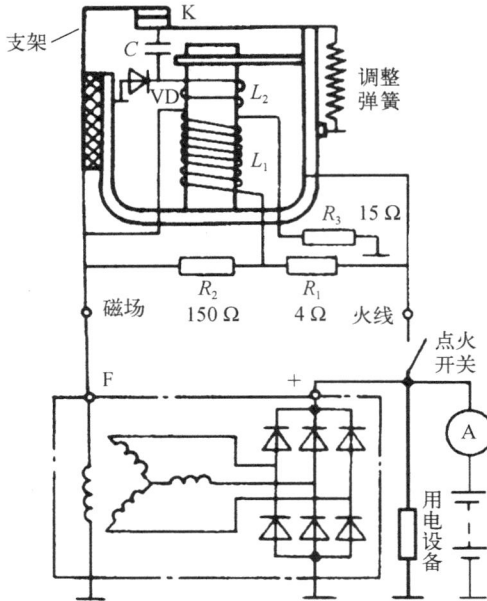

图 2-18 FT111 型单级电磁式电压调节器

R_1—加速电阻；R_2—调节电阻；R_3—温度补偿电阻（80 Ω）；L_1—磁化线圈；L_2—退磁线圈；C—电容器；VD—二极管

的继续升高，当其端电压稍高于调节电压时，在磁化线圈 L_1（8.8 Ω）的电磁力作用下，吸下衔铁打开触点 K，使电阻 R_1（4 Ω），R_2（150 Ω）串联接入磁场电路，减小了磁场电流，发电机端电压下降；当发电机端电压降至略低于调节电压时，触点 K 重又闭合，电阻 R_1，R_2 被短路，磁场电流增大，发电机电压又上升。如此反复，触点 K 不断地振动，调节磁场电流，使发电机电压保持一个稳定值。

2. 电子式调节器

传统的交流发电机配用电磁式调节器，靠触点开、闭工作，当发电机转速变化、调节磁场电流迅速下降时，在触点间产生火花，使触点氧化、烧蚀，严重时发电机不能正常工作，需要经常维护。电磁式调节器的结构复杂、体积和质量大，需要经常正确地调校。由于动铁的机械惯性和磁滞惯性较大，工作频率低，输出电压脉动大。同时触点振动产生火花而形成电磁波会干扰无线电。

为了克服电磁式调节器的上述缺点，现代汽车上广泛使用了电子式调节器。电子电压调节器比触点电磁振动式调节器好，其优点是结构简单、工作可靠、故障少。由于电子调节器没有触点，故不会产生触点火花，因而对无线电设备的干扰较小，其次是使用寿命长。

各种调节器都是通过调节磁场电流 I_f，改变磁极磁通，使发电机输出电压 U 在调节电压上下限 U_2，U_1 之间脉动，从而保持平均电压 U_f 不变。电子式调节器是利用三极管的开关特性，使磁场电流接通与切断来调节发电机磁场电流。

1）外搭铁型电子调节器的工作原理

外搭铁型电子调节器由电压信号输入电路、信号放大与控制电路、功率放大电路以及保护电路四部分组成。其控制电路如图 2-19 所示。

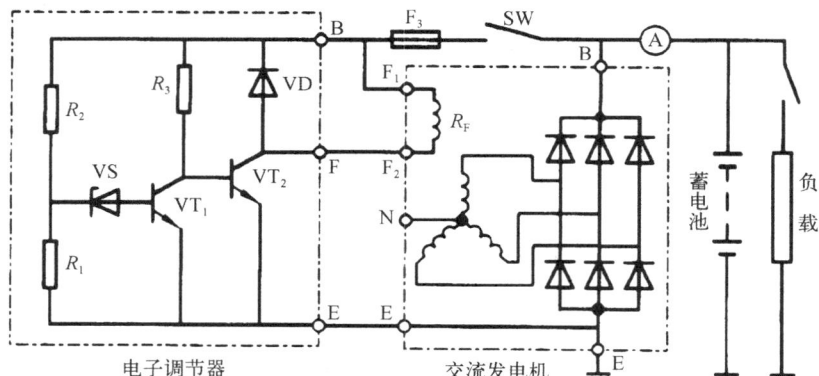

图 2-19 外搭铁型电子调节器电路

笔记

（1）电路分析：

电阻 R_1，R_2 和稳压管 VS 构成电压信号输入电路，电阻 R_1，R_2 串联在交流发电机输出端子"B"与搭铁端子"E"之间，构成一只分压器，直接监测发电机输出电压 U 的变化，从分压电阻 R_1 上取出发电机输出电压 U 的一部分 U_{R_1} 作为调节器电压信号输入，R_1 上的分压为

$$U_{R_1} = \frac{R_1}{R_1 + R_2} U$$

上式可见，发电机电压 U 升高时，分压电阻 R_1 上的分压值 U_{R_1} 升高；反之，当发电机电压 U 下降时，分压值 U_{R_1} 下降。

稳压管 VS 是传感元件，一端连接三极管 VT_1 的基极，另一端接在分压电阻 R_1，R_2 之间。VS 与三极管 VT_1 的发射结串联，再与分压电阻 R_1 并联，从而监测发电机电压的变化，并控制三极管 VT_1 导通与截止。当发电机电压 U 高于或等于调节电压上限值 U_2 时，R_1 两端的分压值 U_{R_1} 达到或超过稳压管 VS 的稳定电压 U_W（稳压管导通时，其两端保持不变的电压值）与三极管 VT_1 发射结压降 U_{be1}（锗管的 $U_{be1}=0.2\sim0.3$ V；硅管的 $U_{be1}=0.6\sim0.7$ V）之和时，稳压管 VS 和三极管 VT_1 导通；反之，当发电机电压 U 下降到调节电压下限值 U_1，R_1 两端的分压值 U_{R_1} 低于稳压管 VS 的稳定电压 U_W 与三极管 VT_1 发射结压降 U_{be1} 之和时，稳压管 VS 和三极管 VT_1 截止。

稳压管 VS 导通条件为

$$U_{R_1} = \frac{R_1}{R_1 + R_2} U_2 \geqslant U_W + U_{be1}$$

稳压管 VS 截止条件为

$$U_{R_1} = \frac{R_1}{R_1 + R_2} U_1 < U_W + U_{be1}$$

三极管 VT_1 和电阻 R_3 构成信号放大与控制电路，其功用是将电压信号输入电路输入的信号进行放大处理后，控制功率三极管 VT_2 导通与截止。电阻 R_3 既是三极管 VT_1 的负载电阻，又是功率三极管 VT_2 的偏流电阻。三极管 VT_1 为小功率三极管，接在大功率三极管 VT_2 的前一级，起功率放大作用，也称前级放大。

功率三极管 VT_2 通常采用达林顿三极管构成功率放大电路，VT_2 为 NPN 型大功率三极管，串联在磁场绕组与搭铁端子之间，构成外搭铁型调节器。磁场绕组的电阻为 VT_2 的负载电阻。VT_2 导通时，磁场电流接通；VT_2 截止时，磁场电流切断。因此，通过控制三极管 VT_2 的导通与截止，就可改变磁场电流而使发电机输出电压稳定。

（2）调节器的工作过程：

电子调节器是利用三极管的开关特性，将大功率三极管作为开关串联在发电机磁场电路中，根据发电机输出电压的高低，控制三极管导通与截止来调节发电机磁场电流，从而使发电机输出电压稳定在某一规定的范围之内。发电机电压调节过程如下所述。

当接通图 2-19 中点火开关 SW，发电机未转动或转速低，电压 U 低于蓄电池电压时，蓄电池电压经点火开关 SW 加在分压电阻 R_1，R_2 两端。由于发电机电压低于调节电压上限

笔记

值,因此分压电阻 R_1 的电压满足 $U_{R_1} < U_w + U_{be1}$,VT_1 基极无电流流过,VT_1 截止。此时蓄电池经点火开关、电阻 R_3 向三极管 VT_2 提供基极电流,VT_2 导通并接通磁场电流,其电流回路为:蓄电池正极→电流表 A→点火开关 SW→熔断丝 F_3→发电机"磁场"端子"F_1"→发电机磁场绕组 R_F→发电机"磁场"端子"F_2"→调节器"磁场"端子"F"→三极管 VT_2(c→e)→调节器"搭铁"端子"E"→发电机"搭铁"端子"E"→蓄电池负极。此时若发电机转动,则其电压将随转速升高而升高。

接通点火开关 SW,发电机电压 U 低于蓄电池电压时,三极管 VT_1 截止,三极管 VT_2 导通,磁场电流 I_f 接通,发电机磁场电流由蓄电池供给而发电。

当发电机电压 U 上升到高于蓄电池电压,但低于调节电压上限值 U_2 时,VS 与 VT_1 仍然截止,VT_2 保持导通。其磁场电流回路:发电机定子绕组→正极管→发电机"输出"端子"B"→点火开关 SW→熔断丝 F_3→发电机"磁场"端子"F_1"→发电机磁场绕组 R_F→发电机"磁场"端子"F_2"→调节器"磁场"端子"F"→三极管 VT_2(c→e)→调节器"搭铁"端子"E"→发电机"搭铁"端子"E"→发电机负极管→定子绕组。磁场电流由发电机供给,自激发电。

随着发电机转速升高,其电压升高到调节电压上限值 U_2 时,VS,VT_1 导通,VT_2 发射结几乎被 VT_1 短路,流过电阻 R_3 的电流经 VT_1 集电极和发射极构成回路,VT_2 因无基极电流而截止,磁场电流被切断,磁极磁通迅速减少,发电机电压迅速下降。

当发电机电压降到调节电压下限值 U_1 时,VS,VT_1 截止,VT_2 导通,磁场电流接通,发电机电压重又升高。

当发电机电压再次升高至调节电压上限值 U_2 时,调节器重复(3),(4)的过程,将发电机电压控制在某一平均值 U_r 不变。

在 VT_2 由导通转为截止瞬间,磁场绕组产生的自感电动势(F_2 端为正,F_1 端为负),经二极管 VD 构成回路放电,防止 VT_2 击穿损坏。VD 称为续流二极管,构成保护电路,其功用是防止磁场绕组产生的自感电动势击穿功率三极管 VT_2。

2)内搭铁型电子调节器的工作原理

内搭铁型电子调节器的基本电路如图 2-20 所示。

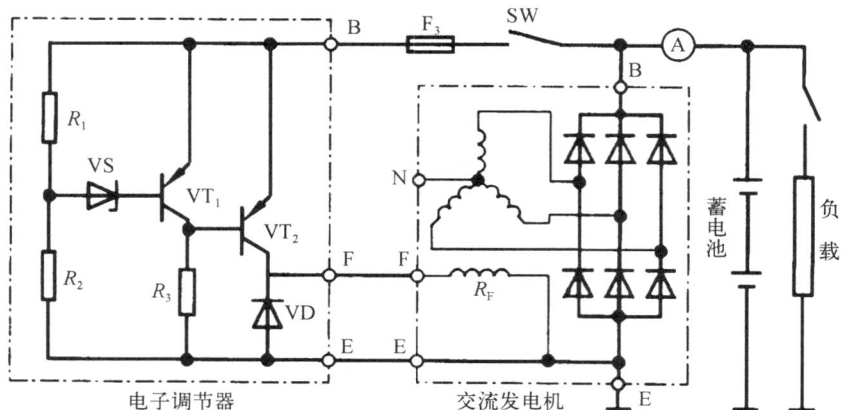

图 2-20　内搭铁型电子调节器电路

其电路组成和工作原理与上述外搭铁型电子调节器基本相同。其大功率三极管 VT_2 为 PNP 型三极管(外搭铁型为 NPN 型三极管),且串联在调节器的电源端子"B"与磁场绕组之间(外搭铁型串联在"F"与"E"之间)。

在使用中,内搭铁型电子调节器只能与内搭铁型交流发电机配用,外搭铁型电子调节器只能与外搭铁型交流发电机配用。否则交流发电机的磁场绕组将与电子调节器的大功率三极管并联连接,磁场绕组将无电流流过,发电机不能正常输出电压。

(四)电压调节器的检修

1. 判断晶体管调节器好坏的方法

1)测量磁场电流法

即在调节器"F"与发电机"F"接线柱之间串联一只量程为 10 A 的直流电流表,使交流发电机运转,通过测量磁场电流与发电机转速的变化规律来判断调节器的好坏,如图2-21所示。

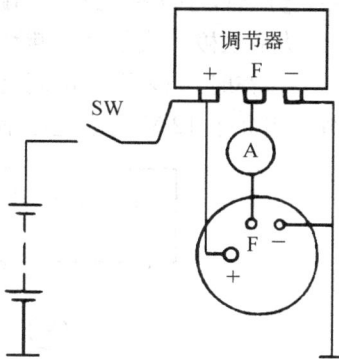

图 2-21 测量磁场电流法

发动机转速上升时,如果电流表的指针一直指示在 0 位不动,说明晶体管调节器中大功率三极管(或复合管)断路,或稳压管、小功率三极管短路;如电流表在低速时有较稳定的指示值,当转速超过 800~1 000 r/min 以后,指示值随转速升高而不断增大,则为大功率三极管(或复合管)短路,或稳压管、小功率三极管断路;如电流表在低速时有较稳定的指示值,在转速升高到 800~1 000 r/min 以后,随着转速的升高,电流表指示值逐渐减小,则调节器良好。

2)用可调直流稳压电源(蓄电池)和试灯检查

其方法是用可调直流稳压电源(输出电压为 0~30 V,电流为 5 A)和一只 12 V(或 24 V),20 W 的汽车灯泡代替发电机磁场绕组,按图 2-22 接线进行试验。

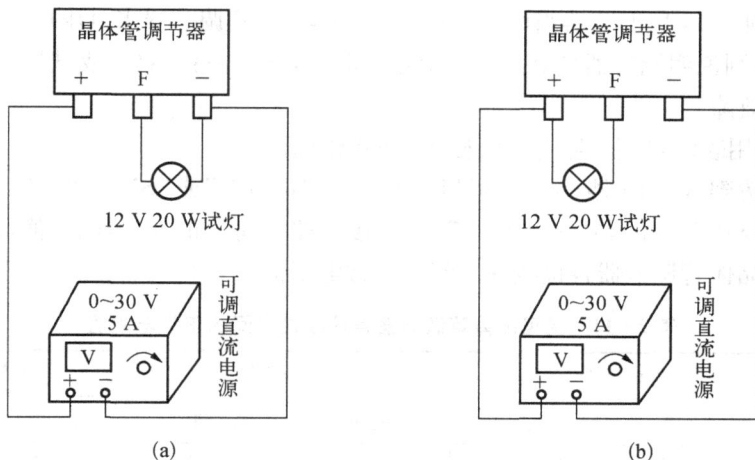

图 2-22 用可调直流电源和试灯检查调节器的好坏

(a) 内搭铁式调节器;(b) 外搭铁式调节器

检查内搭铁晶体管调节器时,试灯应接在调节器"F"与"-"接线柱之间(试灯要搭铁)。检查外搭铁晶体管调节器时,试灯则应接在调节器"F"与"+"接线柱之间(试灯不搭铁)。

调节直流稳压电源,使其输出电压从零逐渐升高,14 V调节器当电压升高到6 V(28 V调节器电压升高到12 V)时,试灯开始点亮,随着电压的不断升高,试灯逐渐变亮。14 V调节器,当电压升高到14±0.5 V(28 V调节器当电压升高到28±1 V)时,试灯应立即熄灭。继续调节直流稳压电源,使电压逐渐降低,试灯又重新变亮,且亮度随电压的降低逐渐减弱,则说明调节器良好。

电压超过调节电压值时,试灯仍不熄灭,说明调节器有故障(大功率三极管或复合管短路,稳压管、小功率三极管断路),已不能起调节作用;如试灯一直不亮,也说明调节器有故障(大功率三极管或复合管断路,稳压管、小功率三极管短路),不能接通磁场电路。

检查时,如果没有可调直流稳压电源时,14 V调节器可用2个蓄电池串联代替,28 V调节器用3个12 V的蓄电池串联,按图2-23接线。

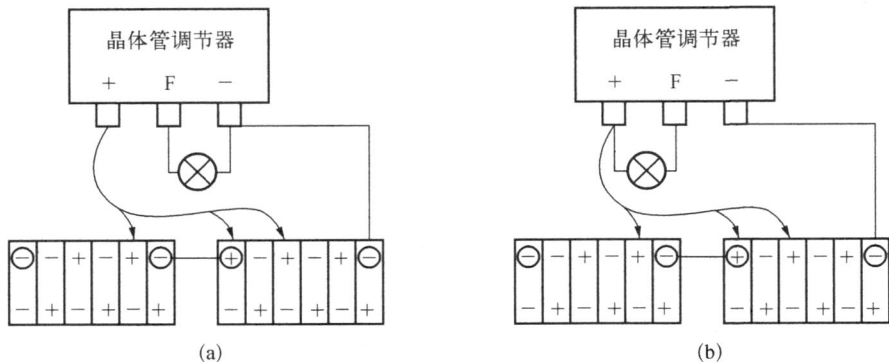

图 2 - 23　用蓄电池和试灯检查调节器的好坏

(a) 内搭铁式调节器;(b) 外搭铁式调节器

试验时,应将调节器的"＋"端逐级接触蓄电池单格电池的正极,使电压逐渐增高,试灯亮度将逐渐增强。14 V调节器当电压接近14～16 V,28 V调节器当电压接近28～30 V时,试灯立即熄灭,则说明调节器良好。如在上述试验中,试灯一直不亮,或试灯一直亮,均说明调节器损坏有故障。

3) 利用万用表测量调节器各接线柱之间的电阻值

将万用表拨到R×10档,分别测量调节器"＋"("D＋"或"S")与"－"(或"E"),"＋"("D＋"或"SD)与"F","F"与"－"(或"E")三个接线柱之间的正、反向电阻值,以判断调节器的好坏。常见晶体管调节器各接线柱之间的正常电阻值见表2-11。

表 2 - 11　常见晶体管调节器各接线柱之间的正常电阻值

端子 调节器型号	"＋"与"－"		"＋"与"F"		"F"与"－"	
	正向	反向	正向	反向	正向	反向
FTD121	200～300	200～300	90	>50 k	110	>50 k
FTD241	400～500	400～500	110	>50 k	110	>50 k
FTD126	(1.5～1.6)k	(1.5～1.6)k	(4.6～5)k	(7.8～8)k	5.5 k	(6.5～7)k
FTD246	3 k	3 k	(4.6～5)k	(9.5～10)k	5.5 k	8.5 k
FTD141	(1.2～1.6)k	(3.5～4)k	500～700	(5.7～7.5)k	550～600	(3.9～4)k

如"＋"与"F"之间正、反向电阻值均为0,则可能是小功率或大功率三极管击穿短路。

如"＋"与"F"之间的正、反向电阻均很大,则可能是小功率或大功率三极管断路。

集成电路调节器的检查:

1)就车检测内装集成电路调节器的调节电压

(1)检查蓄电池是否已充足电,不足时,应予充足,检查并调整发电机风扇传动带松紧度。

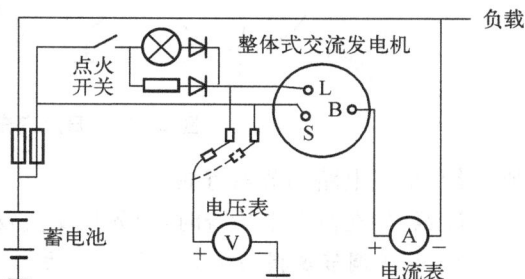

图2-24　就车检测内装集成电路调节器接线图

(2)关掉点火开关(转到"OFF"),拆下蓄电池搭铁线。

(3)在交流发电机"L"或"S"接线柱与搭铁接线柱之间并联一只数字式电压表,如图2-24所示,将电压表的"＋"极接"L"或"S"接线柱,电压表的"一"极接搭铁线或蓄电池负极。

(4)拆下交流发电机"B"接线柱上的导线,在"B"接柱和已拆下的输出线之间串联一只量程为0~100 A的直流电流表,如图2-24所示。

(5)接上转速表,装上蓄电池搭铁线,接通点火开关(转到"ON"),观察电压表的数值:"L"接线柱的数值应为2~5 V,"S"接线柱的数值应为蓄电池端电压,如电压表显示值为0 V,则可能是"L"或"S"接线柱与蓄电池正极之间接线不良或熔断器烧断。

(6)起动发动机,关掉所有辅助用电设备和灯,将发动机转速缓慢上升到2 500 r/min,当电流表指示值降到10 A时,读取电压表的数值,该电压值即为内装集成电路调节器的调节电压,其值如符合表2-12的规定值,说明调节器工作正常,否则说明调节器或发电机有故障,应解体发电机进行检修。

表2-12　调节器的调节电压值

调节器温度/℃	-20	20	60	80
调节电压值/V	14.5~15.1	14.1~15.7	13.7~14.3	13.5~14.1

(7)测试完毕后,应将发动机降至怠速,关掉点火开关。拆下蓄电池搭铁线,摘除电流表、电压表和转速表,并恢复充电系统的连线。

2)用可调直流稳压电源检查日产汽车内装集成电路调节器好坏

在发电机不解体的情况下,利用0~30 V的可调直流稳压电源和量程为5 A的电流表进行检查。其接线方法如图2-25所示。

在蓄电池正极和交流发电机"L"接线柱之间串联一只量程为5 A的电流表,如无电流表,也可用12 V/25 W的汽车灯泡代替(对24 V电系的调节器可用24 V/25 W的汽车灯泡代替),再将可调直流稳压电源的"＋"接至交流发电机的"S"接线柱,"一"接至交流发电机外壳(搭铁)。调节直流稳压电源,使电压缓慢升高,观察电流表或试灯的变化,当电流表指针指示0 A或试灯熄灭瞬间,可调直流稳压电源所指示的电压值就是集成电路调节器的调节电压值,如该值为13.5~14.5 V(对24 V电系为27~29 V),说明集成电路调节器正常,否

笔记

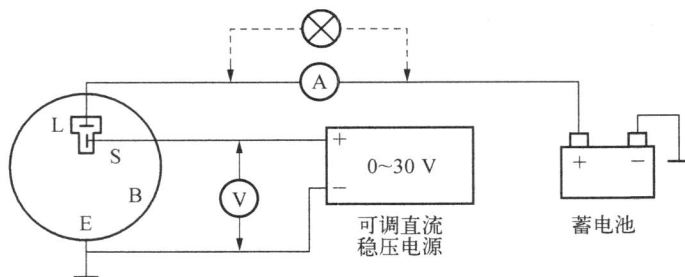

图 2 - 25　日产汽车集成电路调节器的检查

则,说明集成电路调节器有故障。

注意,如在汽车上检查时,应先从交流发电机上拆下蓄电池的连接线,并不要使它搭铁。

2. 电压调节器搭铁型式的判断方法

试灯接在"−"(或"D−")与"F"接线柱之间发亮,而接在"+"(或"D+"或"S")与"F"接线柱之间不亮,则该调节器为内搭铁式调节器,如图 2 - 26(a)所示;反之,如果灯泡接在"+"(或"D+"或"S")与"F"接线柱之间发亮,而接在"−"(或"D−")与"F"之间不亮,则该调节器为外搭铁式调节器,如图 2 - 26(b)所示。

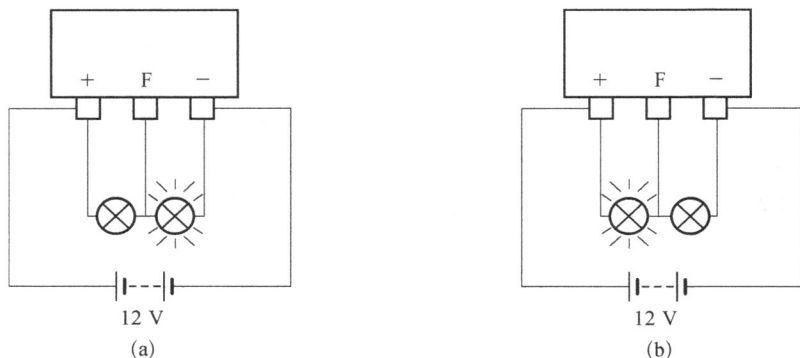

图 2 - 26　判断晶体管调节器搭铁型式的方法

(a) 内搭铁式调节器;(b) 外搭铁式调节器

调节器有"D+","B","F"和"D−"四个引出端时,试验时,可先将"D+"与"B"连接为一点,然后再进行测试。如调节器有五个引出端,即"D+","B","F","D−"和"L"时,试验时,应将"L"端悬空,并将"D+"与"B"连接为一点,再按上述方法试验即可。

(五) 电源系统线路检修

1. 外置调节器电源系统接线

外置的电子式调节器有 2~7 条线,各条线的功用如下。

日本生产的调节器引出线的标号为:

"IG"——接点火开关;

"B"——接蓄电池正极;

"S"或"R"——接蓄电池正极,电压信号输入;

"L"——接交流发电机磁场二极管输出端和充电指示灯;

"F"——接交流发电机的"F"端(外搭铁型发电机有 F_1、F_2之分);

"E"——接交流发电机的"E"端;

"N"——交流发电机中点线输出端,有时接充电指示灯继电器。

法国与德国,特别是博世(BOSCH)公司生产的调节器有三个接线端:

"D+"——接交流发电机三个磁场二极管的输出端"D+";

"D−"——接交流发电机的"−"(搭铁)端;

"D_F"——接交流发电机的"F"(磁场)端。

个别产品有第四个接线柱"61",接过电压保护继电器。

"+","D+"为调节器的电源接线柱;"F","D_F"为磁场接线柱;"E","D−","−"为搭铁。识别调节器引脚,可先找出上述三只主要引脚,然后再通过观察它与其他电器的连接情况来确定。一般有如下规律:与充电指示灯相连接一般为"L"端;"B"或"S"一般为取样电压输入端。

2. 各种调节器电源系统接线的举例

1) 两条线的调节器

东风 EQ1091 型汽车的调节器为内搭铁型,只有两条线,如图 2-27 所示。

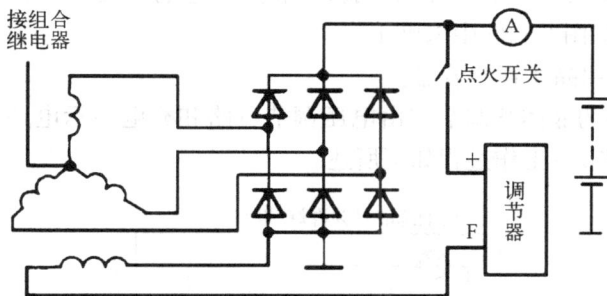

图 2-27 EQ1091 型汽车电源系统的电路图

2) 三条线的调节器

三条线调节器电路如图 2-28 所示。解放 CA1091 型汽车的调节器为外搭铁型,增加了组合继电器,如图 2-28 所示。

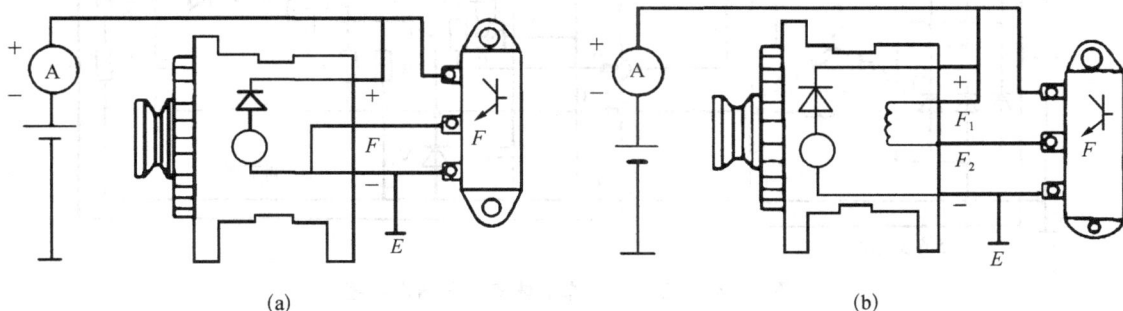

图 2-28 三条线的调节器电路

(a) 内搭铁;(b) 外搭铁

笔记

3）五条线的调节器

（1）日立公司的蓄电池电压取样调节器电路。

图 2-29 所示为日本日立公司生产的蓄电池电压取样调节器电路。

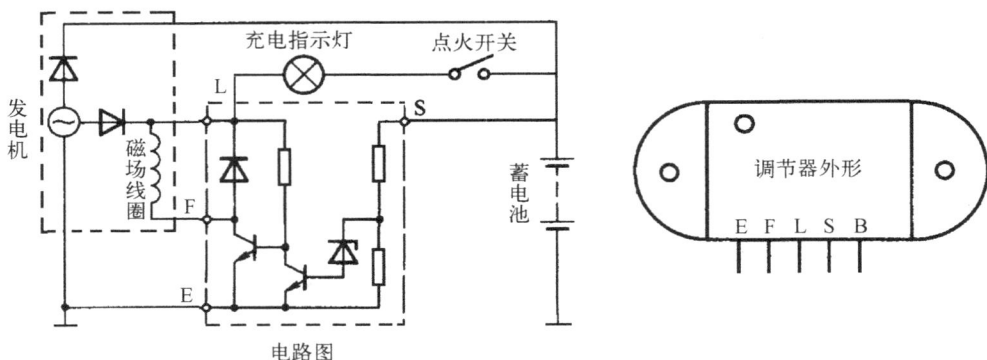

图 2-29　日立公司的蓄电池电压取样式调节器

该电子调节器有 5 条金属焊片从壳体内伸出：E 端接发电机搭铁处；F 端是与发电机激磁线圈相连脚；L 端是与充电指示灯相接脚；S 端接蓄电池正极，为调节器提供取样电压；B端接发电机电枢线圈（图 2-29 中未画出）。

（2）五十铃汽车用晶体管调节器。

五十铃汽车所用的晶体管调节器由电压调节电路和充电指示电路两部分组成，其原理如图 2-30 所示。调节器工作过程如下所述。

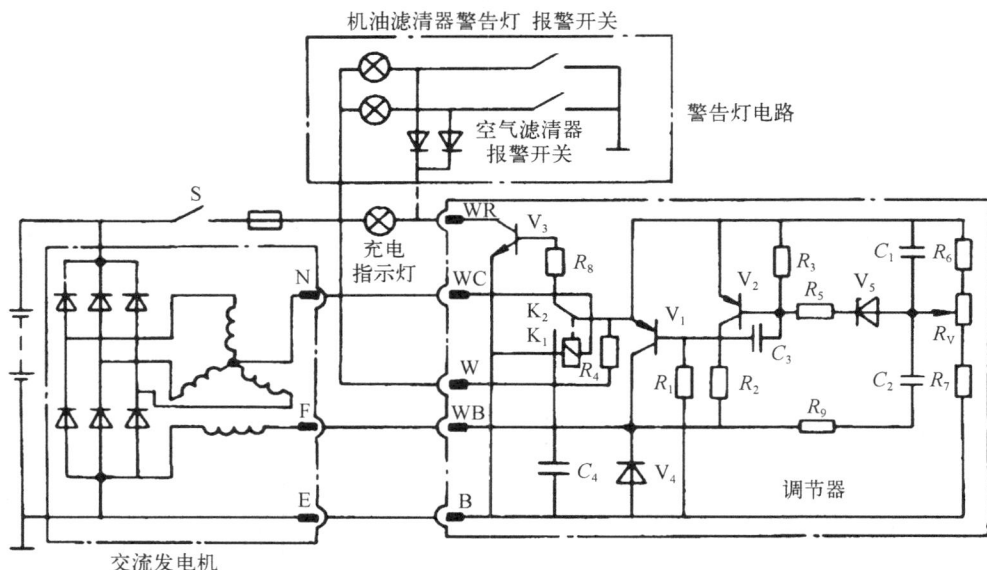

图 2-30　五十铃汽车晶体管调节器电路图

接通开关 S，蓄电池的电流经 R_4 进入调节器，由于分压器 R_6，R_V，R_7 上所分的电压不足以使稳压管 V_5 导通，故 V_2 截止，V_1 导通，交流发电机获得励磁电流（其电流流向为：蓄电池正极→开关 S→熔断器→R_4→V_1 发射极 e→集电极 c→磁场绕组→搭铁→蓄电池负极)。此时,由于 R_4 串联在磁场电路中,故励磁电流较小,约为 0.4 A,但发电机已具备了发电条件。同时,电流经 R_4,R_8 到 V_3 的基极 b 和发射极 e,故 V_3 导通,充电指示灯亮(电流流向为:蓄电池正极→开关 S→熔断器→充电指示灯→V_3 的集电极 c→发射极 e→搭铁→蓄电池负极),表示发电机不发电。

当交流发电机发电后,中性点 N 输出电压大于 9 V 时,励磁及充电指示灯继电器动作,常开触点 K_1 闭合,R_4 被短路,增大了励磁电流(其电流流向为:发电机正极→开关 S→熔断器→继电器触点→V_1 的发射极 e→集电极 c→磁场绕组→搭铁→发电机负极),约为 2 A。此时,发电机由他励转为自励,常闭触点 K_2 断开,切断了 V_3 的基极电流,V_3 截止,充电指示灯熄灭,表示发电机工作正常。

当交流发电机输出电压达到规定值 28 V 时,稳压管 V_5 导通,V_2 也随之导通,V_1 截止,励磁电流中断,发电机输出电压迅速下降,当电压降到略低于规定值时,V_5 重又截止,V_2 随即也截止,V_1 导通,磁场电路接通,发电机输出电压再次上升,如此反复,发电机输出电压便被稳定在规定值 28 V 内。

发电机输出电压规定值可通过电阻 R_V 进行调整。

调节器电路中的 C_1 为取样电压滤波电容器;C_2,R_9 组成正反馈电路,其作用是加快 V_1,V_2 的截止与导通速度,使其工作于放大区的时间缩短,以减少管耗;C_3 为 V_2 的负反馈电容,可提高 V_2 工作稳定可靠性;C_4 起滤波和抗干扰作用,V_4 为续流二极管;R_4 的作用是当发动机熄火后,若忘记断开开关 S 时,由于交流发电机中性点 N 无输出,磁场和充电指示灯继电器不动作,其常闭触点闭合,充电指示灯亮,常开触点打开,电阻 R_4 被串入磁场电路,避免磁场绕组因长时间通过大电流而烧毁。

4) 六条线的调节器

图 2-31 所示日本产晶体管调节器电路图。

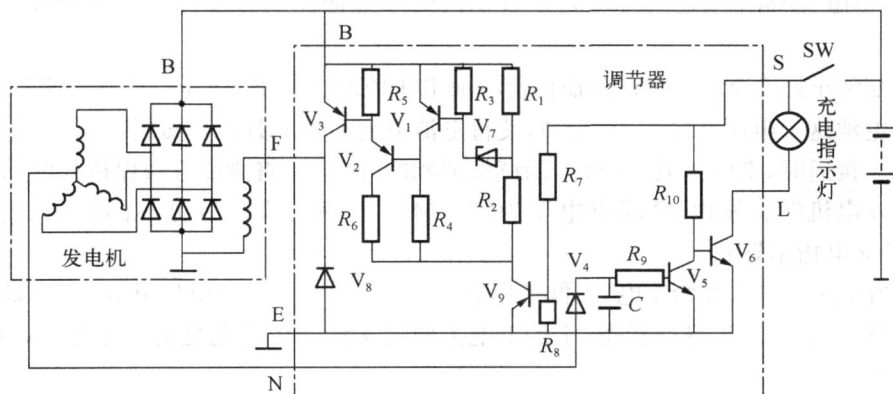

图 2-31 日本产晶体管调节器电路图

调节器内左部为电压调节部分,工作原理与国产 FTD126 型调节器基本相同。右部为充电指示灯控制电路,接通点火开关时,蓄电池电压加在电阻 R_7,R_8 上,使 V_9 导通,蓄电池电压便加在由 R_1,R_2 构成的分压器上,此时分压器加在稳压管 V_7 的反向电压小于稳压管的击穿电压,V_7截止,V_1无基极电流流过也截止,V_2,V_3导通,蓄电池通过V_3向磁场绕组供电。此时,因中性点处无电压,V_5截止,V_6则在R_1的偏置作用下有基极电流流过而导通,充电指示灯亮,表示发电机不工作。

当发电机电压达到蓄电池电压时,发电机由他励转为自励,同时由于中性点 N 电压升高,使V_5导通,V_6的发射结被短路而截止,于是充电指示灯熄灭,表示发电机工作正常。当发电机电压升至规定值时,稳压管V_7导通,三极管V_1由截止转为导通,V_2,V_3则由导通转为截止,切断磁场电路,使发电机电压下降。当发电机电压降至略低于规定值时,V_7又截止,使V_1也随即截止,V_2,V_3又导通,发电机电压又升高。如此反复,使发电机电压保持在规定值。

3. 内置调节器电源系统接线

1) 丰田车用集成电路调节器

图 2 - 32 所示为丰田车用单片式集成电路调节器的外形图。

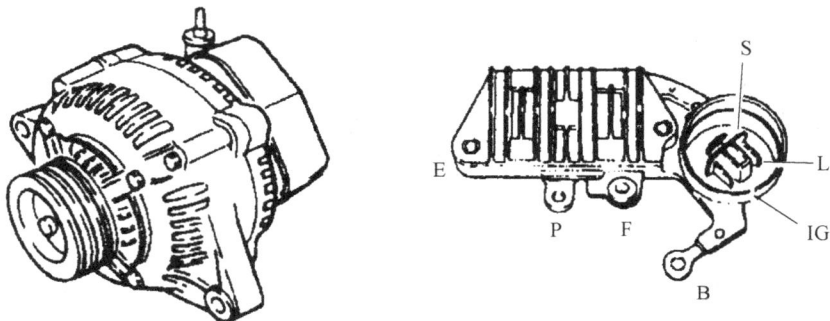

图 2 - 32   丰田汽车发电机和调节器的外形

它有 7 个接线柱,其中"B","F","P","E"4 个接线柱用螺钉直接与发电机相连,接线插座内的"IG","L","S"3 个接线柱用插接器引出。其功能与夏利轿车多功能集成电路调节器相同,称为 MIC 的混合集成电路,大多数丰田汽车都使用这种稳压器。其具体工作过程如下:

(1) 点火开关接通,发动机停机时,蓄电池电压便施加在 IC 稳压器的端子 IG 上。MIC 检测到蓄电池这一电压,于是VT_1接通,使蓄电池电流经端子 B 流至磁场线圈激磁。为了减少点火开关接通时,蓄电池放电,MIC 断续接通和断开VT_1,将激磁电流保持在约 0.2 A。

由于发电机没有发电,P 端点电压为零。MIC 检测到这一情况,就断开VT_2而接通VT_3,于是充电指示灯亮。

(2) 当交流发电机开始发电,但低于标准电压时,由于端子 P 电压升高,MIC 将VT_1从断续通断状态,转为持续导通状态,于是蓄电池向转子线圈供给充足的激磁电流,发电机电压很快增加。

同时,由于端点 P 电压上升,MIC 使VT_3断开,接通VT_2。这时充电指示灯的两端没有电位差,所以充电指示灯熄灭。

(3) 当交流发电机发电,VT_1保持接通,端子 S 的电压达到标准值时,MIC 检测到这一状态,就使VT_1断开。当端子 S 电压降至低于标准范围时,MIC 检测到这一电压降,就使VT_1又接通。重复这一过程,端子 S 电压始终保持为标准电压。

同时,由于端子 P 点电压高,MIC 使 VT_3 断开,VT_2 接通,因此充电指示灯不亮。

(4)当交流发电机转动,而电压信号输入端子 S 电路断开时,MIC 检测到"端子 S 没有输入",于是 VT_1 反复接通和断开,以保持端子 B 输出电压在 13.3~16.3 V 之间。这样可防止输出电压过高,从而保护交流发电机、稳压器和其他电子元件。

同时,当 MIC 检测到"端子 S 无输入"时,便使 VT_2 断开,VT_3 接通,于是充电指示灯亮。

(5)如果交流发电机端子 B 电路断开时,蓄电池将无法充电,于是 MIC 使 VT_1 接通和断开,在端子 P 电压的基础上,将端子 B 的电压保持在 20 V。这就防止了输出电压不正常升高,从而保护交流发电机和稳压器。

如果端子 B 电路断开,蓄电池不能充电,蓄电池电压就会随时间下降。当端子 S 电压(蓄电池电压)降至低于 13 V 时,MIC 会检测到这一情况,使 VT_2 断开,VT_3 接通,于是充电指示灯亮。

(6)如果磁场线圈电路断路,就会停止发电,而且端子 P 输出电压变为零。MIC 检测到这一状态,便断开 VT_2 而接通 VT_3,于是充电指示灯亮。

2)夏利轿车多功能集成电路调节器

图 2-33 所示为夏利轿车多功能集成电路调节器整体式交流发电机的电路图。

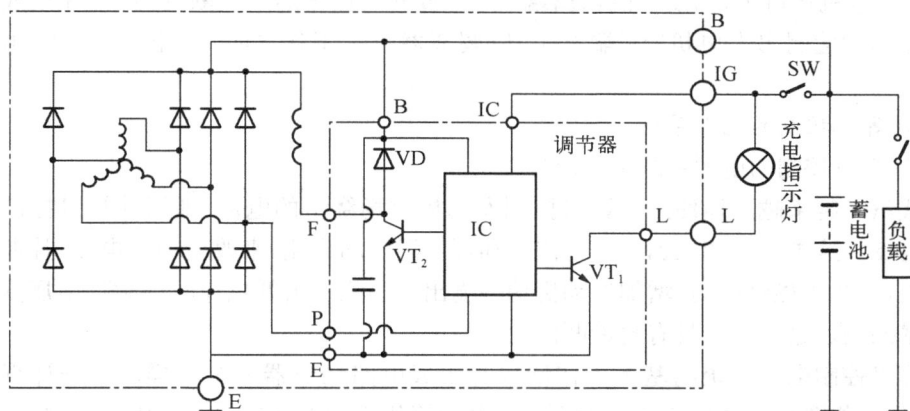

图 2-33 夏利轿车用整体式交流发电机电路图

这种交流发电机在国产(如夏利、桑塔纳、高尔夫等)车上得到了广泛的应用。电路中有 6 个接线柱,其中"B""F""P""E"4 个接线柱用螺钉直接与发电机相连,插座内的"IG""L"两个接线柱用插头引出。该调节器具有控制发电机电压、控制充电指示灯、检测发电机故障的功能,并在发电机输出端与蓄电池正极连接线断时,能起保护作用,不致造成电压失控。改善发电机的工作性能,提高了发电机和调节器的工作稳定性、可靠性以及自身的保护能力。因此,这种调节器发展很快并得到广泛应用。

如图 2-33 所示,调节器内"IG"端经点火开关接至蓄电池,用于检测蓄电池和发电机电压,从而控制三极管 VT_2 的导通与截止。P 端子接至发电机定子绕组某一相上,用于检测交流发电机的输出电压。单片集成电路调节器从 P 端检测到发电机的电压,从而控制三极管 VT_1 的导通与截止。

(1)接通点火开关,发电机未转动时,蓄电池电压经点火开关加到发电机的"IG"端和调节器的"IG"端,单片集成电路检测出这个电压,使 VT_2 导通,于是磁场电路接通。磁场电流的电路为:蓄电池"+"极→发电机"B"端→磁场绕组→调节器的"F"端→VT_2(c→e)→E端→搭铁→蓄电池"−"极。

此时,交流发电机因未运转而不发电,故 P 端电压为零,单片集成电路检测出该电压,使 VT_1 导通,于是充电指示灯亮,指示蓄电池放电。

充电指示灯电路为:蓄电池"+"极→点火开关→充电指示灯→"L"端→VT_1(c→e)→E端子→搭铁→蓄电池"−"极。

(2)当发电机转速升高,电压超过蓄电池电压时,P 端电压信号使集成电路控制 VT_1 截止,于是充电指示灯熄灭,指示发电机开始向蓄电池充电,并向用电设备供电。

(3)当发电机电压升高、超过调节电压值时,"B"端电压信号使集成电路控制 VT_2 截止,切断了磁场电流,使发电机电压下降。当发电机电压下降到低于调节电压值时,集成电路又控制 VT_2 导通,磁场电流又接通,发电机电压又升高,该过程反复进行,使"B"端电压稳定于调节电压值。

(4)当发电机损坏不发电时,P 端电压为零,单片集成电路检测出该电压信号后便控制 VT_1 导通,使充电指示灯点亮,从而告知驾驶员充电系统出现故障。

(5)发电机运行中,如发电机输出端"B"与蓄电池正极的连线断开时,单片集成电路通过"IC"端仍能检测出发电机"B"端电压,使调节器正常工作,即可防止发电机电压过高的现象。

4. 计算机控制的电源系统

1)计算机控制的电源系统工作原理

现代汽车越来越多地使用计算机控制发动机磁场绕组的电流,即用计算机控制发电机的输出电压。这种系统能根据车辆的需求和环境温度的变化,来改变输出电压,控制充电速率精度高,减少了磁性阻力,增加发动机功率输出。消除了由低怠速时的附加电压降引起的怠速粗暴问题。这种系统具有自诊断能力。

计算机控制电源系统的基本工作情况与集成电路调节器完全一样。电子计算机工作时,可使发电机磁场电路间歇性地搭铁,即由计算机以每秒 400 个脉冲向磁场提供脉冲电流。计算机通过改变脉冲宽度,就可精确控制励磁电流平均值,从而使发电机发出适当的输出电压。在发动机高速运转而电路系统低负荷时,磁场电路的接通时间(占空比)只占 10%左右。当发动机低速运转而电路系统高负荷时,计算机会使电路的接通时间提高到 75%或更高,以增加通过磁场电路的平均电流,从而满足用电要求,保持发电机输出电压在规定值范围内。

图 2-34 所示为本田汽车计算机(PCM /PCM)控制电源系统的电路。

交流发电机(FR)信号,在充电过程中发送给 PCM/PCM,PCM/PCM 根据电负载和驾驶模式来调节发电机产生的电压。这样改善了燃油经济性并减小了发动机负荷。

电负荷探测器(ELD)给 PCM 发送当前电负荷(前照灯、鼓风机电动机、后除雾器、空调和散热器冷却风扇的用电量)的信号,PCM 控制发动机负荷和发电机的输出。PCM 通过调节电压输出,减少发动机的机械负荷,从而获得更好的燃油经济性。

充电指示灯由仪表 CPU 控制,仪表 CPU 是通过局域网线 CANH 和 CANL 与 PCM/

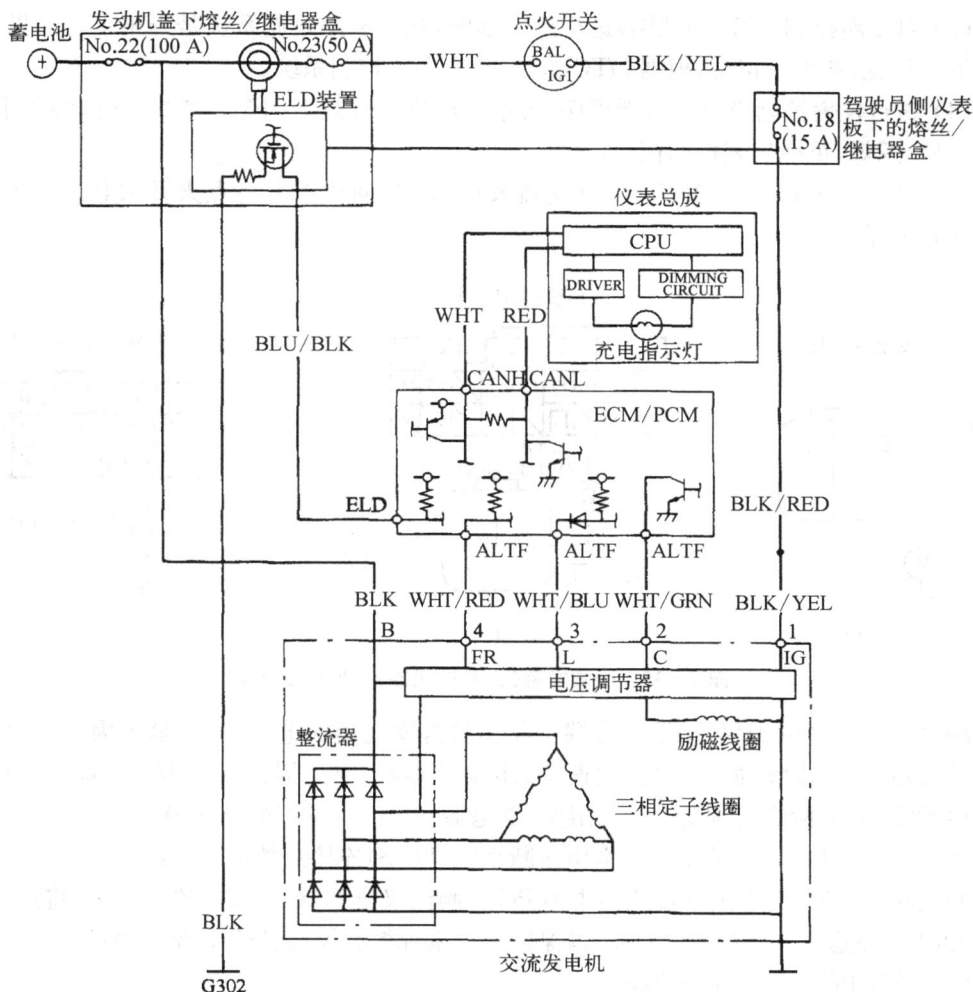

图 2-34 本田汽车电源系统电路

PCM 通信。发电机的 2 号端子(C)内部接励磁线圈,外部接 PCM/PCM,用来控制励磁电流。发电机的 3 号端子(L)内部通过电压调节器接三相线圈的某一相,外部接 PCM/PCM,在发电机不发电时,通过 PCM/PCM、局域网线 CANH 和 CANL、仪表 CPU,来控制充电指示灯。

2) 计算机控制的电源系统检修

如果充电系统指示灯不亮或不灭,或者蓄电池电量耗尽或过低,应按下述检修方法测试蓄电池、充电指示灯、交流发电机和稳压器电路和交流发电机控制系统(PCM/PCM)。

充电指示灯的测试:

(1) 将点火开关旋至 ON,观察充电指示灯是否闪亮。如果亮,转到下一步骤;如果不亮,转到步骤(3)。

(2) 起动发动机,观察充电系统指示灯是否熄灭。如果熄灭,充电系统指示灯电路正常,进行交流发电机和稳压器电路测试;如果不熄灭,转到下一步骤。

（3）对多路控制系统（局域网）进行故障诊断，观察多路控制系统是否正常。如果正常，转到下一步骤；如果不正常，根据 DTC 指示，检查多路控制系统。

（4）执行仪表控制模块自诊断程序，观察充电指示灯是否闪烁。如果闪烁，转到下一步骤；如果不闪烁，更换仪表控制模块。

（5）将点火开关转到 OFF。断开交流发电机 4P 插接器。将点火开关转到 ON，如图 2-35（a）所示。

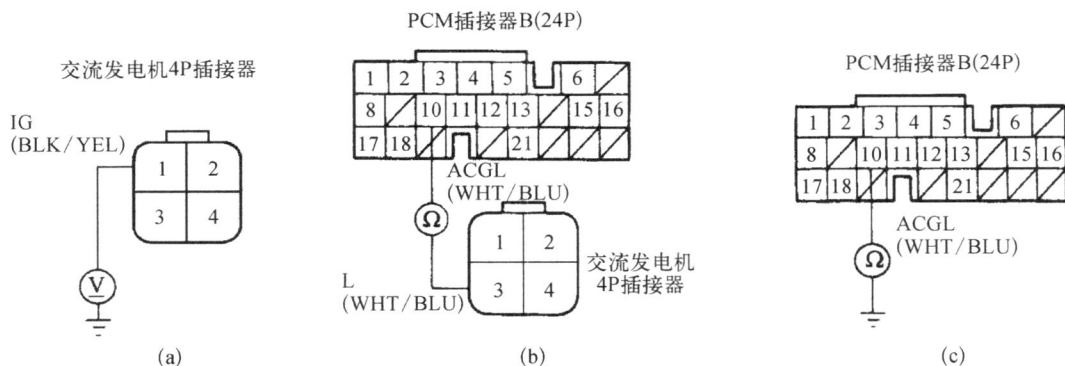

图 2-35 检测发电机 4P 插接器和 PCM 插接器

测量交流发电机 4P 插接器 1 号端子和车身搭铁之间的电压，观察是否为蓄电池电压。如果是，转到下一步骤；如果不是，检查发动机盖下熔丝/继电器盒内的 18 号熔丝是否熔断。如果熔丝完好，则检修交流发电机与熔丝/继电器盒之间的导线断路故障。

（6）将本田 PGM 测试仪或者本田诊断系统（HDS）连接到数据传输插接器（DLC）上，将点火开关转到 ON，断开 SCS 接线与本田 PGM 测试仪或 HDS 之间的连接，然后将点火开关转到 OFF。注意：本步骤必须完成，以保护动力系统控制模块（PCM）免受损伤。

（7）断开 PCM 插接器 B（24P）。

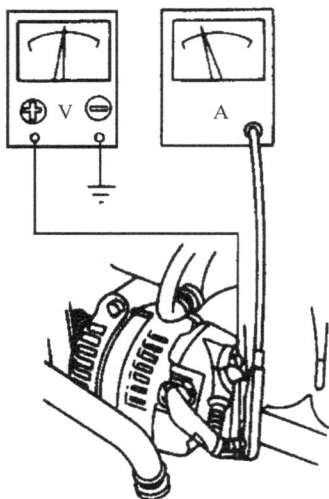

图 2-36 连接电流表和电压表

（8）如图 2-35（b）所示，检查 PCM 插接器 B10 端子与交流发电机 4P 插接器 3 号端子之间的导通性。如果导通，转到下一步骤；如果不导通，检修交流发电机和 PCM 之间的导线断路故障。

（9）如图 2-35（c）所示，检查 PCM 插接器 B10 端子和车身搭铁之间的导通性。如果导通，维修交流发电机和 PCM 之间的导线短路故障；如果不导通，转到"交流发电机的测试"。

交流发电机的测试：

1）普通交流发电机的测试

（1）确保蓄电池充电充分。

（2）如图 2-36 所示，连接电流表（0～400 A）、电压表（0～20 V，精确度 0.1 V）。

（3）起动发动机，在空载条件下将变速杆置于 Park（驻车档）或 Neutral（空档）位置，使发动机转速保持在 3 000 r/min，直到散热器风扇工作后使其怠速运转。

（4）将交流发电机转速提高到 2 000 r/min 并保持在此转速上。

（5）打开前照灯远光，测量交流发电机端子处的电压，观察电压是否在 13.9～15.1 V 之间。如果是，转到下一步骤；如果不是，更换或维修交流发电机。

（6）在电压为 13.5 V 时读取电流值（接通风扇电动机、后车窗除雾器和制动灯等来调整电压），观察电流是否达到 60 A 或更高。如果是，交流发电机和稳压器工作正常；如果电流没有达到 60 A，而且充电指示灯仍然亮着，更换或维修交流发电机。

2）交流发电机计算机控制系统的测试

（1）通过故障指示灯（MIL）来检查电力负载检测器（ELD）是否正常工作。

（2）将本田 PGM 测试仪或者本田诊断系统（HDS）连接到数据传输插接器（DLC）上，然后检查故障码（DTC）。如果出现 DTC，在进行下一步测试前，诊断故障原因，并进行维修。

（3）断开交流发电机 4P 插接器与交流发电机的连接。

（4）起动发动机，将打开前照灯远光。

（5）如图 2-37（a）所示，测量交流发电机 4P 插接器 2 号端子与蓄电池正极端子之间的电压，观察电压是否为 1 V 或更低。如果是，转到下一步骤；如果不是，转到步骤（9）。

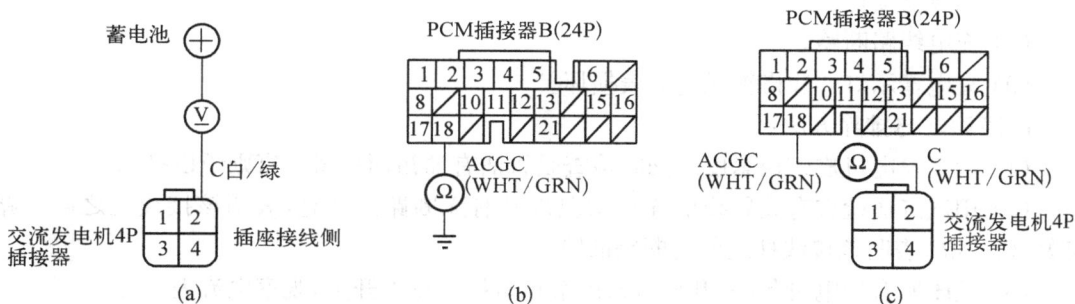

图 2-37　发电机与 PCM 插座的检测

（6）断开 SCS 接线与本田 PGM 测试仪或 HDS 之间的连接，然后将点火开关转到 OFF。本步骤必须完成，以保护动力系统控制模块（PCM）免受损伤。

（7）断开发动机控制模块 PCM 插接器 B（24P）。

（8）如图 2-37（b）所示，检查 PCM 插接器端子 B18 与车身搭铁之间的导通性。如果导通，维修交流发电机与 PCM 之间的接线短路故障；如果不导通，更新动力系统控制模块（PCM），如果没有最新软件，则换用一个确知良好的 PCM，然后重新检查，如果现在出现了所述电压，则更换原来的 PCM。

（9）断开 SCS 接线与本田 PGM 测试仪或 HDS 之间的连接，然后将点火开关转到 OFF。

（10）断开 PCM 插接器 B（24P）。

（11）如图 2-37（c）所示，检查 PCM 插接器 B18 端子与交流发电机 4P 插接器 2 号端子之间的导通性。如果导通，检查 PCM 插接器 B18 端子与交流发电机 4P 插接器 2 号端子之间的导通性问题，更换或维修发电机；如果不导通，维修交流发电机与 PCM 之间的导线开路

笔记

故障。

(六) 交流发电机充电电路的故障检修

电源系统电路的常见故障有：不充电、充电电流过小、充电电流过大、充电电流不稳和发电机异响等。

1. 不充电

故障现象：发动机高于怠速运转时，电流表指示放电或充电指示灯不熄灭。蓄电池很快亏电。

故障原因：

(1) 发电机"电枢"或"磁场"接线柱松动或脱落、绝缘损坏或导线接触不良。

(2) 驱动皮带松动或沾有油污打滑。

(3) 滑环绝缘破裂击穿。

(4) 发电机电刷在其架内卡滞或磨损过大，弹簧弹力不足或折断，使电刷与滑环接触不良。

(5) 发电机定子与转子线圈断路或短路。

(6) 发电机硅二极管损坏。

(7) 调节器损坏。

(8) 充电线路断路。

(9) 充电指示灯连线搭铁或电流表损坏。

故障诊断与排除方法：

(1) 检查发电机皮带松紧度。同时检查是否沾有油污而打滑。有则予以排除。

(2) 用试灯法检查有关导线的连接情况以及有无断路。灯亮，表明该接线柱之前线路良好；灯不亮，表明该接线柱之前有断路故障。

(3) 关闭所有用电设备（断开分电器内触点），接通点火开关，观察电流表动态。

电流表指示零，则磁场电路有断路故障。用试灯一端接发电机磁场接线柱，另一端搭铁。灯亮，表明发电机外的磁场电路良好，故障在发电机内部磁场电路，应拆检发电机。灯不亮，表明外磁场电路断路或高速触点烧结。此时将调节器的"火线"与"磁场"接线柱短接。灯亮，表明调节器损坏，应予更换。灯不亮，表明线路有故障，查出断路处予以排除。

若电流表指针指在-2 A左右，表明充电电路有故障。先拆下发电机输出连接导线，用试灯一端接发电机输出接线柱，另一端搭铁。灯亮，表明发电机外部的充电电路有故障，应检查排除。灯不亮，表明发电机内部有故障，应拆检发电机。

2. 充电电流过小

故障现象：发动机中速以上运转，充电指示灯才能熄灭或电流表指示 5 A 以下。蓄电池经常存电不足。前照灯灯光暗淡；电喇叭声音小。

故障原因：

(1) 发电机皮带过松或沾有油污打滑。

(2) 充电线路接触不良。

(3) 发电机电刷与滑环接触不良，滑环脏污、烧蚀；定子线圈某相接触不良、短路或断路；转子线圈局部短路；个别二极管损坏等。

（4）电压调节器损坏。

故障诊断与排除方法：

（1）检查、调整发电机皮带松紧度。若皮带磨损严重应更换。

（2）用试灯检查发电机发电量。先拆下发电机各接线柱导线，用试灯线分别触及电枢及磁场接线柱。启动发电机并逐渐提高转速，若试灯发红，转速再提高后（转速不可过高，以免损坏发电机二极管），试灯亮度增加不多，则为发电机故障，应拆检发电机。若试灯亮度随转速增加而增加，则表明发电机良好。

（3）检查并视情况更换电压调节器。

3. 充电电流过大

故障现象：在蓄电池不亏电情况下，发动机中速以上运转时，电流表（装电流表的汽车）指示充电 10 A 以上。蓄电池电解液消耗过快。点火线圈和发电机过热。分电器断电触点经常烧蚀，各种灯泡经常烧毁。

故障原因：电压调节器损坏，发电机磁场线圈搭铁或导线接错。

故障诊断与排除方法：

（1）起动发动机，加速至中速，用万用表检查发电机的输出电压。若电压高于调节电压，应检查磁场线圈是否搭铁。

（2）线圈若良好，应检查或更换调节器。

4. 充电电流不稳定

故障现象：发动机在中速以上运转，电流表指示充电但指针左右摆动，或充电指示灯时亮时灭。

故障原因：

（1）发电机皮带打滑。

（2）充电系连接导线接触不良或插接件松动。

（3）发电机内部定子或转子线圈某处有短路或断路；滑环脏污、电刷接触不良或电刷弹簧过软、折断。

（4）电压调节器有关线路板松动或搭铁不良。

故障诊断与排除方法：

（1）检查发电机皮带松紧度，必要时调整。

（2）检查紧固各导线连接处或插接件。

（3）拆除调节器"+"与"F"接线柱的连接线并悬空，用试灯连通发电机的该两接线柱，使发电机转速不断升高，观察电流表。若电流表反应稳定，灯亮而不闪，表明发电机外磁场接触不良，或调节器的低速触点烧蚀。

若电流表指针左右摆动：灯亮而闪光，表明发电机外充电电路接触不良。若灯闪而不亮，则为发电机内部接触不良。均应检查并排除。

5. 发电机异响

故障现象：发电机运转中发出连续或断续不正常的响声。

故障原因：

（1）皮带松紧度调整不当。

（2）发电机轴承润滑不良,损坏。

（3）转子与定子之间碰擦。

（4）发电机风扇或皮带盘与壳体碰撞。

故障排除方法：

（1）检调风扇皮带松紧度。若过松或过紧,应重新调整。

（2）观察发电机外部运转动态。若有碰擦,应检修或调整。

（3）触摸发电机,若温度过高,表明转子与定子碰擦,应检修。

四、信息收集与处理

按表 2 - 13 完成任务 2.2 的信息收集与处理。

表 2 - 13　信息收集与处理

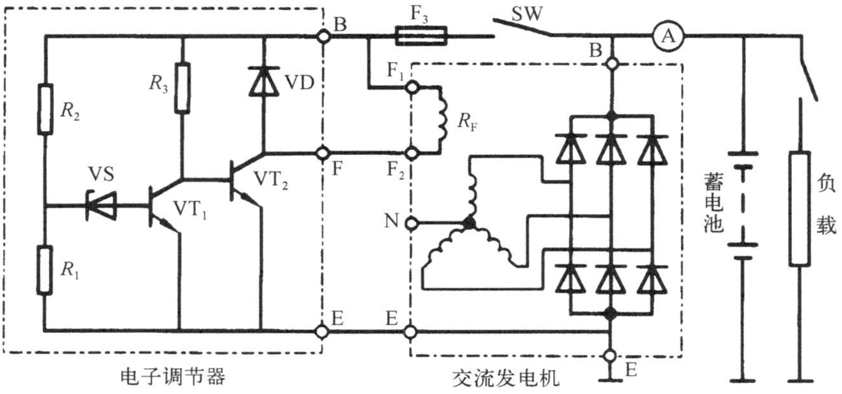

电压调节器的作用	
电压调节器的种类	
电压调节器的工作原理	
电压调节器的检修	
充电系统电路的组成	
充电系统电路的日常维护	

五、制订检修计划

制订汽车发电机充电电路检修计划如表 2 - 14 所示。

表 2 - 14　制订汽车发电机充电电路检修计划

1. 查阅资料,了解车辆汽车发电机充电电路检修注意事项 2. 查阅维修手册,学习汽车发电机充电电路检修方法,制订相关检修计划		
车辆发动机类型信息描述	车辆描述	
	发动机类型描述信息描述	

续　表

计　划　项　目	计　划　内　容
电压调节器	说出电压调节器的作用及会判断类型
	说出电压调节器的工作原理
	能辨别电压调节器各端子含义
	能检测判断电压调节器的搭铁类型
	能检测判断电压调节器的好坏
充电系统电路	能说出充电系统的电路组成
	能分析充电电路的工作过程
	能根据故障现象诊断和检测故障

六、实施检修作业

汽车发电机充电电路检修计划如表 2-15 所示。

表 2-15　检修计划表

任务 2.2　汽车发电机充电电路检修任务书			
1. 了解汽车发电机充电电路的检测与维护安全事项 2. 会正确对汽车发电机充电电路进行检修和维护保养			
1. 车辆信息描述	车辆描述		
	车辆空调类型描述		
2. 汽车发电机充电电路 检测与维护描述			
3. 汽车发电机充电电路检修	故　障　现　象	故　障　原　因	排除方法
	不充电	(1) 发电机"电枢"或"磁场"接线柱松动或脱落 (2) 驱动皮带松动或沾有油污打滑 (3) 滑环绝缘破裂击穿 (4) 发电机电刷接触不良 (5) 发电机定子与转子线圈断路或短路 (6) 发电机硅二极管损坏 (7) 调节器损坏 (8) 充电线路断路 (9) 充电指示灯连线搭铁或电流表损坏	
	充电电流过小	(1) 发电机皮带过松或沾有油污打滑 (2) 充电线路接触不良 (3) 发电机电刷与滑环接触不良,滑环脏污、烧蚀;定子线圈某相接触不良、短路或断路;转子线圈局部短路;个别二极管损坏等 (4) 电压调节器损坏	

续　表

3.汽车发电机充电电路检修	充电电流不稳定	(1) 发电机皮带打滑 (2) 充电系连接导线接触不良或插接件松动 (3) 发电机内部定子或转子线圈某处有短路或断路;滑环脏污、电刷接触不良或电刷弹簧过软、折断 (4) 电压调节器有关线路板松动或搭铁不良	
	发电机异响	(1) 皮带松紧度调整不当 (2) 发电机轴承润滑不良,损坏 (3) 转子与定子之间碰擦 (4) 发电机风扇或皮带盘与壳体碰撞	
	检查与维护结论		

七、检验评估

检验评估如表 2 - 16 所示。

表 2 - 16　检验评估

评 价 指 标	检 验 说 明	检 验 记 录
维护检查项目	➤ 发电机输出电压 ➤ 皮带松紧度	
汽车发电机发电情况		

评价内容	检 验 指 标	权重	自评	互评	总评
检查任务完成情况	1. 完成任务过程情况				
	2. 任务完成质量				
	3. 在小组完成任务过程中所起作用				
专业知识	1. 能描述电压调节器的作用				
	2. 能描述汽车发电机充电电路的组成				
	3. 能描述汽车发电机充电电路的常见故障				
	4. 会描述汽车发电机充电电路故障排除方法				
	5. 会描述汽车充电电路维护要领				
职业素养	1. 学习态度:积极主动参与学习				
	2. 团队合作:与小组成员一起分工合作,不影响学习进度				
	3. 现场管理:服从工位安排、执行实训室"5S"管理规定				
综合评议与建议					

笔 记

想一想：

1. 当汽车发电机不发电时如何应急处理？
2. 内置式电压调节器可否改用外置式电压调节器？

项目拓展

项目三 诊断与排除汽车起动系统故障

一、任务导入与要求

任务导入	起动发动机时，汽车没有一点反应？你如何处理呢？
目标要求	1. 掌握汽车起动机类型和工作原理 2. 掌握汽车起动机各部件的检查技能 3. 提高维修接待与人交往的素质
学习步骤	汽车起动机的组成→汽车起动机原理→检修方法→故障排除举例
任务实施	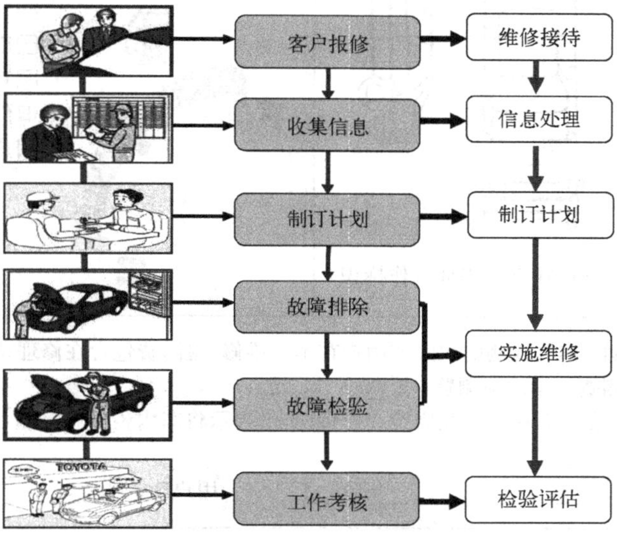

二、维修接待

按照表3-1完成待修车辆的维修接待，并准确填写接车问诊表。

笔记

表 3-1　维修接待与接车问诊表

1. 通过询问客户了解汽车发生故障情况,填写接车问诊表
2. 车间检测初步确认汽车起动系统有故障,需要进行检修

接 车 问 诊 表

车牌号:＿＿＿＿＿＿　　车架号:＿＿＿＿＿＿　　行驶里程:＿＿＿＿＿＿(km)

用户名:＿＿＿＿＿＿　　电　话:＿＿＿＿＿＿　　来店时间:＿＿＿/＿＿＿

用户陈述及故障发生时的状况:**起动发动机时,起动机没有一点反应**

故障发生状况提示:**行驶速度、发动机状态、发生频度、发生时间、部位、天气、路面状况、声音描述**

接车员检测确认建议:**检测起动电路**

车间检测确认结果及主要故障零部件:**起动继电器损坏**

车间检查确认者:＿＿＿＿＿＿

外观确认:

功能确认:(工作正常√　不正常×)
- □音响系统　□门锁(防盗器)　□全车灯光　□工具
- □后视镜　□顶窗　□座椅　□点烟器
- □玻璃升降器　□玻璃

物品确认:(有√　无×)
- □贵重物品提示
- □工具　□备胎　□灭火器
- □其他(　　　　)
- 旧件是否交还用户　□是　□否
- 用户是否需要洗车　□是　□否

(请在有缺陷部位作标识)

- 检测费说明:本次检测的故障如用户在本店维修,检测费包含在修理费用内;如用户不在本店维修,请您支付检测费。本次检测费:￥＿＿＿元。
- 贵重物品:在将车辆交给我店检查修理前,已提示将车内贵重物品自行收起并保存好,如有遗失恕不负责。

接车员:＿＿＿＿＿＿　　　　　用户确认:＿＿＿＿＿＿

三、相关知识

(一)起动机的作用与类型

起动机由直流电动机产生动力,经传动机构带动发动机曲轴转动,从而使发动机开始

工作。

1. 按总体结构分类

1) 电磁式起动机

电磁式起动机的磁场为电磁场。电磁场是指由线圈通电而在铁芯中产生的磁场,如桑塔纳轿车用 QD1225 型,东风 EQ2102 型汽车用 QD2623 型 24 V4.5 kW 起动机,以及东风 EQ1090 型汽车用 QD124,QD1212 型,解放 CA1091 型汽车用 QD1215 型起动机,它们均为电磁式起动机。

2) 永磁起动机

电动机的磁场由永久磁铁产生。由于磁极采用永磁材料(铁氧体或钕铁硼等)制成,无需磁场绕组,因此电动机结构简单、体积小、质量轻。主要用于小轿车和轻型越野汽车,如奥迪 100 型轿车、BJ2021 和 BJ2020 型吉普车用起动机。

3) 减速起动机

减速起动机的传动机构设有减速装置。电动机可采用高速、小型、低力矩电动机,质量和体积比普通起动机可减小 30%~35%。其缺点是:结构和工艺比普通起动机复杂。主要用于小轿车和轻型越野汽车,如切诺基吉普车配用的 DW1.4 型永磁式减速起动机;奥迪 100 型 5 缸增压轿车型和丰田皇冠(CROWN)轿车用日本电装(DENSO)11E14 型起动机;南京依维柯用 QDJ1317 型 12 V2.5 kW 起动机。

2. 按控制方式分类

1) 机械控制式

由手拉杠杆或脚踏联动机构等方式直接操纵起动机的主电路开关,以接通或切断起动机的主电路。由于机械控制式要求起动机、蓄电池靠近驾驶室而受到安装和布局的限制,且操作不便,因此已很少采用。

2) 电磁控制式(电磁操纵式)

使用点火起动开关或起动按钮控制电磁开关,再由电磁开关控制主电路,来接通或切断起动机主电路。由于用电磁开关可进行远距离操纵,且方便省力,因此现代汽车大都采用。

3. 按传动机构的啮合方式分类

1) 强制啮合式

强制啮合式是依靠电磁力或人力拉动杠杆机构,拨动驱动齿轮,强制驱动齿轮与飞轮齿圈啮合。强制啮合式起动工作可靠,在现代汽车广泛采用。

2) 惯性啮合式

惯性啮合式是驱动齿轮借旋转时的惯性力,与飞轮齿圈啮合。其工作可靠性较差,已很少采用。

3) 电枢移动式

电枢移动式是依靠磁极的电磁力使电枢产生轴向移动,从而将驱动齿轮与飞轮齿圈啮合。其结构比较复杂,东欧国家大马力汽车采用较多,如太脱拉 T111、T138,斯柯达 706R,却贝尔 D250、IM20、D450 等汽车。电枢移动式起动机是利用磁极产生的电磁力使电枢产生轴向移动,从而将驱动齿轮啮入飞轮齿圈的起动机。

笔记

4）齿轮移动式

齿轮移动式是依靠电磁开关推动电枢轴孔内的啮合杆和驱动齿轮，从而将驱动齿轮与飞轮齿圈啮合。主要用于大马力汽车，如斯泰尔 SX2190 型汽车用 QD2745 型 24 V5.4 kW 起动机和奔驰 Benz2026 型汽车用博世(Bosch)KB 型起动机。

4. 起动机的型号

根据中华人民共和国汽车行业标准 QC/T 73—1993《汽车电气设备产品型号编制方法》规定，汽车起动机型号组成如图 3-1 所示。

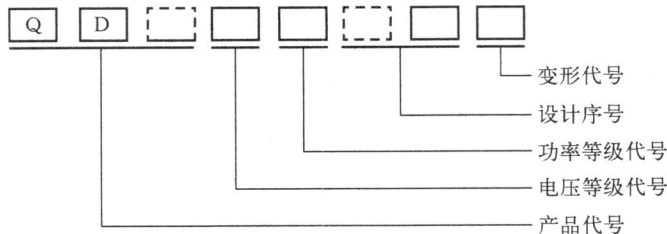

图 3-1　汽车起动机型号的组成

（1）产品代号：有 QD，QDJ，QDY 三种，分别表示普通电磁式起动机、减速式起动机、永磁式起动机或永磁式减速起动机。字母"Q"，"D"，"J"，"Y"分别为汉字"起"、"动"、"减"、"永"4 个字汉语拼音的第一个大写字母。

（2）电压等级代号：用一位阿拉伯数字表示，含义如表 3-2 所示。

表 3-2　起动机功率等级代号

电压等级代号	1	2	3	4	5	6
电压等级/V	12	24				6

（3）功率等级代号：用一位阿拉伯数字表示，含义如表 3-3 所示。

表 3-3　起动机功率等级代号　　　　　　　　　　　　单位：kW

分组代号	1	2	3	4	5	6	7	8
功率等级	≤1	>1~2	>2~3	>3~4	>4~5	>5~6	>6~7	>7~8

（4）设计序号：按产品设计先后顺序，以 1~2 位阿拉伯数字组成。

（5）变型代号：主要电气参数和基本结构不变的情况下，一般电气参数的变化和某些结构改变称为变型，以汉语拼音大写字母 A，B，C…顺序表示。

例如：QD1225 表示额定电压为 12 V、功率为 1~2 kW，第 25 次设计的起动机。

（二）起动机的结构

起动机的结构如图 3-2 所示，其分解图如图 3-3 所示。主要由直流电动机、传动装置和控制装置三部分组成。

1. 直流电动机结构

直流电动机主要由定子、转子、电刷组件、前后端盖等部件组成。

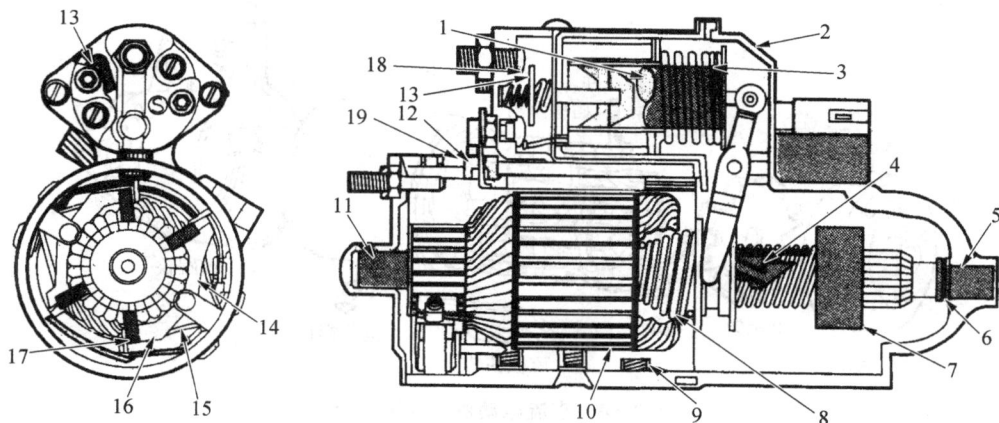

图 3 - 2 起动机结构

1—活动铁芯；2—电磁开关；3—复位弹簧；4—螺旋槽；5,11—滑动轴承；6—小齿轮挡圈；7—超越离合器；8—辅助弹簧；9—磁极绕组；10—电枢；12—绝缘孔圈；13—接触盘；14—绝缘电刷架；15—电刷弹簧；16—搭铁电刷架；17—电刷；18—B；19—M 接线柱

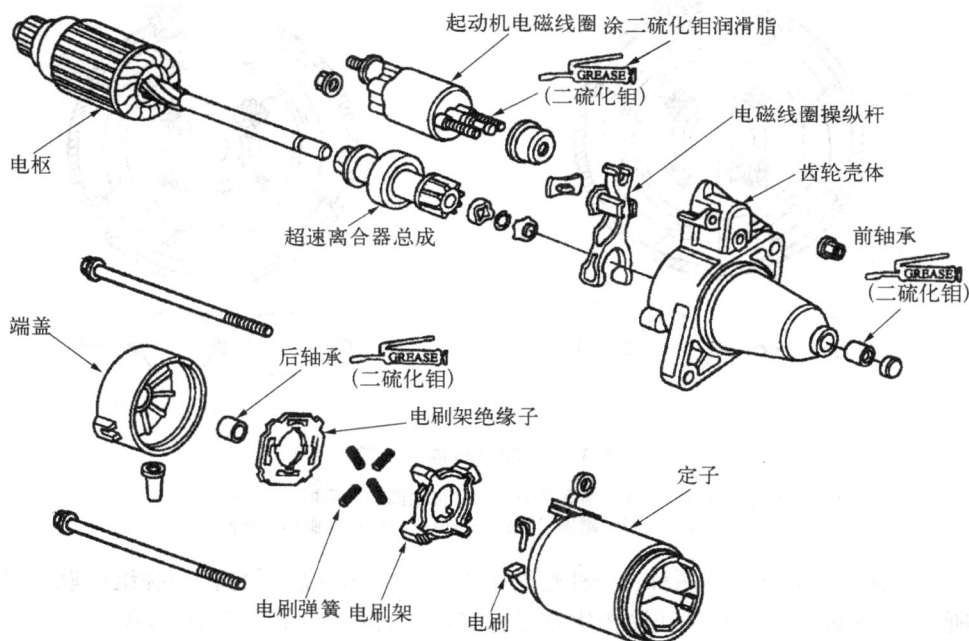

图 3 - 3 起动机的分解

1）定子

定子由磁极绕组、磁极铁芯和电动机壳体组成。磁极绕组和磁极铁芯组成磁极，其功用是产生磁场。铁芯用低碳钢制成马蹄形，并用螺钉固定在电动机壳体的内壁上；磁场绕组套装在铁芯上。当磁场绕组接通电流时，在磁场铁芯中就会产生电磁场，如图 3 - 4 所示。

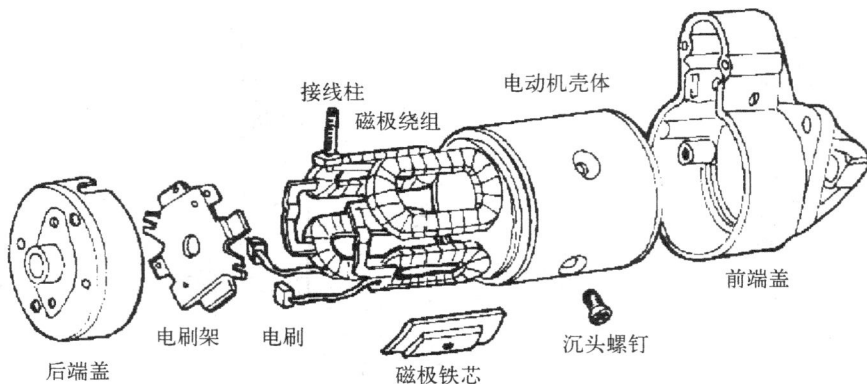

图 3-4 直流电动机的定子部分

起动机采用四个磁极,功率超过 7.35 kW 的起动机一般采用 6 个磁极。磁场绕组一般用矩形裸铜线绕制,QD124 型起动机采用了 1.25 mm×6.0 mm 矩形铜线;QD121 型起动机采用了 1.25 mm×5.5 mm 矩形铜线,并与转子绕组串联,如图 3-5 所示。

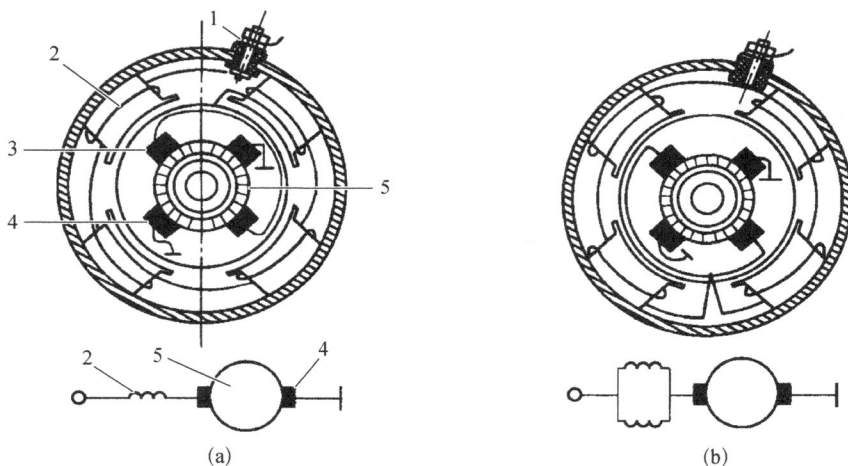

图 3-5 起动机内部电路

(a) 4 个磁极线圈与电枢绕组串联;(b) 2 个磁极线圈串联后再并联与电枢绕组串联
1—绝缘接线柱;2—磁极线圈;3—正电刷;4—负电刷;5—换向器

磁极绕组的连接方式有两种:一种是四个磁极线圈串联后再与转子绕组串联,如图 3-5(a)所示;另一种是两个磁极线圈先串联后并联,然后再与转子绕组串联,如图 3-5(b)所示。现代汽车起动机普遍采用后一种连接方式,其目的是减小电阻,增大电流和电磁转矩。磁极绕组通电产生的磁场极性必须 N、S 相间排列,磁力线的分布如图 3-6 所示。

电动机壳体的功用是固定机件和构成导磁回路。壳体用铸铁浇铸或钢板卷焊而成。壳体上设有一个接线端子或引出线。对电磁式电动机,该端子或引线与磁极绕组的一端连接。

2)转子

转子又称电枢,其结构如图 3-7 所示,主要由电枢轴、转子铁芯、转子绕组和换向器组成。其作用是产生电磁转矩。

笔　记

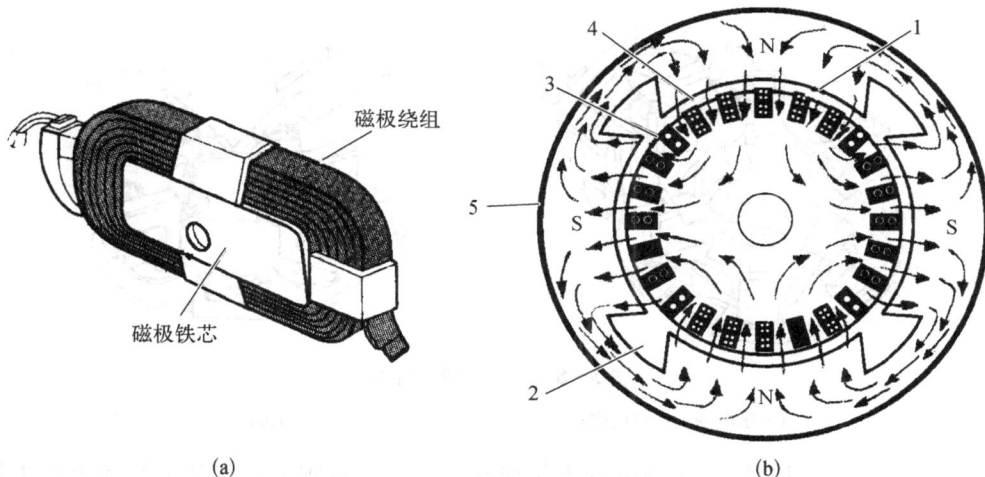

(a)

(b)

图 3-6　四个磁极起动机的磁力线分布

(a) 磁极；(b) 磁力线分布

1—电枢绕组；2—磁极铁芯；3—电枢；4—气隙；5—定子

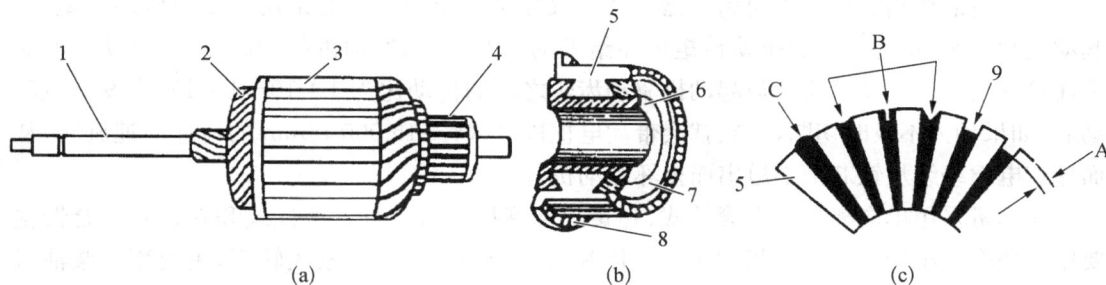

(a)　　　　　　　　(b)　　　　　　　　(c)

图 3-7　起动机转子的结构

(a) 转子总成；(b)、(c) 换向器结构

1—转子轴；2—转子绕组；3—铁芯；4—换向器；5—换向片；6—轴套；7—压环；8—焊线凸缘；9—云母片；A. 云母槽深度，B. 云母槽太浅、太窄或呈 V 形，C. 云母凸起

　　转子铁芯由相互绝缘的硅钢片叠装而成，其圆周上有安放转子绕组的槽，内孔借花键槽压装在转子轴上。转子绕组绕制在转子铁芯的槽内，绕组两端分别焊接在换向器的铜片上。为了获得较大的电磁转矩，流经转子绕组的电流很大(大于 300 A)，因此转子绕组也采用横截面积较大的矩形或圆形裸铜线绕制。

　　换向器的功用是保证转子绕组的电磁转矩的方向保持不变。换向器由截面呈燕尾形的铜片围合而成，如图 3-7(b)所示。燕尾形铜片称为换向片，换向片与换向片之间以及换向片与轴套、压环之间均用云母绝缘。云母槽的深度要大于 0.5 mm，如图 3-7(c)中 9 所示。

　　3) 电刷组件

　　电刷组件的功用是将直流电引入转子绕组，结构如图 3-8 所示。

　　主要由电刷、电刷架和电刷弹簧组成。电刷用铜粉与石墨粉模压而成，加入较多铜粉的目的是减小电阻，提高导电性能和耐磨性能。电刷安装在电刷架内，借电刷弹簧的压力紧压在换向器上，电刷弹簧的压力一般为 12~15 N。

笔记

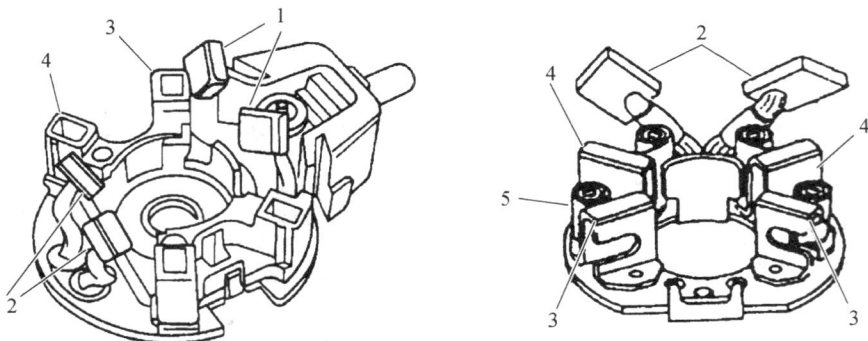

图 3-8　电刷组件的结构

1—正电刷;2—负电刷;3—正电刷架;4—负电刷架;5—电刷弹簧

有 4 个或 6 个电刷架,固定在电刷支架或端盖上。直接固定在支架或端盖上的电刷称为负电刷架,安装在负电刷架内的电刷称为负电刷;电刷架与电刷支架或端盖之间安装有绝缘垫片的电刷架称为正电刷架,安装在正电刷架内的电刷称为正电刷。

2. 传动装置

起动机的传动装置由单向离合器和移动叉组成。单向离合器是用来单向传递力矩,即起动发动机时,将起动机的驱动转矩传递给发动机曲轴;当发动机起动后,发动机动力不能传递给起动机。发动机飞轮与起动机驱动齿轮之间的传动比为 1∶10～1∶15,当发动机起动后,如果动力不及时切断,飞轮就会带动电枢以 8 000～15 000 r/min 的转速高速旋转,从而导致电枢绕组从铁芯槽中甩出而损坏起动机。

起动机采用单向离合器有滚柱式、弹簧式和摩擦片式三种。滚柱式和弹簧式离合器主要用于功率较小的汽油机的起动机。摩擦片式离合器可以传递较大转矩,主要用于柴油机的起动机。

1) 滚柱式单向离合器

滚柱式单向离合器的结构如图 3-9 所示。

传动导管与外座圈制成一体,外座圈内圆制成"+"字形空腔。驱动齿轮另一端的内座

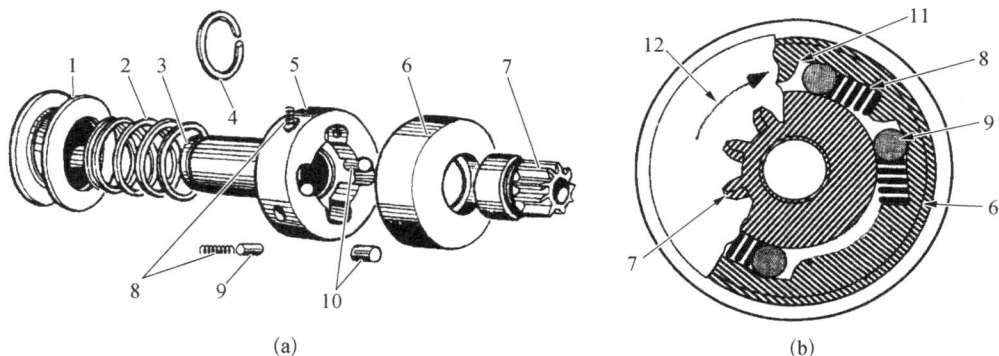

(a)　　　　　　　　　　　(b)

图 3-9　滚柱式单向离合器的结构

1—滑环;2—弹簧;3—传动导管;4—卡环;5—外座圈;6—外壳;7—驱动齿轮;8—弹簧;9—弹簧帽;10—滚柱;11—楔形槽;12—电枢轴旋转方向

圈伸入外座圈的空腔内,将"+"字形空腔分割成楔形槽,如图 3-9(b)所示。

滚柱有 4～6 只,安放在楔形槽内。弹簧一端套有弹簧帽,并安放在外座圈的径向小孔中。弹簧帽压在滚柱上,弹簧另一端压在外壳上,外壳将内外座圈卷压包装在一起。弹簧张力将滚柱压向楔形槽较窄的一端。当起动机工作时,弹簧张力和摩擦力将滚柱推向楔形槽较窄的一端,使外座圈与驱动齿轮另一端圆柱面卡住,将起动机的动力传递给曲轴。当发动机起动后,驱动齿轮转速较快,其另一端圆柱面的摩擦力将滚柱推向楔形槽较宽的一端,使外座圈与驱动齿轮分离。

传动导管套装在电枢轴上,导管内圆制有内螺旋键槽,与电枢轴上的外螺旋键槽配合而传递动力。制成一体的驱动齿轮和内座圈套装在电枢轴的光轴部分,既可轴向移动,也可绕轴转动。

2) 摩擦片式离合器

大、中等功率的起动机多采用摩擦片式单向离合器。它是通过摩擦片的压紧和放松来实现离合的。其结构和工作原理如图 3-10 所示。

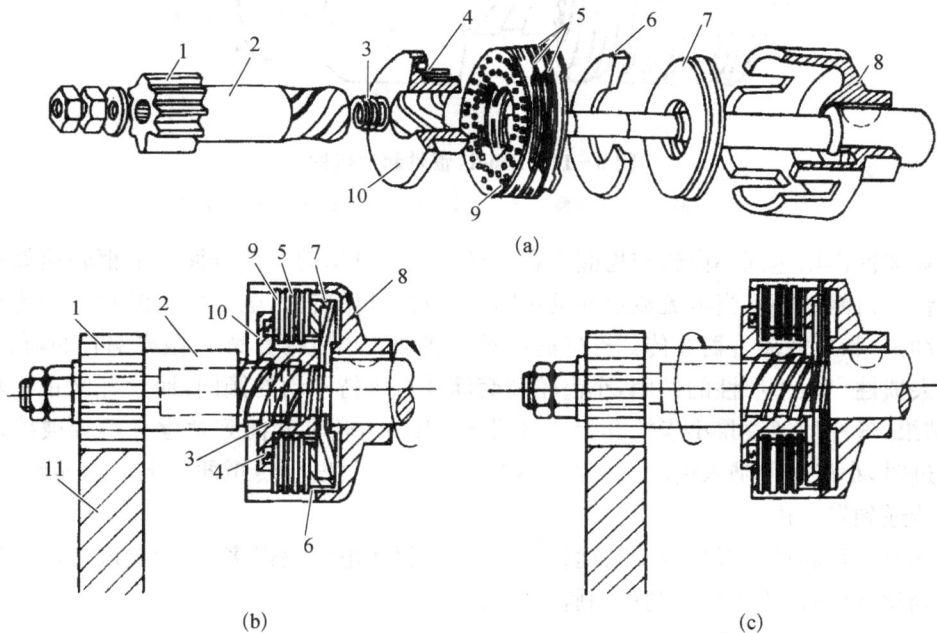

图 3-10　摩擦片式单向离合器

(a) 分解图;(b) 摩擦片结合;(c) 摩擦片分离
1—驱动齿轮;2—齿轮柄;3—减振弹簧;4—小弹簧;5—主动摩擦片;6—压环;7—弹性圈;8—外接合毂;9—从动摩擦片;10—内结合毂;11—飞轮

外接合毂 8 用半圆键装配在电动机轴上,弹性圈 7 和压环 6 依次沿电动机轴装入外接合毂中。主动摩擦片 5(由青铜材料制成)的外凸齿装入外接合毂的切槽中,钢制从动摩擦片 9 的内凸齿插入内接合毂 10 的切槽内。内接合毂的内圆切有螺旋花键,并装在电动机的驱动齿轮柄 2 的三线螺旋花键上。齿轮柄则自由地套在起动机轴上,其内垫有减振弹簧 3,并用螺母固定,以防从轴上脱落。

笔记

起动时，当驱动齿轮啮入飞轮齿圈后，电动机通电旋转，内接合毂由于螺旋花键的作用向右移动，摩擦片被压紧，将起动机的力矩传给驱动齿轮。当发动机的阻力矩较大时，内接合毂会继续向右移动，增大摩擦片之间的压力，直到摩擦片之间的摩擦力足够传递所需的起动力矩，带动曲轴旋转，起动发动机。

发动机起动后，驱动齿轮被飞轮齿圈带动，其转速超过电枢转速时，内接合毂沿螺旋花键向左退出，摩擦片之间的压力消除。这时驱动齿轮虽然高速旋转但不会带动电枢。

3）Bendix（旁蒂克）惯性起动机构

Bendix 惯性起动机构如图 3－11 所示：

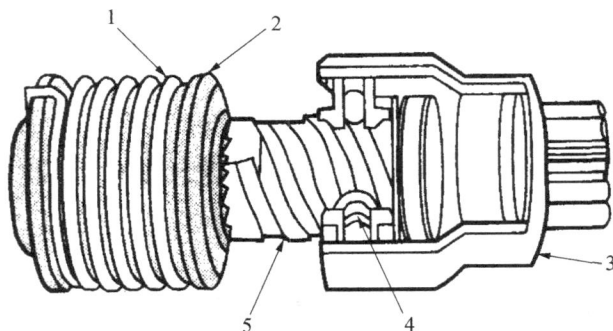

图 3－11　Bendix 惯性起动机构

1—传动弹簧；2—牙嵌离合器；3—小齿轮和套筒；4—卡销；5—丝杆

依赖惯性作用达到小齿轮与齿圈啮合。丝杆 5 是电枢的一部分而以电枢转速旋转。小齿轮 3 将与齿圈啮合。当电流流过起动机时，电枢便开始旋转，电枢发出的转矩经传动弹簧 1（吸收冲击）和牙嵌离合器 2 传到丝杆而使丝杆转动。小齿轮套筒 3，做成偏心的，利用偏心质量增大惯性。由于惯性的作用，小齿轮和套筒 3 有维持不动的倾向，而丝杆又正在套筒内旋转，结果，丝杆的螺纹将小齿轮和套筒 3 带出，当小齿轮和套筒到达丝杆顶端被挡住而不能再前进时，小齿轮便啮入齿圈。到此，小齿轮锁定在丝杆上，转矩便从电枢传递到齿圈，再从齿圈传递到发动机。

发动机一旦起动便以自身动力运转，发动机转得比电枢快得多，这便造成小齿轮和套筒被拧回到丝杆后端，小齿轮便与齿圈脱离啮合。

套筒式惯性起动机构如图 3－12 所示。

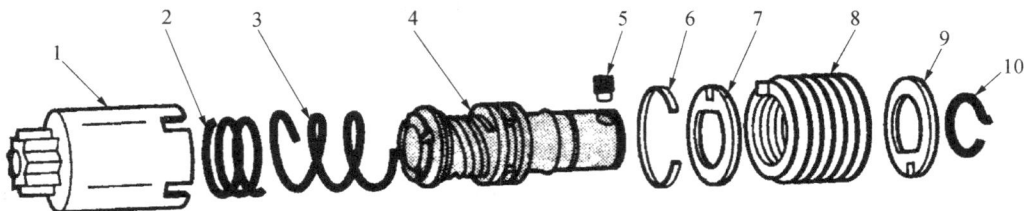

图 3－12　套筒式惯性起动机构

1—小齿轮和套筒总成；2—啮合弹簧；3—防偏弹簧；4—轴总成；5—定位螺钉；6—钢丝挡圈；7、8—传动弹簧；9—定位圈；10—锁圈

与其他惯性起动机构相比,有以下三点不同:

(1)小齿轮是装配到套筒端头的(不是整体的)。

(2)有较大的传动比。

(3)工作时完全离开轴总成端部的螺纹。

传动弹簧的作用是吸收初始接合产生的冲击。

跟随推入式起动机构如图3-13所示。它与其他的惯性起动机构十分相似,只是取消了卡销和牙嵌离合器,代之以锁销和超越离合器。

当小齿轮和套筒总成移到丝杆端头时,锁销将套筒锁定在丝杆上。锁销靠离心力开动。由于丝杆高速旋转,离心力将锁销扔入套筒和丝杆之间的窝内。

当发动机转得比电枢快,而且小齿轮仍与齿圈啮合的时候,超越离合器与丝杆脱离啮合。

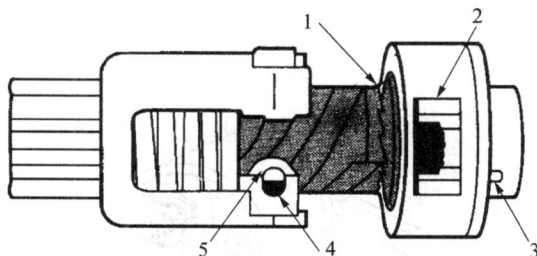

图3-13 跟随推入式起动机构

1—超越离合器;2—橡胶缓冲器;3—传动销;4—锁销;5—锁销窝

4)弹簧式单向离合器

弹簧式单向离合器的构造如图3-14所示。连接套筒套装在电枢轴的螺旋花键上,驱动齿轮1则套在电枢轴的光滑部分上,两者之间由两个月形键3连接。月形键可使驱动齿轮与连接套筒之间不能轴向移动,但可相对转动。在驱动齿轮柄与连接套筒外面包有扭力弹簧4,其两端内径较小(每端内径较小部分的长度占弹簧总长度的1/4),并分别箍紧在齿轮柄和连接套筒上。扭力弹簧有圆形和矩形两种截面,外部有护圈封闭。

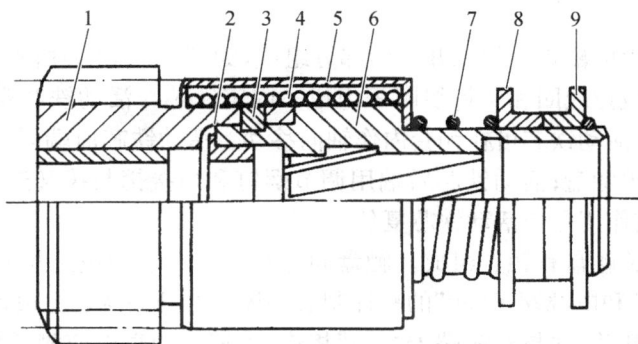

图3-14 弹簧式单向离合器的构造

1—驱动齿轮;2—挡圈;3—B形键;4—扭力弹簧;5—护圈;6—花键套筒;7—啮合弹簧;8—移动衬套;9—卡簧

起动时,电枢轴带动连接套筒旋转,扭力弹簧顺其旋转方向扭转,圈数增加,内径变小,将齿轮柄与连接套筒包紧,成为整体。于是,电动机的力矩传给驱动齿轮,带动曲轴旋转,起动发动机。

起动后,驱动齿轮转速高于电枢转速,扭力弹簧被反向扭转,内径变大,齿轮柄被飞轮齿圈带动高速旋转,连接套筒随电枢低速旋转,齿轮柄与连接套筒松脱,各自转动,使发动机力

笔记

矩不能传给电枢。

3. 控制装置

起动机的控制装置包括电磁开关、起动继电器和点火开关起动档位等部件,其中电磁开关与起动机制作在一起,如图 3 - 2 中 2 所示。电磁开关接线端子的排列位置如图 3 - 15 所示。

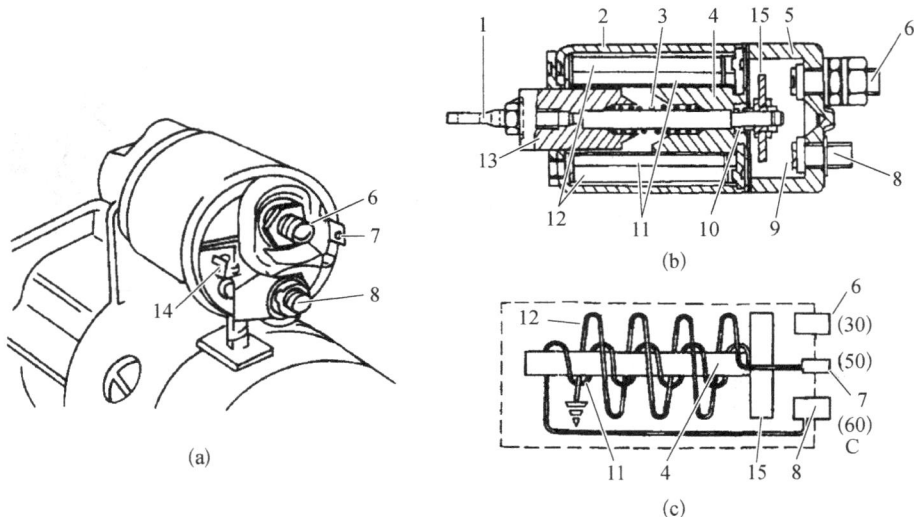

图 3 - 15　电磁开关的结构

1—拨叉拉杆;2—外壳;3—回位弹簧;4—固定铁芯;5—开关盖;6—接线柱(30);7—接线柱(50)或 S;8—接线柱(60)或 C;9—开头触点;10—弹簧;11—吸拉线圈;12—保持线圈;13—活动铁芯;14.15a;15—开关触盘

电磁开关主要由电磁铁机构和开关两部分组成,如图 3 - 15(b)所示。电磁铁机构由固定铁芯、活动铁芯、吸拉线圈和保持线圈等组成。固定铁芯与活动铁芯安装在一个铜套内。固定铁芯固定不动,活动铁芯可在铜套内作轴向移动。活动铁芯前端固定有拨叉拉杆,拨叉拉杆前端安装有开关触盘;活动铁芯后端用调节螺钉和连接销与拨叉连接。铜套外面安装有一个复位弹簧,其作用是使活动铁芯复位。

开关部分由开关触盘和触点组成。触盘固定在活动铁芯和拨叉拉杆的前端;两个触点分别与连接端子"C"和电源端子"30"的螺柱制成一体。在开关触点旁边,设有一个小铜片制成的附加电阻短路开关,并与接线端子"15a"相连,该铜片的端面应稍微偏后于电动机开关触点所在的平面,以便触盘接通开关触点时,短路开关能可靠接通,附加电阻能被可靠短路。

当吸拉线圈和保持线圈通电产生的磁通方向相同时,其电磁力便吸引活动铁芯向前移动,直到拨叉拉杆前端的触盘将开关触点接通使电动机主电路接通为止。

当吸拉线圈和保持线圈通电产生的磁通方向相反时,其电磁吸力相互抵消,在复位弹簧的张力作用下,活动铁芯等可移动部件自动复位,触盘与触点断开,电动机主电路切断。

4. 直流电动机的工作原理

直流电动机工作过程

直流电动机是根据载流导体在磁场中就会受到电磁力的作用而产生运动的原理而工作

的,其原理如图 3-16 所示。

电流路径为:蓄电池＋→N 磁极线圈 2→S 磁极线圈 7→电刷 5→换向器→转子线圈 1→换向器→电刷 3→蓄电池－。此电流使磁极线圈 2,7 和转子线圈 1 都产生磁场,磁极线圈和转子线圈的磁场相互作用。

当线圈旋转到如图 3-17(a)所示的水平位置时,根据左手定则可以判定,线圈 ab 边将向下运动,线圈 cd 边将向上运动,整个线圈将沿顺时针方向转动。

当线圈旋转到图 3-17(b)所示垂直位置时,电刷与换向片不能接触,线圈中没有电流流过,线圈将在惯性力矩的作用下转过此位置。

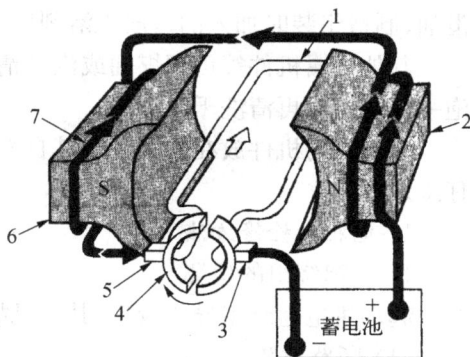

图 3-16　直流电动机原理图

1—转子线圈;2,6—铁芯;3,5—电刷;4—换向器;7—磁场线圈

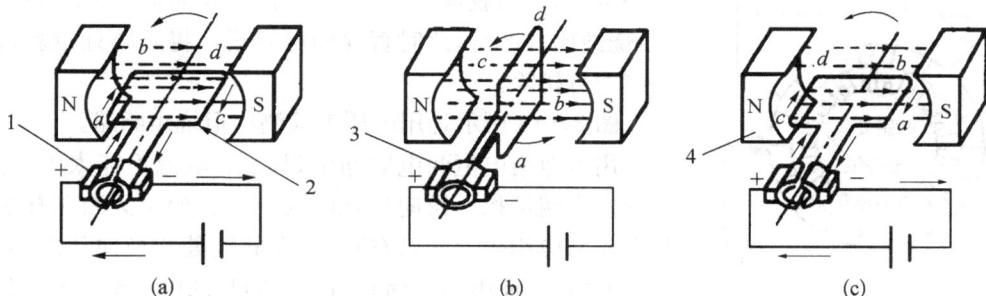

图 3-17　直流电动机的工作原理

(a) 线圈水平线圈旋转 90°;(b),(c) 线圈旋转 180°
1—电刷;2—转子线圈;3—换向器;4—磁极

当线圈旋转到如图 3-17(c)所示的水平位置时,根据左手定则可以判定,线圈 cd 边将向下运动,线圈 ab 边将向上运动,整个线圈仍沿顺时针方向转动。

由此可见,在换向片的作用,N 极前面导线中的电流始终由蓄电池正极经电刷流入,S 极前面导线中的电流始终由导线经电刷流回电池负极。由于磁场方向和每个磁极下面导线中的电流方向都保持不变,因此由左手定则可知电枢绕组受力而形成的电磁力矩方向不变。如果电流不断通入电枢绕组,电枢就会不停地旋转。当电动机有负载时,就可将电源的电能转换为机械能。

图 3-17 所示的电枢绕组,虽然能按一定的方向转动,但是每当转到垂直位置时,都是依靠惯性转过,转动很不平稳,电磁力产生的电磁转矩也很小。为了增大电磁转矩和提高电动机的平顺性,实际使用的电动机采用了多组电枢绕组和多对磁极。

(三) 起动机的检修

起动机分解后,拆下来的零部件必须清洗并擦拭干净。清洗时应注意以下几点。

电枢绕组、磁场绕组、电刷、单向离合器总成及电磁开关上的油污,只能用清洁的布或棉纱蘸少量汽油擦拭,这是因为有线圈的部件浸入汽油后会损坏绝缘层。单向离合器内有润滑油(制造组装时加入的),浸入溶剂后会洗掉润滑油。

其他金属机件等可用煤油或汽油清洗后擦拭干净。如机件太脏不易洗掉,可将机件浸泡一段时间后再清洗干净。

清洗后的机件放在常温下待其自然晾干后,就可对其外表面及有关易磨损的部位进行仔细地检查。

1. 电枢的检修方法

1)电枢绕组的检测

起动机电枢绕组导线较粗,其常见故障为断路、短路和搭铁。

(1)断路故障的检查:

电枢线圈是否断路主要是通过观察判断。电枢线圈的断路部位常发生在线圈与整流片的焊接处,多因工作电流过大而甩锡脱焊或焊接不良而引起断路。

断路故障在静止状态下用仪表检查往往不准确,而在动态下(即通过大电流高速旋转时)表现得最为明显。起动机主电路接通时,与脱焊处对应的整流片(换向器)会出现强烈火花,烧蚀比较严重,此时直观即可发现。将断路处重新焊好,故障即可排除。

图 3 - 18 所示是用电压表检测电枢绕组断路。

用电池给电枢两电刷通电(注意:电流不能太大),然后用毫伏表测量相邻换向片之间的电压。如果无断路和短路,其电压都应相等。如果有断路,在断路处两换向片之间电压为电池电压,而电刷上面其他两换向片的电压为 0 V,因为没有构成回路。如果有一处电压较小,说明该两换向片之间的线圈有匝间短路。

图 3 - 19(a)所示是用欧姆表检测电枢绕组断路。

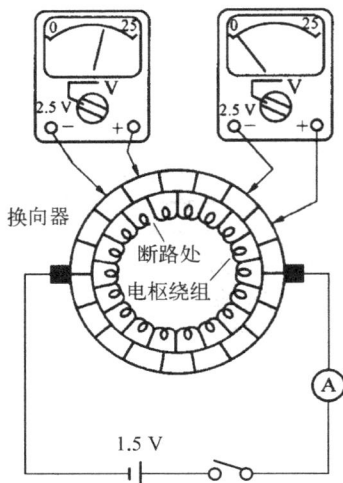

图 3 - 18 电枢绕组断路的检测

(2)搭铁故障的检查:

万用表检查法:如图 3 - 19(b)所示,用万用表 $R \times 10 \text{ k}$ 档,将万用表的两表笔一端搭在换向器上,另一端搭在铁芯上,其电阻值应为∞。如测得的电阻值不为∞或为 0,则说明电枢线圈搭铁。

交流试灯检查法:图 3 - 19(c)所示是将交流试灯的两端分别接在换向器和铁芯上。观察指示灯应不亮。如灯发亮,则说明电枢线圈塔铁。

(3)短路故障的检查:

图 3 - 19(d)所示是用电枢检测仪检测电枢线圈短路。电枢检测仪的电路如图 3 - 20 所示,当检测仪的线圈接通 220 V 的交流电源时,在其磁路中产生交变磁场。

检查时,电枢放在检测仪的 V 形座中,检验仪的交变磁场被电枢绕组的导线切割,产生感应电动势。又在电枢铁芯上放一钢锯片,接通交流电源后,不断慢慢转动电枢,此时可通过仔细观察钢片的状态来判断故障原因。

如果钢片不跳动,说明没有短路;若钢片跳动,表明线圈有短路故障。短路可能发生在线圈上,也可能发生在换向器片间。此时应仔细观察钢片的表现形式。

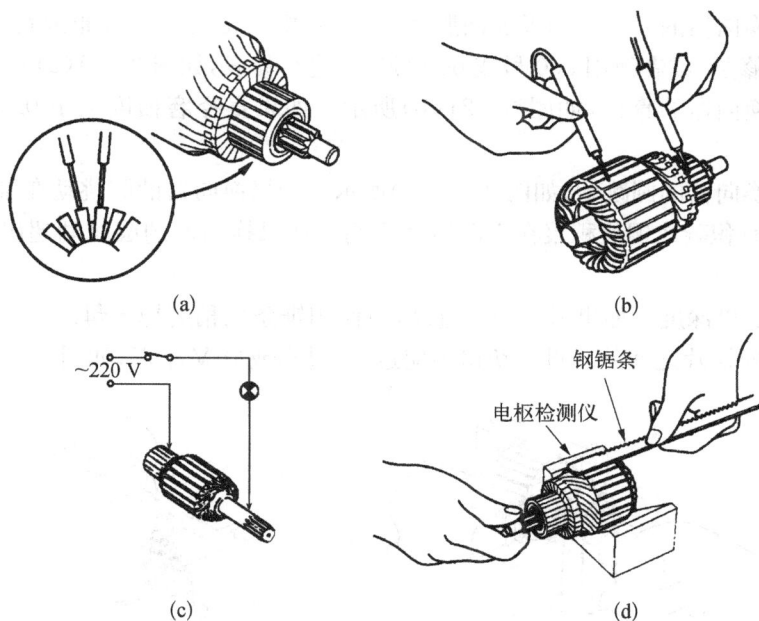

(a) (b)

(c) (d)

图 3-19 电枢的检测

(a) 检测断路;(b) 检测搭铁;(c) 用试灯检测搭铁;(d) 检测短路

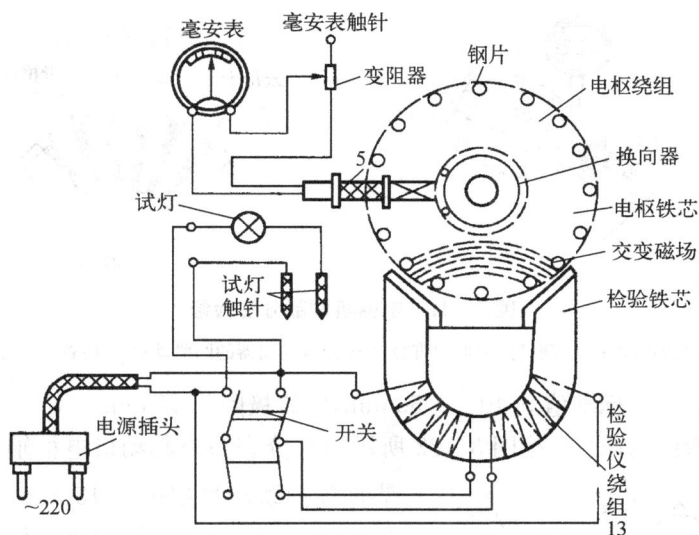

图 3-20 用电枢检测仪检测电枢线圈短路

若相邻两换向器片间或相邻线圈的端部之间短路,钢片会在四个槽上出现较轻的振动,短路点必然在与这四个槽内线圈有关的相邻换向片或线圈端部;若嵌在同一槽中的两线圈边短路时,钢片可能在一个槽不振动,而在其余槽上均振动,钢片也可能在三个槽不振动,而在其余槽均振动,短路点必然在那些不振动的槽内。

2) 电枢机械部分的检修

(1) 检查电枢是否因与磁极接触而磨损或损坏。如果发现已损坏,则需更换电枢。

笔记

（2）检查换向器的表面。如果表面脏污或烧损，则需使用金刚砂布或符合下述规格的磨床进行表面修复，或者使用 500 号或 600 号砂纸进行修复，如图 3-21(a)所示。

（3）检查换向器的直径，如图 3-21(b)所示。如果直径磨损度大于 0.5 mm，则更换电枢。

（4）测量换向器的圆跳动，如图 3-21(c)所示。如果换向器的圆跳动在维修极限之内，则须检查是否有积碳或铜屑积聚在换向器片之间。如果换向器的圆跳动超出 0.05 mm，则需更换电枢。

（5）检查云母深度。如果云母凸起过高，应使用锯条稍稍磨掉云母层，使之达到要求的深度。切掉换向器片之间的云母。切口不应过浅、过窄或成 V 字形，如图 3-21(d)所示。

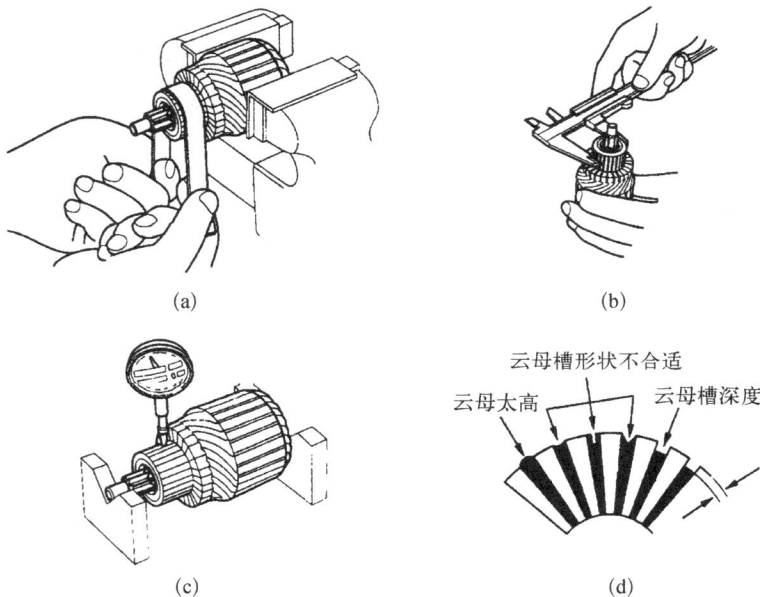

图 3-21　电枢机械部分的检修

(a) 打磨换向器；(b) 测量换向器的直径；(c) 测量换向器的圆跳动；(d) 检查云母槽深度

换向器云母深度：标准值 0.40～0.50 mm；维修极限 0.15 mm。

（6）电枢轴弯曲的修理：按图 3-22 所示用百分表检查起动机电枢轴是否弯曲。铁芯表面径向跳动量超过 0.15 mm，或其中间轴颈摆差大于 0.05 mm 时，均应进行校正。若轴颈有磨损，有条件的可采用镀铬方法来进行修理。

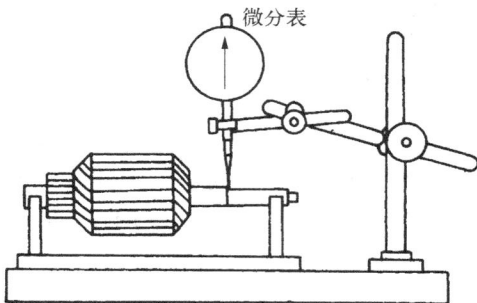

图 3-22　电枢轴弯曲检测

（7）电枢轴颈与衬套配合不良的修理

起动机电枢轴颈与衬套间的配合既不能过紧也不能太松。若配合间隙过大，应更换新的石墨青铜衬套，并按规定的标准间隙进行铰削配合。起动机电枢轴与衬套间的配合间隙的标准值为 0.03～0.09 mm，极限值为 0.23 mm。

可自行车制衬套。一般起动机衬套与衬套孔的过盈量在 0.08~0.18 mm 之间,加工时衬套外圆按衬套孔配合加工,压入后内孔用铰刀铰至要求尺寸即可。

2. 电刷与电刷架的检修方法

1)外观检查

电刷在电刷架中应活动自如,不应有卡滞现象。否则应调整或更换。电刷与换向器间的接触面不应低于 80%,否则应研配或更换。电刷架不应松动或变形。否则应调整或更换。

2)电刷长度的检查

如图 3-23(a)所示,用游标卡尺测量电刷长度,丰田起动机 1.6 kW 型标准长度为 15.5 mm。1.6 kW 型最小长度为 8.5 mm;2 kW 型为 9.5 mm。

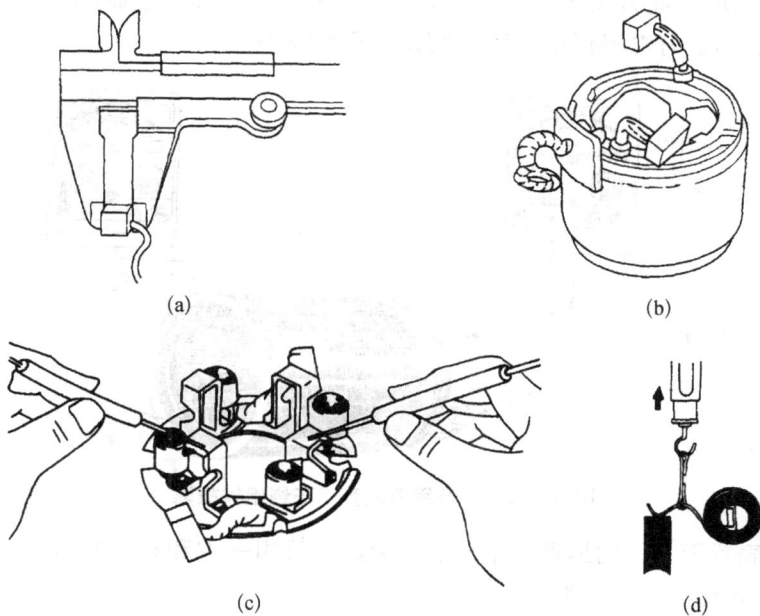

图 3-23 电刷与电刷架的检修

(a)测量电刷长度;(b)电刷与壳体的绝缘性;(c)检测电刷架的绝缘性;(d)检测电刷弹簧弹力

国产起动机的新电刷高度为 24 mm,使用中若发现其高度低于新电刷高的 2/3,则应予以更换。

3)电刷架的检查

起动机电刷架的安装不应有变形、歪斜和松动现象。两个绝缘电刷架之间的绝缘性应良好。一般可用万用表来进行检查:将万用表置于 $R×10$ k 档,两表笔分别接"+","一"电刷架,如图 3-23(b)所示,其电阻应为∞。若阻值不为无穷大或为零,表明电刷架损坏应更换。两搭铁电刷架与后端盖间的电阻应为 $0\ \Omega$,可用万用表 $R×1$ 电阻档进行检查。

4)电刷弹簧张力的检查

电刷弹簧应与端盖平行,其端部应落在电刷架孔的中央而不偏斜。电刷弹簧张力的检查如图 3-23(d)所示,可用弹簧秤检查,丰田起动机 1.6 kW 型弹簧张力为 1.79~2.41 kg,2 kW 型为 2.7~3.3 kg。

笔记

若弹簧张力不符合标准值,如属弹簧压力不够,可将此弹簧向螺旋相反的方向扳动一些,以增加弹力;若扳动无效,则应更换电刷弹簧。

3. 起动机定子的检修方法

1) 磁场线圈故障检查

起动机磁场线圈导线一般较粗,匝数也不多,不大容易发生故障。如果有明显的烧焦痕迹,说明有故障。若通过外观检查看不出问题时,可对其内部作进一步的检查。

（1）磁场线圈搭铁的检查:

磁场线圈搭铁的检查,实际上是检查起动机磁场绕组与定子外壳的绝缘状况。磁场的两个电刷为非搭铁电刷,通常可采用以下两种方法检查。

如图 3－24 所示,将万用表置于 $R×10$ k 档,用两表笔分别接磁场绕组一端和定子外壳,电阻值应为∞,若有电阻存在或为 0,则说明磁场线圈搭铁。

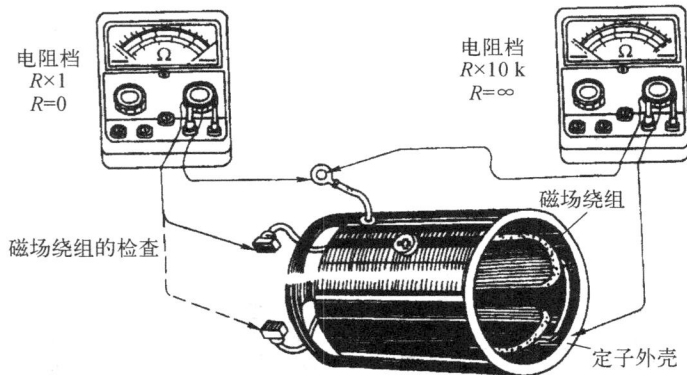

图 3－24　用万用表检查磁场绕组铁故障

再将万用表置于 $R×1$ 挡,两表笔分别去测磁场绕组一端和某一非搭铁电刷,其电阻值应为 0,否则说明磁场绕组断路。

将交流试灯的一端与起动机接线柱相连,另一端接起动机外壳。交流试灯应不亮。如点亮,则为磁场线圈搭铁。

（2）磁场线圈匝间短路的检查:

磁场绕组匝间短路多由其匝间绝缘不良引起的,而匝间绝缘不良往往是绕组外部的包扎层烧焦、脆化等原因造成的。判断磁场线圈匝间是否短路,也有两种方法。

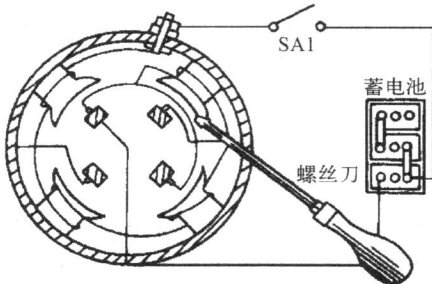

图 3－25　检查法检查磁场线圈吸力

用图 3－25 所示的方法来检查磁场线圈是否有匝间短路。用蓄电池一个单格的直流电压进行检查。电路接通后,立即将螺丝刀放到每一个磁极上,检查各磁极对螺丝刀的吸引力是否相同。若某一磁极吸力很小或基本不吸,说明该磁场线圈有匝间短路现象存在。

（3）磁场线圈断路的检查:

磁场线圈断路一般多为绕组引出线头脱焊或假焊所致,可用万用表电阻档检查,或用一只 12 V(或

24 V,根据车型电系电压确定)试灯与磁场线圈串联后接到12 V(或24 V)的直流电源上,通过观察试灯的亮度来检查。若试点不亮,就说明该磁场线圈有断路现象存在。

2) 磁场线圈故障修理

多数情况是因为线圈绝缘物烧焦造成短路或搭铁,需更换导线间的绝缘物和外部的绝缘布带。具体方法是,使用专用工具将磁极和磁场线圈拆下,取出绕组扁铜导线匝间的旧绝缘纸(注意不要使线圈变形),然后用涤纶带或用0.25 mm厚的青壳纸裁成与扁铜线宽度相等的纸条,用薄竹片或小刀将线匝拨开,将涤纶带或绝缘纸塞入每层线匝之间,再用白纱带按半叠包扎法包好,焊好接头,经检查无误,装好进行空转试验无问题后,即可对其进行去潮、浸漆、烘干处理。但需注意,4个磁场线圈浸漆后必须按原来的连接方法连接,以使相邻的磁极极性不同。

4. 起动机传动机构检修方法

1) 齿轮的检查

驱动齿轮、中间齿轮、飞轮齿圈磨损过度或损坏严重均应调换。

驱动齿轮的齿数在9~13个之间,使用中不论多少个齿,均要求不应打滑,不得有崩角或碎裂现象,齿长应不短于16 mm,不得严重扭曲变形,否则应予更换。齿轮衬套磨损严重,与轴配合间隙大于0.125 mm时,应更换衬套。

2) 轴承的检查

用手转动轴承并向内加力,轴承应转动自如。如转动有阻力或卡住,应更换轴承。

3) 单向离合器故障检修

如图3-26所示,固定住传动齿轮A,顺时针方向转动齿轮轴B。检查驱动齿轮是否从相反一端转出来。如果驱动齿轮转动不顺畅,则更换齿轮盖总成。固定住驱动齿轮,逆时针方向转动齿轮轴,齿轮轴应转动自如。如果齿轮轴转动不顺畅,则更换齿轮盖总成。如果起动机驱动齿轮磨损或损坏,则需更换超速离合器总成,因为该齿轮不能单独供货。

正常情况下,摩擦片式单向离合器应能承受120 N·m以上的扭矩而不打滑,而当扭矩大于180 N·m时又要能自动打滑。若其扭矩不符合要求,可通过增减压环与摩擦片之间的调整垫片进行调整。在保养时,可拆下摩擦片,用汽油清洗干净后在片上涂抹少许钙基润滑脂。

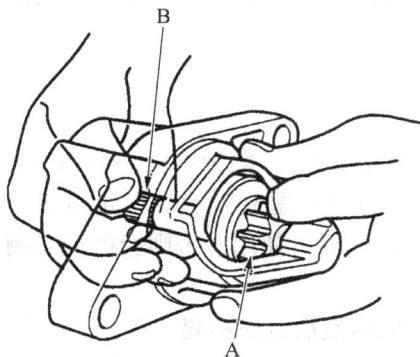

图3-26 单向离合器的检查   图3-27 单向离合器扭矩检查方法

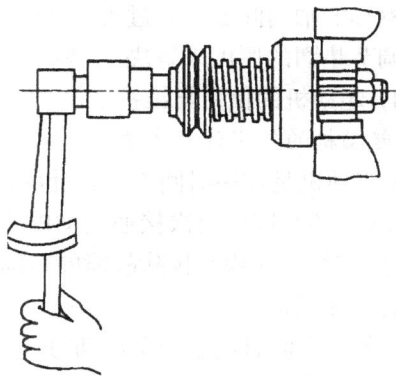

起动机滚柱式单向离合器最常见的故障是打滑。检查时,可将单向离合器用台虎钳夹

笔记

紧,如图 3-27 所示,在其花键套筒内插入一根花键轴,将扭力扳手与花键轴用套管相接,并按反时针方向扭动扭力扳手。单向离合器应能承受作全制动试验时的最大扭矩(如 2201 型起动机为 26 N·m,308 型起动机为 25.49 N·m,321 型起动机为 15.68 N·m,日本 SR 发动机使用的起动机为 14 N·m)而不打滑,否则应重换新件。

对弹簧式单向离合器,首先应检查其各活动部件,看其活动是否自如,若发现有卡死、咬住现象,应查明原因和进行修理。其次再测量扭力弹簧与套筒间的装配过盈量,其标准值为 0.2~0.5 mm。如发现扭力弹簧折断、破裂、弹性减弱以及传递扭矩不符合要求等,均应重换新的扭力弹簧。

5. 起动机的装复

起动机经检修后的装复步骤虽说因形式与种类的不同而不完全一样,但装复的基本原则都是按分解时的相反顺序进行。但在装复中应特别注意以下几点。

1) 轴承的同心度

由于起动机电枢轴一般有三个轴承支撑,故安装不当时往往很难同心。也就是说,这三个轴承的中心很难在同一轴线上。如果出现这种情况,会增加电枢轴的运转阻力,从而使输出转矩明显减小。对此,如不同心现象不是十分严重,可通过修刮轴承的方法来解决;如严重不同心,则只有更换个别轴套。

2) 润滑

在安装时,各铜套、止推垫圈、键槽、轴颈等摩擦部位,都要用机油进行润滑。

3) 各种垫圈

用于固定中间轴承支撑板的螺丝钉,一定要带弹簧垫圈。否则,工作时因支撑板的振动,会使螺丝钉松脱,由此不仅会导致起动机工作不正常,甚至会导致起动机损坏。

驱动齿轮后端面的止推垫圈、换向器端面的胶木垫圈以及中间轴承支撑板靠单向离合器一边的胶木垫圈,在装复时均不得漏装。

4) 间隙

电枢铁芯与磁极间应留有适当的间隙,一般为 0.82~1.8 mm,最大不得超过 2 mm。但其间隙也不能过小,切不可出现互相刮碰现象。

电枢轴的轴向间隙不宜过大,一般约 0.2~0.7 mm。如不合适,可在电枢轴的前端或后端通过调节垫圈的厚度来解决。

(四) 起动机的使用与维护

1. 起动机的使用注意事项

(1) 起动机是按短时间工作设计的,且工作时电流很大(一般为 200~600 A,有些柴油机高达 1 000 A),因此每次接通起动机的时间不应超过 5 s,重复启动时应间隔 2 min,连续第三次起动时,应在检查排除故障的基础上停歇 15 min 后再使用。否则会严重影响蓄电池和起动机的使用寿命。

(2) 冬季和低温地区冷车启动时,应先预热发动机,然后再使用起动机。

(3) 起动发动机时,应踩下离合器踏板或将变速杆置于空档,严禁挂档起动来移动车辆。

(4) 发动机起动后,应立即松开点火开关(或起动按钮),使起动机停止工作,以减小单向离合器不必要的磨损。

（5）发动机工作时，严禁将起动机投入工作。

（6）当发动机连续几次不能启动时，应对起动电路以及发动机有关系统进行检查，排除故障后再起动。

（7）发动机起动后，如起动机不能停转，应立即关闭电源总开关，或拆除蓄电池搭铁线，查找故障。

2. 起动机的维护要点

（1）经常检查起动电路各导线连接是否牢固，绝缘是否良好。

（2）经常保持起动机机体和各部件的清洁干燥。汽车每行驶 3 000 km 后应检查清洁换向器。

（3）汽车每行驶 5 000～6 000 km 后，应检查电刷的磨损程度及电刷弹簧压力。

（4）经常检查传动机构和控制装置的活动部件，并按规定加以润滑。

（5）每年应对起动机进行一次维护性检修，可视实际情况做适当地缩短或延长。

（五）起动机电路

1. 传统起动电路

传统的起动电路如图 3-28 所示。当点火开关打到 ST 档时，控制回路的电流为：蓄电池＋→点火开关 AM→ST→50 接线柱→电磁开关→搭铁→蓄电池－。此电流使电磁开关动作，并使起动机的 30 接线柱与 C 接线柱连通，接通了起动机的主回路。

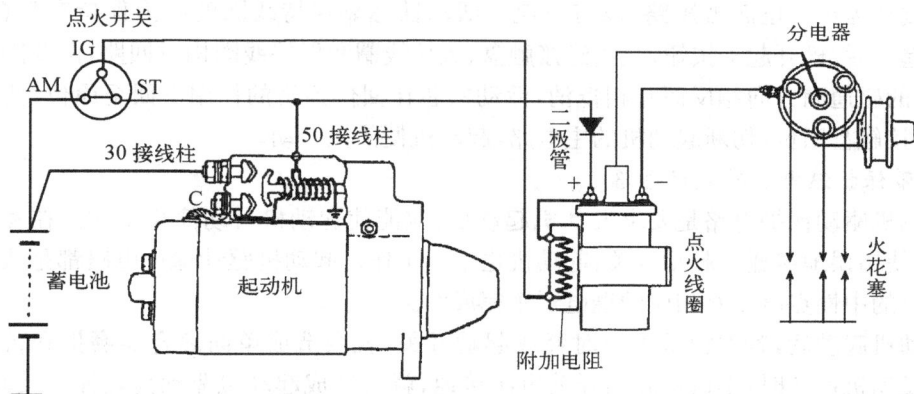

图 3-28　传统的起动电路

主回路的电流为：蓄电池＋→电磁开关的 30 接线柱→C 接线柱→起动机励磁绕组和电枢绕组→搭铁→蓄电池－。此电流使起动机旋转，并带动发动机的飞轮。

图 3-29 所示为黄河 JN150 型柴油车用 ST614 型起动电路。在黄铜套上绕有吸拉线圈和保持线圈，两个线圈的绕向相同，其公共端接至 50 接线柱。吸拉线圈的另一端接至电磁开关 C 接线柱，与起动机的主回路串联，保持线圈的另一端则直接搭铁。黄铜套内装有活动铁芯，它与拨叉相连接。挡铁的中心装有杆，其上套有铜质接触盘。

接通电源总开关，按下起动按钮，则吸拉线圈和保持线圈并联通电。在两线圈电磁吸力的共同作用下，活动铁芯克服回位弹簧的弹力而被吸入。拨叉便将驱动齿轮推出，使其与飞

笔记

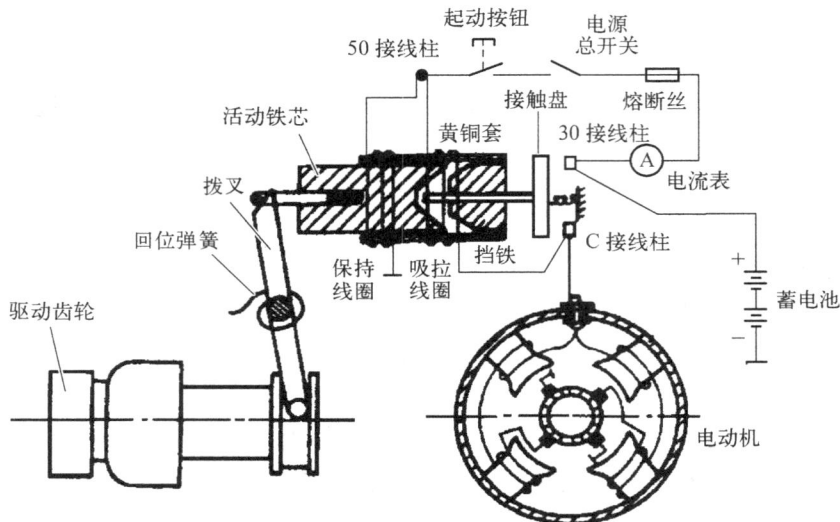

图 3-29　ST614 型起动机的控制电路

轮齿圈啮合。在驱动齿轮左移的过程中,由于通过吸拉线圈的较小电流也通过电动机的磁场绕组和电枢绕组,所以电动机将会缓慢转动,使驱动齿轮与飞轮齿圈的啮合更为平顺。在驱动齿轮与飞轮齿圈完全啮合时,接触盘将 30 接线柱与 C 接线柱接通,蓄电池的大电流便流经起动机的磁场绕组和电枢绕组使起动机产生转矩,驱动曲轴旋转。与此同时,吸拉线圈由于两端均为正电位而被短路,没有电流。活动铁芯靠保持线圈的磁力保持在吸合位置。发动机起动后,松开起动按钮,电流经接触盘、吸拉线圈和保持线圈构成回路,两线圈串联通电,产生的磁通因方向相反而互相抵消,活动铁芯在回位弹簧的作用下回至原位,使驱动齿轮退出,接触盘回位,切断起动机的主电路,起动机便停止转动。

　　2. 带保护继电器的起动电路

　　起动机驱动保护电路是要求发动机起动后,应能使起动机自动停止工作。在发动机运转时,即使错误地接通了起动开关,起动机也不会工作。起动机驱动保护电路都是依靠硅整流发电机的中性点电压及相应的继电器来完成的。

　　发动机起动后,若驾驶员未及时释放起动开关,就会造成单向离合器磨损和蓄电池耗电。当发动机运转时,不慎将启动开关再次接通,就会造成起动机驱动齿轮撞击飞轮齿圈。为了防止上述错误操作,应采用一定的保护电路,以提高起动机的可靠性,并延长起动机的使用寿命。

　　东风 EQ1090F 型汽车的起动机驱动保护电路由起动继电器和保护继电器两部分组成,其电路如图 3-30 所示。

　　起动继电器的触点 K_1 是常开的,它的作用是控制起动机电磁开关的工作。保护继电器的触点 K_2 是常闭的,它的磁化线圈 L_2 一端搭铁,另一端接至发电机三相绕组的中性点,承受硅整流发电机中性点电压,K_2 的固定触点经磁轭搭铁,K_2 串联在充电指示灯和起动继电器磁化线圈 L_1 的搭铁回路中,其作用是保护起动机并控制充电指示灯。

　　起动时,将点火开关旋至起动档,则起动继电器触点 K_1 闭合,充电指示灯点亮。起动机电磁开关控制起动机工作。

<<<< -

发动机起动后，如驾驶员没有及时松开点火开关，由于硅整流发电机输出电压升高，当中性点电压达到 5 V 时，在保护继电器磁化线圈 14 的电磁吸力作用下，使 K_2 打开，切断了充电指示灯的电路，充电指示灯熄灭，同时又将起动继电器磁化线圈 L_1 的电路切断，于是 K_1 打开，则起动机电磁开关释放，切断了蓄电池与起动机间的电路，起动机便会自动停止工作。

发动机运转时，在硅整流发电机中性点电压的作用下，保护继电器触点 K_2 一直处于打开状态，起动继电器磁化线圈 L_1 的搭铁被断开，则 K_1 始终处于打开状态，起动机电路不能接通。即使驾驶员误操作，在发动机运转时又将点火开关旋至起动档时，起动机也不会工作。

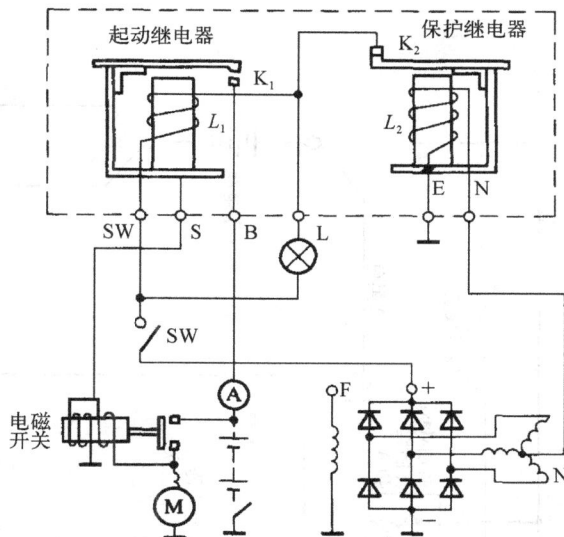

图 3 - 30　JD136 型起动复合继电器电路

3. 丰田大霸王的起动电路

图 3-31 所示为丰田大霸王的起动电路。自动变速器（A/T）的车型将空档开关串入起动电路，只有空档时，才能接通起动机，以保证安全。手动变速器（M/T）的车型将离合器开关串入起动电路，只有踩下离合器时，才能接通起动机。

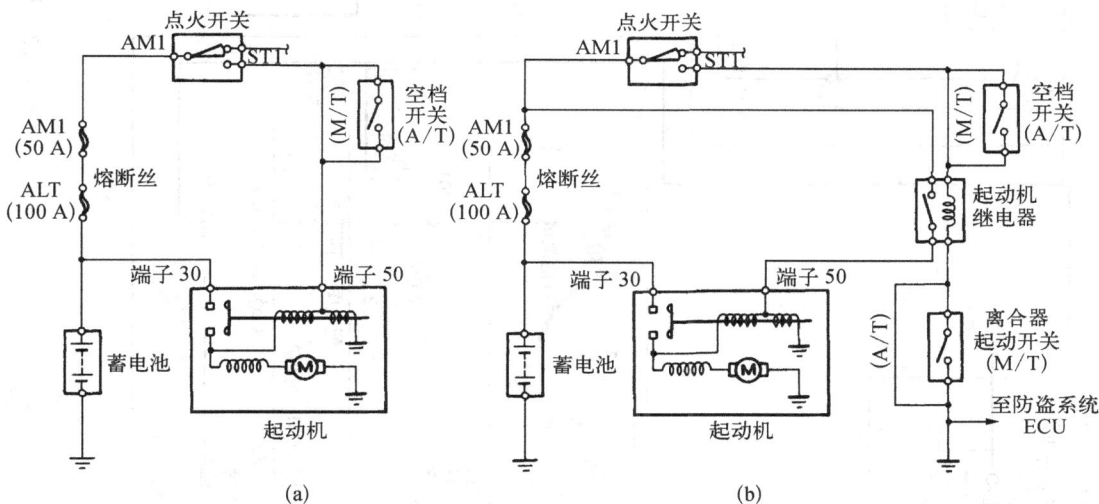

(a)　　　　　　　　　　　(b)

图 3 - 31　丰田大霸王（PREVIA）的起动电路

(a) 无防盗系统；(b) 有防盗系统

4. 上海别克轿车的起动电路

图 3-32 所示为上海别克轿车的起动电路。当点火开关打到"开始"（起动）档，PCM 通过 806 号线获得"起动"信号，使 PCM 的 76 号线搭铁，曲轴继电器 439 号线通电，其触

笔 记

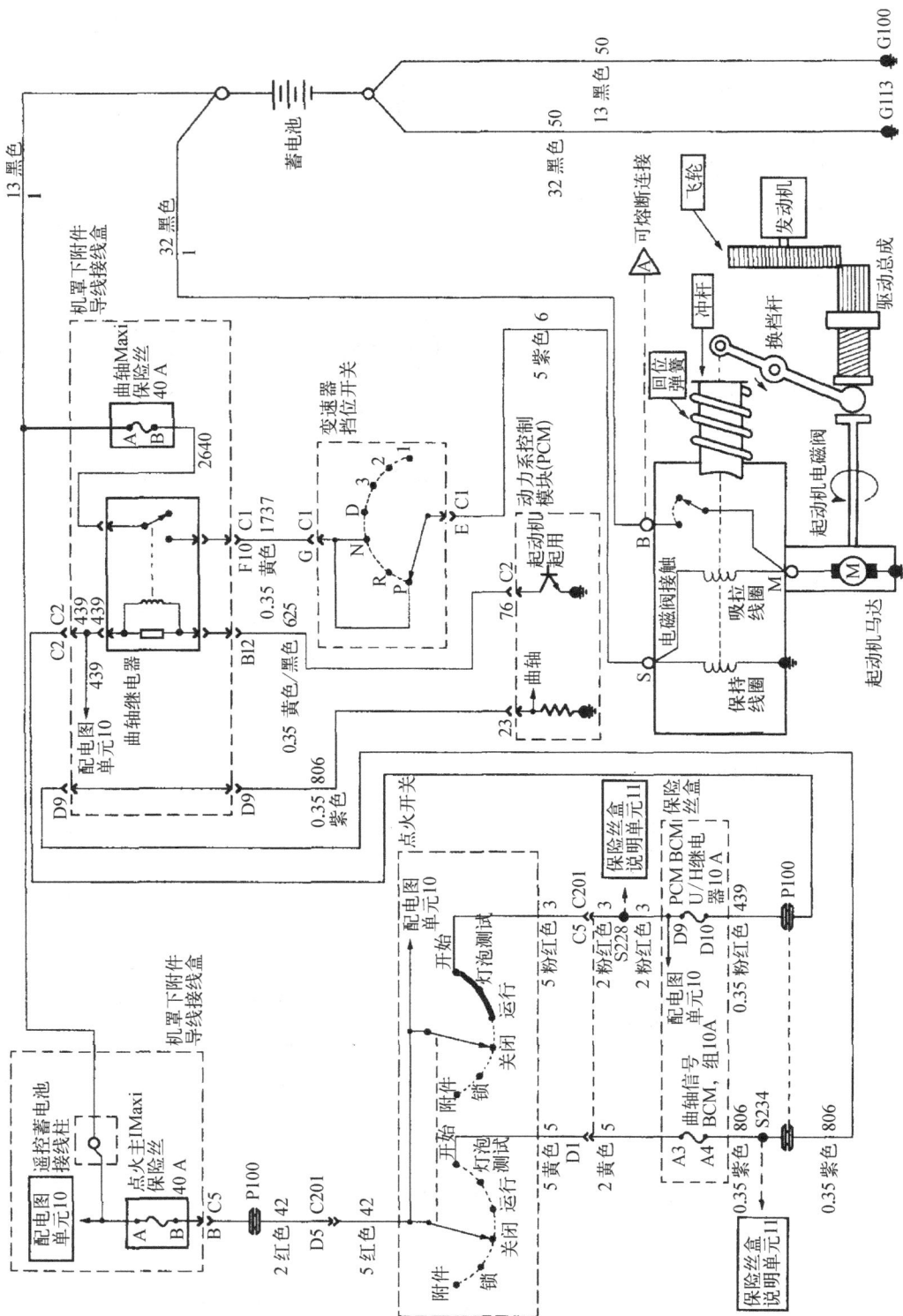

图 3 – 32 上海别克轿车的起动电路

笔记

点接通起动机控制电路。起动机控制电路的电流路径为：蓄电池→1号线（直径13 mm，黑色）→曲轴继电器40 A保险丝→曲轴继电器触点→1737号线→自动变速器档位开关（P、N档）→6号线→起动机电磁开关（吸拉线圈和保持线圈）→搭铁。接通主回路，使起动机转动。

（六）起动系统的控制电路检修

起动电路主要故障现象、原因及排除方法见表3-4。

表3-4　起动电路主要故障现象、原因及排除方法

故 障 现 象	可 能 原 因	排 除 方 法
起动机不运转	(1) 蓄电池电容量不足,连接导线松动,接触不良或断路 (2) 起动继电器触点烧蚀或其线圈断路 (3) 电磁开关烧蚀,吸引线圈断路或保持线圈断路 (4) 电刷磨损超出磨损极限、电刷在架内卡住、换向器烧蚀等	(1) 检查蓄电池的电压值及连接导线情况 (2) 检查起动继电器,必要时更换 (3) 检修或更换电磁开关 (4) 检修起动机,必要时更换零件或起动机总成
起动机运转无力	(1) 蓄电池亏电或导线连接不良或是气温过低 (2) 起动机换向器过脏或电刷磨损严重 (3) 磁场线圈或电枢线圈局部短路 (4) 衬套磨损严重,衬套与电枢轴间隙过大 (5) 起动开关触点烧蚀,接触不良	(1) 蓄电池充电或检查连接导线情况 (2) 清洁换向器或更换电刷 (3) 检修起动机或更换起动机总成 (4) 更换电枢轴衬套 (5) 检修起动开关,必要时更换
起动机运转不停	(1) 起动开关不能回位或不能断开 (2) 电磁开关触片短路 (3) 继电器触点烧蚀 (4) 电磁开关线圈短路	(1) 更换起动开关 (2) 检修电磁开关或更换 (3) 更换继电器 (4) 更换电磁线圈
起动机空转	(1) 单向离合器严重打滑,不能传递转矩 (2) 离合器小齿轮损坏 (3) 调整不当或拨叉扭断,驱动齿轮不能啮入飞轮齿环 (4) 飞轮齿圈损坏 (5) 衬套磨损严重 (6) 起动机固定螺栓松动	(1) 更换单向离合器 (2) 更换离合器小齿轮 (3) 重新调整或更换拨叉 (4) 更换飞轮齿圈 (5) 更换衬套 (6) 紧固起动机固定螺栓
发动机能起动,起动前有频率非常高的噪声	驱动齿轮与飞轮齿圈之间的间隙过大	调整起动机的安装调整垫
发动机能起动,起动后释放点火钥匙时有频率非常高的噪声	驱动齿轮和飞轮之间的间隙过小	调整起动机的安装垫,并检查飞轮齿环有无破坏,必要时更换齿环
发动机起动后不关钥匙有非常大的噪声	起动机存放时间过长而生锈,单向离合器失效	更换单向离合器
发动机起动后,起动机转速降到零时,有轰轰隆隆的敲击声	电枢轴弯或电机电枢轴不平衡	更换起动机电枢总成

四、信息收集与处理

按表 3-5 完成任务 3.1 的信息收集与处理。

表 3-5   信息收集与处理

起动机的作用、种类	
起动机的组成	
起动机的工作原理	
起动机的检修	
起动系统电路的组成	
起动机的日常维护	

五、制订检修计划

制订汽车起动系统检修计划如表 3-6 所示。

表 3-6   制订汽车起动系统检测与维修计划

1. 查阅资料,了解车辆起动机类型信息、汽车起动机拆卸作业注意事项 2. 查阅维修手册,学习汽车起动机的检修方法,制订汽车起动系检修计划		
汽车起动系信息描述	车辆描述	
	起动机类型描述信息描述	
计 划 项 目	计 划 内 容	
起动机	检测起动机的电磁开关	
	检测起动机直流电机	
	检测起动机的传动装置	
起动系统电路	检测点火开关	
	检测起动继电器	
日常维护	起动机的日常维护	

六、实施检修作业

汽车起动机的检修作业任务见表 3-7。

表 3-7　检修作业任务表

任务 3.1　汽车起动机检修作业任务书			
1. 了解汽车起动机的检测与维护安全事项 2. 会正确对汽车起动机进行维护保养			
1. 车辆信息描述	车辆描述		
	汽车起动机类型描述		
2. 汽车起动机的拆装与检修描述			
3. 汽车起动机系统的检测	故障现象	故障原因	排除方法
	起动机不运转	(1) 蓄电池电容量不足,连接导线松动,接触不良或断路 (2) 起动继电器故障 (3) 电磁开关烧蚀,吸引线圈断路或保持线圈断路 (4) 电刷磨损超出磨损极限、电刷在架内卡住、换向器烧蚀等	
	起动机运转无力	(1) 蓄电池亏电或导线连接不良或是气温过低 (2) 起动机换向器过脏或电刷磨损严重 (3) 磁场线圈或电枢线圈局部短路 (4) 衬套磨损严重,衬套与电枢轴间隙过大 (5) 起动开关触点烧蚀,接触不良	
	起动机运转不停	(1) 起动开关不能回位或不能断开 (2) 电磁开关触片短路 (3) 继电器触点烧蚀 (4) 电磁开关线圈短路	
	起动机空转	(1) 单向离合器严重打滑,不能传递转矩 (2) 离合器小齿轮损坏 (3) 调整不当或拨叉扭断,驱动齿轮不能啮入飞轮齿环 (4) 飞轮齿圈损坏 (5) 衬套磨损严重 (6) 起动机固定螺栓松动	
检查与维修结论			

七、检验评估

汽车起动机的检验评估如表 3-8 所示。

表3-8 检验评估表

评 价 指 标	检 验 说 明	检 验 记 录
维护检查项目	➤ 电磁开关的测试 ➤ 直流电机的测试 ➤ 点火开关的测试	
汽车起动机的工作情况		

评价内容	检 验 指 标	权重	自评	互评	总评
检查任务 完成情况	1. 完成任务过程情况	4			
	2. 任务完成质量				
	3. 在小组完成任务过程中所起作用				
专业知识	1. 能描述汽车起动机的作用	4			
	2. 能描述汽车起动机的结构				
	3. 能描述汽车起动机的各组成检测				
	4. 会描述汽车起动系的常见故障排除方法				
	5. 会描述汽车起动机的日常维护要领				
职业素养	1. 学习态度：积极主动参与学习	2			
	2. 团队合作：与小组成员一起分工合作,不影响学习进度				
	3. 现场管理：服从工位安排、执行实训室"5S"管理规定				
综合评议 与建议					

项目拓展

想一想：

1. 起动机与发电机的区别是什么？

2. 电控起机是如何工作的？

<<<< --

项目四　汽 车 点 火 系

任务4.1　传统点火系检修

一、任务导入与要求

任务导入	如果你遇到一辆汽车怠速运转不平稳,易熄火;加速时,发动机有严重的爆燃声,该如何处理?
目标要求	1. 掌握汽车传统点火系的组成和工作原理 2. 掌握汽车传统点火系的故障诊断与排除方法 3. 提高维修接待与人交往的素质
学习步骤	汽车传统点火系的组成→汽车传统点火系的工作原理→检修方法→故障排除举例
任务实施	

二、维修接待

按照表4-1完成待修车辆的维修接待,并准确填写接车问诊表。

表 4 - 1 维修接待与接车问诊表

1. 通过询问客户了解汽车发生故障情况,填写接车问诊表 2. 车间检测初步确认点火系有故障,需要进行检修

接 车 问 诊 表

车牌号:_____ 车架号:_____ 行驶里程:_____(km)

用户名:_____ 电 话:_____ 来店时间:_____/_____

用户陈述及故障发生时的状况:**汽车急速运转不平稳,易熄火**
故障发生状况提示:**行驶速度、发动机状态、发生频度、发生时间、部位、天气、路面状况、声音描述**
接车员检测确认建议:**需要对点火系进行检查**
车间检测确认结果及主要故障零部件:**调整点火提前角**
 车间检查确认者:_____

外观确认:	功能确认:(工作正常√ 不正常×)
 (请在有缺陷部位作标识)	□音响系统 □门锁(防盗器) □全车灯光 □工具 □后视镜 □顶窗 □座椅 □点烟器 □玻璃升降器 □玻璃 物品确认:(有√ 无×) □贵重物品提示 □工具 □备胎 □灭火器 □其他( ) 旧件是否交还用户 □是 □否 用户是否需要洗车 □是 □否

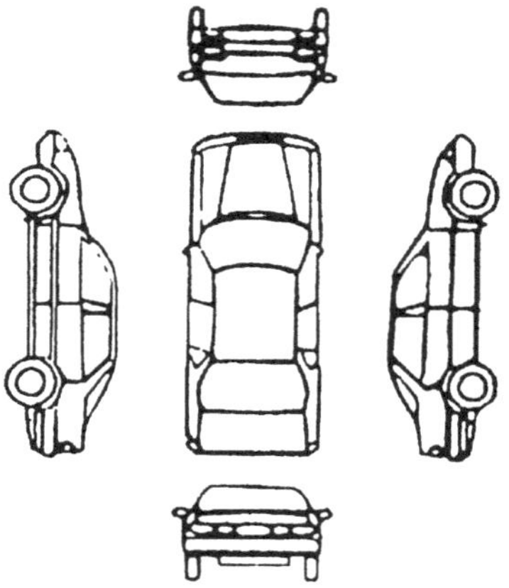

- 检测费说明:本次检测的故障如用户在本店维修,检测费包含在修理费用内;如用户不在本店维修,请您支付检测费。本次检测费:¥_____元。
- 贵重物品:在将车辆交给我店检查修理前,已提示将车内贵重物品自行收起并保存好,如有遗失恕不负责。

接车员:_____ 用户确认:_____

三、相关知识

(一) 汽车点火系的作用

汽车点火系,又称汽车点火系统。它的作用是按照汽油机的工作需要,按时产生高压电火花,点燃气缸内的混合气。

（二）汽车传统点火系的组成

传统点火系统由电源、点火线圈、断电器、配电器、火花塞、附加电阻、电容器、点火提前机构、点火开关、附加电阻短路开关、低压线和高压线组成,如图 4-1 所示。实际上,一般将点火线圈和附加电阻组装在一起,将断电器、电容器和点火提前机构、配电器组装为一体,称为分电器。

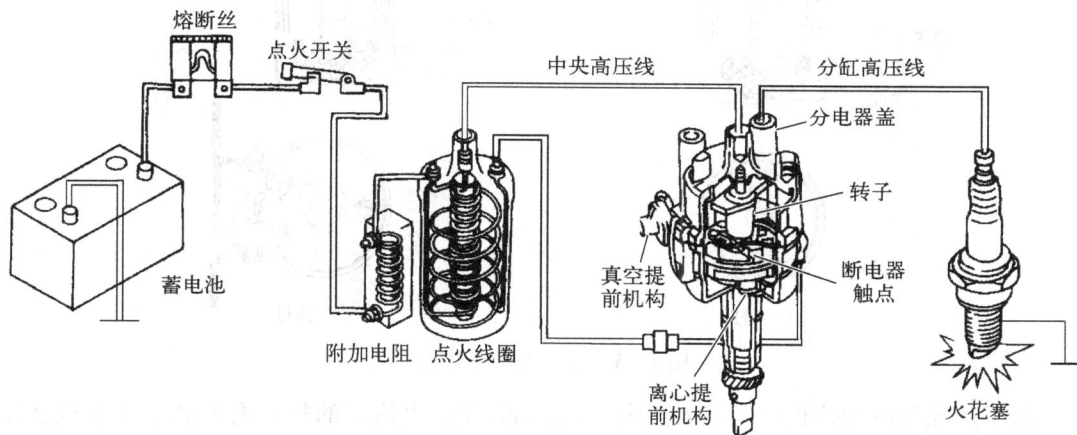

图 4-1 传统点火系统的组成

1. 点火线圈

点火线圈按结构分为开磁路和闭磁路点火线圈。开磁路点火线圈多用于蓄电池点火系及普通的电子点火系;闭磁路点火线圈多用于高能电子点火系统。

1）开磁路点火线圈

开磁路点火线圈的结构如图 4-2 所示。

点火线圈的中心部分是铁芯,由硅钢片叠成,用硬纸板套包住。再用直径为 0.06~0.10 mm 的漆包线,绕制次级线圈,共 11 000~26 000 匝;然后在次级线圈外面用 0.5~1.0 mm 的漆包线绕制初级线圈,共绕 230~370 匝。在次级线圈与外壳之间装有导磁钢套。外壳的底部有绝缘磁杯,用来防止高压电击穿次级线圈的绝缘向铁芯和外壳放电。点火线圈的上部是胶木盖,中央突出的部分是高压线插口,高压线插口两侧的接线柱是低压接线柱。点火线圈的两个低压接线柱分别标有"+"和"-"的标记。三接线柱的点火线圈多了一个附加电阻,三个接线柱分别标记为开关或启动开关、"+"开关或者标有点火开关、"+"和"-",附加电阻连接在开关和"+"开关两个接线柱之间,如图 4-3 所示。

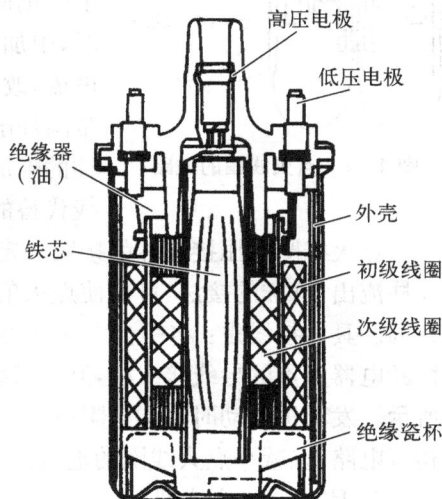

图 4-2 点火线圈结构

笔记

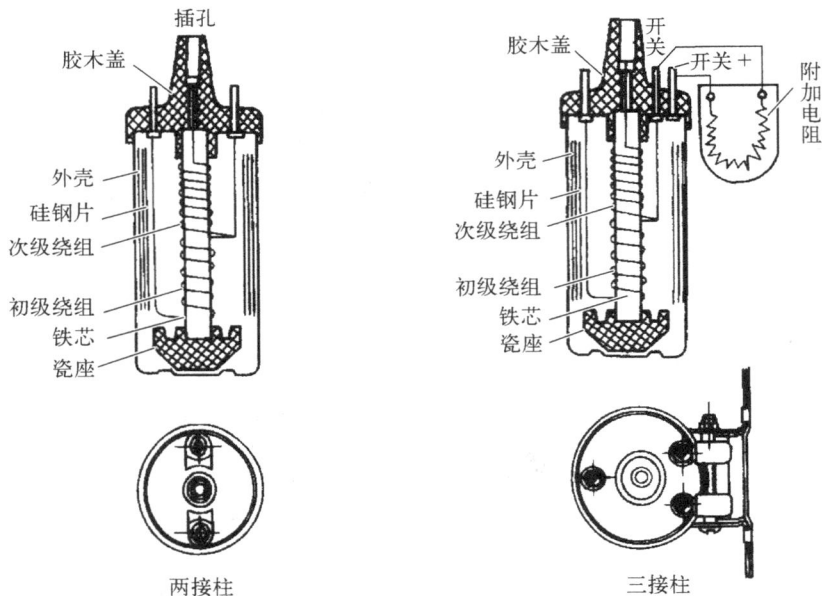

图 4-3　点火线圈的电路图

两接柱　　　　　　　三接柱

为了加强绝缘和防止潮气进入点火线圈内部,在点火线圈的外壳内充满了沥青或变压器油。

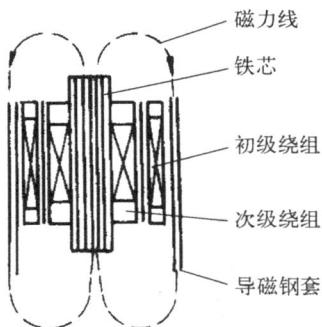

图 4-4　点火线圈的磁路

当点火线圈的初级绕组通电时,铁芯磁化后所产生磁场的磁路如图 4-4 所示。

闭合的磁力线的上部和下部都是从空气中通过的,铁芯未形成闭合的磁路。因此,这种点火线圈称为开磁路点火线圈。

附加电阻由低碳钢丝、镍铬丝或纯镍丝制成,具有受热时电阻迅速增大,冷却时电阻迅速减小的特性。发动机正常工作时,附加电阻串联在点火系的初级电路中,可以自动调节初级电流,改善点火的特性。对于两接线柱的点火线圈,其本身不带附加电阻,附加电阻的功能由点火开关至点火线圈"+"接线柱的附加电阻线来完成,因此这根附加电阻线是不能用普通电线代替的。

点火线圈低压接线柱的接线一定要保证点火线圈的电流从"+"接线柱流入,从"一"接线柱流出,这样的接法,可以使点火的次级电路成正极搭铁,从而使火花塞的击穿电压降低20％。具体接线是:将引自点火开关的电源线接点火线圈的"+"开关接线柱,"一"接线柱接断电器触点的导线接线柱,开关接线柱接起动机电磁开关附加电阻短路接线柱,如图 4-1所示。发动机起动时附加电阻应被短路,而发动机正常工作时,附加电阻应接入点火系统的初级电路,以减小点火线圈的电流。

2)闭磁路点火线圈

闭磁路点火线圈的结构如图 4-5 所示。

这种点火线圈的铁芯加工成日字形,铁芯的内部先绕初级绕组,再在其外面绕次级绕

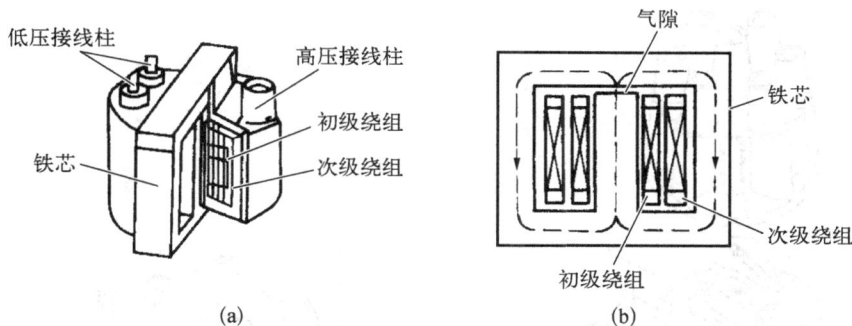

图 4-5 闭磁路点火线圈

(a) 外形图；(b) 磁路

组。采用热固性树脂作为绝缘充填物，外壳以热熔性塑料注塑成形，其绝缘性、密封性均优于开磁路点火线圈。闭磁路点火线圈的磁路如图 4-5(b)所示。这种点火线圈的磁力线可由铁芯构成闭合磁路，因而漏磁少，能量损失小，能量变换效率高。另外，闭磁路点火线圈的结构紧凑，体积小，可以直接安装在分电器中，省去了点火线圈到分电器的高压线。基于上述的优点，闭磁路点火线圈已在电子点火系中广泛采用。

3）国产点火线圈的型号和参数

根据 QC/T73—1993《汽车电气设备产品型号编制方法》的规定，点火线圈的型号如图 4-6 所示。

（1）产品代号：D 表示点火，Q 表示线圈。如果 DQ 后面还有字母，则 C 表示干式点火线圈，D 表示用于电子点火系统。

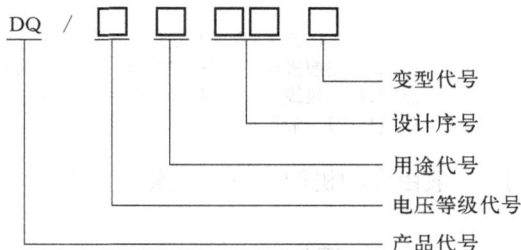

图 4-6 点火线圈的型号

（2）电压等级代号：用数字表示点火线圈的额定电压，即"1"表示 12 V；"2"表示 24 V；"6"表示 6 V。

（3）用途代号：用数字表示点火线圈的用途，含义如下："1"表示单、双缸发动机；"2"表示四、六缸发动机；"3"表示四、六缸发动机（带附加电阻）；"4"表示六、八缸发动机（带附加电阻）；"5"表示六、八缸发动机；"6"表示八缸以上发动机；"7"表示无触点分电器；"8"表示高能点火；"9"表示其他（包括三、五、七缸）。

（4）设计序号：以数字表示。

（5）变型代号：以 A，B，C，…顺序表示。

例如：DQ124 表示电压为 12 V，用于 4~6 缸发动机，设计序号为 4 的点火线圈。

点火线圈初级电阻为 0.6~3.6 Ω，点火线圈次级电阻 6.2~7.8 kΩ。

2. 分电器

传统点火系统的分电器由断电器、配电器、电容器和点火提前角机构等组成，如图 4-7 所示。

分电器壳体由铸铁或生铝铸造而成，壳体下部与分电器轴之间，压装有青铜石墨衬套，分电器轴在衬套内旋转，借用油杯中的润滑油进行润滑。断电器凸轮和分火头装在同一轴

笔记

(a)

(b)

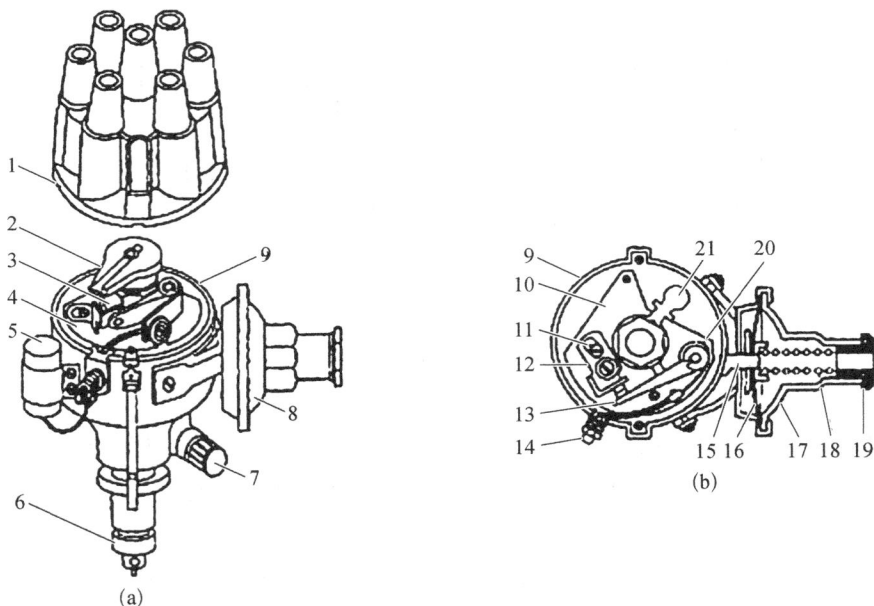

图 4-7 FD632 型分电器

(a) 整体结构；(b) 内部结构

1—分电器盖；2—分火头；3—凸轮；4—触点及断电器底板；5—电容器；6—联轴节；7—油杯；8—真空提前机构；9—分电器壳体；10—活动底板；11—偏心螺钉；12—固定触点支架；13—活动触点臂；14—接线柱；15—拉杆；16—膜片；17—真空提前机构外壳；18—弹簧；19—螺母；20—触点臂弹簧片；21—油毡及夹圈

上，一般由发动机配气机构凸轮轴上的斜齿轮驱动，四冲程发动机转速与分电器转速比为 2∶1，即曲轴每转两圈分电器转一圈。

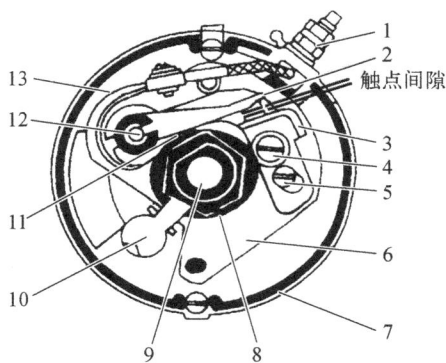

图 4-8 断电器

1—接线柱；2—活动触点臂与活动触点；3—固定触点与支架；4—固定螺钉；5—偏心调整螺钉；6—断电器活动底板；7—分电器壳；8—断电器凸轮；9—分电器轴；10—油毡；11—胶水顶块；12—销轴；13—触点臂弹簧片

1）断电器

断电器的作用是接通与切断低压电路。断电器由凸轮和触点总成组成，如图 4-8 所示。

触点总成安装在活动底板上，两个触点均为钨触点，其中固定触点搭铁，活动触点固定在活动触点臂的一端，活动触点臂经弹簧片和导线与壳体外的接柱相连。弹簧片使活动触点臂压靠在凸轮上。凸轮的凸角数与发动机气缸数相同，由分电器轴驱动运转，从而使触点周期性地开启与闭合。松开固定螺钉 4，调节螺钉 5，可调整断电器触点间隙（0.35～0.45 mm）。

2）配电器

配电器的作用是按发动机气缸的工作顺序将点火线圈次级绕组产生的高压电分配到各个气缸。配电器由分火头和分电器盖组成。

分电器盖和分火头均由胶木粉模压铸而成。分火头插装在凸轮的顶端，和凸轮一起旋转，其上有金属导电片。分电器盖的中央有高压线座孔，其内装有带弹簧的碳柱，压在分火头的导电片上。分电器盖的四周有与发动机气缸数相等的旁电极通至盖上的金属套孔座，以安装高压分线。分火头旋转时，导电片在距离旁电极 0.2～0.8 mm 处掠过，当触点打开时，高压电自导电片跳至与其相对的旁电极，再经高压线送至火花塞。

3) 电容器

如图 4-9 所示，电容的一个电极与外壳相联，另一电极由引出导线接至分电器接线柱。电容器用螺钉固定在分电器壳体上。

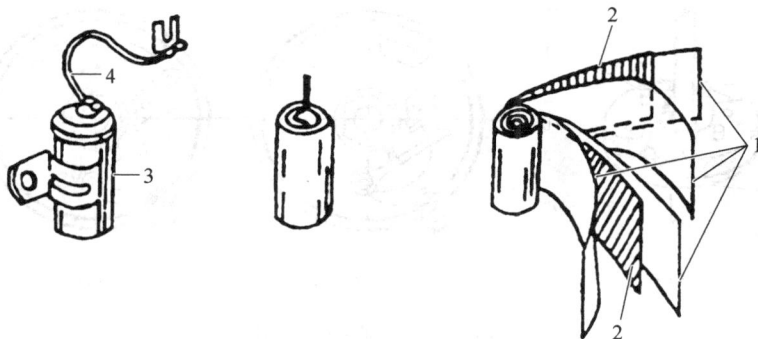

图 4-9　电容器的结构

1—绝缘蜡纸；2—铝箔或锡箔；3—外壳；4—引出导线

电容器工作时要承受触点断开时初级绕组产生的自感电动势，因此要求电容器的耐压在 500 V 以上，其绝缘电阻不得低于 50 MΩ（20℃）。

4) 点火提前机构

点火提前机构是随发动机工况变化而自动调节点火提前角的装置。由于传统点火系统考虑转速、负荷和汽油辛烷值对点火提前角的影响，因而分别设置了离心提前机构、真空提前机构和辛烷值选择器。

(1) 离心提前机构

离心提前机构是随发动机转速的变化而自动调节点火提前角的机构。它安装在断电器底板下面，主要由凸轮、拨板、离心块、弹簧和托板组成，如图 4-10 所示。

分电器轴上固定有托板 7，两个离心块分别套装在托板的轴销 10 上。离心块的一端可绕轴销转动，另一端由弹簧 9 拉向中心。凸轮 3 与拨板 4 压装成一体，并活络地套装在分电器轴 8 的上端。拨板上的长孔套在离心块的拨板销 11 上，当离心块绕轴销 10 转动时，离心块上的拨板销便带动拨板和凸轮绕分电器轴转动一定角度。分电器轴上端装有限位螺钉 2，螺钉拧紧后，凸轮及拨板与分电器轴应有 0.1～0.5 mm 的轴向间隙，以便凸轮及拨板能相对于分电器轴转动。在限位螺钉 2 的上面，安放有浸满润滑油的毛毡，以润滑凸轮与分电器轴。

发动机转速增高时，在离心力的作用下，离心块克服弹簧拉力向外甩出，拨板销便带动拨板及凸轮沿着分电器轴旋转的方向转过一个角度，使凸轮提前将触点顶开，如图 4-10(c)所示。发动机转速越高，离心块的离心力越大，离心块上的拨板销带动拨板转动的角度越大，点火提前角越大。反之，当发动机转速降低时，弹簧便将离心块拉回，使点火提前角减小。两个离心块的弹簧是由直径不同的钢丝制成，弹力不同。发动机低速工作时，只有细弹簧起作用，点火提前角随转速变化而变化较大；当发动机转速升高到一定值后，两根弹簧同

笔记

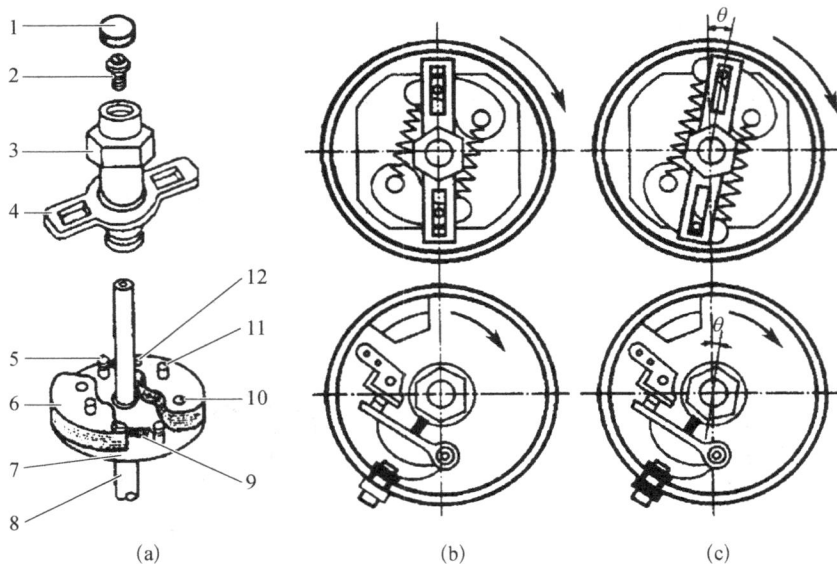

图 4 - 10　离心提前机构

(a) 结构；(b) 未提前时；(c) 凸轮提前顶开触点时
1—润滑油毡；2—限位螺钉；3—凸轮；4—拨板；5,12—弹簧销；6—离心块；7—托板；
8—分电器轴；9—弹簧；10—离心块轴销；11—拨板销

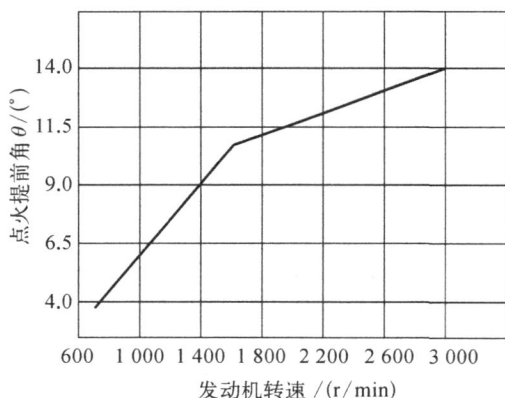

图 4 - 11　最佳点火提前角与转速的关系

时起作用,点火提前角随转速变化而变化的幅值较小,如图 4 - 11 所示,使其适应发动机转速变化对点火提前角的要求。这是由于发动机转速升高时,混合气压力和温度升高以及扰流增强,会使燃烧速度随之加快,因此最佳点火提前角虽随发动机转速的升高而增大,但却不是线性关系。

(2) 真空提前机构

在同一转速下,发动机负荷增大,最佳点火提前角减小。这是因为发动机负荷增大(即节气门开度增大)时,吸入气缸的混合气增多,压缩终了时的压力和温度增高,残余废气相对减少,混合气燃烧速度加快,所以最佳点火提前角减小。真空提前机构是随发动机负荷的变化而自动调节点火提前角的机构。它安装在分电器壳体的外侧,如图 4 - 7 所示。

如图 4 - 12(a)所示,在真空提前机构外壳内封装有一块膜片 5,该膜片将真空提前机构内部,分为两个腔室,左侧腔室与大气相通,右侧腔室通过真空管与化油器节气门旁边的空气小孔连接,膜片右侧装有弹簧,左侧装有拉杆 4,拉杆另一端套装在断电器活动底板 2 上。

当发动机负荷较小,节气门开度较小时,如图 4 - 12(a)所示,节气门小孔处的真空度较大,在压力差的作用下,膜片克服弹簧张力向右拱曲,膜片带动拉杆,拉杆带动活动底板和触点总成逆着分电器轴旋转方向转动一个角度,使触点提前打开,点火提前角增大。当发动机

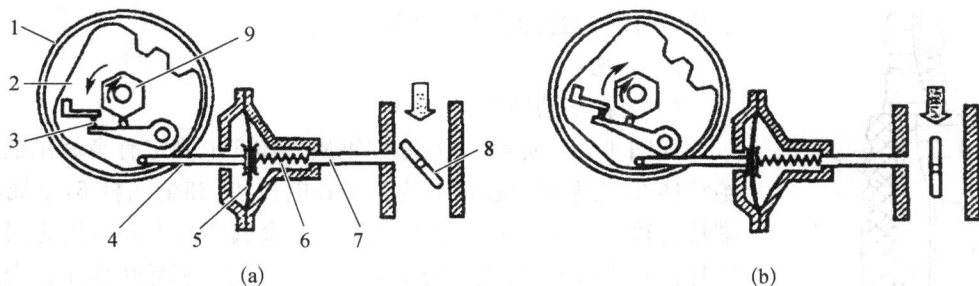

图4-12　真空提前机构工作情况

(a)节气门度小时；(b)节气门度大时

1—分电器壳体；2—活动底板；3—触点；4—拉杆；5—膜片；6—弹簧；7—真空管；8—节气门；9—凸轮

负荷增大，即节气门门开度增大时，如图4-12(b)所示，节气门小孔处真空度减小，膜片在弹簧张力的作用下向左拱曲，膜片推动拉杆，拉杆推动活动底板顺着分电器轴旋转方向转动一个角度，使点火提前角减小。怠速时，节气门接近全闭，此时化油器空气道中的小孔处于节气门上方，小孔处的真空度几乎为零，使点火提前角减小或基本不提前。

有的发动机为了降低怠速时的排放污染，采用了双真空点火提前机构。根据发动机燃烧理论和排放中HC及NO_x形成机理可知，推迟点火时刻可降低燃烧室内的最高温度并延长燃烧时间，从而降低NO_x和HC的排量。但点火过迟会引起发动机功率下降，油耗增加和发动机过热等不良现象。为此，双真空点火提前机构仅在怠速时推迟点火时刻，而在中速时仍提前点火，以保证发动机的输出功率。

双真空提前机构如图4-13所示。

它具有两个真空室，分别用真空管接至节气门上下两侧的小孔上。怠速时，节气门处于实线位置，由于节气门下方的真空度增加，延迟真空室起作用，膜片向左拱曲，推动拉杆使活动底板顺着分电器轴旋转方向转动一个角度，点火提前角减小，从而减少怠速时NO_x和HC的排量。

采用如图4-14所示的双膜片真空提前

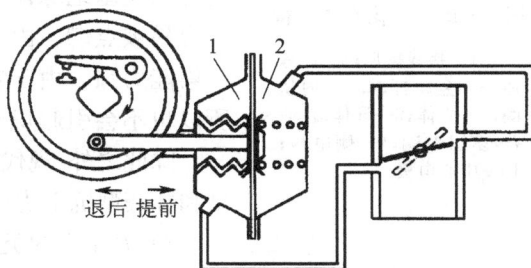

图4-13　双真提前机构

1—延迟真空室；2—提前真空室

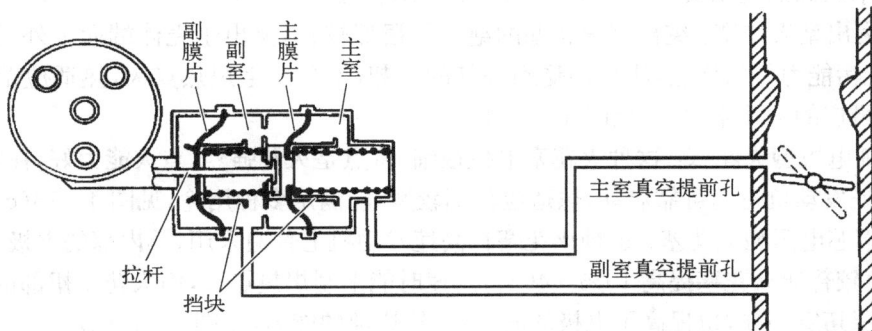

图4-14　双膜片真空提前机构

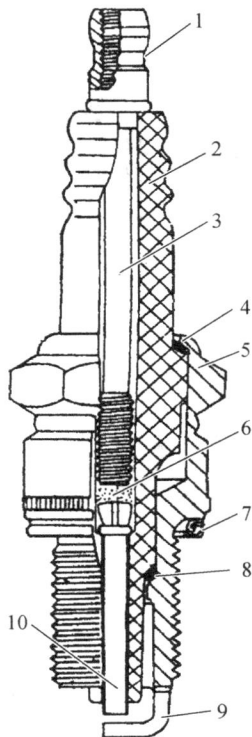

图 4 - 15 火花塞的结构

1—接线螺母；2—绝缘体；3—金属杆；4、8—内垫圈；5—壳体；6—导体玻璃；7—多层玻璃；9—侧电极；10—中心电极

机构，可减少怠速时 NO_x 和 HC 的排量。

3. 火花塞

1）火花塞的结构

如图 4 - 15 所示，火花塞在钢质壳体 5 上固定有高氧化铝陶瓷绝缘体 2，绝缘体中心孔中装有中心电极 10 和金属杆 3，金属杆上端接有接线螺母 1，用于连接高压线。金属杆与中心电极之间用玻璃导体 6 进行密封，铜质内垫圈 4 和 8 起密封和导热作用。壳体上部有便于拆装火花塞的六角平面，下部制有螺纹，以旋装在发动机气缸盖内。壳体下端固定有弯曲的侧电极 9。

火花塞电极用镍锰合金制成，具有较好的耐高温、耐腐蚀性能。采用镍铜电极材料可提高耐热性。

普通火花塞的电极间隙为 $0.6 \sim 0.8$ mm。电子点火系统火花塞电极间隙可增大至 $1.0 \sim 1.2$ mm。

火花塞与气缸盖座孔之间应密封良好，密封方式有平面密封和锥面密封两种。平面密封时，在火花塞与座孔之间应加垫铜包石棉垫圈；锥面密封是利用火花塞壳体的锥面与气缸盖座孔相应的锥面进行密封。

目前，顶置气门式发动机上使用绝缘体突出型火花塞较多。这种火花塞绝缘体的裙部较长，电极间隙伸出到燃烧室内部，混合气容易被点燃。由于突出型火花塞的裙部较长，吸热量大，因此抗污染能力强。由于它能够直接受到进气冷却，可以降低裙部温度，所以也不会引起炽热点火，因此其热值适应范围较广。

除此之外，现代汽车使用的火花塞还有能抑制电磁干扰的电阻型和屏蔽型抗干扰火花塞及具有多个旁电极的多电极火花塞等。

2）火花塞的类型

火花塞的类型如图 4 - 16 所示。

（1）多极火花塞：多极火花塞的侧电极一般为两个以上，其优点是点火可靠，电极间隙不需经常调整，故在电极容易烧蚀和火花塞间隙不能经常调整的汽油机上采用，特别是一些对点火要求较高的发动机已广泛采用多极火花塞，见图 4 - 16(d)。

（2）突出型火花塞：突出型火花塞的绝缘体裙部较长，突出于壳体端面之外，具有吸收热量大，抗污能力好的优点，能直接受到进气的冷却，不易产生炽热点火，热适应范围宽，是应用范围最广的火花塞之一，见图 4 - 16(b)。

（3）细电极型火花塞：这种火花塞电极很细，特点是火花强烈，点火能力好，在寒冷条件下也能保证发动机迅速可靠启动，热适应范围较宽，能满足多种用途，见图 4 - 16(c)。

（4）铜芯电阻型火花塞：这种火花塞在高速发动机上普遍采用，其内部的电极导热性能良好，热值较普通火花塞提高 $10\% \sim 40\%$，高速时能限制炽热点火，而火花塞裙部的加长，使热值的下限拓宽，同时也提高了电极的耐油污、抗烧蚀的能力，见图 4 - 16(e)。

（5）电阻型火花塞：为了抑制点火系统对无线电的干扰，在火花塞内部加装 $5 \sim 10$ kΩ

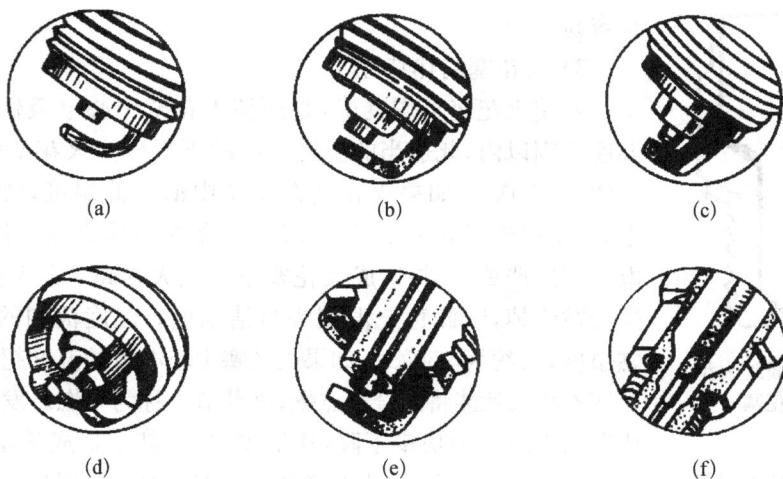

图 4 - 16　火花塞的类型

(a) 标准型；(b) 电极突出型；(c) 细电极型(带 U 形槽)；(d) 多极型；(e) 铜心
电阻型；(f) 内装电阻型

的电阻或在外部加装屏蔽罩。加装电阻的火花塞称为电阻型火花塞,加装屏蔽罩的火花塞
称为屏蔽型火花塞,如图 4 - 16(f)所示。

(6) 白金尖形火花塞：白金尖形火花塞的结构与普通火花塞基本相同,如图 4 - 17 所示。

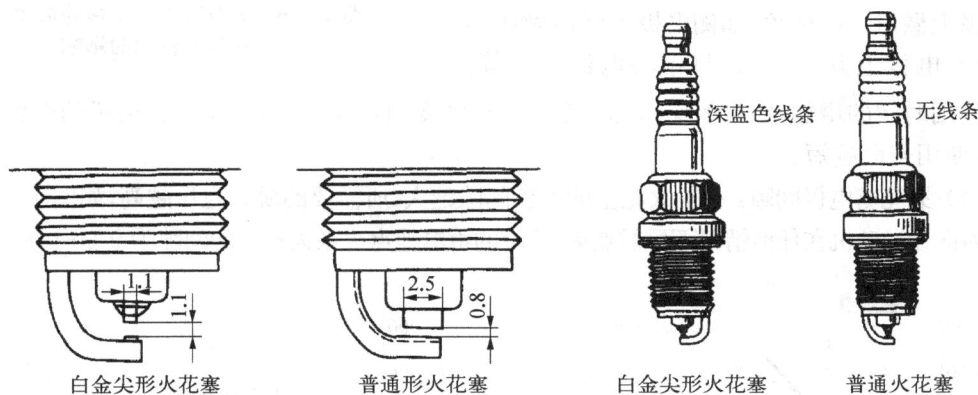

白金尖形火花塞　　普通形火花塞　　白金尖形火花塞　　普通火花塞

图 4 - 17　白金尖形火花塞与普通火花塞的比较

它只是中心电极和侧电极都覆盖一薄层白金薄膜,非常耐烧蚀,大大延长了火花塞的使
用寿命(从普通火花塞的车行 10 000 km 延长到 100 000 km)。另外,为了改善火花塞的放
电性能,这种火花塞的中心电极的直径减小,电极间隙增大,在使用过程中也不必调整火花
塞间隙。白金尖型火花塞的陶瓷绝缘体的上部有五条深蓝色的条纹。

(7) 沿面跳火型火花塞：沿面跳火型火花塞又称沿面间隙型火花塞,是一种最冷型的火
花塞,其中心电极与壳体端面之间的间隙是同心的,如图 4 - 18 所示。

它必须与点火能量大、电压上升率快的电容放电型点火系统配合使用,可完全避免火花
塞的炽热点火,即使在油污的情况下也能正常发火。其缺点是可燃混合气不易接近电极,故
在稀薄混合气的情况下,不能充分发挥汽油机的功能。另外,由于点火能量增大,中心电极

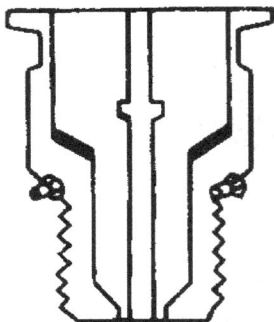

图 4-18 沿面跳火型
火花塞

很容易烧蚀。

3）火花塞的热特性

要使火花塞工作良好，必须使火花塞中心电极保持在适当的温度范围以内，此适当的温度范围的下限称为火花塞的自洁温度，大约为450℃。如果火花塞在工作中低于此温度，燃油燃烧不完全，产生积碳并沉积在火花塞的陶瓷绝缘体表面，导致火花塞漏电。积碳严重时，将造成火花塞不能点火。高于此温度，沉积的积碳会被烧掉，因此称此温度为自洁温度。温度范围的上限称为早燃温度，大约为950℃。如果火花塞中心电极的温度超过此温度，火花塞不跳火就能将混合气点燃，这种情况称为早燃。发生早燃，会造成发动机的输出功率下降，化油器回火，甚至造成活塞顶烧熔。因此，火花塞的温度必须在950℃以下。综上所述，火花塞的正常工作温度范围为450～950℃。

4）火花塞跳火性能的影响因素

（1）火花塞电极形状：火花塞电极的形状对放电性能有很大影响，一般电极有比较尖锐的棱角，比较容易放电，如果电极是球面的形状，则放电最困难，如图4-19所示。

为提高火花塞的放电性能，有些火花塞特意在电极上做出一些棱角，如侧电极的断面做成U形，中心电极上开十字口，将中心电极做细等。

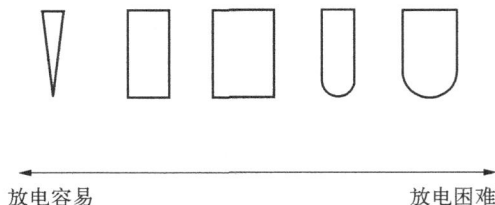

图 4-19 火花塞中心电极的形状
对放电性能的影响

随着使用时间的增加，电极的棱角部分会慢慢烧蚀变圆，放电性能变差。越尖锐的电极烧蚀越快，使用寿命越短。

（2）火花塞电极间隙：一般火花塞的电极间隙越大，所需要的跳火电压越高，如图4-20所示。为保证发动机在任何情况下可靠点火，传统的蓄电池点火系火花塞的间隙为0.6～0.8 mm。

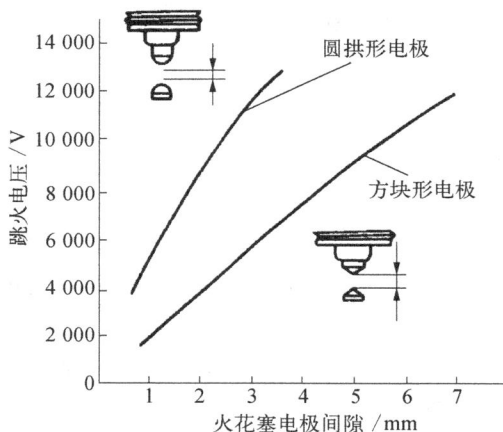

图 4-20 火花塞电极间隙与火花塞跳火电压的关系

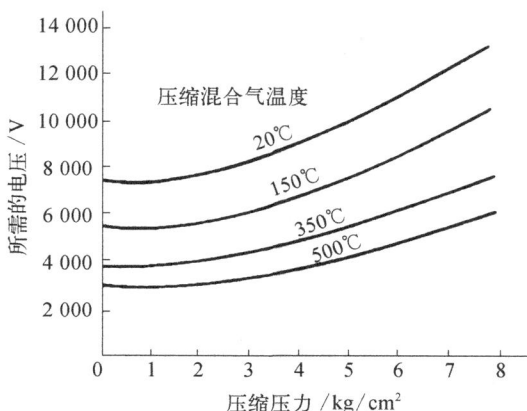

图 4-21 气缸压缩压力与火花塞跳火电压的关系

（3）气缸压缩压力：气缸的压缩压力越大，火花塞跳火越困难，所需的跳火电压也就越高。在发动机全负荷、车辆低速运行时,混合气温度低等工况,都会使火花塞跳火电压上升,造成点火困难,如图4-21所示。

（4）火花塞电极温度：火花塞的电极温度越高,所需的电压越低。

5）火花塞的热值

火花塞的工作温度除了受到发动机的功率、转速、压缩比等的影响外,本身的结构也是重要的影响因素。火花塞在工作中受到燃烧气体的加热,同时也从各种途径散热,受热与散热达到平衡时,火花塞即保持一定的温度。火花塞各处的温度及散热途径见图4-22。

陶瓷绝缘体是影响火花塞工作温度的主要因素。绝缘体暴露在燃烧室内的部分,称为火花塞的裙部。在相同的工作条件下,裙部长的火花塞,如图4-23（a）所示,受热面积大,传热的路径长,散热困难,其工作温度高,这样的火花塞称为热型火花塞。反之,裙部短的火花塞,如图4-23（b）所示,受热面积小,传热路径短,散热容易,因而工作温度低,这样的火花塞称为冷型火花塞。

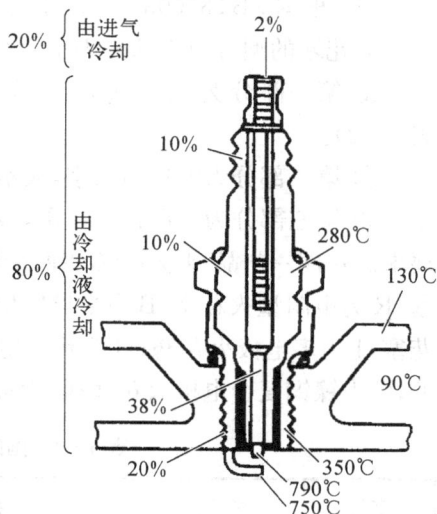

图4-22　火花塞各处的温度及散热途径

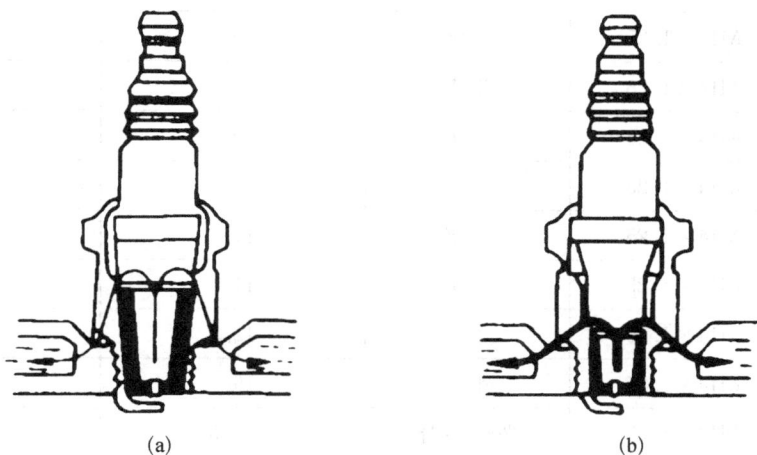

(a)　　　　　　　　　　(b)

图4-23　火花塞的裙部长度与传热路径

目前世界各国表示火花塞热特性的方法,是用热值。所谓热值是指火花塞散掉所吸热量的程度。通常用阿拉伯数字表示热值的高低,一般数值越大,表示火花塞越冷。我国是以绝缘体裙部的长度来标定的,并分别用1～12表示热型～冷型。国外标定火花塞热特性的方法有两种：一种是美国摩托车工程协会（SAE）标准；另一种是德国博世（BOSCH）公司使用的方法,是以震性测定机上测得火花塞开始产生炽热点火所经历的时间（单位为：s）来标定的。

6）火花塞的型号

火花塞的型号是反映火花塞性能特征和结构特征的一组代码。

新的国产火花塞型号是按国家专业标准 ZBT37003—89 制定的。之前,已有 TB2490—78 部颁标准和旧型号存在,国内有的生产厂家还沿用老的型号标准。为方便使用,下面介绍几种火花塞的型号。

(1) 根据 ZBT37003—1989 标准

火花塞的型号由三部分表示:①②③。

① 第一部分为汉语拼音字母,表示火花塞的结构类型、主要结构和安装尺寸(见表 4-2)。

② 第二部分为阿拉伯数字,表示火花塞的热值。

③ 第三部分为汉语拼音字母,表示火花塞的派生产品、结构特征、材料特性及特殊技术要求。在同一产品型号中,需用两个以上字母来表示时,按下列顺序排列:P 为屏蔽型火花塞;R 为电阻型火花塞;B 为半导体型火花塞;T 为绝缘体突出型火花塞;Y 为沿面跳火型火花塞;J 为多电极火花塞;H 为环状电极火花塞;U 为电极缩入型火花塞;V 为 V 型电极火花塞;C 为镍铜复合电极火花塞;G 为贵金属火花塞;F 为非标准型火花塞。

表 4-2　国家专业标准火花塞的结构类型代号

字母	螺纹规格	安装座形式	旋入螺纹长度/mm	壳体六角对边/mm
A	M10×1	平座	12.7	16
C	M12×1.25	平座	12.7	17.5
D	M12×1.25	平座	19	17.5
E	M14×1.25	平座	12.7	20.8
F	M14×1.25	平座	19	20.8
G	M14×1.25	平座	9.5	20.8
H	M14×1.25	平座	11	20.8
Z	M14×1.25	平座	11	19
J	M14×1.25	平座	12.7	16
K	M14×1.25	平座	19	16
L	M14×1.25	平座、矮座	9.5	19
M	M14×1.25	平座、矮座	11	19
N	M14×1.25	平座、矮座	7.8	19
P	M14×1.25	锥座	11.2	16
Q	M14×1.25	锥座	17.5	16
R	M18×1.5	平座	12	20.8
S	M18×1.5	平座	19	22
T	M18×1.5	锥座	10.9	20.8

例 1: "F5TC"型火花塞,表示螺纹规格为 M14×1.25、旋入长度为 19 mm、壳体六角对边为 20.8 mm 的突出型平座火花塞,火花塞的电极为镍铜复合材料。

例 2: "F5RTC"型火花塞,表示螺纹规格为 M14×1.25、旋入长度为 19 mm、壳体六角对边为 20.8 mm 的、带电阻、镍铜复合电极、绝缘体突出型平座火花塞。

(2) 按 TB2490—1978 部颁标准

火花塞型号由五部分组成:①②③④⑤。

① 汉语拼音字母,表示火花塞的类型:空白为标准型;A 为矮型;D 为电阻型;J 为多极型;T 为突出型;X 为细电极型;Z 为锥座型。

② 阿拉伯数字,表示螺纹尺寸和六角对边(S):1 表示 M10×1,S=6 mm;4 表示M14×1.25,S=19 mm;8 表示 M18×1.5,S=22 mm。

③ 阿拉伯数字,表示螺纹旋入部分长度。

④ 阿拉伯数字,表示火花塞的热值。

⑤ 汉语拼音字母,表示派生产品特征及材料特性:B 为不锈钢壳;N 为镍铬丝;W 为钨电极。

例如:T4195J 表示绝缘体突出型火花塞,其旋入气缸螺纹直径为 14 mm,螺纹长度为 19 mm,热值为 5。

又如:4115 型,表示旋入汽缸螺纹直径为 14 mm、螺纹长度为 11 mm、热值为 5 的标准型火花塞(标准型第一部分不标)。

(3) 日本 NGK 火花塞的型号

由六部分组成:①②③④⑤⑥。

① 表示螺纹直径和六角对边代号:A 分别为螺纹直径是 M18、六角对边是 25.4;B 分别为 M14、20.6;C 分别为 M10、16.0;D 分别为 M12、18.0。

② 类型代号:L 矮座;M 小型;P 绝缘体突出型;R 电阻型;S 屏蔽型;U 沿面放电型;Z 抑制电极型。

③ 热值代号:2,3,4,5,6,7,8,8.5,9,9.5,10,11,12,13,14 表示从热型到冷型。

④ 螺纹旋入长度代号:L 为 11.2;H 为 12.7;E 为 19.0;F 为锥座型。

⑤ 特性代号:C,GV,N,P 为赛车用;R 为屏蔽电阻型;S 为铜中心电极。

⑥ 电极间隙代号:10 为 1.0 mm;11 为 1.1 mm。

例: BP8HS11 表示螺纹直径为 M14、六角对边为 20.6 mm、绝缘体突出型、热值为 8、螺纹旋入长度为 12.7 mm、铜中心电极、电极间隙为 1.1 mm。

(4) 日本电装(ND)火花塞的型号

由六部分组成:①②③④⑤⑥,其意义如表 4-3 所示。

4. 高压线

高压线用来将点火线圈的高压电送至分电器盖的中央插孔,再从分电器盖的旁电极插孔传至火花塞。现在使用的高压线,大多采用电阻型的,以抑制点火系统所产生的无线电干扰。电阻型高压线的中心部分是注入石墨的细金属丝网线芯,线芯周围是绝缘层及外皮。高压线的两端的金属接头分别与火花塞与分电器盖的旁电极插孔相连,两端的胶皮套要套住火花塞和分电器,以保证密封和绝缘。

笔记

表 4 - 3   日本 ND 火花塞的型号

字母	螺纹直径 /mm	六角对边 /mm	热 值	螺纹长度	结 构	电极形式	电极间隙 /mm
①			②	③	④	⑤	⑥
MW	18	20.6	14 热	L：11.2	P：凸出型	U：旁电极有 U 型槽	
MA	18	20.6(锥座)	16 ↓	E：19	L：特殊	G：中心电极(φ1 mm)	
M	18	25.4	20 ↓	F：12.7	R：电阻型	GU：旁电极有 U 型	9：0.9
WU	14	16	22 ↓		U：U 型槽	槽，中心电极	无数字：
W	14	20.6	24 ↓		T：2 电极	(φ1 mm)	标准型，
X	12	18	27 冷		D：4 电极	S：沿面放电型	0.7
U	10	16	37 型		N：赛车用	L：特种型	11：1.1
					M：短型		

（三）传统点火系工作原理

发动机工作时，断电器凸轮在发动机凸轮轴的驱动下旋转，凸轮旋转时使断电器触点交替地闭合和打开，如图 4 - 24 所示。

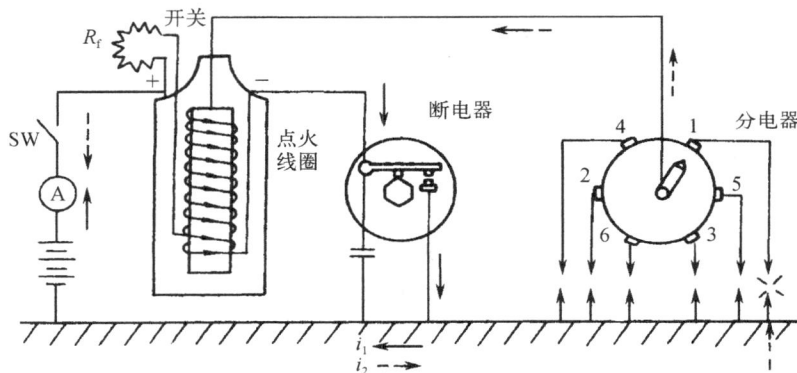

图 4 - 24   传统点火系工作原理

1. 点火线圈初级绕组通电，储存磁能

当点火开关 SW 接通，触点闭合时，点火线圈初级绕组中有电流流过。流过初级绕组的电流称为初级电流 i_1，其电路称为初级电路或低压电路。初级电流 i_1（见图 4 - 24 所示的实线）的路径为：蓄电池正极→电流表→点火开关 SW→点火线圈"＋"接线柱→附加电阻 R_f→"开关"接线柱→点火线圈初级绕组→"－"接线柱→断电器触点→搭铁→蓄电池负极。初级绕组的电流在点火线圈的铁芯中形成磁场，电能转变为磁能。

2. 点火线圈初级绕组断电，磁能转化为电能

当断电器凸轮将触点打开时，初级电路被切断，初级电流消失，它所形成的磁场也随之迅速减弱，在两个绕组中都感应出电动势，磁能转变为电能。由于点火线圈次级绕组的匝数多，因而在次级绕组内就感应出 15～20 kV 的电动势，它足以击穿火花塞的电极间隙，产生电火花点燃混合气。高压电流 i_2（见图 4 - 24 所示的虚线）的路径为：次级绕组→"开关"接线柱→附加电阻 R_f→"＋"接线柱→点火开关 SW→电流表→蓄电池→搭铁→火花塞旁电极→火花塞中心电极→高压导线→分电器→中央高压导线→次级绕组。

流过火花塞的高压电流方向为旁电极到中心电极,使击穿电压低,火花能量强。高压电流的方向与次级绕组和初级绕组二者的绕向关系有关。

分电器轴每转一圈,各缸按点火顺序轮流点火一次。

3. 电容器的作用

当触点打开,磁场消失时,在初级绕组中产生 200～300 V 的自感电动势。无电容器时,该自感电动势就会在触点间形成火花使触点烧蚀;同时该自感电动势的方向与原来初级电流的方向相同,使初级电路中的电流不能迅速中断,磁场消失也相应减慢,因而次级感应电动势大大降低。为了避免上述不良后果,在触点间并联一个电容器。当触点打开时,初级绕组中所产生的自感电动势向电容器迅速充电,触点间不再形成强烈的火花,延长了触点的使用寿命;同时触点打开后,初级绕组和电容器形成一振荡回路,充了电的电容器通过初级绕组进行振荡放电。当电容器第一次放电时,电流以相反的方向通过初级绕组,加速了磁场的消失,使次级感应电动势显著提高。

4. 点火性能的改善

点火系所产生的高压与初级电路断开时初级电流的大小有关。在初级绕组电阻一定时,触点闭合的时间越长,初级电流越大,触点断开时次级电压越高。在相同的触点闭合时间内,初级绕组的电阻越小,初级电流越大,次级电压也越高。

由于发动机的转速变化范围很宽,初级电流变化规律就给点火带来了一些问题,比如发动机转速比较低时,断电器触点闭合的时间比较长,初级电流大,次级电压高,可以保证可靠点火。但发动机转速提高后,触点闭合的时间变短,初级电流下降,次级电压也随之下降,这将造成发动机高速点火不可靠。如果靠减小初级绕组的电阻来增加初级电流又会使发动机在低速运转时,造成初级电流过大,使点火线圈的温度过高而损坏点火线圈。

为了解决这个矛盾,均衡点火系统高、低速的性能,所采取的措施是在点火系的低压电路中加入一个附加电阻,如图 4-24 所示的 R_f。这个附加电阻是个热敏电阻,温度高时电阻变大,温度降低时,电阻变小。加入附加电阻后,点火线圈的初级绕组的圈数可以减少,使其电阻减小,保证发动机高速时点火可靠。其原理是,发动机在低速工作时,触点闭合的时间长,初级电流大,流过附加电阻的电流也大,使附加电阻的温度升高,电阻变大,限制了初级电流,防止了点火线圈因电流过大而产生过热。发动机在高速工作时,触点闭合的时间变短,初级电流减小,附加电阻的温度降低,使电阻减小。保证了发动机高速时的初级电流不至过小,能够可靠点火。

在发动机起动时,因启动耗费了大量蓄电池的电能,对点火系统造成了一定的影响,为了使启动时能可靠点火,启动时,接通启动开关将附加电阻短路,提高初级电流和次级电压,保证发动机正常启动,如图 4-24 所示。

(四) 传统点火系的使用与检修

1. 分电器的安装

依发动机型号的不同,分电器安装时略有差异。但基本的安装方法相同,均要设法对准相应的装配记号。以下介绍几种发动机分电器的安装方法。

笔记

微型汽车 462Q 发动机分电器的安装：

（1）顺时针方向转动曲轴，使飞轮上的 8°（第一缸压缩上止点前）正时标记 1 指向正时标记 2（传统点火系的点火提前角有 7°和 10°两种）。

（2）拆下气缸盖罩，观察第一缸凸轮是否顶到摇臂。如果摇臂靠在凸轮上，则应再转动曲轴一圈，重新对准标记。

（3）拆下分电器盖，转动分火头，使分火头的中心线 1 与刻在分电器壳体上的标记 2 对准，如图 4-7 所示。

（4）将分电器法兰的中心线 1 与分电器座内的分电器固定螺栓孔 2 对准，然后将分电器插入分电器座。同时分火头 3 的位置必须对准分电器壳体第一缸电极位置。用手拧紧固定螺栓，临时将分电器固定。

（5）安装分电器盖的密封件和分电器盖，牢牢地扣住两个夹子。

（6）把高压线接到分电器盖和火花塞上。分缸高压线接线顺序是：将分火头所指的分缸线引至第一缸火花塞，然后顺时针依次将各侧电极高压线引至第三缸、第四缸和第二缸，并使各高压线不要与其他零件接触，如图 4-7 所示。

（7）把真空软管接到真空点火控制器上，将分电器连线接头接好。

（8）连接蓄电池负极接线。

（9）起动发动机，调整点火正时，调整好后，拧紧分电器固定螺栓。

2．分电器的检修

（1）用干净的抹布擦去分电器盖表面的油污、尘垢，使外壳保持干燥和洁净。

（2）分电器盖及分火头的检查。

如图 4-25 所示箭头处，检查分电器盖是否存在裂纹、变形、烧蚀和沾污等现象。如有，应更换分电器盖。

检查分火头外表是否开裂，金属片是否磨损、烧蚀。如有不良情况，应予更换；若表面积碳应予清除干净。

（3）断电器底板转动灵活，如有卡滞或不良现象时，应予排除，如图 4-25 所示。

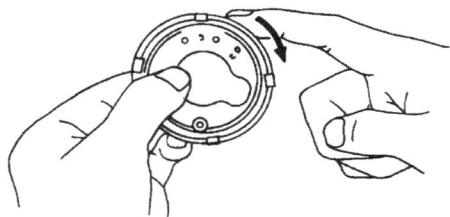

图 4-25　断电器底板转动灵活　　　　图 4-26　离心提前机构的检查

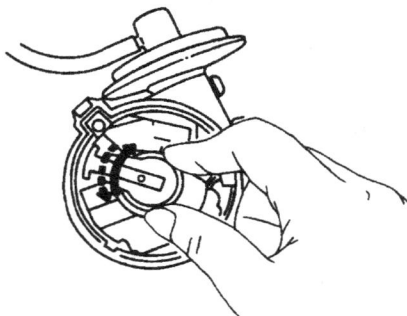

（4）离心提前机构的检查。

如图 4-26 所示，检查离心调节器的离心块、弹簧、销钉等部件是否完好，运动有无卡滞；如有不良情况应予排除。

（5）真空提前机构的检查。

用力吹、吸分电器真空提前机构的真空管,检查真空提前机构有无动作。如有损坏,应更换真空提前机构或泵膜。

（6）断电器触点的检查。

用手推动触点活动臂,检查接触面表面是否对准,表面有否烧蚀、损毁等现象。若烧蚀轻微,应予调整间隙,并打磨表面;若烧蚀严重,应予更换。正常情况下,触点接触面积应不小于75％。

（7）电容器的检查。

检查时,触点应打开。检查方法是:用导线跨接电容器的导线和壳体,使之短路。万用表为"$R×1$ k"档。当表笔接触电容器的壳体与导线时,万用表指针应缓慢从"∞"位置向"0"方向摆动,然后急速返回"∞"位置,如指针摆动与此不符合,则表示电容器失效,应予更换。

在电容试验仪上检查电容器容量。标准容量为$0.25~\mu$F,过大或过小都应更换新件。

（8）分电器斜齿轮的磨损检查。

检查分电器斜齿轮是否严重磨损,轮齿有无点蚀、削脱、裂纹等缺陷;如有不良情况,应更换斜齿轮。

3. 点火正时的检查与调整

1）用正时灯校正点火正时

（1）校正前的准备。

安装正时灯,把正时灯的红色和黑色导线分别接至蓄电池的正、负极上,把正时灯的传感器信号导线接至第一缸高压线上。连接转速表,将转速表的红线接点火线圈负接线柱,黑线接机体（搭铁）。

调整发动机转速至规定值,方法是先按制造厂的规范拆下真空调节器的真空软管,并将其堵住。再起动发动机,如有需要则把自动变速器推上档,调整化油器怠速螺钉,使发动机处于调整点火正时时的转速（一般为650～750 r/min）,同时将正时灯瞄准点火正时记号,若点火正时记号难以看清,可将发动机熄火,用粉笔在点火正时刻线上作出标记。

（2）校正点火时间。

将正时灯照向发动机的正时记号时,若正时灯发出的光线正好照亮正时记号,且两标记正好重合,表明点火时间正确。如丰田5R发动机,当正时灯照亮正时齿轮盖上的刻度标记时,正好看到曲轴传动带轮上的缺口标记与点火正时值（上止点前8°）刻线对齐,说明点火正时正确。否则,应旋松分电器紧固螺钉,转动分电器外壳进行调整。

（3）校验点火正时。

将发动机逐渐加速到中速运转,同时注视点火正时的标记点。如果分电器的离心调节器工作正常,则标记点就应该随发动机转速的增加而提前,提前的角度与相应的转速应符合规定。

如果要检验真空调节器工作是否正常,则可将发动机置于1 500 r/min运转,将真空调节器的真空管接上又拆除,反复进行试验,观察点火正时的变化情况,以判断其是否正常。

2）人工调整点火正时

（1）有爆震限制器时,先拆除爆震限制器,按常规电路接好点火系统电路。

笔记

（2）检查断电器间隙。

打开分电器盖，检查断电器触点间隙，并调至 0.35～0.45 mm。若是无触点晶体管点火系统，则应检查传感器转子爪与定子爪之间的间隙，并调至规定值（0.30～0.50 mm）。

（3）使一缸活塞处于压缩行程上止点。

（4）使断电器触点处于刚张开位置。

传统分电器：旋松分电器外壳上的紧固螺钉，拔出中央高压线，其端头距气缸体（搭铁）3～4 mm，也可用试灯并联在分电器低压接线柱与外壳之间，接合火开关，先按分电器工作方向转动外壳，使触点闭合（即试灯熄灭），再反向转动分电器外壳，直到中央高压线端头与缸体之间跳火（即试灯点亮）时为止。此时断电器触点处于刚张开位置，旋紧分电器外壳紧固螺钉，装回分火头和分电器盖，插好中央高压线。

无触点晶体管点火系统分电器：旋松分电器壳体的固定螺钉，转动分电器外壳，使定子爪与转子爪对准（磁通量刚发生变化），然后拧紧分电器外壳紧固螺钉。

（5）按点火次序插好各缸高压线。

（6）起动发动机检查并调整点火正时。使水温升到 80～85℃，并在发动机怠速运转时急踩油门突然加速。如发动机转速迅速增加，发出轻微的爆震敲击声并立即消失，表示点火时间正确；如爆震敲击声严重，表示点火过早；如发动机转速不能随油门的增大而立即提高，感到"发闷"，排气管中出现"突突"声，则表示点火过迟。点火过早或过迟，可转动分电器外壳进行调整。过早时，应顺着分电器轴的旋转方向转动外壳，过迟时，应逆着分电器轴的旋转方向转动外壳。

（7）汽车行驶中进行检验。其方法是起动发动机，待水温上升到 80～85℃时，在平坦的道路上以直接档行驶，突然将油门踏板踩到底，同时观察车速的变化及发动机声响。如急踩油门时，车速能急增到最高值，且发动机能听到轻微的敲击声，然后很快消失，表示点火时间正确；如敲击声严重，说明点火过早，如车速不能迅速提高，有"发闷"感，且发动机无敲击声，说明点火过迟。点火过早或过迟，可转动分电器外壳进行调整，经反复试验，直到合适为止。

4. 点火线圈的检修

（1）点火线圈的性能参数必须与工作电压、点火型式和发动机车型相配套。初级绕组的电阻值为 1.4～1.8 Ω 时，需串联 1.3～1.8 Ω 的附加电阻后使用，串联后的初级电路总电阻应为 3～3.5 Ω，初、次级匝数比为 1∶70，用于 12 V 工作电压；初级绕组电阻为 0.6 Ω 左右的点火线圈一般适用于电磁式或霍尔式 12 V 电子点火系统，初、次级匝数比为 1∶50 等。

外形尺寸大、质量重、功率大的点火线圈适用于汽车发动机；外形尺寸小、质量轻、功率小的点火线圈适用于摩托车发动机。

在标准三极针状放电器上，每分钟至少能连续 216 000 次击穿 7 mm 以上间隙的点火线圈，适用于 6～8 缸发动机；每分钟能连续 126 000 次击穿 7 mm 以上间隙的点火线圈，适用于 4～6 缸发动机。

（2）安装点火线圈前应检查绝缘盖表面，去除吸附油污或导电杂质，使其清洁干燥。高压耐油橡皮套、低压接线柱插片、弹簧垫圈等附件必须完整，支架外壳的安装螺钉应紧固可靠。

油浸式点火线圈还应检查绝缘盖与金属外壳连接处的密封性，凡密封不良，有漏油或渗油现象者不宜安装。因为,在发动机运转时,点火线圈会发热,其温度一般可达 100℃以上,使油温上升,液体膨胀,内部压力增大,加剧油向外渗漏,使内部油量减少,导致内部铁芯与低压引线间产生高压跳火,影响发动机正常运行。

(3) 闭磁路点火线圈的选用,应与分电器的结构和发动机型式相配合。

(4) 点火线圈低压接线柱的正、负符号应区分清楚,切勿错误接线。

(5) 在连接自带附加电阻的点火线圈时,不要把附加电阻的两个接线柱短路或拆除后直接连接电源使用,以防点火线圈温度过高,绝缘物加速老化,甚至烧坏造成爆裂等故障。

(6) 安装点火线圈时,绝缘盖或高压插孔应向上,否则汽车运行中易引起高压线脱落故障,也不方便接线或更换拆卸。

(7) 点火线圈应装在通风良好,离地面较高,距分电器较近的位置,以利散热。防止水溅入,并缩短高压线长度,减小高压电磁波的辐射面,降低对无线电的干扰。

(8) 发动机停转时,应及时切断点火电源,使点火开关处于"OFF"位置,拔去钥匙,以免蓄电池长时间向点火线圈放电,既浪费电能,也有可能烧坏点火线圈,造成事故。

(9) 先将点火线圈放入 80℃的烘箱内保持 2 h 后取出,用电阻表测量点火线圈外壳与接线柱之间的电阻值,要求其值大于 200 MΩ。

5. 火花塞的检修

1) 火花塞的使用与维护

(1) 同一台发动机火花塞型号要相同。要使火花塞的中心电极接高压负极,侧电极接高压正极。

(2) 火花塞瓷芯表面应清洁,颜色应为白色或很淡的棕色,或瓷芯上仅有微薄的一层褐色松软积碳,电极应完整无烧蚀,旋入气缸盖的螺纹端面应为铁色,无污垢。

(3) 用汽油或酒精清洗火花塞的瓷芯表面,保证瓷芯与壳体之间的空腔内无异物。

(4) 可用铜丝刷洗清除积碳。可先在丙酮或煤油中浸泡积碳,使之软化后再清洗。不可用刮刀、玻璃砂纸或金刚砂纸来清理积碳,清洗后应用压缩空气吹净。

(5) 锉光电极表面,以降低跳火电压,延长火花塞的寿命。

(6) 采用圆形塞规和专用工具测量和调整火花塞间隙。传统点火系统火花塞间隙一般为 0.7~0.8 mm,冬季可为 0.6~0.7 mm;电子点火系统一般为 1.0~1.1 mm,冬季可为 0.9~1.0 mm。

2) 火花塞故障检测方法

(1) 短路检查法。

在发动机怠速或低速运转时,用螺丝刀将火花塞短路,也就是将火花塞上部的高压线直接与汽缸体接触或拔下高压线。如果发动机的声音和震动等无变化,则说明该火花塞有故障。

(2) 温度感觉法。

将发动机运转 10 min 左右,立即熄火,然后用手逐一摸火花塞的瓷芯,感觉较凉的火花塞有故障。

(3) 试火检查法。

当怀疑某缸工作不良时,可将该缸火花塞的接线柱上的高压线拆下来,让高压线的尾端与接线柱保持 4 mm 的间隙,使高压电同时击穿高压线尾端与接线柱间隙和火花塞电极间隙,若发动机工作状态有所好转,说明该缸的火花塞有故障。

（4）直观检测法。

根据火花塞的状况,从某种程度上可判断发动机的工作是否正常。卸下火花塞后观察,工作正常时,绝缘体顶端及两电极表面呈褐色且比较洁净。若出现下列症状,则说明发动机或火花塞工作不良。

① 火花塞绝缘体顶端起疤、破裂或电极熔化、烧蚀,均表明火花塞已损坏,应更换新件。但在更换新件时,还应根据其损坏的不同特征,找出原因,排除隐患后再重换上新的火花塞。一般有如下规律:

火花塞电极熔化且绝缘体呈白色,说明燃烧室内温度过高,可能是由于燃烧室内积碳过多,气门间隙过小等引起排气门过热,也可能是因冷却系统工作不良、火花塞未按规定拧紧等引起。

火花塞电极变圆且绝缘体结有疤痕,说明发动机早燃,可能是由于点火时间过早、汽油辛烷值低、火花塞热值过高等引起的。

火花塞绝缘体破裂,可能是由发动机爆震燃烧引起。

火花塞绝缘体顶端有黑色条纹,是火花塞漏气的典型特征。

② 火花塞绝缘体顶端和电极间有沉积物情况较严重时,会造成发动机"缺火"。出现这种情况时,虽不用重换新的火花塞,只要清除沉积物即可,但必须查出故障的原因,清除隐患以防上述现象再次发生。

沉积物为润滑油性的,说明润滑油已经窜入燃烧室。若只是个别火花塞出现这种现象,则可能是气门油封失效;若是所有火花塞都沾有这种沉积物,说明发动机有故障,气缸出现了"泵油"现象。这时应检查空气滤清器和通风装置是否被堵塞,活塞环是否磨损等。

如沉积物为黑色,则可能是混合气过浓,或点火时间过迟。应进行调整。

如沉积物为灰色,主要是混合气过稀,点火时间过早,或汽油中的添加剂造成的。

四、信息收集与处理

按表 4-4 完成任务 4.1 的信息收集与处理。

表 4-4 信息收集与处理

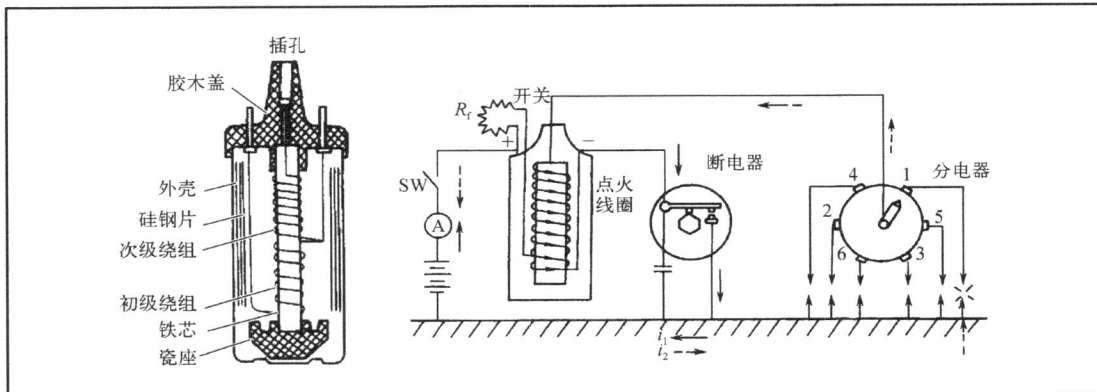

续 表

传统点火系的作用	
传统点火系的组成	
传统点火系的工作原理	
传统点火系电路的组成	
传统点火系的故障排除	
传统点火系的日常维护	

五、制订检修计划

制订传统点火系检修计划如表4-5所示。

表4-5 制订传统点火系检测与维护计划

1. 查阅资料,了解车辆点火系类型信息、汽车点火系拆卸作业注意事项 2. 查阅维修手册,学习传统点火系的检修方法,制订传统点火系的检修计划		
车辆点火系类型信息描述	车辆描述	
	点火系类型描述信息描述	
计 划 项 目	计 划 内 容	
点火线圈	检测点火线圈	
分电器	检测分电器	
火花塞	检测火花塞	
点火正时	检查与调整点火正时	
日常维护	传统点火系的日常维护	

六、实施检修作业

传统点火系的检修作业如表4-6所示。

表4-6 传统点火系检修表

任务4.1 传统点火系检修作业任务书		
1. 了解汽车传统点火系的检测与维护安全事项 2. 会正确对汽车传统点火系进行维护保养		
1. 车辆信息描述	车辆描述	
	点火系类型描述	
2. 传统点火系检修的描述		

笔记

	检　查　项　目	检　查　内　容	检查记录
3.传统点火系的检修	点火线圈	(1) 检测附加电阻阻值 (2) 检测初级线圈阻值 (3) 检测次级线圈阻值 (4) 检测点火线圈的供电电压	
	分电器	(1) 检查分电器外观 (2) 检查分电器盖 (3) 检查分火头 (4) 检查断电器 (5) 检查点火提前机构 (6) 检查电容器	
	火花塞	(1) 短路检查 (2) 温度感觉 (3) 试火检查 (4) 直观检测 (5) 检查间隙	
	检查点火正时	(1) 人工调整点火正时 (2) 用正时灯校正点火正时	
检查与维护结论			

七、检验评估

传统点火系的检验评估如表 4-7 所示。

表 4-7　检验评估表

评　价　指　标	检　验　说　明	检　验　记　录		
维护检查项目	➤ 点火能量的测试 ➤ 点火正时的检查			
传统点火系工作情况				

评价内容	检　验　指　标	权重	自评	互评	总评
检查任务完成情况	1. 完成任务过程情况	4			
	2. 任务完成质量				
	3. 在小组完成任务过程中所起的作用				
专业知识	1. 能描述传统点火系统的作用	4			
	2. 能描述传统点火系统的结构				
	3. 能描述传统点火系统各组成的检测方法				
	4. 会描述传统点火系统常见故障的排除方法				
	5. 会描述传统点火系统的日常维护要领				
职业素养	1. 学习态度：积极主动参与学习	2			
	2. 团队合作：与小组成员一起分工合作,不影响学习进度				
	3. 现场管理：服从工位安排、执行实训室"5S"管理规定				
综合评议与建议					

想一想：

1. 传统点火系有什么缺点？
2. 摩托车是如何点火的？

任务4.2 电子点火系检修

一、任务导入与要求

任务导入	一司机反映五菱汽车怠速抖动厉害,高速易熄火,是哪里的问题呢? 你接车后将如何处理?
目标要求	1. 掌握汽车电子点火系的组成和工作原理 2. 掌握汽车电子点火系的故障诊断与排除方法 3. 提高维修接待与人交往的素质
学习步骤	汽车电子点火系的组成→汽车电子点火系的工作原理→检修方法→故障排除举例
任务实施	

二、维修接待

按照表4-8完成待修车辆的维修接待,并准确填写接车问诊表。

表4-8　维修接待与接车问诊表

1. 通过询问客户了解汽车发生故障情况,填写接车问诊表
2. 车间检测初步确认无高压火,需要对点火系进行检修

接 车 问 诊 表

车牌号:＿＿＿＿＿＿＿＿　　车架号:＿＿＿＿＿＿＿＿　　行驶里程:＿＿＿＿＿＿＿＿(km)

用户名:＿＿＿＿＿＿＿＿　　电　话:＿＿＿＿＿＿＿＿　　来店时间:＿＿＿＿／＿＿＿＿

用户陈述及故障发生时的状况:**怠速抖动厉害,高速易熄火**
故障发生状况提示:**行驶速度、发动机状态、发生频度、发生时间、部位、天气、路面状况、声音描述**
接车员检测确认建议:**需要对点火系进行检查**
车间检测确认结果及主要故障零部件:**点火线圈老化,更换点火线圈**

车间检查确认者:＿＿＿＿＿＿＿＿

外观确认:	功能确认:(工作正常✓ 不正常×)
(请在有缺陷部位作标识)	□音响系统　□门锁(防盗器)　□全车灯光　□工具 □后视镜　□顶窗　□座椅　□点烟器 □玻璃升降器　□玻璃 物品确认:(有✓ 无×) □贵重物品提示 □工具　□备胎　□灭火器 □其他(　　　　　) 旧件是否交还用户　□是　□否 用户是否需要洗车　□是　□否

• 检测费说明:本次检测的故障如用户在本店维修,检测费包含在修理费用内;如用户不在本店维修,请您支付检测费。本次检测费:￥＿＿＿＿＿元。
• 贵重物品:在将车辆交给我店检查修理前,已提示将车内贵重物品自行收起并保存好,如有遗失恕不负责。

接车员:＿＿＿＿＿＿＿＿＿＿＿　　　　用户确认:＿＿＿＿＿＿＿＿＿＿＿

三、相关知识

(一)汽车电子点火系统的分类

随着汽车发动机向高转速、高压缩比、大功率、低油耗和低排放污染方向发展,传统点火

系不能适应新形势的要求,传统点火系统的缺陷主要表现在:触点的闭合时间减少,点火线圈初级断开电流减小,次级最大电压下降,因此不能满足发动机多缸、高转速的要求;火花塞容易积碳,难以清洁;系统电容不易选择;触点间隙需要经常调整。所以,现代汽车广泛采用电子点火系统。

电子点火系统根据不同分类方法有不同的划分。

1. **按储能方式分类**

电子点火系统按照点火能量存储方式的不同,可分为电感储能式和电容储能式(又称CDI)两大类。

电感储能式是用点火线圈作为储能元件,初级线圈断电后由电感线圈磁场能量的快速泄放产生点火高压。电容储能式是用电容储能元件,点火线圈仅起电压变换作用,初级线圈断电后由电容器电场能量的快速泄放在点火线圈上产生的高压实现点火,目前在摩托车上广泛采用。

2. **按电子元器件类型分类**

电子点火系统按控制点火线圈初级电流的电子元器件的不同,可分为晶体管点火系统、晶闸管点火系统和集成电路点火系统三种类型。

3. **按有无断电器触点分类**

电子点火系统按点火系统低压控制电路中有无断电器触点,可分为有触点电子点火系统和无触点点火系统两种类型。

4. **按点火传感器的不同分类**

电子点火系统又可按传感器的不同分为4种类型:

(1) 磁电式电子点火系统,又称磁脉冲式或磁感应式电子点火系统。

(2) 电磁式电子点火系统,又称电磁振荡式电子点火系统。与磁脉冲式的明显差别是没有永久磁铁。

(3) 霍尔式电子点火系统,又称霍尔效应式电子点火系统。

(4) 光电式电子点火系统,又称光电效应式电子点火系统。

(二) 磁电式电子点火系统

1. **磁脉冲式电子点火系工作原理**

磁电式电子点火系统又称为磁脉冲式或磁感应式电子点火系统。其结构简单,性能可靠,使用普遍,如丰田 MS75,20R 型发动机和东风 EQ1090 型汽车上的 JKF667 型采用的点火系统。

JKF 型电子点火系统由磁脉冲传感器、放大器、储能式点火线圈等组成,如图 4-27 所示。为使发动机在不同电源电压和不同转速下都具有足够的点火能量,JKF 型电子点火系统设有点火能量自动控制功能。

1) 点火线圈初级电路接通与截止

当点火开关 SW 接通后,若发动机未启动,传感器输出电压为零。此时,蓄电池经 R_7,R_4 为 VT_1 提供正向偏压,使 VT_1 饱和导通,VT_2,VT_3 截止,点火线圈初级电路断开。要求停车时即时关断 SW。当发动机起动后,传感器将输出正负交变脉冲电压。若传感器输出负脉冲,传感器线圈下端经 $VD_4 \rightarrow R_2 \rightarrow VD_2 \rightarrow R_1$ 构成负脉冲电流通路,使 VT_1 基极电位下降,

笔 记

VT_1截止,VT_2和VT_3导通,点火线圈初级L_1电路接通,在L_1上建立电流磁场。若传感器输出正向脉冲,经$R_1 \rightarrow VD_1 \rightarrow R_2$加到$VT_1$的基极,使$VT_1$迅速导通,$VT_2$和$VT_1$立即截止,切断点火线圈初级电流,在次级绕组$L_2$上产生点火高压。

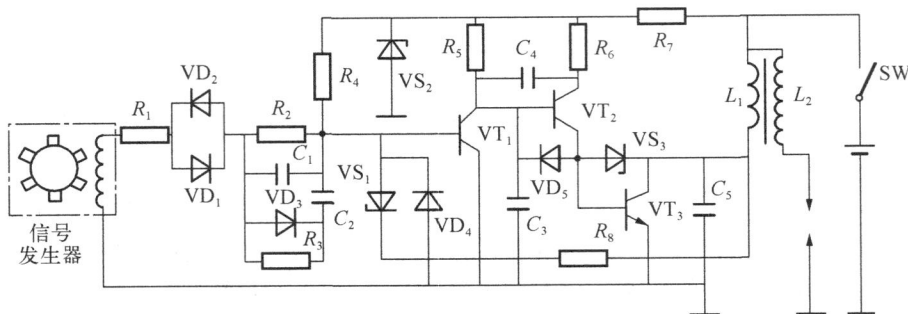

图 4-27 JKF667 型电子点火装置

2) 适应电源电压的变化

当蓄电池电压较低时,由于VS_2稳定工作电压为 6 V,此时VS_1处于截止状态,VT_1基极电流仅由R_4供给,则VT_1处于微饱和导通状态,容易退出饱和转为截止,从而延长了VT_3的导通时间,使点火线圈初级绕组在电源电压较低时也能储存足够的点火能量。当蓄电池电压高于 10 V 时,VS_1导通。此时VT_1基极电流由R_4和R_8两支路同时供给,使VT_1饱和程度加深,退出饱和转为截止所需时间增长,从而缩短了VT_3的导通时间,使点火线圈初级绕组的储能不随电源电压的升高而增加。由此可见,VS_1和R_8负反馈支路对VT_1静态工作点具有调节控制作用,从而使点火能量不受电源电压波动影响。

3) 适应发动机转速的变化

发动机的转速变化时,发动机每转一圈的时间缩短了,点火线圈初级通电的时间也缩短了,点火能量就会下降。VD_3,R_3,C_2组成点火线圈初级电流控制电路,即使初级电路接通时间的占空比基本上不随发动机转速变化,做到低速时接通时间减少,高速时接通时间相应增加。由于电路中设置有加速电容C_1,当传感器输出电压的上升沿到来时,C_1相当于短路,作用于VT_1基极,加速VT_1由截止到导通的转换。同理,当传感器输出电压的下降沿来到时,由于已充电的加速电容C_1上电压不能突变,通过C_1加到VT_1的基极时,使VT_1发射极偏置电压更低,加速VT_1由导通向截止的转换,提前截止,VT_2和VT_3提前导通,点火线圈初级L_1电路提前接通,延长了点火线圈初级通电时间,避免了点火能量的下降。由此可见,放大器电路动态转换能力比较强,可在发动机实际转速范围内,使点火能量保持基本不变。

4) 过电压保护

C_3和C_4是为消除电路的高频自激振荡而设的。C_5的作用是吸收初级绕组的瞬变电势,以保护VT_3。VS_3的作用是保护VT_3集电极不致被电路中的浪涌电压所击穿,并通过VD_5保护VT_3的发射极,从而使复合大功率管VT_3免遭瞬变过电压损坏。

2. 电磁式电子点火系统工作原理

电磁振荡式传感器由电感 L 和电容 C 组成 LC 振荡器。只要将此振荡器与汽车电源的电路接通,它便产生具有一定频率的振荡波形。在一定的外部条件下,可产生与汽车发动机气缸相对应的脉冲信号,以确定发动机曲轴所在的位置,保证其适时的点火。

电磁振荡式传感器由振荡器和信号转子两大部分组成,有多种结构形式,与磁脉冲式的明显差别是没有永久磁铁。振荡器由维持振荡不衰减的正反馈线圈和耦合线圈以及控制耦合的定时转子组成。

图 4-28 为里蓝轿车电磁式电子点火系统电路图。L_1,L_2,L_3,C_1,C_2,C_3,R_1,R_2,VT_1,VD_1组成振荡器,其中 L_1,L_2 为反馈电路,L_1 为负反馈,L_2 为正反馈。

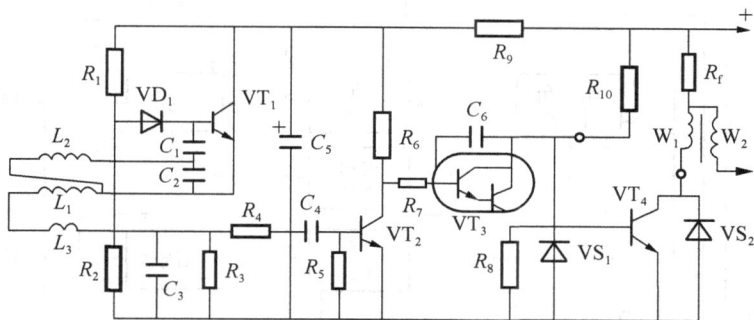

图 4-28 里蓝轿车电磁式电子点火电路图

1) 点火线圈初级通电过程

当合上点火开关,起动发动机使信号转子转动。当信号转子上的铁氧体耦合杆未对准传感器"E"形铁芯时,L_2 和 L_3 的耦合很弱。由于此时 L_1 给 VT_1 的基极提供负反馈信号,振荡器不工作,因此 VT_2 没有基极电流而处于截止状态。于是,蓄电池通过 R_6,R_7 向 VT_3 提供偏流,使 VT_3 导通。VT_3 导通后,蓄电池通过 R_{10} 和 VT_3 的集电极、发射极向功率管 VT_4 提供偏流,使 VT_4 饱和导通。于是,蓄电池电流流过附加电阻 R_1→点火线圈初级绕组 W_1→VT_4(c,e)→接通初级电路。

2) 点火线圈初级截止过程

当信号转子转至其铁氧体耦合杆与传感器"E"形铁芯对准时,由于 L_2 与 L_3 的耦合加强,L_1 给晶体管 VT_1 提供正反馈信号,即加在 VT_1 基极上的电压变为正反馈,使振荡器起振,产生 300～400 kHz 的高频信号。来自振荡器的输出电流通过 R_4,C_4 加到 VT_2 的基极,使其由截止转变为导通,而此时 VT_3,VT_4 则由导通转为截止。于是,点火线圈初级电路被切断,次级绕组便感应出高电压。然后再按通常的方式由分电器分配给各缸火花塞,以形成高压电火为发动机点火。

电路中,C 为电源滤波电容,C_1 为反馈耦合电容,C_5 并联在 VT_3 的基极与集电极之间,起负反馈作用,使 VT_3 的翻转减慢,以减少由于晶体管开关作用在电源线上感应出的高频信号对车辆上其他电子设备的干扰。VS_1,VS_2 分别对 VT_3,VT_4 起保护作用。

电磁振荡式电子点火系统的启动性能好,其性能与光电式点火器相当。但元件较多,结构较复杂,其可靠性及寿命不如磁脉冲式、光电式和霍尔式,目前使用较少。

(三) 霍尔式电子点火系统

国产桑塔纳、奥迪、捷达等轿车均是与德国大众汽车公司合资生产的,这些车上都采用霍尔式电子点火系统。所用霍尔传感器中的集成块,目前多采用意大利 SGSTHOMSON 公司生产的,其型号为 L497 或 L482,是点火专用集成块。

1. L497 点火集成块结构框图和各引脚功能

图 4-29 为 L497 点火集成块各引脚和内部结构框图。

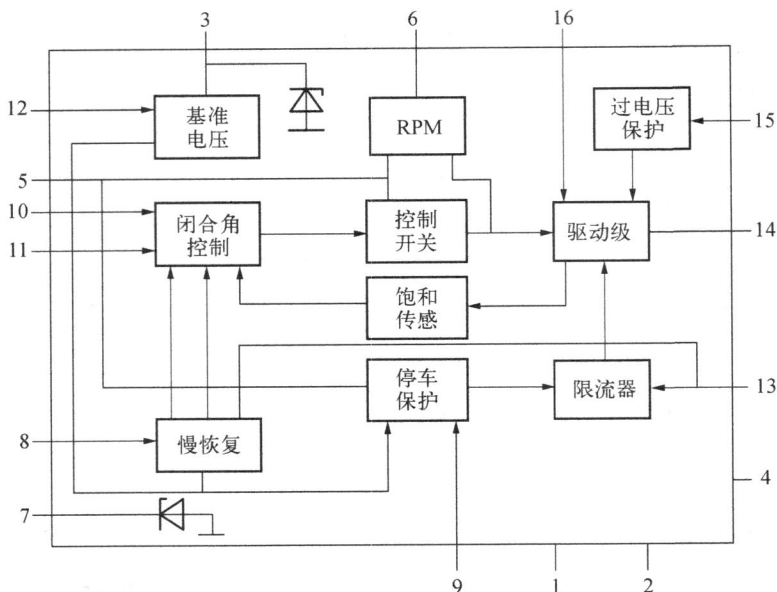

图 4-29   L497 火集成块各引脚和内部结构框图

引脚 3 接有 7.5 V 的稳压管,故集成电路输入电压为 7.5 V。引脚 4 最好是搭铁,以防干扰信号由此输入。引脚 5 外接霍尔传感器输出端。当点火线圈初级绕组有电流通过时,引脚 6 输出为低电平。引脚 7 内接一个稳压值为 21 V 的稳压管,故其输出端具有辅助过压保护作用。引脚 8 外接一个电容器,用来控制初级绕组电流由 0 上升到额定值的上升斜率,若在霍尔信号脉冲由高电平向低电平转换前,实测初级绕组电流小于其额定值时,应加大其电流的上升率。引脚 9 外接一个电容器,用来控制停车时点火线圈初级电路导通的时间。引脚 10 和 11 为闭合角控制端。引脚 12 外接偏流电阻,以影响闭合时间。引脚 13 为恒流控制端。引脚 14 外接达林顿管,内接达林顿管驱动电路。引脚 15 是达林顿管过压保护的信号采样端。引脚 16 为内部驱动电路的集电极电流控制端。本点火器除有大功率晶体管能适时接通和切断点火线圈初级电路,产生高压电火花,给汽车发动机点火的基本功能外,还具有闭合角的控制,电流上升率的控制,停车断电保护和过电压保护等功能。

2. 基本功能

利用 L497 集成块与一些外围电路,即可实现具有多种功能的点火系统,其典型电路如图 4-30 所示。

闭合点火开关 SW,发动机转动时,分电器轴驱动传感器触发叶轮旋转。根据霍尔传感器工作原理,霍尔传感器输出信号脉冲 U_g。当 U_g 为高电平时,由 L497 引脚 5 输入高电平,引脚 14 输出高电平,达林顿管 VT 导通,接通点火线圈初级电路。其电流通路是:蓄电池正极→SW→点火线圈初级绕组 W_1→VT→R_s→搭铁→蓄电池负极,初级电流储存磁场能量。

当 U_g 为低电平时,L497 引脚 5 输入低电平,引脚 14 输出低电平,达林顿管 VT 截止,切断点火线圈初级电流,点火线圈次级绕组产生高压点火。

3. 闭合角的控制

闭合角(即闭合时间)是指在一个点火触发信号周期内,点火线圈一次电流充电时间所对应的曲轴转角。其大小与发动机转速、集成块工作电压以及点火线圈的工作特性有关。L497 霍尔点火电子组件中的闭合时间控制电路由两部分组成(图 4-30):

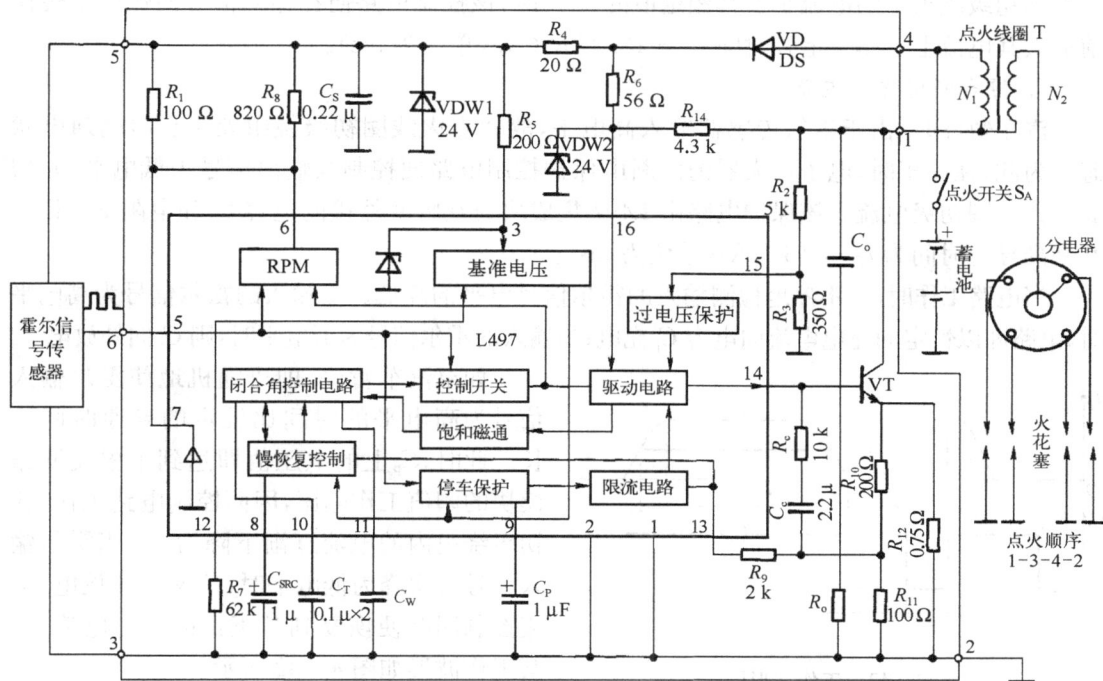

图 4-30 桑塔纳轿车点火系电路图

第一部分由 L497 集成块与其脚 10 上的电容 C_T,脚 12 上的偏流电阻 R_7 组成闭合时间基准定时器。当霍尔输入信号为"+"(脉冲的上升沿)时,C_T 以一恒定电流 I_{10c} 充电,其充电电流值一般为 $-11 \sim 9.8~\mu A$($U_T=5.3 \sim 16~V$,$U_{10}=0.5~V$,$t=10 \sim 33~ms$),调节偏流电阻 R_7 可调整 I_{10c} 的数值。C_T 充电波形如图 4-31 所示。

第二部分由 L497 集成块与其脚 11 上的电容 C_w、脚 12 上的偏流电阻 R_7 组成闭合时间控制及调整电路。必须指出的是,电容 C_w 上的电压取决于发动机转速和集成块的工作电压的大小,若输入信号为"+",C_w 上的电压亦为"+";若输入的霍尔信号为"-",C_w 以恒定的电流 I_{110} 放电,其放电电流值为 $0.5~\mu A \leqslant$

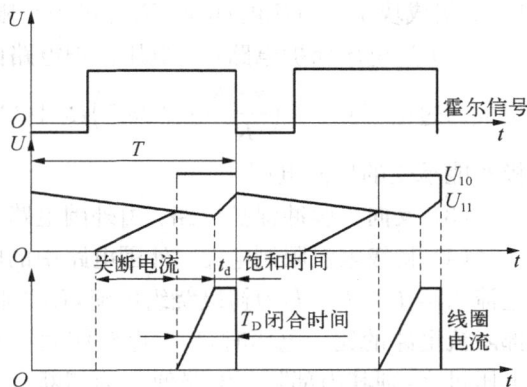

图 4-31 C_T 充电波形图

$I_{110} \leqslant 1.0\ \mu A$。其波形如图 4 - 31 所示。

当 $U_{10} = U_{11}$ 时，便是点火线圈导通的起始点。由于在低速时流过线圈电流时间较长，为减少大功率管上产生的功率损耗，必须减少导通时的过饱和时间 t_d。

4. 点火线圈初级电流上升率的控制

由 L497 集成块与其脚 8 上搭铁电容 C_{SRC}，偏置电阻 R_7 组成点火线圈初级电流上升率控制电路。该电路可调整点火线圈初级绕组电流由 0 上升到峰值时的斜率。如果检测电路检测到初级绕组中的电流小于其额定值的 94% 时，该控制电路便在输入信号向低电平转换前加大其电流上升率。上升时间 $t_s = 12.97\ R_7 C_{SRC}$（单位为 ms）。

5. 停车断电保护电路

汽车暂停时，由于霍尔传感器输入高电平，故使点火线圈初级绕组处于长时间通电状态。为此，在停车时，电子点火器内的断电保护控制电路便控制其输出信号为低电平，并切断点火线圈初级电流。该保护电路由 L497 集成块与其脚 9 外接的电容 C_0 和电阻 R_7 组成。其基准导通时间为 $t_P = 16\ C_p R_7$（单位为 ms）。

当电路工作时，会不停地检测输入的霍尔信号电平的高低。当输入的霍尔信号为高电平时，电路即以恒定的充电电流向电容 C_p 充电；当输入的霍尔信号为低电平时，则 C_p 向外放电。

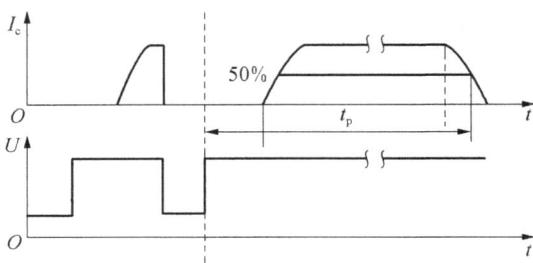

图 4 - 32　工作波形图

如果汽车暂停，即可随机地使霍尔输入信号为高电平的时间比设定的导通时间 t_p 长。此时，C_p 上的电压值即达到了限流回路模块的阈值工作电压，因而控制电路工作，使初级绕组内的电流逐渐下降为 0。当霍尔输入信号再次降为低电平时，C_p 又迅速放电，电流控制回路便恢复到其正常的工作电流值。其工作波形如图 4 - 32 所示。

6. 过电压保护电路

(1) 抛负载保护功能：抛负载保护的任务由 L497 集成块外接 24 V，0.5 W 的稳压管承担。接在集成块脚 16 的稳压管 VS_2 便是对末级大功率晶体管驱动输入端进行保护的。脚 7 内部的稳压管用来保护脚 6 和脚 7 的晶体管；脚 3 内部的稳压管是保护霍尔传感器电源和 L497 集成块工作电压的；电阻 R_7 还可用来限制稳压管 VS_1 的过电流。

(2) 过电压保护电路：过电压保护电路由 L497 集成块的脚 15 及其外围的电阻 R_2 和 R_3 组成。过电压 $U_p = \left(\dfrac{22.5}{R_3} + 0.005\right) R_2 + 22.5$，调节 R_2 或 R_3 即可调整大功率晶体管的集电极所能承受的反向电压。

(3) 反向负脉冲保护电路：由外围电路元件 VD_s 和 C_3 组成反向负脉冲保护电路。

(4) 初级电流限制电路：外围电路中的电阻 R_s 与点火线圈初级绕组相串联，流过 R_1 的电流 $I_s = I_0 + I_{14}$（I_0 为初级绕组电流，I_{14} 为脚 14 上的电流）。如果 R_s 上的电压达到 L497 内部限流电路的比较电压时，控制电路使大功率管处于正常工作状态；如果限流电阻 R_s 上的电压过高，则其内部限制电路便自动切断点火线圈初级电流。因此，调整 R_{10}，R_{11} 就可以调节初级绕组的峰值电流，其值 $I = 0.32(R_{10}/R_{11} + 1)/R_s$。

（四）光电式电子点火系统

图 4-33 为国产 GF-1 型光电式电子点火系统实际电路。当光敏晶体管 VT_1 受光照时导通，VT_2，VT_3 导通，VT_4 截止，VT_5 亦截止，切断初级绕组中的电流，初级电流迅速消失，在次级绕组上产生点火高压。当光敏三极管 VT_1 无光照时截止，VT_2，VT_3 截止，VT_4，VT_5 导通，点火线圈初级电路接通。

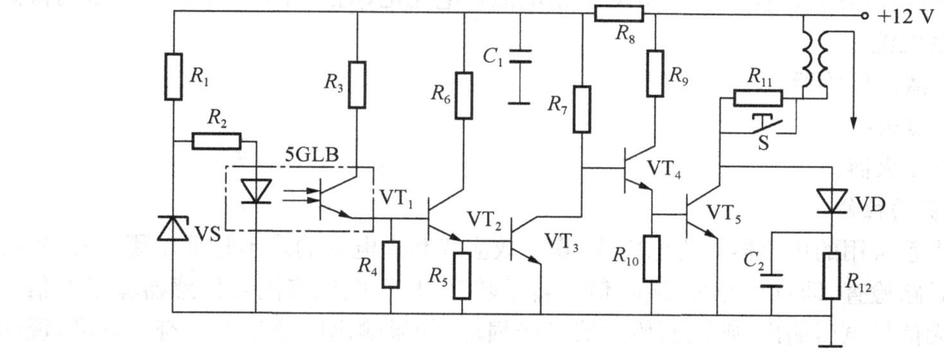

图 4-33 国产 GF-1 型光电式电子点火装置实际电路

初级电流通路是：

蓄电池正极（+12 V）→初级绕组→附加电阻 R_{11}→VT_5→搭铁→蓄电池负极，在初级绕组上建立磁场。

与 VT_5 并联电容 C_2 的作用是在 VT_5 由导通转为截止时，加速初级绕组磁场能量的泄放，使次级绕组感应出更高的点火电压。该装置的点火能量比传统的点火系统高得多，具有较好的启动性，且可点燃稀薄混合气，适用于多种汽油发动机。

（五）电子点火器系统的检修

1. 故障检测与诊断步骤

（1）高压试火

当发动机不能发动，怀疑是点火系统有故障时，可从分电器盖上拔出中央高压线7，如图4-34所示，使其端部距气缸体 5~8 mm，然后起动发动机，观察高压线是否跳火。如无火

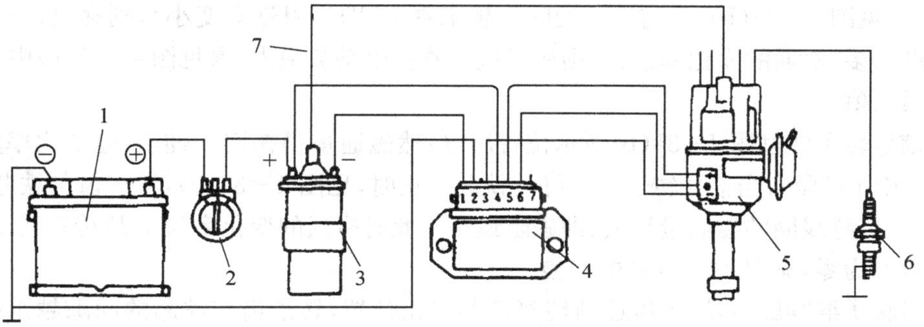

图 4-34 桑塔纳轿车霍尔式电子点火系统

1—蓄电池；2—点火开关；3—点火线圈；4—点火器；5—内装霍尔信号发生器的分电器；6—火花塞；7—中央高压线

花,进行第 2 步检查。

如火花强烈,可对配电器、高压导线、火花塞及点火正时进行检查。若检查正常,则点火系统没有故障。

注意:在检查高压导线时不要把高压导线折断,一般应同橡皮套一起拔出。每条导线的电阻值不应大于 25 kΩ。如高压线断裂、电阻值过大或变形,则应更换。

(2) 检查点火器的供电电压>9.5 V 和蓄电池存电充足,则进行第 3 步检查。否则检修电源线路和蓄电池。

(3) 检查清洁传感器。

(4) 检查点火线圈。

(5) 检查点火器。

2. 传感器的检修

电子点火系常用的传感器有磁感应式、霍尔效应式和光电式的。不管采用哪一种,均可按以下基本思路检查,即点火开关接通,信号转子转动时,用电压表测量传感器输出的信号电压。如果无信号电压输出,则说明传感器已经损坏;如果输出的信号电压符合标准,说明传感器良好。但由于不同的传感器的结构有所不同,工作原理也有所不同,所以在对传感器进行进一步检查时,应采用不同的检查方法。

1) 磁感应式传感器

(1) 磁感应式传感器的工作原理。

传感器的功用是产生信号电压,与断电器一样,控制点火装置的工作,装在分电器内的底板上,如图 4-35 所示。信号转子由分电器轴驱动,转子上的齿数与发动机气缸数相等。

如图 4-36(a) 所示,当信号转子的两个齿中央正对铁芯的中心线时,磁路中齿与铁芯间隙最大,通过传感线圈的磁通量最小,且磁通变化率为 0,参见图 4-36(e) 中 A 点。

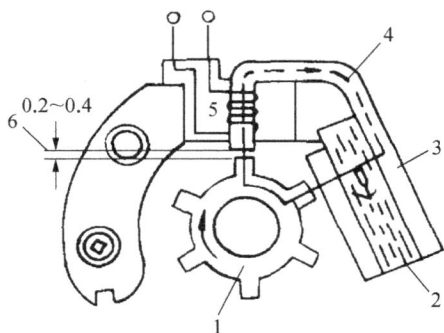

图 4-35 磁感应式传感器结构

1—信号转子;2—永久磁铁;3—铁芯;
4—磁通;5—传感线圈;6—间隙

如果信号转子顺时针转动,信号转子的齿逐渐接近铁芯,参见图 4-35(b),齿与铁芯的间隙越来越小(即磁阻逐渐变小),则穿过传感线圈的磁通逐渐增多,磁通的变化率最大,则所对应的感应电动势最大,参见图 4-35(e) 中 B 点,达到正的最大值。

当信号转子转过图 4-35(b) 所示位置后,虽然磁通量仍在增加,但磁通变化率降低(图 4-35(e) 中 BC 段),当信号转子齿正好与铁芯对正时,见图 4-35(c),转子齿与铁芯的间隙最小,穿过传感线圈的磁通量最大(即磁阻最小),此时磁通的变化率为 0,故传感线圈中的感应电动势亦为零,见图 4-35(e) 中 C 点。

信号转子继续旋转,转子齿逐渐转离铁芯对正位置,转子齿与铁芯的间隙越来越大,磁通作减少变化,见图 4-35(e) 中 CD 段。

当信号转子另一齿正对铁芯时,如图 4-35(d) 所示,磁通急剧减少,其减少的磁通变化率最大,故传感线圈中的感应电动势最高,呈负的最大值,见图 4-35(e) 中 D 点。此后,由

笔记

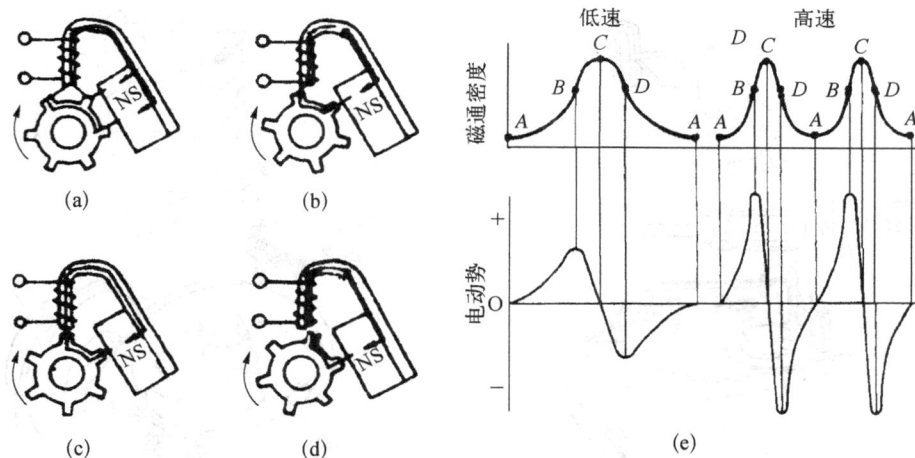

图 4-36　信号发生器的工作原理

于磁通减少的速率变慢,故线圈中的感应电动势呈负值减小(图 4-35(e)中 DA 段)。信号转子继续旋转,转子凸齿又回到图 4-35(a)所示位置。

可见,信号转子每转过 1 个齿,线圈内感应电动势的方向交替变化一次,产生一个周期的波形(正脉冲或负脉冲信号),送至点火器输入端,以准确控制发动机的点火时刻。

(2)磁感应式传感器的故障检修。

磁感应式传感器的故障主要有传感器线圈短路、断路或搭铁,转子齿与铁芯的间隙不当等。

转子齿与铁芯间间隙检查方法如图 4-37 所示,用厚薄规检查转子凸齿与铁芯间间隙约为 0.2~0.4 mm。如不合适,可松开螺丝钉 A,B,并以某一螺丝钉为支点,稍稍移动另一螺丝钉加以调整,直至符合所规定值为止。

检测传感器线圈的电阻时,应该先拆下其接插器,然后用万用表欧姆档对其进行测量。各种车型

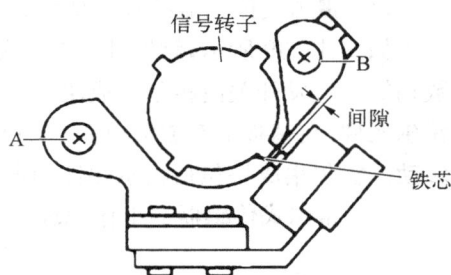

图 4-37　转子齿与铁芯间间隙检查方法

的传感线圈电阻值如表 4-9 中所列。若测得电阻值为∞,说明该电路有断路故障,应首先检查插接件的焊接处,然后再深入传感线圈内部,察看线圈在何处断路;若测得的电阻值与规定值相比过小,则说明传感线圈匝间短路,应进行排除或更换。

表 4-9　常见车型磁感应式传感器的电阻

车型	JFD667 分电器	CA1092	富康轿车	丰田 Y 系列	三菱	通用鲁米那
线圈电阻/Ω	500~600	600~800	300	140~180	420~700	500~1 500

对于某些热车后出现的故障,且怀疑是传感器引起的,用照明灯对传感器线圈烘烤一段时间后,再用万用表欧姆档测量传感器线圈的电阻,然后与线圈的标准电阻值进行比较,判断其好坏。同时,还可用螺丝刀木柄轻轻敲击传感线圈,以检查其内部是否松旷或断路、有无间歇性故障等,如图 4-38 所示。

笔记

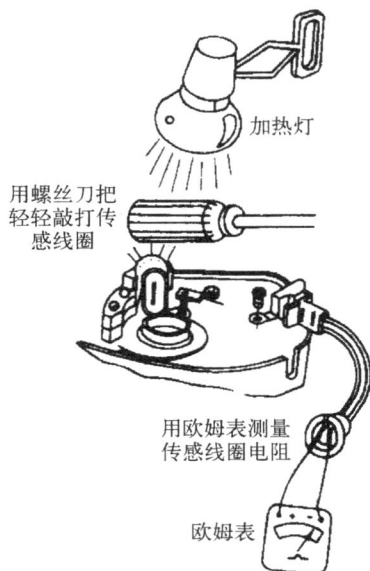

图 4 - 38　加温法检查传感线圈

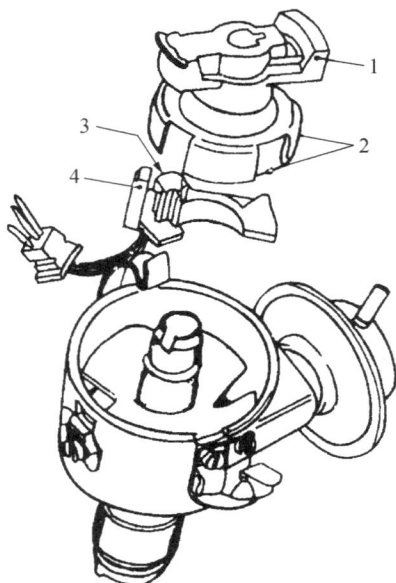

图 4 - 39　霍尔式分电器结构

1—分火头；2—触发叶轮；3—永久磁铁；4—霍尔集成块

2）霍尔式传感器

（1）霍尔式传感器的基本结构。

如图 4 - 39 所示，触发叶轮 2 与分火头 1 制成一体，由分电器轴带动，其叶片数与气缸数相等。触发开关由霍尔集成块 4 和带导磁板的永久磁铁 3 组成。霍尔集成块 4 的外层为霍尔元件，在基板上有放大电路。触发叶轮 2 的叶片可在霍尔集成块 4 和永久磁铁 3 之间转动。霍尔集成块包括霍尔元件和霍尔集成电路。

（2）霍尔式传感器的工作原理。

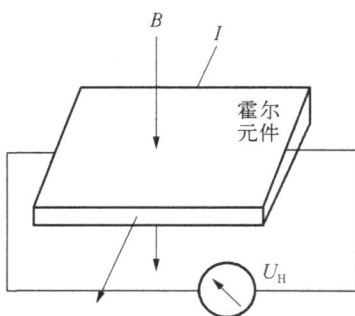

图 4 - 40　霍尔效应

如图 4 - 40 所示，当电流 I 通过放在磁场 B 中的半导体基片（称为霍尔元件），且电流 I 与磁场 B 垂直时，在垂直于电流与磁场的半导体基片侧面上产生一个与电流和磁通密度成正比的电压，称霍尔电压 U_H，这种现象称为霍尔效应。

霍尔电压 U_H 与磁通密度 B 和电流 I 成正比。与磁通的变化率无关。

霍尔元件产生的霍尔电压 U_H 较低（mV 级），信号很微弱，由集成电路需进行放大。霍尔元件产生的霍尔电压 U_H 信号，经过放大、脉冲整形，最后以整齐的矩形脉冲（方波）信号 U_G 输出，其原理框图如图 4 - 41 所示。

霍尔式传感器是一个有源器件，它需要提供电源才能工作，霍尔集成块的电源由点火器提供。它与点火器有 3 条线相连，分别为电源输入线、霍尔信号输出线和搭铁线。

如图 4 - 42 所示，当触发叶轮转动，进入永久磁铁与霍尔元件之间的空气隙时，磁场便被触发叶轮的叶片 1 导入导磁板 5，见图 4 - 42(a)，不能对霍尔元件发生作用，霍尔元件不产

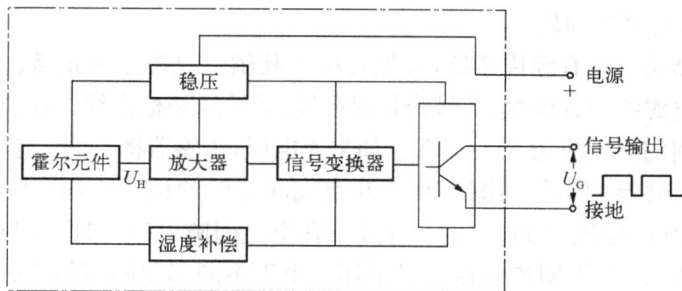

图 4-41 霍尔集成电路内部原理框图

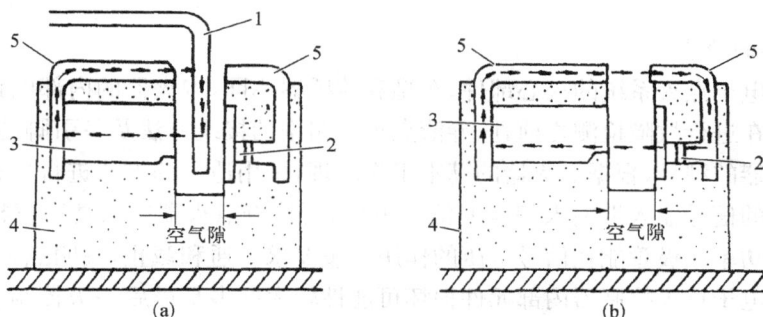

图 4-42 霍尔式传感器的工作原理

(a) 叶片进入空气隙；(b) 叶片离开空气隙
1—触发叶轮的叶片；2—霍尔元件；3—永久磁铁；4—信号发生器底座；5—导磁板

生霍尔电压 U_H，如图 4-43(b) 所示，集成电路输出级的三极管处于截止状态，传感器输出高电位 U_G，如图 4-43(c) 所示。

当触发叶轮的叶片离开永久磁铁与霍尔元件之间的空气隙时，见图 4-42(b)，永久磁铁的磁通便通过导磁板 5、霍尔集成块构成回路，这时霍尔元件产生霍尔电压 U_H，如图 4-43(b) 所示，集成电路输出级的三极管处于导通状态，传感器输出低电位，如图 4-43(c) 所示。

由上可知，叶片进入空气隙时，传感器输出信号 U_G 为高电位。叶片离开空气隙时，传感器输出信号 U_G 为低电位。分电器不停地转动，上述方波便不断产生。霍尔式点火系统的工作波形如图 4-43 所示。传感器输出高低电位的时间比由触发叶轮叶片的分配角（叶片宽度）决定。桑塔纳轿车的时间比为 7 : 3。点火器就是根据传感器输出的方波信号 U_G 进行触发并控制点火系工作的。

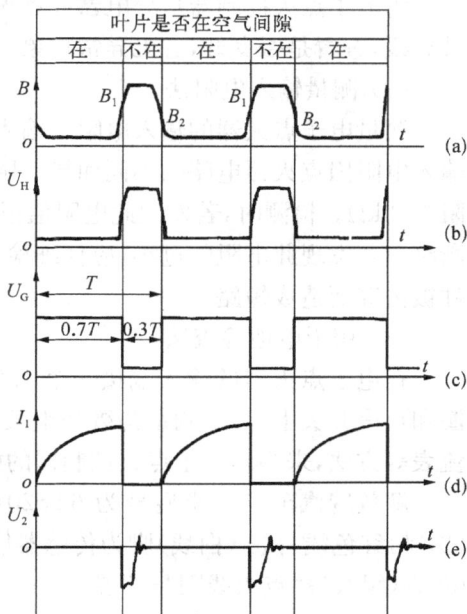

图 4-43 霍尔式电子点火系统的工作波形

(a) 通过霍尔元件磁通量 B；(b) 霍尔电压 U_H；(c) 传感器输出信号电压 U_G；(d) 点火线圈初级电流 I_1；(e) 点火线圈次级电压 U_2

（3）霍尔式传感器的检修。

霍尔式传感器是一种有源传感器，首先要检查其供电电源是否正常。桑塔纳轿车的霍尔传感器的供电电源线是红黑线、信号线是绿白线、搭铁线是棕白线。在点火开关接通时红黑线与棕白线之间的电压应为11～12 V。如果无电压，传感器将不能工作。然后，再检查触发叶轮的叶片在传感器的空气间隙中和离开空气间隙时的信号电压。叶片在空气间隙中时，绿白线与棕白线的电压为11～12 V；叶片不在空气间隙中时，绿白线与棕白线的电压为0.3～0.4 V。若非如此，说明传感器已经损坏。由于不同车型的霍尔传感器的结构和电路的参数可能不同，所以在进行检查时，要掌握所检查车型传感器的标准电路参数，并以此作为检查的依据。

3. 点火器的检查

点火器是电子点火系统的核心部件，车型和传感器不同，点火器的内部电路及外部电路也不尽相同。在进行故障检测之前，应弄清点火电路中的接线方法及各引脚的作用，还应弄清它配用传感器的型号，根据点火器的基本工作原理，采用适当的方法进行检查。其基本思路是给点火器的信号输入端输入相应的信号电压，再检查点火器中大功率三极管导通和截止的情况。大功率三极管能在信号电压的作用下按要求导通和截止，说明点火器良好，否则点火器损坏。电子点火控制器内部元件损坏可能性较大的多是最后一级控制点火线圈初级电流通断的开关管，因该管工作时电流较大且工作频繁，故损坏率较高。

检查点火器的操作方法

（1）外观检查法。

将电子点火控制器从分电器或点火线圈上拆下，松开连接插接器，仔细检查各引出端及其导线，查看是否良好，有无异常现象。

（2）测量输入电阻法。

测量电子点火器的输入电阻。输入电阻是指与传感器相连信号线两端子间的电阻。其输入电阻因点火器电路的不同而异。国产东风牌汽车所用的 JKF 型晶体管点火器，输入电阻为 3 kΩ。检测时，若发现此电阻值很大，应检查各接插件的焊点是否良好，其屏蔽线有无断路。若发现此电阻值过小，应仔细检查电路各个部分，以判明是因某处搭铁还是电子元器件被击穿而造成短路。

（3）用干电池检查法。

在电子点火器的输入端接一个 1.5 V 的干电池，其输出端按照一定的方式接到点火线圈和点火开关上，然后测量初级绕组某处对地电压、或观察次级绕组对地的火花、或观察电流表等方法，来判断电子点火控制器的好坏。

解放牌汽车点火器型号为 6TS2017，其内电路如图 4-44 所示。① 脚（黑线）搭铁；② （粉红色线）；③（白线）脚为传感器信号输入端；④ 脚未使用；⑤ 脚（红白线）为电源正极；⑥ 脚（绿线）接点火线圈"－"端。

用干电池检查解放、丰田汽车电子点火器的电路如图 4-45 所示。先将干电池的正极接粉红线，负极接白线，参见图 4-45(a)，然后测量点火线圈初级绕组"－"接线柱与搭铁之间的电压，应为 1～2 V；再按图 4-45(b)所示将两线交换，连接电池，再测量点火线圈"－"接线柱与搭铁之间的电压，应为 12 V。若检测到的结果不符合要求，说明电子点火器有问

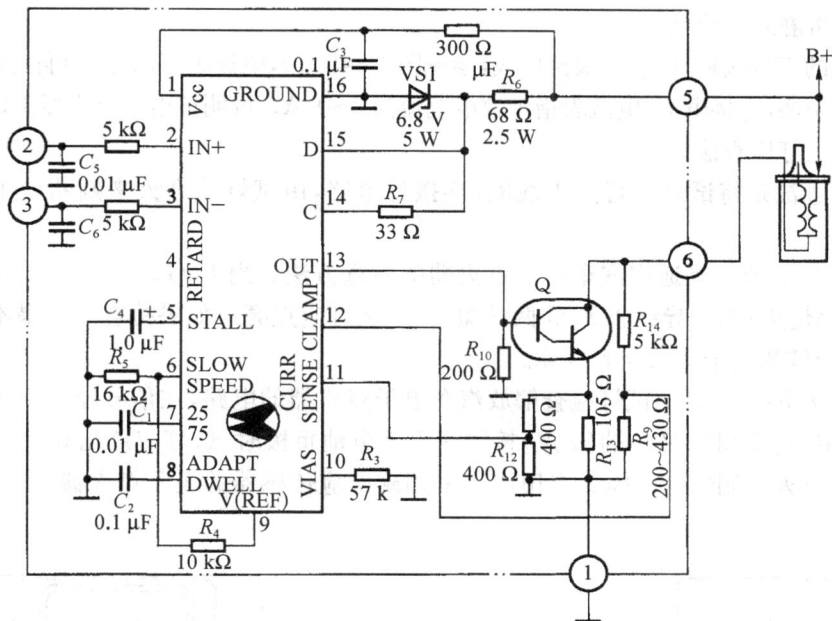

图 4 - 44　6TS2017 点火器内电路

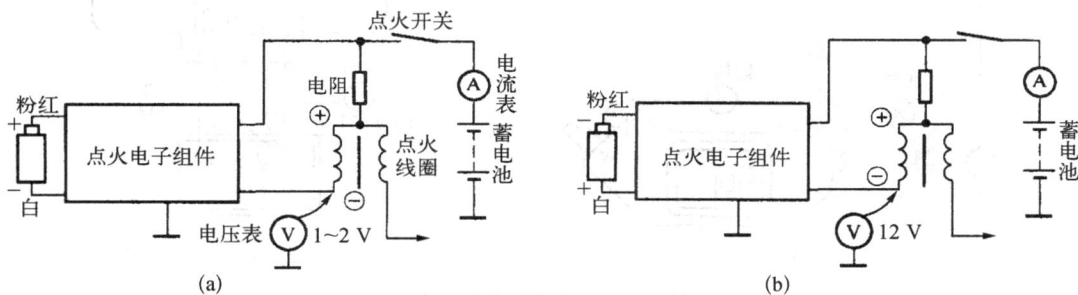

图 4 - 45　用干电池检查 6TS2017 示意图

题,应修理或更换。

也可通过点火线圈是否跳火,来判断电子点火器好坏。如图 4 - 46 所示,将干电池的正极接搭铁,负极接点火器白线,并接好点火线圈。将点火线圈中央高压线距离汽缸体 5～10 mm,接通点火开关,如果中央高压线无火花,则说明所测电子点火器有问题。

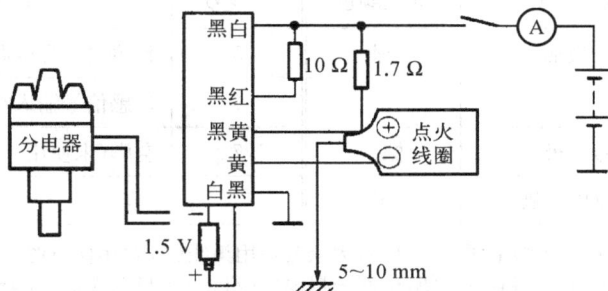

图 4 - 46　用干电池检查三菱汽车点火器

笔记

（4）测量静态电流法。

干电池的正极接粉红线，负极接白线，参见图 4-45（a），电流表指示为 0；再按图 4-45（b）所示将两线交换，连接电池，电流表指示放电电流为 6～8 A。说明该电子点火器工作良好。

（5）用试灯检查法。

试灯检查法是将试灯代替点火线圈，连接好电路，由试灯的亮灭来判断电子点火器的好坏。

图 4-47(a)所示是通用汽车电子点火器的检查方法。当 B,G 端不用导线相连的情况下，试灯应该熄灭；当用导线将 B,G 两端短接后，试灯应点亮。如果检查的结果不符合上述规律，则说明被测电子点火器有故障。

图 4-47(b)所示是用试灯检查解放汽车电子点火器的电路，在信号输入引脚 2 端接一只 1 kΩ 电阻，将电阻的另一端（a 点）接触一下蓄电池负极时，试灯应点亮 0.5 s 后熄灭，否则说明电子点火控制器有故障。丰田汽车采用磁感应传感器的电子点火器，也可用上述方法检查。

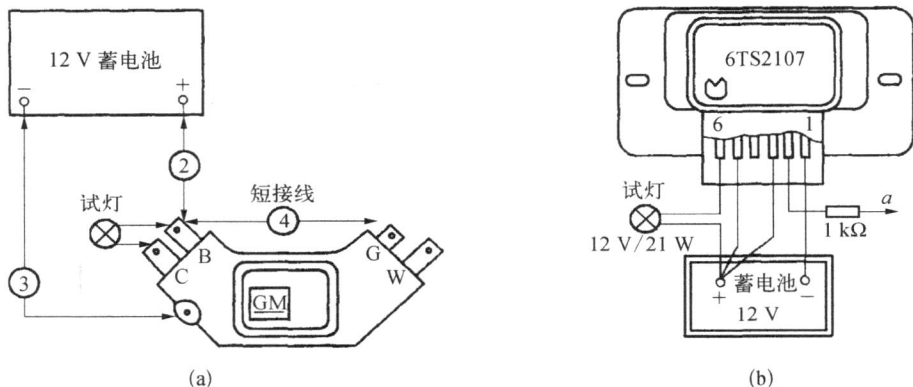

图 4-47　用试灯检查点火器

(a) 通用汽车点火器；(b) 6TS2107 点火器

上海桑塔纳点火系的电路如图 4-29 所示。其点火器各引线功能说明及导线颜色如表 4-10 所示。

表 4-10　上海桑塔纳点火器各引脚功能说明及导线颜色

引线号	功 能 说 明	导线颜色	引线号	功 能 说 明	导线颜色
1	点火线圈负极端	绿	5	传感器信号电源＋	红黑
2	搭铁线端	棕	6	传感信号输入端	绿白
3	传感器信号负极	棕白	7	空脚（未使用）	
4	点火模块供电正极	黑			
说明					

1. 国产或日本车型电源＋为红线，大众公司用黑线（4 脚）用作电源＋
2. 桑塔纳的分电器有 3 条线，中间一根绿白（双色）线与点火器 6 脚相连；棕白线为传感器信号－与点火器 3 脚相连；黑红线为传感器信号＋，与点火器 5 脚连接

按图 4-48 所示连接好电路,用 a 端去碰蓄电池正极时试灯应亮,碰蓄电池负极时试灯应灭,则说明点火器正常。如灯不亮或不熄灭均为点火器有故障。

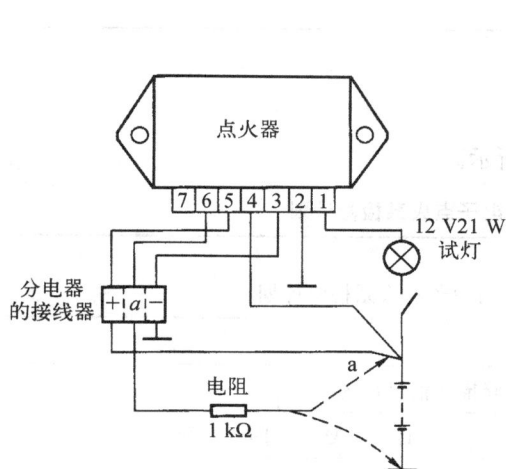

图 4-48 桑塔纳轿车点火器检测方法

图 4-49 给点火器加热

(6)加热检查法。

对于一些有热稳定性不良故障的电子点火器,可采用加热的方法来对其进行检查。如图 4-49 所示,用白炽灯泡对电子点火器边加热边检测,也可发现问题所在。汽车发动机在冷启动时,其工作及检测结果虽不受影响,但在热车后发动机会出现断火现象。一般在电子点火器内部都填充有导热硅胶。检测电路见上述各方法。

四、信息收集与处理

按表 4-11 完成任务 4.2 的信息收集与处理。

表 4-11 信息收集与处理

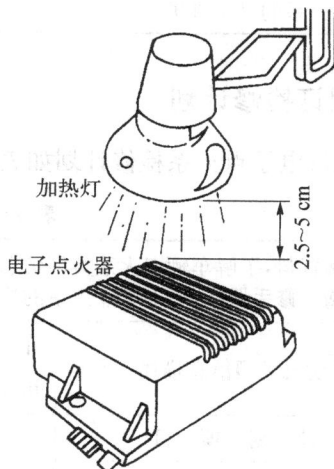

电子点火系的作用	
电子点火系的组成	
电子点火系的工作原理	
电子点火系电路的组成	

笔记   续 表

电子点火系的故障排除	
电子点火系的日常维护	

五、制订检修计划

制订电子点火系检修计划如表 4-12 所示。

表 4-12   制订电子点火系检修计划

1. 查阅资料,了解车辆点火系类型信息 2. 查阅维修手册,学习电子点火系的检修方法,制订电子点火系检修计划		
车辆发动机类型信息描述	车辆描述	
	电子点火系检修描述信息描述	
计 划 项 目	计 划 内 容	
点火线圈	检测点火线圈	
分电器	检测分电器	
火花塞	检测火花塞	
点火器	检测点火器	
传感器	检测传感器	
日常维护	电子点火系的日常维护	

六、实施检修作业

电子点火系检修作业如表 4-13 所示。

表 4-13   电子点火系检修作业表

任务 4.2 电子点火系检修作业任务书			
1. 了解汽车电子点火系检测与维护安全事项 2. 会正确对电子点火系进行维护保养			
1. 车辆信息描述	车辆描述		
	电子点火系类型描述		
2. 汽车电子点火系描述			
3. 电子点火系的检测	点火器检测	(1) 外观检查法 (2) 测量输入电阻法 (3) 用干电池检查法 (4) 测量静态电流法 (5) 用试灯检查法 (6) 加热检查法	检测记录

续　表

3.电子点火系的检测	磁感应式传感器检测	（1）检测传感器线圈的电阻 （2）检测传感器的输出信号 （3）检测传感器的气隙	
	霍尔式传感器检测	（1）检测传感器的供电电压 （2）检测传感器的信号电压	
	检查与维护结论		

七、检验评估

电子点火系检验评估如表 4-14 所示。

表 4-14　检验评估表

评价指标	检验说明	检验记录
维护检查项目	➤ 检测传感器 ➤ 检测点火器 ➤ 检测点火情况	
电子点火系点火情况		

评价内容	检验指标	权重	自评	互评	总评
检查任务完成情况	1. 完成任务过程情况				
	2. 任务完成质量				
	3. 在小组完成任务过程中所起作用				
专业知识	1. 能描述电子点火系的作用				
	2. 能描述电子点火系的结构				
	3. 能描述电子点火系各组成的检测方法				
	4. 会描述电子点火系常见故障的排除方法				
	5. 会描述电子点火系的日常维护要领				
职业素养	1. 学习态度：积极主动参与学习				
	2.团队合作：与小组成员一起分工合作,不影响学习进度				
	3. 现场管理：服从工位安排、执行实训室"5S"管理规定				
综合评议与建议					

笔记

想一想：
1. 电子点火系与传统点火系有什么区别和联系？
2. 电子点火系为什么被淘汰？

项目拓展

任务4.3　微机控制的点火系统检修

一、任务导入与要求

任务导入	一辆 2004 年凯美瑞无高压火，如何排除故障呢？
目标要求	1. 掌握汽车微机控制点火系的组成和工作原理 2. 掌握汽车微机控制点火系的故障诊断与排除方法 3. 提高维修接待与人交往的素质
学习步骤	汽车微机控制点火系的组成→汽车微机控制点火系的工作原理→检修方法→故障排除举例
任务实施	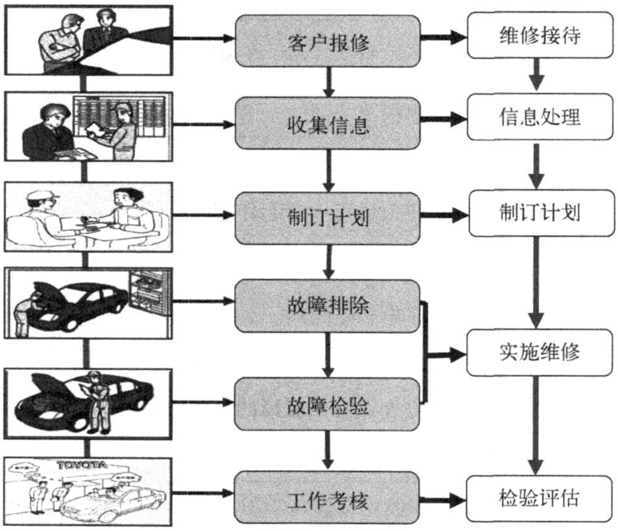

二、维修接待

按照表 4-15 完成待修车辆的维修接待，并准确填写接车问诊表。

笔记

表 4-15 维修接待与接车问诊表

1. 通过询问客户了解汽车发生故障情况,填写接车问诊表
2. 车间检测初步确认点火系统有故障,需要进行检修

接 车 问 诊 表

车牌号:_____   车架号:_____   行驶里程:_____(km)

用户名:_____   电 话:_____   来店时间:_____/_____

用户陈述及故障发生时的状况:**捷达汽车充电指示灯常亮**

故障发生状况提示:**行驶速度、发动机状态、发生频度、发生时间、部位、天气、路面状况、声音描述**

接车员检测确认建议:**需要对充电系进行检查**

车间检测确认结果及主要故障零部件:**调节器损坏,更换调节器**

车间检查确认者:_____

外观确认:

（请在有缺陷部位作标识）

功能确认:(工作正常✓ 不正常×)

☐音响系统　　☐门锁(防盗器)　　☐全车灯光　　☐工具
☐后视镜　　☐顶窗　　☐座椅　　☐点烟器
☐玻璃升降器　☐玻璃

物品确认:(有✓ 无×)

☐贵重物品提示
☐工具　☐备胎　☐灭火器
☐其他(　　　　　　)
旧件是否交还用户　☐是　☐否
用户是否需要洗车　☐是　☐否

- 检测费说明:本次检测的故障如用户在本店维修,检测费包含在修理费用内;如用户不在本店维修,请您支付检测费。本次检测费:￥_____元。
- 贵重物品:在将车辆交给我店检查修理前,已提示将车内贵重物品自行收起并保存好,如有遗失恕不负责。

接车员:_____　　　　　　用户确认:_____

三、信息收集与处理

(一)计算机控制点火系统综述

无触点式电子点火系统采用机械方式调整点火时刻,由于机械装置本身的局限性而无法保证在各种状况下点火提前角均处于最佳。同时,由于分电器中运动部件的磨损,又会导

致驱动部件的松旷,影响点火提前角的稳定性和均匀性。随着时代的发展,人们对汽车发动机的功率、油耗、排气净化等提出了越来越高的要求,暴露出普通电子点火系统一些不尽如人意之处,特别是点火提前角的控制,已明显地不能适应现代汽车的需要。但是点火时刻的精确控制对发动机功率、油耗、污染物排放、爆燃、行驶的稳定性等都会产生较大的影响。因而为满足各种工况的要求,必须通过测试大量的工况信息,即时处理并输出相应的控制信号,控制最佳点火时刻,显然这只有采用计算机控制才能解决。

引入计算机控制点火系统后,使得点火时刻的控制、通电时间的控制、防止爆震的控制等,都能达到比较理想的精度。计算机控制的点火系统最大的成功,在于实现了点火提前角的自动控制,即可根据发动机的工况对点火提前角进行适时控制,从而可获得混合气的最佳燃烧,保证最大限度地改善发动机的高速性能,提高其动力性、经济性、减少排气污染。

计算机控制点火系统由于废除了真空点火提前机构、离心点火提前机构,点火提前角由计算机控制,从而使发动机在各种工况下都有最佳的点火提前角,并使点火提前到刚好产生轻微爆震的范围,使汽车的经济性、动力性、排放净化性能达到最佳状态。

(二) 计算机控制的点火系统的类型

计算机控制的点火系统,简称为"电控点火系统",主要有两种形式:分电器式电控点火系统和直接点火系统。

分电器式电控点火系统,与传统点火系类似,用一套高压发生装置产生高压,通过分电器把高压依次分配到各缸,因此,它就不需要对发动机进行判缸,可使计算机控制软件变得相对简单些,硬件也可相应简化,更适合对现有发动机进行改造。

直接点火系统又称无分电器点火系统(Distributor-Less Ignition,DLI),或称为单独点火系统(DIS)。利用多只点火线圈直接将高压电送到各缸火花塞的点火系统。主要由判缸和对各缸的高压发生系统进行点火控制两部分组成。每只气缸各用一套高压发生装置、点火线圈及其驱动电路。对于偶数缸发动机,由于每一缸都有同步缸(同时到上止点两个缸),因此可以两缸合用一套高压发生装置(点火线圈)。由于这种点火方式需要较多的点火线圈,还需要一套点火顺序控制装置即判缸装置,成本较高,结构也较复杂。电控点火系统由于采用了数字式计算机技术,故又称为数字控制点火系统。

(三) 计算机控制点火系统的组成

计算机控制点火系统一般由电源、传感器、电子控制系统(ECU)、点火控制模块、分电器、火花塞等组成,如图 4-50 所示。

1. 电源

供给点火系统所需的点火能量,一般由蓄电池和发电机共同组成。

2. 传感器

主要用于检测发动机各种运行参数,为 ECU 提供点火提前角的控制依据。其中,最主要的传感器是发动机转速传感器、进气歧管绝对压力传感器、曲轴位置传感器以及凸轮轴位置传感器,此外还有冷却液温度传感器、爆震传感器、节气门位置传感器及启动开关信号传感器、空调开关信号传感器等。

3. 电子控制系统

电子控制系统是点火系统的中枢。在发动机工作时,它不断地采集各传感器的信息,按

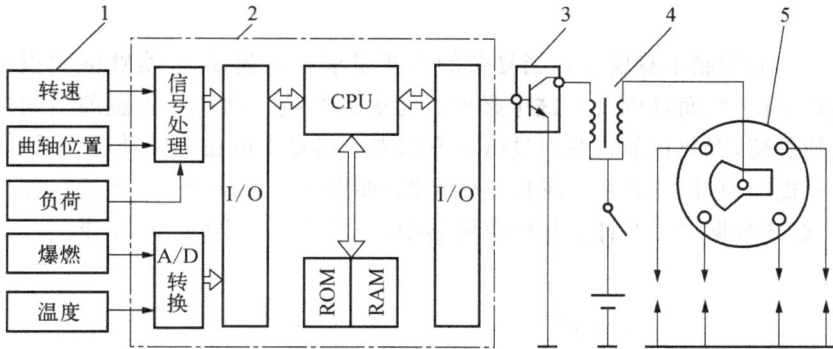

图 4 - 50　计算机控制点火系统的组成

1—传感器；2—ECU；3—点火控制模块；4—点火线圈；5—分电器

事先设置的程序，计算出最佳点火提前角，并向点火控制模块发出点火指令。

4. 点火控制模块

是 ECU 的一个执行机构。它可将电子控制系统输出的点火信号进行功率放大后，再驱动点火线圈工作。

5. 点火线圈

通过将点火瞬间所需的能量存储在线圈的磁场中，并将电源提供的低压电转变为 $15\sim 20\ kV$ 的高压电，从而在火花塞电极间产生击穿点火。

6. 分电器

根据发动机点火的工作次序，将点火线圈产生的高压电依次送到各缸火花塞。直接点火系统（DLI）没有分电器。

7. 火花塞

将点火线圈产生的具有一定能量的电火花引入气缸，点燃气缸内的可燃混合气。

发动机运行时，ECU 从各种传感器处，不断地采集发动机的转速、负荷、冷却液温度、进气温度等信号，并根据存储器 ROM 中存储的有关程序与数据，确定该工况下最佳点火提前角和点火线圈初级电路的最佳导通角，并以此向点火控制模块发出控制指令。

点火控制模块根据 ECU 的点火指令，控制点火线圈初级电路的导通和截止。当电路导通时，有电流从点火线圈初级通过，点火线圈此时将点火能量以磁场的形式储存起来。当点火线圈初级中的电流被切断时，在其点火线圈次级中将产生很高的感应电动势（$15\sim 20\ kV$），经分电器送至工作气缸的火花塞，点火能量被瞬间释放，并迅速点燃气缸内的可燃混合气，发动机完成做功过程。

此外，在带有爆震传感器的点火提前角闭环控制系统中，ECU 还可根据爆震传感器的输入信号来判断发动机的爆震程度，并将点火提前角控制在轻微爆震的范围内，使发动机能获得较高的燃烧效率。

（四）计算机控制点火系统的基本控制

1. TCCS 点火提前角控制

由于发动机点火提前角对发动机的动力输出、燃油消耗、排气净化等性能产生直接影响，因此必须予以严格控制，才能满足日益提高的发动机动力性、经济性、环保性的

笔 记 要求。

点火提前角的控制本身属于相当复杂的多变量求解问题,国外实践证明很难找到进行控制的精确数学模型,而且也没有这个必要。考虑到影响发动机点火提前角的主要因素是发动机转速和负荷,因此目前普遍通过试验方法来获得发动机在不同转速、不同负荷时所对应的最佳点火提前角,以此确定三维控制模型图,如图 4 - 51(a)所示,再将该模型图转换成二维表格,将这些数据储存在计算机的存储器中,如图 4 - 51(b)所示,以供实际的点火提前角控制用。

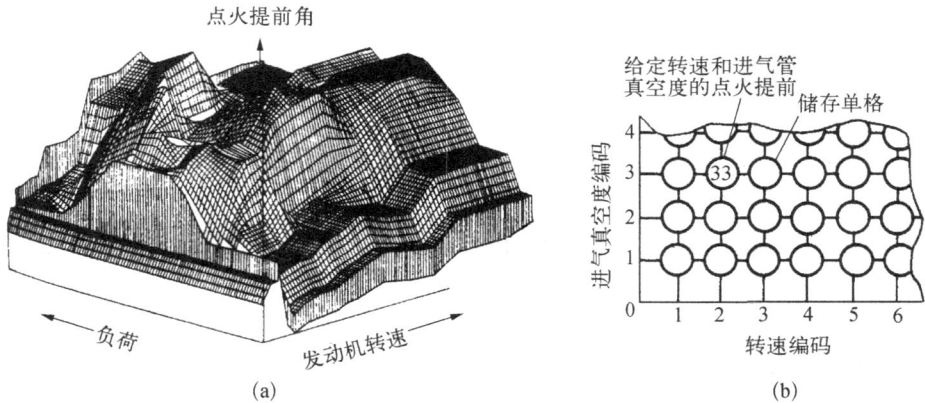

图 4 - 51 试验获得的最佳点火提前角

(a) 三维控制模型图;(b) 计算机的存储器中二维表格

在发动机实际运行中,ECU 通常根据发动机转速传感器、节气门位置传感器输入的信息,从对应的二维表中找出所对应的点火提前角的数值,再根据其他传感器信息进行校正,就可以对点火系进行适时精确控制。

点火提前角控制系统,因各制造厂开发点火系统的型号不同而各异。

TCCS 是丰田汽车公司的发动机计算机集中控制系统的英文简称。其点火提前角是按如下公式控制的:

实际点火提前角＝初始点火提前角＋基本点火提前角＋修正点火提前角

点火提前角的控制有两种基本情况。① 起动期间的点火时刻控制:发动机在起动时,在固定的曲轴转角位置点火,与发动机的工况无关;② 起动后发动机正常运行期间的点火时刻控制:由进气歧管压力信号(或进气量信号)和发动机转速确定的基本点火提前角和修正点火提前角决定。

修正点火提前角的项目随发动机各异,并根据发动机各自的特性曲线修正。TCCS 系统有:暖机修正、稳定怠速修正、空燃比反馈修正、过热修正、爆震修正、最大提前/延迟角控制以及其他修正量。

1) 初始点火提前角

初始点火提前角是原始设定的,又称为固定点火提前角。对于丰田汽车的 IG - GEL 发动机来讲,其值为上止点前 10°曲轴转角。出现下列情况之一时,实际点火提前角等于初始点火提前角。

笔记

（1）当发动机起动或发动机起动转速在 400 r/min 以下时；

（2）当 T 端头短路或节气门位置传感器怠速触点闭合，车速在 2 km/h 时；

（3）当发动机 ECU 的后备系统工作（当某个重要传感器损坏，发动机以固定喷油量和固定点火时刻工作）时。

2）基本点火提前角

基本点火提前角通常以二维表格的形式储存在 CPU 的 ROM 存储器中，又分为怠速和正常行驶两种情况。

（1）怠速时的基本点火提前角，是指节气门位置传感器的怠速触点闭合时所对应的基本点火提前角，如图 4 - 52 所示，其值还根据发动机的怠速转速及空调是否工作而略有不同。当空调不工作时，怠速基本点火提前角则定为 4°；当空调工作时，随着发动机怠速的目标转速的提高，应适当地增加点火提前角，以利于发动机运转速度的稳定，此时怠速基本点火提前角定为 8°。由此可见，两种情况所对应的实际点火提前角应分别为 14°和 18°。

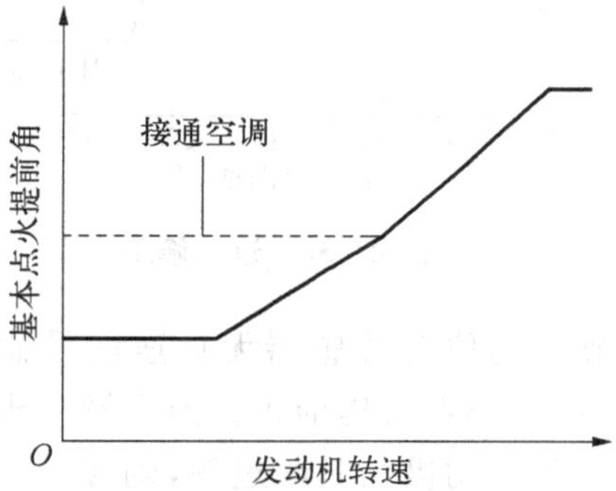

图 4 - 52　怠速时的基本点火提前角

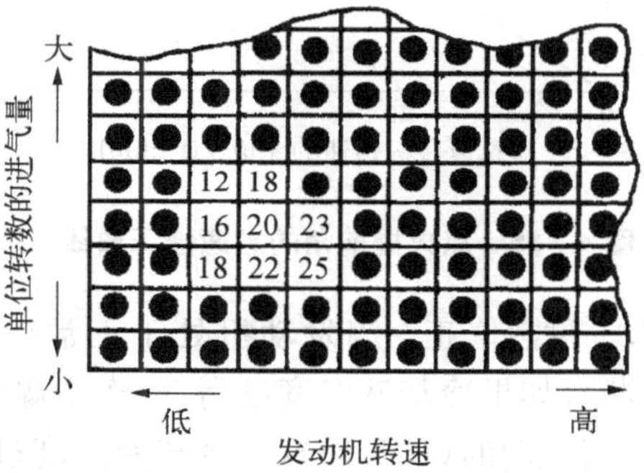

图 4 - 53　正常行驶时的基本点火提前角

（2）正常行驶时的基本点火提前角，是指节气门位置传感器怠速触点打开时所对应的基本点火提前角。该值主要是依据发动机的转速和用进气量表示的发动机负荷而定。ECU 根据传感器的输出信号，利用查表法从 CPU 的 ROM 存储器中找出基本点火提前角的最佳值即可，如图 4 - 53 所示。

3）点火提前角的修正

通过上述方法获得点火系初始点火提前角与基本点火提前角后，再通过修正才可得到最终用来进行实际控制的最佳点火提前角。点火提前角修正一般分为暖机修正、怠速稳定修正、过热修正及空燃比反馈修正等 4 种。

（1）暖机修正：点火提前角暖机修正特性曲线，如图 4 - 54 所示，指的是当节气门位置传感器怠速触点闭合时，计算机根据发动机冷却液温度进行修正的点火提前角。当冷却液温度较低时，由于混合气的燃烧速度较慢，应适当地增大点火提前角，以促使发动机尽快暖机；随着冷却液温度的升高，点火提前角修正值应逐渐减小。

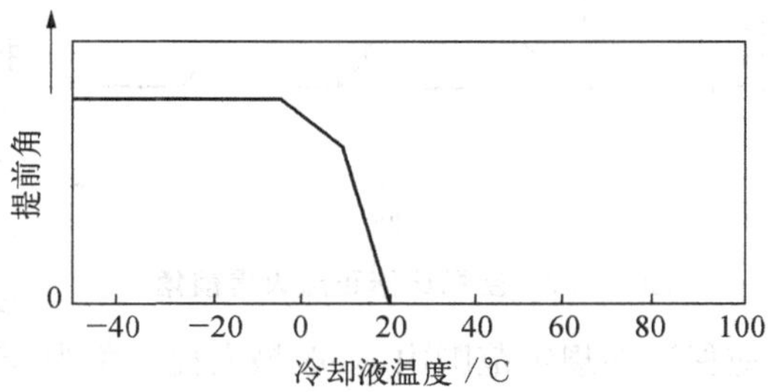

图 4 - 54　点火提前角的暖机修正曲线

笔记

（2）怠速稳定修正：发动机怠速时，如空调、动力转向等动作而引起负载变化时，会引起转速不稳定。所以 ECU 根据实际转速与目标转速的转速差，动态地修正点火提前角。若发动机的怠速转速低于目标转速时，控制系统将相应地增加点火提前角，以利于怠速的稳定；反之，则相应减小点火提前角，如图 4-55 所示。

此外，为使发动机怠速转速能稳定在目标转速上，点火提前角的怠速稳定修正与怠速控制系统中的怠速调整同步进行，这样有助于提高怠速转速的控制精度及怠速稳定性，有效地防止发动机怠速熄火的现象产生。

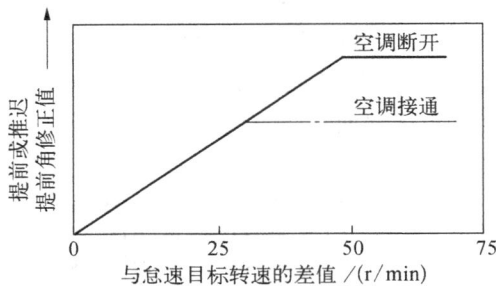

图 4-55　点火提前角的怠速修正曲线

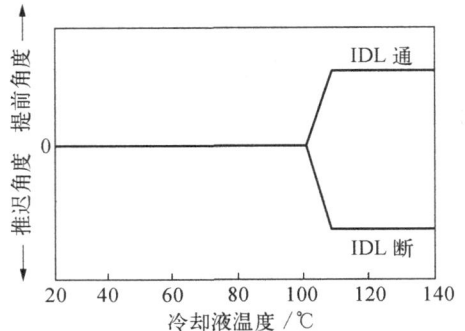

图 4-56　过热修正

（3）过热修正：当发动机处于正常行驶工况，节气门位置传感器无怠速信号输出时（IDL 断），如果冷却液温度过高，会产生爆燃，应适当地减小点火提前角。但当发动机处于怠速运行工况时（IDL 通），若冷却液温度过高，为了避免发动机长时间过热，则应增大点火提前角。如图 4-56 所示。

（4）空燃比反馈修正：当装有氧传感器的电控燃油喷射系统进入闭环控制时，ECU 通常根据氧传感器的反馈信号对空燃比进行修正。随着修正喷油量的增加或减少，发动机的转速在一定范围内波动。为了提高发动机转速的稳定性，当反馈修正油量减少而导致混合气变稀时，应适当地增加点火提前角；反之则减小点火提前角，如图 4-57 所示。

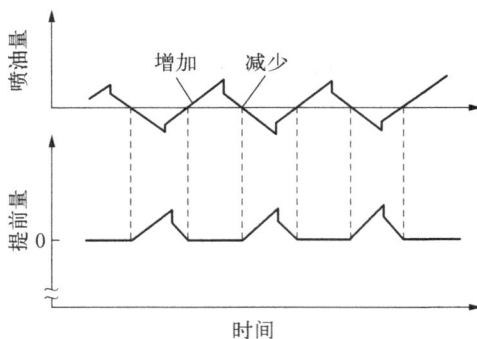

图 4-57　空燃比修正点火提前角

发动机实际的点火提前角就是固定点火提前角、基本点火提前角及修正点火提前角三项之和。当发动机工作时，曲轴每旋转一圈，ECU 就会根据所测的参数值确定点火提前角并发出点火信号，随着发动机的转速和负荷变化进行适时控制。

但是，当 ECU 计算出的实际点火提前角超过允许的最大值及最小值范围时，发动机将难以运转。由于在初始点火提前角已被固定的情况下，受 ECU 控制的部分只是后两部分之和，因此该值应保证在规定范围内，一般最大提前角为 $35°\sim45°$，最小提前角为 $-10°\sim0°$。当超过此范围时，ECU 就应以设定的最大或最小点火提前角进行控制。

2. ECCS 系统点火提前角的控制

ECCS 即 Electronic Concentrated Engine Control System 的简称，是日产公司发动机集中控制系统。

1）正常工况行驶时点火提前角的控制

当微机接收到节气门位置传感器的怠速触点打开的信息时，即进入正常工况行驶时点火提前角的控制模式。其实际点火提前角为

$$实际点火提前角 = 基本点火提前角 \times 水温修正系数$$

基本点火提前角储存于微机的存储器中，根据发动机的转速和负荷（由基本喷射时间表示）便可查得各种工况下的最佳点火提前角。

水温修正系数是微机根据水温传感器的信息，查表得到的水温修正系数，如图 4-58 所示。

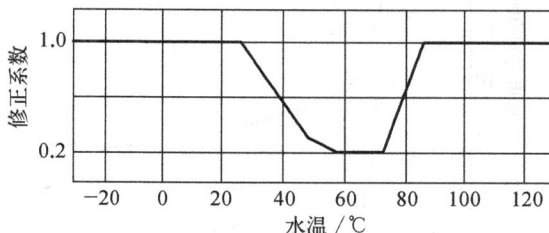

图 4-58　水温修正系数

2）怠速及减速工况点火提前角的控制

当节气门位置传感器怠速触点闭合时，微机即进入怠速或减速工况的点火提前角控制模式。这时，微机根据发动机的转速、冷却水的温度及车速控制点火提前角，如图 4-59 所示。当冷却水温度在 50℃ 以下，车速不大于 8 km/h，发动机转速在 1 200 r/min 时，点火提前角几乎保持在上止点前 10°，其目的是推迟点火，加速发动机及催化反应器达到正常工作温度。

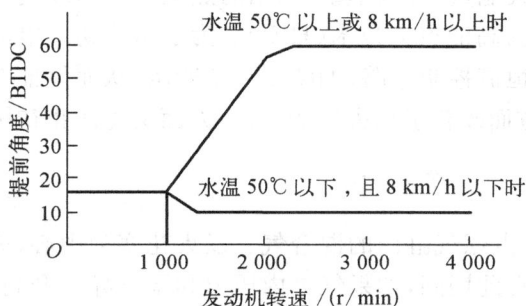

图 4-59　怠速及减速时的点火提前角控制

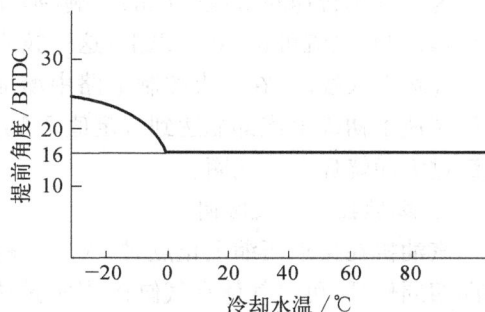

图 4-60　启动时点火提前角的控制

3）起动工况的点火提前角控制

发动机起动时，起动开关置于"ON"位置，微机即进入起动时点火提前角的控制模式，如图 4-60 所示。由图可见，当水温在 0℃ 以上启动时，点火提前角均为 16°，而当水温低于 0℃ 以下时，随着水温降低，点火提前角逐步增大。

3. 闭合角控制

闭合角是点火线圈通电期间（通电时间），曲轴所转过的角度。对于电感储能式电子点火系，当点火线圈的初级电路被接通后，其初级电流是按指数规律增长的。初级电路被断开的瞬间初级电流所能达到的值称断开电流，与初级电路接通的时间长短有关。只有通电时

笔记

间达到一定值,初级电流才可能达到最大。次级电压最大值 U_2 与断开电流成正比。因此,必须保证通电时间能使初级电流达到最大。为此,必须增加通电时间,但另一方面如果通电时间过长,点火线圈又会发热并使电能消耗增大,反而不利于点火系统的正常工作。因此要控制一个最佳通电时间,必须兼顾上述两方面的要求,显然在电控单元 ROM 中存放的初级线圈导通时间即通电时间并不是常数。同时,当蓄电池的电压变化时,也将影响初级电流,如蓄电池电压下降,在相同的通电时间里初级电流所达到的值将会减小,因此必须对通电时间进行修正,如图 4-61 所示。

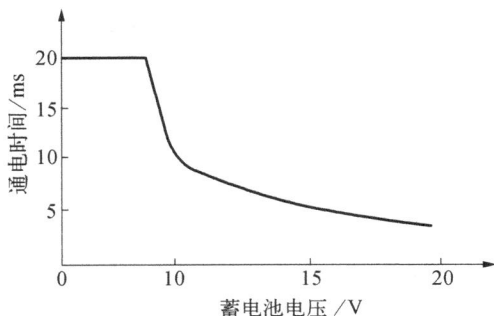

图 4-61　通电时间的蓄电池电压修正曲线

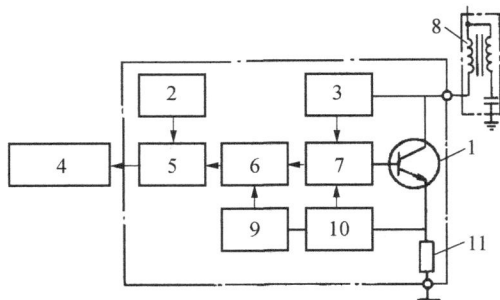

图 4-62　点火线圈的恒流控制电路

1—达林顿管;2—偏流回路;3—过电压保护回路;4—磁电敏感元件;5—波形整形回路;6—闭合角发生回路;7—放大回路;8—点火线圈;9—闭合角控制回路;10—恒流控制回路;11—电流检测电阻

为了减小转速对次级电压的影响,提高点火能量,有些车型,采用的点火线圈初级电阻很小,其饱和电流可达 30 A 以上,这一技术称为高能点火技术(HEI)。为了防止初级电流过大烧坏点火线圈,在点火控制电路中增加了恒流控制电路,如图 4-62 所示,从而保证在任何转速下初级电流都能达到规定值 7 A,一方面改善了点火性能,另一方面又能防止初级电流过大而烧坏点火线圈。

4. 爆燃控制点火时间

汽油机在接近压缩上止点时,火花塞跳火,点燃气缸内的混合气。以火花塞为中心,火焰向四周传播,可燃气体在气缸内膨胀做功。在此期间,如果气缸内压力和温度异常升高,部分混合气在火焰尚未传播到达时就自行着火燃烧。整个燃烧室内会在瞬时形成多火源燃烧,这种现象称为爆燃。爆燃还伴随产生高温和强大的压力波,称为爆震。如果持续产生爆燃,会引起气缸体、气缸盖和进气歧管等薄壁构件的高频振动,运动件就产生冲击载荷,导致很大的噪声和损坏,这种现象称为敲缸。爆燃还会使火花塞电极或活塞过热、熔损,发动机将造成严重机械故障。在电控点火系统中,若采用带有爆震传感器的闭环控制,则可有效地防止爆燃的产生。

1) 爆燃与点火时刻的关系

如图 4-63 所示,爆燃与点火时刻有着密切的关系。曲线 A 是气缸内不燃烧时的压力波形,曲线 B,C,D 分别表示点火时刻分别为 B′,C′,D′ 时气缸内的燃烧压力波形。显然,点火提前角越大,燃烧压力越高,则越容易产生爆燃,如曲线 B 所示。

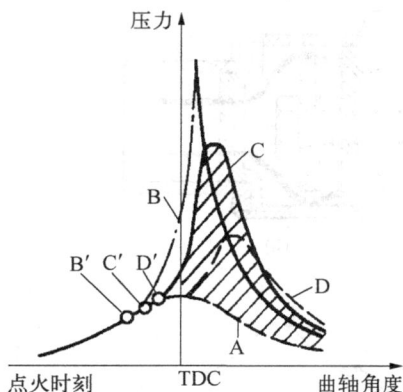

图4-63 气缸压力与点火时刻的关系

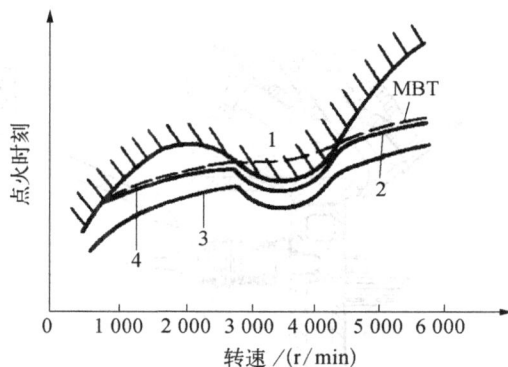

图4-64 爆燃与点火时刻的关系

1—爆燃范围;2—余量幅度;3—无爆燃近期制;
4—有爆燃控制

当发动机工作在临近爆燃时,发动机发出最大转矩,如图4-64所示MBT曲线。因此,在有爆震传感器闭环控制的点火系统中,利用爆震传感器检测爆震界限,进行反馈控制,把点火时刻控制在临近爆震时,有利于提高发动机的动力性。

尤其是装有废气涡轮增压的发动机,由于是绝热增压的空气参加燃烧,容易发生爆燃,更需要采用爆震传感器闭环控制。在有些废气涡轮增压的发动机的控制系统中,除了控制点火提前角外,还同时控制废气旁通阀的动作,更有效地抑制爆燃的产生。

2) 爆燃的检测

用爆震传感器检测爆震。爆震传感器由压电元件制成,安装在发动机的缸体上,如图4-65(a)所示。它将爆震传到缸体上的机械振动转换成电信号,当发动机产生爆震时,爆震传感器输出最大的电压信号,再通过ECU对信号进行处理,控制发动机的点火提前角,如图4-65(c)所示。由于发动机爆震频率一般在6 kHz附近,所以在7 kHz附近爆震传感器的输出电压最高。

爆震传感器的种类有很多,可分为共振型、非共振型和火花塞座金属垫型3种。现在广泛采用的是宽幅共振压电式爆震传感器。该类传感器虽输出电压的峰值较低,但可以在较大振动频率范围内检测出共振电压信号。

3) 爆燃的控制方法

爆震传感器可感应出发动机不同频率范围内的振动,且当发动机发生爆燃时,传感器可产生较大振幅的电压信号,送到ECU,如图4-66(a)所示。

ECU中的爆震信号识别电路用来判定是否发生爆震,如图4-66(b)所示。先用滤波电路将震动信号进行过滤,只允许特定频率范围的爆震信号通过滤波电路。再将滤波后信号的峰值电压与爆震强度基准值进行比较,若其值大于爆震强度基准值,控制系统可由此判定爆燃程度,并以某一固定值(1.5°~2°曲轴转角)逐渐减小点火提前角,直至无爆燃信号出现,且在一段时间内保持其值不变。若又有爆震发生,继续前一控制过程;若无爆燃发生,则又开始以相同固定值逐渐增大点火提前角,一直到爆燃重新产生,周而复始,如图4-67所示。

笔记

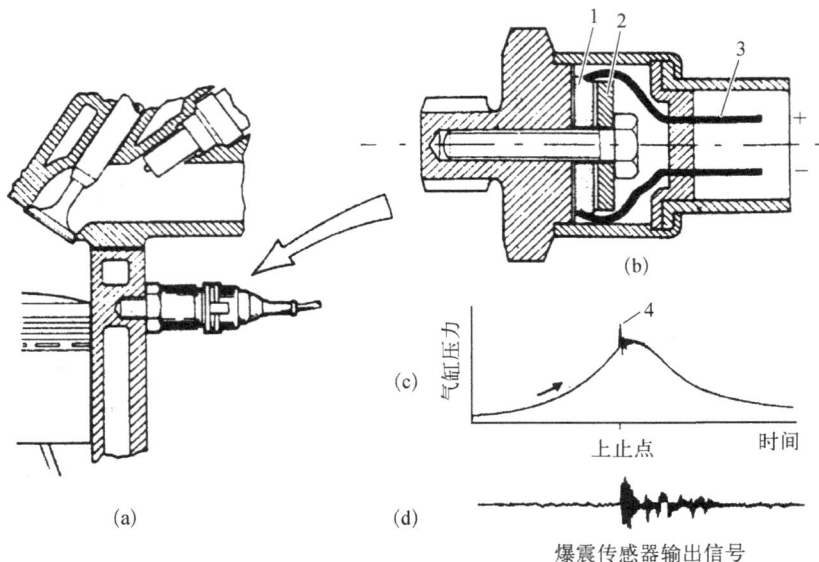

图 4-65 爆震传感器

1—压电陶瓷片;2—惯性配重;3—输出引线;4—爆震压力波

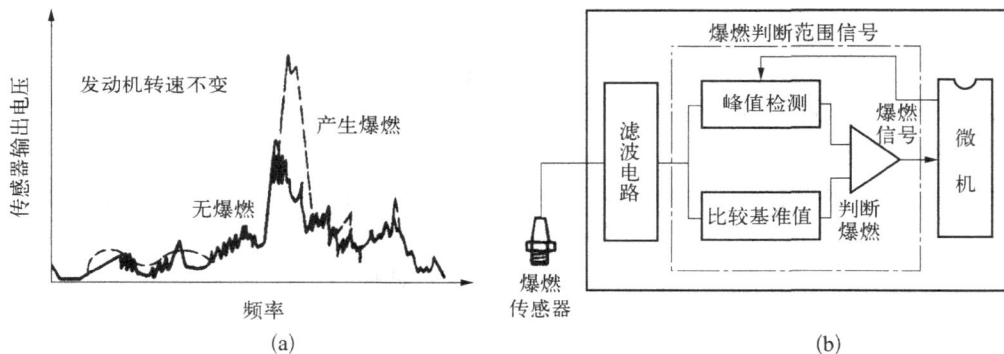

图 4-66 爆震信号的输入电路

(a) 爆震传感器的输出信号;(b) ECU 的爆震信号识别电路

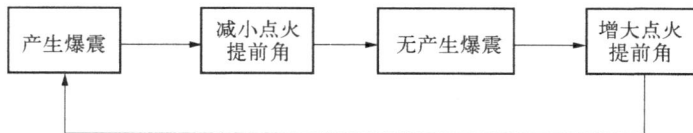

图 4-67 爆震反馈控制原理图

发动机运行时,振动频繁而剧烈,并非在所有时间均进行爆震反馈控制。ECU 能识别的爆震范围,是在发动机点火后,且可能发生爆震的一段曲轴转角范围内。只有在该范围内,控制系统才允许对爆燃信号进行识别,以提高控制系统的可靠性。当发动机的负荷低于某一值时,一般不会出现爆燃。此时,点火控制系统亦采用开环控制,否则采用闭环控制。

为防止传感器失灵、检测电路发生故障、线缆断裂等意外情况,系统内设置了一个安全电路。一旦出现上述情况,安全电路将点火时刻推迟,并且点亮仪表警告灯,警告驾驶员爆燃控制系统发生了故障。

（五）汽车微机控制点火系的工作原理

1. 丰田公司 1G-GZEU 型发动机的 DLI 系统

图 4-68 为日本丰田公司 1G-GZEU 型发动机采用的 DLI 系统电路图。

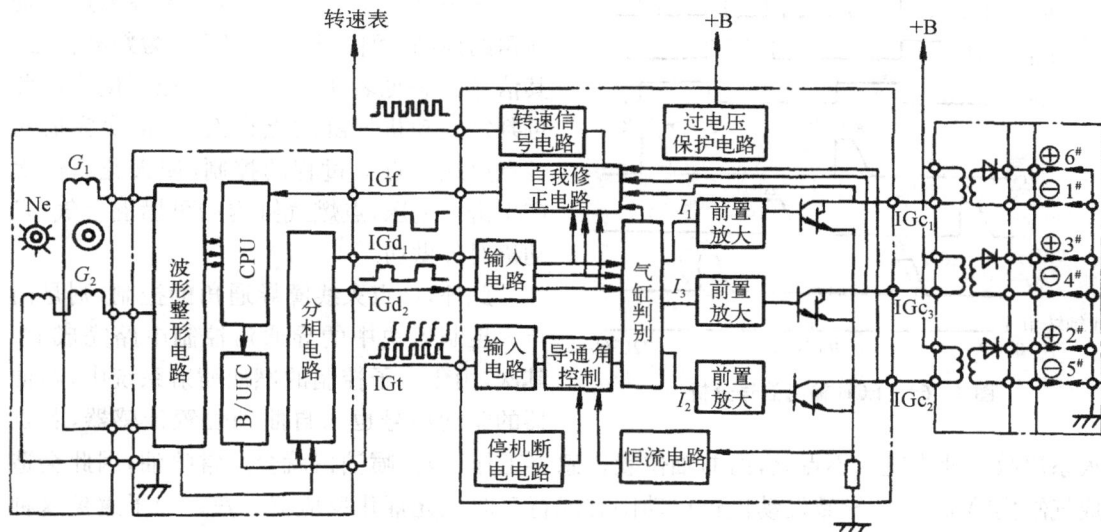

图 4-68　丰田 IG-GZEU 型发动机的 DLI 系统

ECU 除向点火控制模块输出点火信号 IGt 外,还可同时输出气缸判别信号 IGd_1 和 IGd_2,为点火控制模块提供气缸的点火时序。下面以此为例加以说明。

1）来自曲轴位置传感器的信号

在图 4-68 中,曲轴位置传感器由 G_1,G_2 及 Ne 等三个线圈组成,其功能是用于判别气缸及检测曲轴转角的位置,以此来确定点火提前角和导通角。

（1）G_1 信号。

G_1 信号产生的原理与普通磁电式传感器的工作原理相同。因为 G_1 传感线圈的曲轴转角位置对应于第 6 缸压缩行程上止点附近,所以只要 G_1 线圈信号波峰出现时,就表示第 6 缸处于压缩行程上止点附近,该信号主要用于点火时刻基准的确定。

（2）G_2 信号。

G_2 信号与 G_1 信号相同,但由于 G_2 线圈与 G_1 线圈相位相差 360°曲轴转角,因此当 G_2 信号波峰出现时,即表示第一缸活塞处于压缩行程上止点的附近。其作用与 G_1 信号相同。

（3）Ne 信号。

Ne 转子有 24 个齿,它每转一圈将产生 24 个信号,其信号产生原理同上。但信号的周期长度为 15°分电器轴转角或 30°发动机曲轴转角。此外,为了保证点火精度,需将这个脉冲信号整形,再通过电路将 24 个脉冲进行 720 个脉冲分频,即可产生 1°曲轴转角信号。该信号主要用于计量点火提前角和点火线圈的导通角。

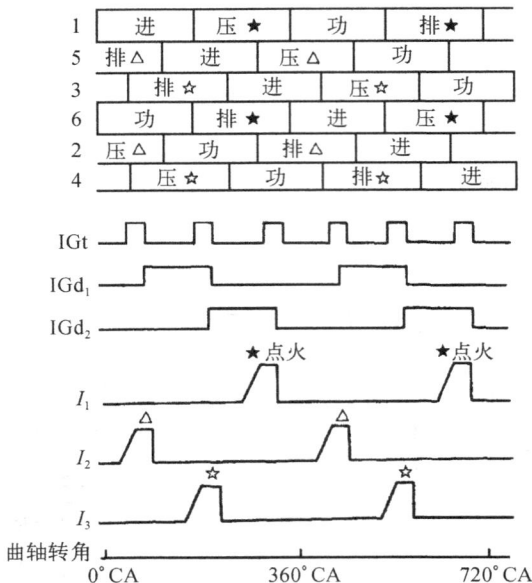

图 4-69   ECU 输出信号分析

2）计算机的输出信号

当 ECU 检测到发动机的转速、进气量、水温、启动开关等信号后，便可精确计算点火提前角，以此向点火控制模块发出 IGd_1，IGd_2 及 IGt 信号（图 4-69）。

其中，IGt 为点火信号，用于各缸点火提前角的控制；而信号 IGd_1，IGd_2 为判缸信号，其信号状态见表 4-16。点火控制模块由此可判定发动机气缸的点火次序，依次完成对各点火线圈点火过程的控制，使火花塞依次产生击穿电压，点燃气缸内的可燃混合气，发动机对外做功。

此外，各点火线圈导通角的控制，则是由点火控制模块中的导通角控制电路完成的。其次，由于电子控制的燃油喷射系统中，喷油器的驱动信号也来自曲轴位置传感器，若点火系出故障使火花塞不点火，而曲轴位置传感器工作正常，喷油器就会照常喷油，因此会造成气缸内喷油过多，导致发动机再启动困难或行车时三元催化反应器过热。为了避免这种现象发生，特设定当完成点火过程后，点火控制模块应及时向 ECU 返回 IGf 点火确认信号。若其 3~5 次均无 IGf 信号返回时，则 ECU 便以此判定点火系有故障，且强行断油，致使发动机熄火。

表 4-16   判缸信号与点火的关系

	1,6	2,5	3,4
IGd_1	0	0	1
IGd_2	1	0	0
动作	★点火	△点火	☆点火

2. 桑塔纳 2000GSi 型轿车四缸发动机点火系统

1）点火时刻控制

桑塔纳 2000GSi 型轿车四缸发动机点火系统如图 4-70 所示。设曲轴转速在 2 000 r/min 时的最佳点火提前角为上止点前 30°曲轴转角。

凸轮轴位置传感器产生的判缸信号下降沿输入 ECU 时，表明第 1 缸活塞处于压缩上止点前 88°位置，如图 4-70(a)所示。当 ECU 接收到判缸信号下降沿后，将对曲轴位置传感器(CPS)输入的转速与转角信号进行计数。计数开始时的信号称为基准信号，由 ECU 内部电路控制，曲轴每旋转 180°产生一个基准信号。因为曲轴位置传感器第一个凸齿信号在判缸信号下降沿后 7°时产生，所以基准信号对应于第 1 缸活塞压缩上止点前 81°位置，如图 4-70(b)所示。

已知条件：点火提前角：BTDC30°；发动机转速：2 000r/min；导通角90°；曲轴转角 (7.5 ms)

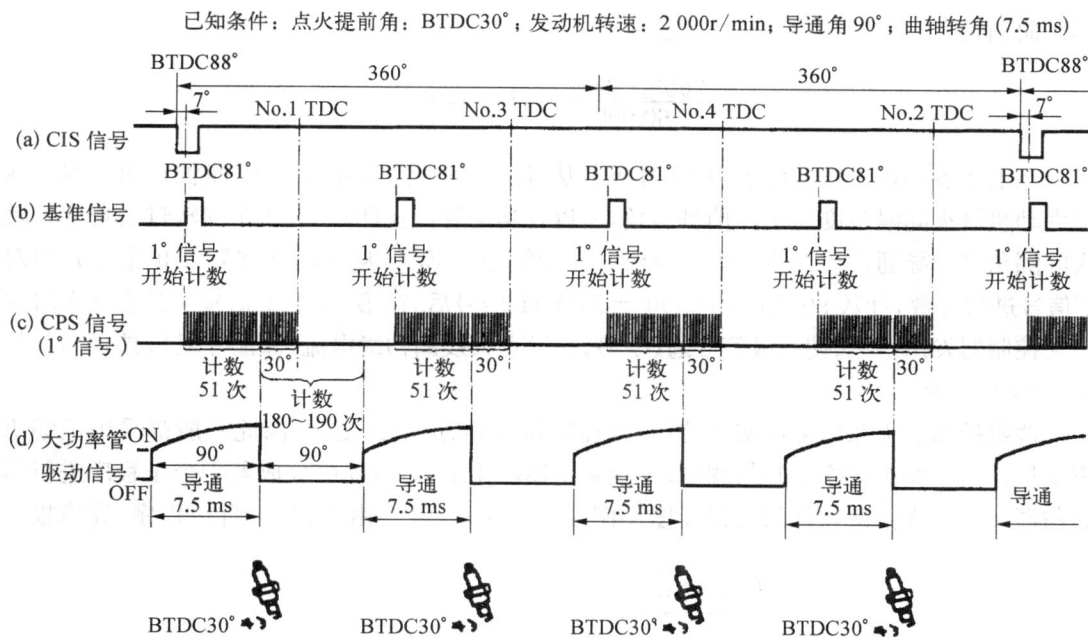

图 4-70　桑塔纳 2000GSI 型轿车四缸发动机的点火控制

(a) 凸轮轴位置传感器信号；(b) 基准信号；(c) 曲轴位置传感器分频信号；(d) 驱动信号

点火提前角大小直接影响点火性能，提前角过大会导致发动机产生爆震，提前角过小又会导致发动机过热，所以必须精确控制，一般精确到 1°。由于桑塔纳 2 000GSI 型轿车凸轮轴位置传感器齿和齿槽信号均占 3° 曲轴转角，因此需要将曲轴位置传感器信号转换为 1° 信号。

目前 ECU 内部晶振频率一般设定为 $f = 6\,\text{MHz}$，周期为 $T = 1/f = 0.000\,16\,\text{ms}$。当发动机以 2 000 r/min 旋转时，曲轴转过 3°，所经历的时间为 $0.25\ \text{ms}\left(\dfrac{60\,000 \times 3°}{2\,000 \times 360°} = 0.25\ \text{ms}\right)$。所以每 0.083 ms 曲轴转过 1°，相当于 518.75 个晶振周期 $\left(\dfrac{0.083}{0.000\,16} = 518.75\right)$，即 ECU 内部晶振每产生 518.75 个时钟脉冲信号，相当于曲轴转角 1°，如图 4-70(c) 所示。因为点火提前角为上止点前 30°，所以 ECU 计数到第 51 个 1° 信号（即从接收到 CIS 信号 7° + 51° = 58°）后，在第 52 个 1° 信号时，向点火控制器发出指令，使功率三极管截止，如图 4-70(d) 所示，切断点火线圈初级电流，次级绕组产生高压电并送到火花塞电极上跳火，从而将点火提前角控制在第 1 缸压缩上止点前 30°。因为基准信号每 180° 产生一个，所以同理按发动机气缸 1-3-4-2 的工作顺序将各缸点火提前角控制在压缩上止点前 30°。

2）导通角控制

导通角是指点火线圈初级电路的功率三极管导通期间，发动机曲轴转过的角度。导通角的控制方法是：ECU 首先根据电源电压高低，在存储器所存储的导通时间脉谱图中查询导通时间，然后根据发动机转速确定导通角的大小。

设电源电压为 14 V 时，导通时间为 7.5 ms。发动机转速为 2 000 r/min，则 7.5 ms 相

笔记

当于曲轴转角为

$$\frac{360° \times 2\,000}{60\,000} \times 7.5 = 90°$$

在上述发动机工作条件下,功率管 VT 从导通至截止,必须保证 90°曲轴转角。因为四缸发动机跳火间隔角度为 180°曲轴转角,所以在功率管截止期间,需要曲轴转过的角度=跳火间隔角度−导通角=180°−90°=90°。实际控制时,ECU 从发出功率管截止指令开始对1°信号进行计数,计数 90 次(180°−90°=90 次)1°信号后,在第 91 个 1°信号上升沿到来时向点火控制器发出指令,使三极管导通(ON),接通点火线圈初级电流,保证导通角具有 90°,如图 4-70(d)所示。

微机控制点火系统采用实时控制,其控制精度高、运算速度快,因此一般都采用汇编语言编程。为了便于程序编制与调试,一般采用模块化结构,将程序分成若干个子程序进行编制与调试。点火控制软件的流程简图如图 4-71 所示,主要由主程序、自检程序、故障报警

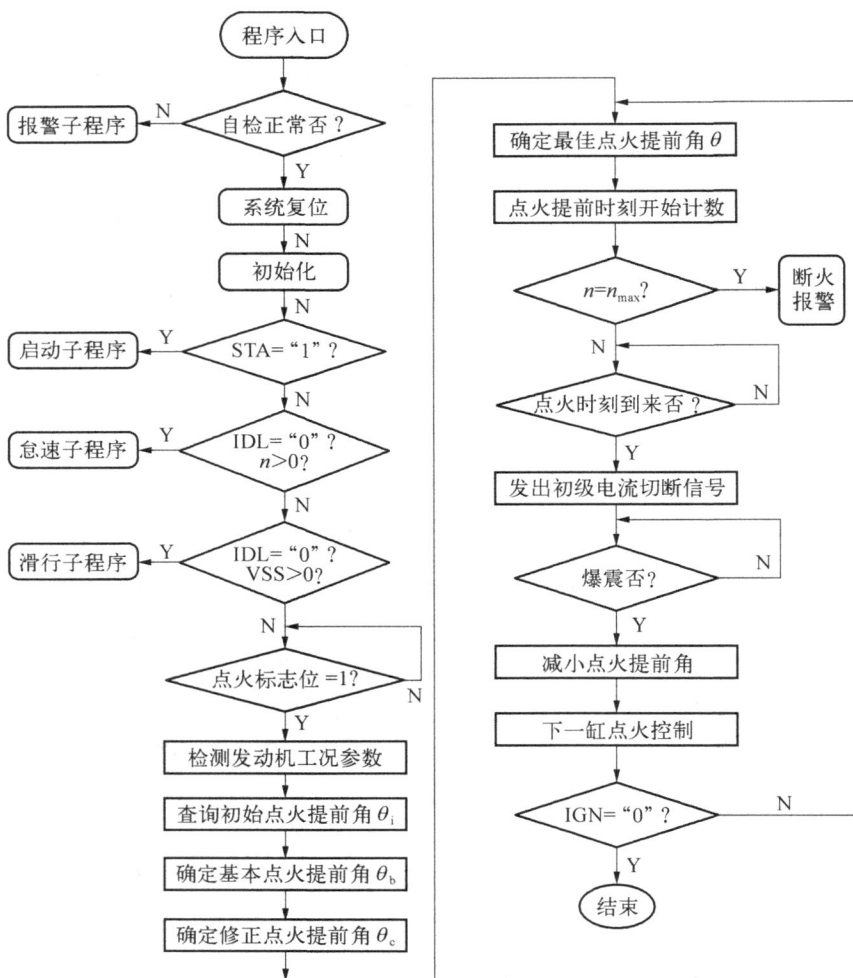

图 4-71 微机控制点火的控制流程简图

子程序、启动子程序、滑行子程序和怠速子程序等组成。主程序的主要功用是监测判定发动机工作状态，计算或从点火脉谱图中查询并确定点火时间、点火提前时间（提前角），然后发出点火指令、控制点火线圈初级电流接通与切断。

3. 日产公司 ECCS 发动机点火系统

ECCS 点火控制系统主要由传感器、电子控制装置（ECM）、点火控制模块、点火线圈、火花塞等组成。电子控制装置的输入信号主要来自曲轴传感器及空气流量计。曲轴传感器可提供点火所需的发动机转速信号及点火基准信号（即各缸上止点的 120°信号和曲轴转角 1°信号），而空气流量计则可提供发动机空气进气量的信号，如图 4-72 所示。

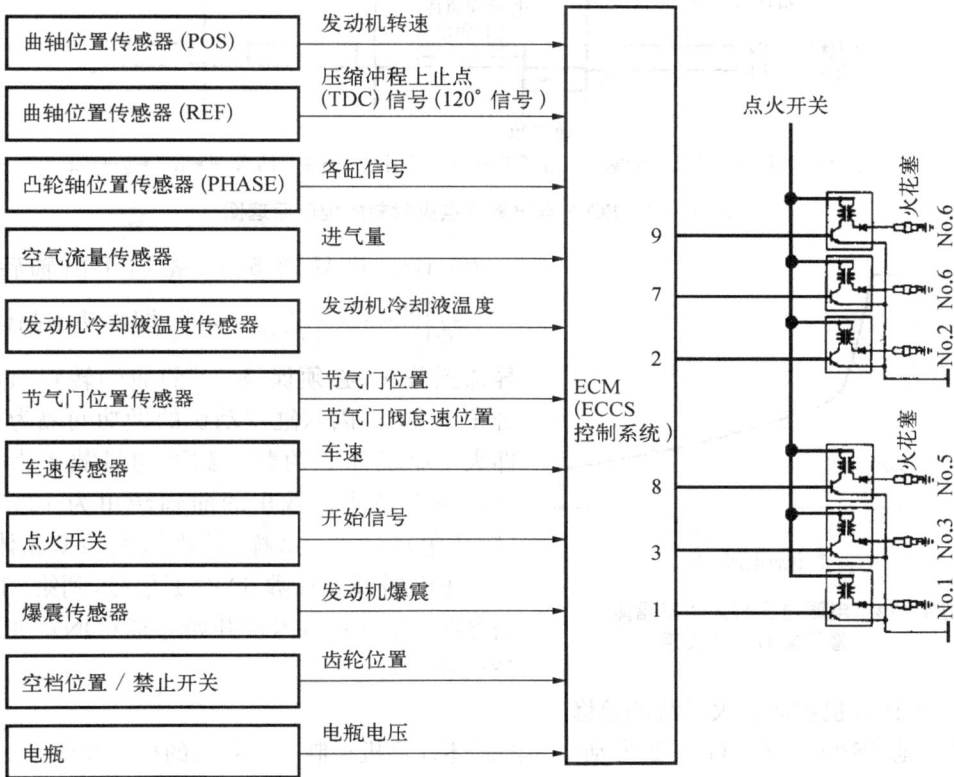

图 4-72　日产风度点火系统

当微机读到 120°信号时，即表示此时某缸活塞处于压缩上止点前 70°的位置，如图 4-73（b）所示。120°信号输入后 4°，如图 4-73（c）所示，微机开始计数，因此当微机计数到 26 个 1°信号后，在第 27 个 1°信号时，如图 4-73（d）所示，截止大功率晶体管（此时为上止点前 40°），点火线圈次级线圈产生高压而点火，如图 4-73（e）所示。故实际的点火时刻基准设定在各缸压缩行程上止点前 66°处，如图 4-73（c）所示。

大功率晶体管的导通与截止主要由曲轴闭合角决定。导通时间的控制方法，一般是由微机根据电源电压查表得到的（见图 4-74），再根据发动机的转速换算成曲轴的转角，以决定闭合角的大小。

例如，如果电源电压为 14 V，则大功率晶体管导通时间为 5 ms，若此时发动机转速为

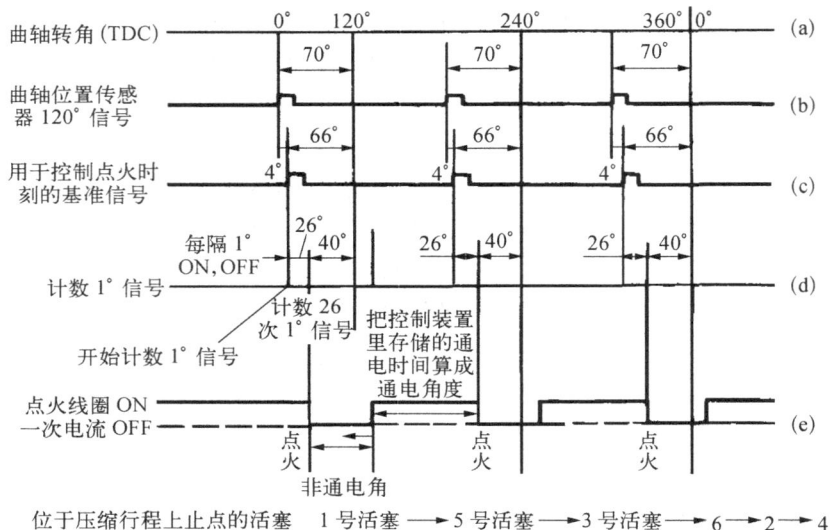

图 4-73 ECCS 点火系统点火时刻的控制原理图

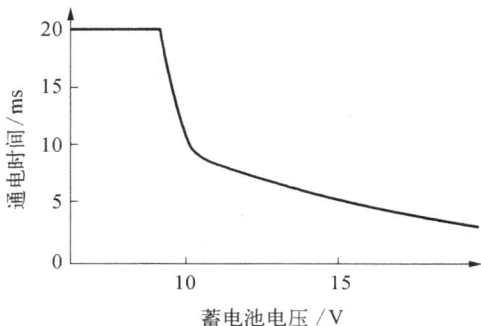

图 4-74 电源电压与大功率晶体管导通时间的关系

2 000 r/m,则导通 5 ms 相当于曲轴转角为

$$\frac{2\,000 \times 360°}{60} \times \frac{5}{1\,000} = 60°。$$

即大功率晶体管从导通到截止,必须保持 60°的曲轴转角,也即闭合角为 60°。因六缸发动机的做功间隔为 120°,即大功率晶体管的截止到下初级截止为 120°,故大功率晶体管截止的曲轴转角为 120°—60°(闭合角)=60°。这样,微机从大功率晶体管截止(OFF)时开始计数 60 个 1°信号,到第 61 个 1°信号时,大功率晶体管开始导通(ON),如图 4-73(e)所示。

(六)计算机控制点火系统的检修

以凌志 IS200 汽车 1G-FE 发动机为例讲述计算机控制点火系统的检修步骤。

(1)拆下带点火器的点火线圈。脱开点火线圈连接器,拧开螺栓,拉出点火线圈。

(2)检查点火器和跳火花试验。

① 用 16 mm 火花塞扳手拆下火花塞,并装到每个点火线圈上。

② 连接点火线圈与点火器的接插器。

③ 断开喷油器的接插器,并将火花塞搭铁。

④ 检查发动机起动时是否有火花产生。每次起动发动机时间不得超过 5~10 s,防止试验时喷油器喷出过量的燃油。

(3)如果没有火花产生,则应按图 4-75 所示的步骤进行测试。线圈本身温度冷态为 -10~50℃;热态为 50~100℃。

(4)用兆欧表,测量火花塞绝缘电阻应≥10 MΩ,如图 4-76 所示。如果电阻小于规定值,则更换火花塞。

笔记

```
┌─────────────────────┐
│      跳火试验        │
└─────────┬───────────┘
          │
┌─────────────────────┐  不正常  ┌──────────────────┐
│检查点火线圈和点火器连接器的连接│────────→│     紧固连接      │
└─────────┬───────────┘          └──────────────────┘
          │
┌─────────────────────┐  不正常  ┌──────────────────┐
│换上正常的点火线圈和点火器试验│────────→│ 更换点火线圈和点火器│
└─────────┬───────────┘          └──────────────────┘
          │
┌─────────────────────┐  不正常  ┌──────────────────┐
│检查点火线圈和点火器和电源供应│        │检查点火开关和带点火器│
│1. 将点火开关扭至 ON   │────────→│的点火线圈之间的配线│
│2. 检查点火线圈正极(＋)为蓄电池电压│   └──────────────────┘
└─────────┬───────────┘
          │
┌─────────────────────┐  不正常  ┌──────────────────┐
│检查凸轮轴位置传感器电阻│        │更换凸轮轴位置传感器│
│冷态      热态        │────────→└──────────────────┘
│835～1400Ω 1060～1645Ω│
└─────────┬───────────┘
          │
┌─────────────────────┐  不正常  ┌──────────────────┐
│检查曲轴位置传感器电阻 │        │更换曲轴位置传感器│
│冷态      热态        │────────→└──────────────────┘
│1630～2740Ω 2065～3225Ω│
└─────────┬───────────┘
          │
┌─────────────────────┐  不正常  ┌──────────────────┐
│检查来自ECU的IGT信号  │        │检查ECU与点火线圈及点│
│                     │────────→│火器间的配线,然后试换│
│                     │        │另一ECU           │
└─────────┬───────────┘          └──────────────────┘
          │
┌─────────────────────┐
│试更换另一个点火线圈和点火器│
└─────────────────────┘
```

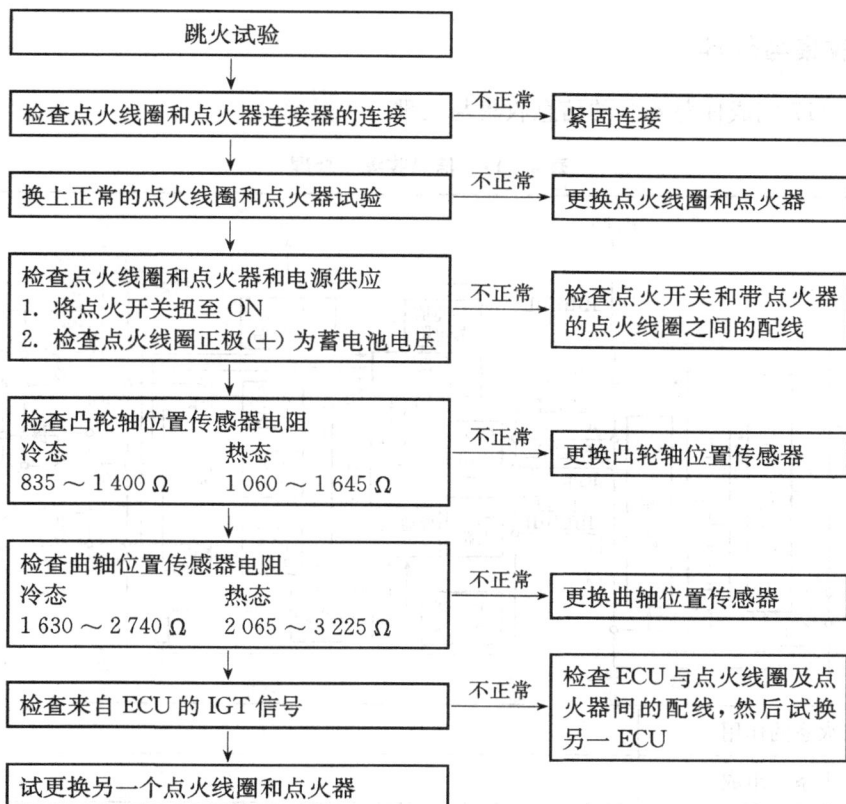

图 4-75　凌志 IS200 汽车点火系统的检修步骤

　　也可用以下简易方法检测：使发动机转速快速升至 4 000 r/min，5 次；拆下火花塞；目测检查火花塞，电极干爽为良好。

　　检查火花塞瓷绝缘体有无损坏。如不正常，则更换火花塞；推荐火花塞的型号为 DENSO 是 SK20R11；NGK 是 1FR6A11。

　　测量火花塞间隙：旧火花塞最大为 1.2 mm；新火花塞为 1.1 mm。如果间隙不符合规定，则更换火花塞。如调整新火花塞间隙，只能弯曲旁电极的底部，不要接触电极尖端。不能调整用过的火花塞的电极间隙。

图 4-76　用兆欧表测量火花塞中心电极的绝缘电阻

　　如火花塞电极上有少量的油渍，先用汽油清洗，然后用火花塞清洁器清洁。

　　(5) 检查凸轮轴位置传感器。脱开凸轮轴位置传感器连接器，用欧姆表测量传感器端子间电阻。冷态为 835～1 400 Ω，热态为 1 060～1 645 Ω。如果电阻不符合规定，则更换传感器。

　　(6) 检查曲轴位置传感器。用欧姆表测量传感器端子间电阻。冷态为 1 630～274 Ω，热态为 2 065～3 225 Ω。如果电阻不符合规定，则更换传感器。

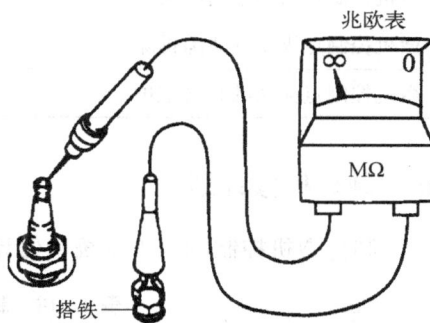

四、信息收集与处理

按表 4-17 完成任务 4.3 的信息收集与处理。

表 4-17　信息收集与处理

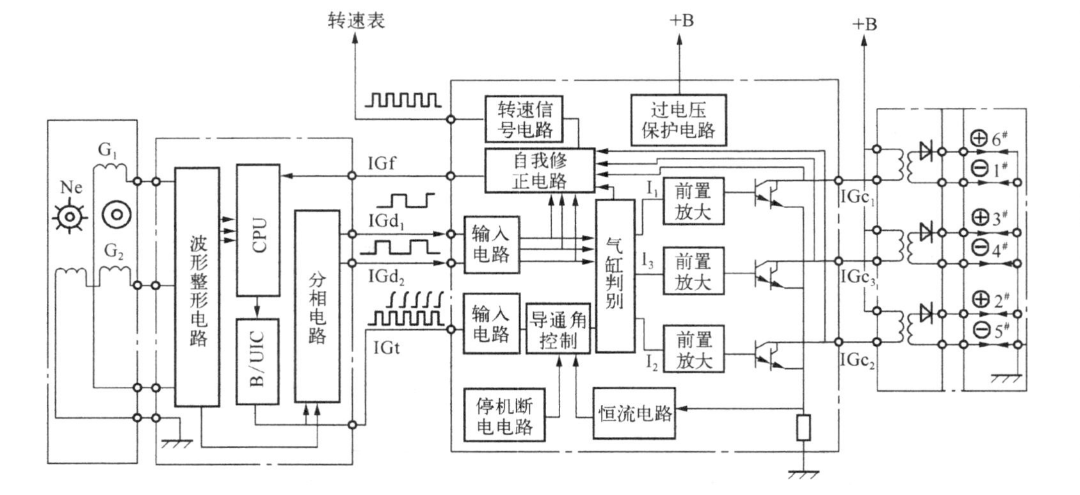

微机控制点火系的作用	
微机控制点火系的组成	
微机控制点火系的工作原理	
微机控制点火系电路的组成	
微机控制点火系的故障排除	
微机控制点火系的日常维护	

五、制订检修计划

制订微机控制的点火系统检修计划如表 4-18 所示。

表 4-18　制订微机控制的点火系统检修计划

1. 查阅资料,了解车辆点火系类型信息 2. 查阅维修手册,学习微机控制的点火系统的检修方法,制订微机控制的点火系统检修计划		
微机控制的点火系统类型信息描述	车辆描述	
	微机控制的点火系统信息描述	
计 划 项 目	计 划 内 容	
点火线圈	检测点火线圈	
分电器	检测分电器	
火花塞	检测火花塞	

续　表

笔记

计　划　项　目	计　划　内　容
点火器	检测点火器
传感器	检测传感器
日常维护	微机控制的点火系的日常维护

六、实施检修作业

微机控制的点火系统作业见表 4－19。

表 4－19　微机控制点火系统作业表

任务 4.3　微机控制的点火系统作业任务书		
1. 了解汽车微机控制的点火系统检测与维修安全事项 2. 会正确对微机控制的点火系统进行维修保养		
1. 车辆信息描述	**车辆描述**	
	微机控制的点火 系统类型描述	
2. 微机控制的点火系统描述		
3. 微机控制点火系的检测	检查流程	
	跳火试验	
	检查点火线圈和点火器连接器的连接	不正常→紧固连接
	换上正常的点火线圈和点火器试验	不正常→更换点火线圈和点火器
	检查点火线圈和点火器和电源供应 1. 将点火开关扭至 ON 2. 检查点火线圈正极（＋）为蓄电池电压	不正常→检查点火开关和带点火器的点火线圈之间的配线
	检查凸轮轴位置传感器电阻 冷态　835～1 400 Ω　热态　1 060～1 645 Ω	不正常→更换凸轮轴位置传感器
	检查曲轴位置传感器电阻 冷态　1 630～2 740 Ω　热态　2 065～3 225 Ω	不正常→更换曲轴位置传感器
	检查来自 ECU 的 IGT 信号	不正常→检查 ECU 与点火线圈及点火器间的配线，然后试换另一 ECU
	试更换另一个点火线圈和点火器	
检查与维修结论		

七、检验评估

微机控制点火系的检验评估如表 4-20 所示。

表 4-20 检验评估表

评 价 指 标	检 验 说 明	检 验 记 录
维修检查项目	➤ 点火线圈 ➤ 传感器 ➤ 点火模块	
汽车点火情况		

评价内容	检 验 指 标	权重	自评	互评	总评
检查任务 完成情况	1. 完成任务过程情况	4			
	2. 任务完成质量				
	3. 在小组完成任务过程中所起作用				
专业知识	1. 能描述微机控制的点火系的作用	4			
	2. 能描述微机控制的点火系的结构				
	3. 能描述微机控制的点火系各组成的检测方法				
	4. 会描述微机控制的点火系常见故障的排除方法				
	5. 会描述微机控制的点火系的日常维护要领				
职业素养	1. 学习态度：积极主动参与学习	2			
	2. 团队合作：与小组成员一起分工合作,不影响学习进度				
	3. 现场管理：服从工位安排、执行实训室"5S"管理规定				
综合评议 与建议					

项目拓展

想一想：

1. 如何最快排除电控点火系的故障?

2. 其他车系的电控点火系如何检修?

项目五 汽车照明、信号系统

任务 5.1 汽车照明系统检修

一、任务导入与要求

任务导入	如果在黑夜行驶中,前照灯突然熄灭,看不清路面情况,是非常不安全的。前照灯出现故障后如何排除呢?
目标要求	1. 掌握汽车照明系统的组成和工作原理 2. 掌握汽车照明系统的故障诊断与排除方法 3. 提高维修接待与人交往的素质
学习步骤	汽车照明系统的组成→汽车照明系统原理→检修方法→故障排除举例
任务实施	

二、维修接待

按照表 5-1 完成待修车辆的维修接待,并准确填写接车问诊表。

笔记

表5-1　维修接待与接车问诊表

1. 通过询问客户了解汽车发生故障情况,填写接车问诊表
2. 车间检测初步确认汽车照明系统有故障,需要进行检修

接 车 问 诊 表

车牌号: _____　　车架号: _____　　行驶里程: _____ (km)

用户名: _____　　电　话: _____　　来店时间: _____/_____

用户陈述及故障发生时的状况:**前照灯突然熄灭,一直不亮**

故障发生状况提示:**行驶速度、发动机状态、发生频度、发生时间、部位、天气、路面状况、声音描述**

接车员检测确认建议:**需要对前照灯电路进行检查**

车间检测确认结果及主要故障零部件:**前照灯灯泡烧坏,更换前照灯灯泡**

车间检查确认者: _____

外观确认:

(请在有缺陷部位作标识)

功能确认:(工作正常√　不正常×)
- □音响系统　　□门锁(防盗器)　□全车灯光　□工具
- □后视镜　　　□顶窗　　　　　□座椅　　　□点烟器
- □玻璃升降器　□玻璃

物品确认:(有√　无×)

- □贵重物品提示
- □工具　□备胎　□灭火器
- □其他(　　　　　)
- 旧件是否交还用户　□是　□否
- 用户是否需要洗车　□是　□否

- 检测费说明:本次检测的故障如用户在本店维修,检测费包含在修理费用内;如用户不在本店维修,请您支付检测费。本次检测费: ¥ _____元。
- 贵重物品:在将车辆交给我店检查修理前,已提示将车内贵重物品自行收起并保存好,如有遗失恕不负责。

接车员: _____　　　　　用户确认: _____

三、相关知识

(一) 汽车灯具的种类及用途

汽车照明系统主要是用于夜间行车照明、车厢照明、仪表照明及检修照明。汽车灯具按

其功能可分照明灯和信号灯两大类;按安装位置又可分为外部灯具和内部灯具。

1. 外部灯具

汽车常见的外部灯具如图5-1所示。外部灯具光色一般采用白色、橙黄色和红色;执行特殊任务的车辆,如消防车、警车和救护车,则采用具有优先通过权的红色、黄色或蓝色闪光警示灯。要确保外部灯具齐全有效。

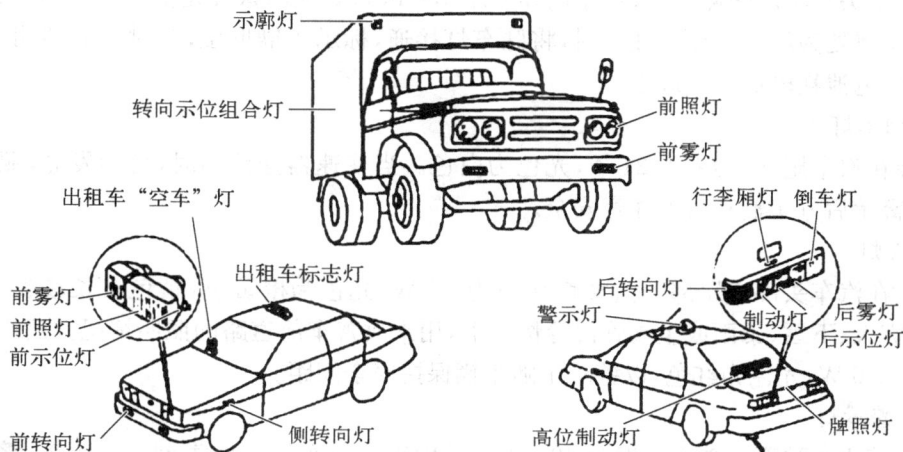

图5-1　常见汽车外部灯具

1) 前照灯

俗称"大灯",装在汽车头部两侧,一般为40～60 W,用来照明汽车前方道路。有两灯制、四灯制之分。四灯制前照灯并排安装时,装于外侧的一对应为近、远光双光束灯;装于内侧的一对应为远光单光束灯。

2) 牌照灯

装于汽车尾部牌照上方或左右两侧,功率一般为5～10 W,用来照明后牌照,确保行人距车尾20 m处看清牌照上的文字及数字。

3) 示廓灯

俗称"角标灯",GB7258-1997《机动车运行安全技术条件》规定:空载高3.0 m以上的车辆均应安装示廓灯。示廓灯功率为5 W,作用为标示车辆轮廓。

4) 示位灯

安装在汽车前面、后面和侧面。功率为5 W。前位灯(俗称"小灯""、"示宽灯"、"位置灯")光色为白色或黄色,后位灯(俗称"尾灯")光色为红色,侧位灯光色为琥珀色。夜间行驶接通前照灯时,示位灯与仪表照明灯、牌照灯同时发亮,以标志车辆的形位。

5) 转向灯

主转向灯一般安装在汽车头尾部的左右侧,用来指示车辆行驶趋向。汽车两侧中间装有侧转向灯。主转向灯功率一般为21 W,侧转向灯为5 W,光色为琥珀色。转向时,灯光呈闪烁状,频率规定为1.5 ± 0.5 Hz,启动时间不大于1.5 s。在紧急遇险状态需其他车辆注意避让时,全部转向灯可通过危险报警灯开关接通同时闪烁。

笔记

6）制动灯

又称"刹车灯"，安装在汽车尾部。功率为 21 W，红色，灯罩显示面积较后示位灯大。在踩下制动踏板时，发出较强红光，以示制动。为避免尾随大型车对轿车碰撞的危险，轿车后窗内可加装由成排排列的发光二极管组成的高位制动灯。

7）驻车灯

装于车头和车尾两侧，要求从车前和车尾 150 m 远处能确认灯光信号，光色要求车前处为白色，车尾处为红色。夜间驻车时，将驻车灯接通，标示车辆形位，此时仪表照明灯、牌照灯并不亮，电池耗电比示位灯小。

8）倒车灯

安装在汽车尾部，功率为 21 W，光色为白色。当变速器挂倒档时，自动发亮，照明车后侧，同时警示后方车辆和行人注意安全。

9）雾灯

安装在汽车头部或尾部。前雾灯功率为 45 W，光色为橙黄色（黄色波长较长，透雾性好）。在雾天、下雪、暴雨或尘埃弥漫等情况下，用来改善车前道路的照明情况。后雾灯功率为 21 W 或 6 W，光色为红色，以警示尾随车辆保持安全间距。

10）警示灯

一般装于车顶部。功率一般为 40～45 W，用来标示车辆特殊类型。消防车、警车用红色，救护车为蓝色，旋转速度为每秒 2～6 次。公交车和出租车为白、黄色。

出租车空车标示灯装在仪表台上，功率为 5～15 W，光色为红底、白字。

2. 内部灯具

汽车常见内部灯具如图 5-2 所示。

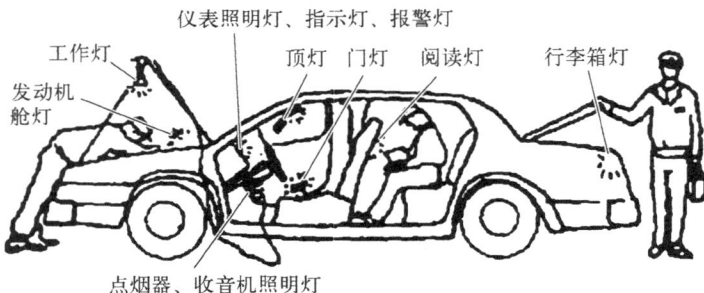

图 5-2　常见汽车内部照明灯具

1）仪表照明灯

装在仪表板背面，功率为 2 W，用来照明仪表指针及刻度板。仪表照明灯一般与示位灯、牌照灯并联。有些汽车仪表照明灯发光强度可调整。

2）仪表报警灯、指示灯

报警灯一般为红色、黄色。指示灯一般为绿色或蓝色。常见有充电指示灯、机油压力过低报警灯、转向指示灯、远光指示灯等。

3）门灯

装于轿车外张式车门内侧底部，功率为 5 W，光色为红色。夜间开启车门时，门灯发亮，以告示后来行人、车辆注意避让。

4）顶灯

轿车及载货车一般仅设一只顶灯,功率为 $5\sim15$ W,用作车室内照明和监视车门是否可靠关闭。在监视车门状态下,只要有车门没可靠关闭,顶灯就发亮。公共汽车顶灯灯泡功率较大,有的采用荧光灯。

5）阅读灯

装在乘客席前部或顶部,聚光时乘客看书不会给驾驶员产生眩目现象,照明范围较小,有的可调节光轴方向。

6）行李厢灯

装在轿车或客车行李厢内,功率为 5 W。当开启行李厢盖时,灯自动发亮,照亮行李厢内空间。

7）踏步灯

在大中型客车乘员门内的台阶上。夜间开启乘员门时,照亮踏板。

8）工作灯

为了便于汽车检修,汽车上一般配备带插头的工作灯,插座安装在发动机罩下或其他位置,用汽车的发电机或蓄电池作电源,通过开关直接控制。功率为 21 W,常带有挂钩或夹钳,插头有点烟器式和两柱插头式两种。

在照明设备中,前照灯具有特殊的光学性质,而其他灯在此方面无特殊要求,因此下面重点讨论前照灯。是车辆维修时可以移动使用的一种随车低压照明工具。

（二）前照灯的分类与结构

1．前照灯的分类

前照灯按装车灯数目不同,可分两灯制和四灯制,两灯制前照灯均采用双丝灯泡,为远、近双光束灯;四灯制的前照灯装于外侧的一对使用双丝灯泡,为双光束灯,装于内侧的一对为远光单光束灯。

前照灯按结构又可分为可拆式前照灯、半封闭式前照灯和封闭式。

1）可拆式前照灯

这种灯最早使用,其反射镜边缘与配光镜配合,再用箍圈和螺钉安装在灯壳上,拆装灯泡必须将全部光学组件取出后才能进行,因而密封性很差,反射镜易受外界环境气候的影响而污染变黑,严重降低照明效果,目前已趋淘汰。

2）半封闭式前照灯

半封闭式前照灯的组成如图 5-3 所示。

配光镜与反射镜之间垫有橡皮密封圈,并紧固在一起。从反射镜的后方拆卸灯泡。更换时,先拔下灯泡上的插座,取下密封罩、卡簧,即可取下灯泡;安装新灯泡时,注意在灯泡上不能留下污迹,特别是在更换卤钨灯泡时,拿灯泡只应拿基座,切勿用手指触及灯泡玻璃壳部分。灯泡玻璃壳受皮肤脂肪沾污过,会大大缩短玻璃壳寿命。

半封闭式前照灯配光的可调整螺栓 9,如图 5-4 所示。

半封闭式前照灯拆装时,不必拆下光学组件,维护方便,因此得到广泛应用,但密封性能不太好。

笔记

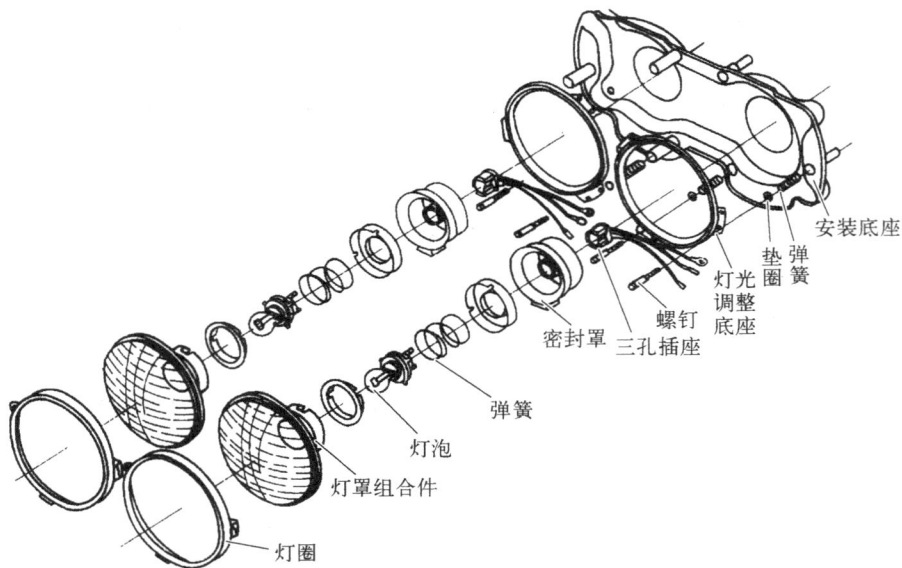

图 5-3 半封闭式前照灯的零件图

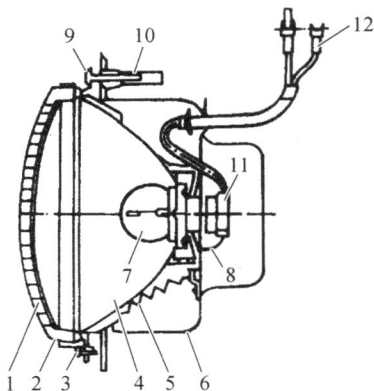

图 5-4 半封闭式前照灯

1—配光镜；2—固定因；3—调整阀；4—反射镜；5—拉紧弹簧；6—灯壳；7—灯泡；8—防尘罩；9—调节蝶栓；10—调整螺母；11—胶木插座；12—接线片

3）封闭式前照灯

封闭式前照灯又称真空灯，其灯丝焊在反射镜底座上，反射镜与配光镜融合为一体，形成灯泡，里面充入惰性气体，如图 5-5(a)所示。当封闭式前照灯灯丝烧坏后，需要更换整个前照灯总成。更换时，先拔下灯脚与线束连接的插座，然后拆下灯圈，即可取下灯芯，如图 5-5(b)所示。安装灯芯时，应注意配光镜上的标记（箭头或字符），不应出现倒置或偏斜现象。

封闭式前照灯完全避免了反射镜的污染，但价格较高。

4）投射式前照灯

投射式前照灯装用很厚的无刻纹的凸形配光镜，反射镜为椭圆形，所以其外径很小，如图 5-6 所示。

由于投射式前照灯的反射镜近似于椭圆形状，它具有两个焦点。第一个焦点处放置灯泡，第二个焦点由反射光线形成。凸形配光镜的焦点与第二焦点相重合。灯泡发出的光被反射镜聚成第二焦点，再通过配光镜将聚集的光投射到远方。投射式前照灯所使用的光源一般为卤钨灯泡。

在第二焦点附近设有遮光板，可用于遮住投向上半部分的光，形成明暗分明的配光。它的这种配光特性可适用于前照灯近、远光灯，也可用作雾灯。

采用投射式前照灯，可利用的光束增多，若将反射镜做成扁长断面，很多光束便可横向扩散，不仅结构紧凑，而且经济实用。

5）高亮度弧光灯

如图 5-7 所示，高亮度弧光灯的灯泡里没有传统的灯丝，取而代之的是装在石英管内

笔记

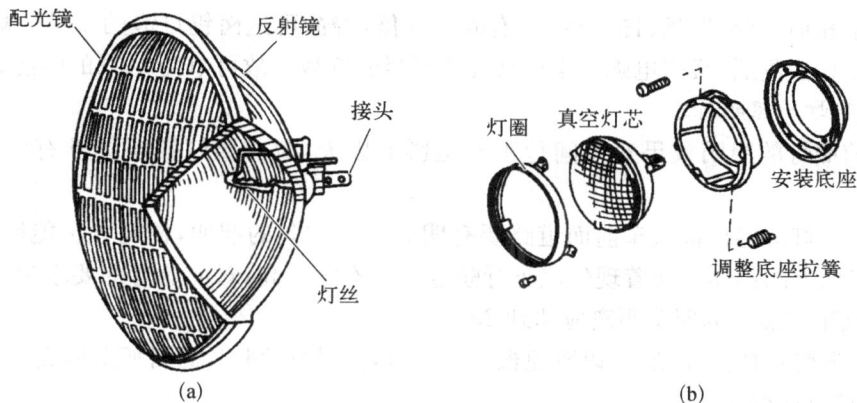

图5-5　封闭式前照灯

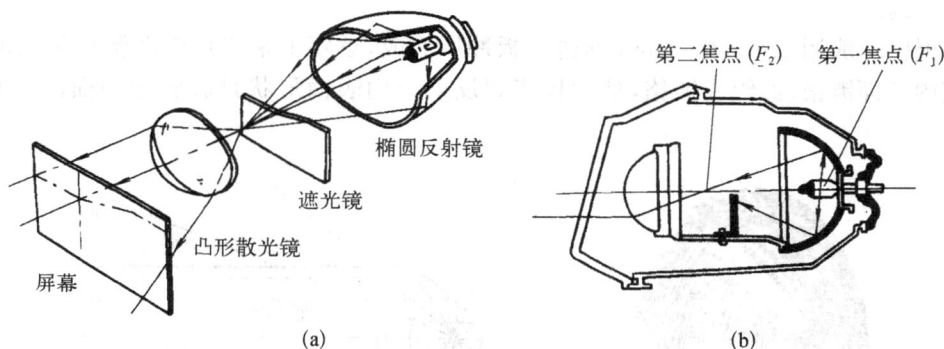

图5-6　投射式前照灯

（a）立体图；（b）平面图

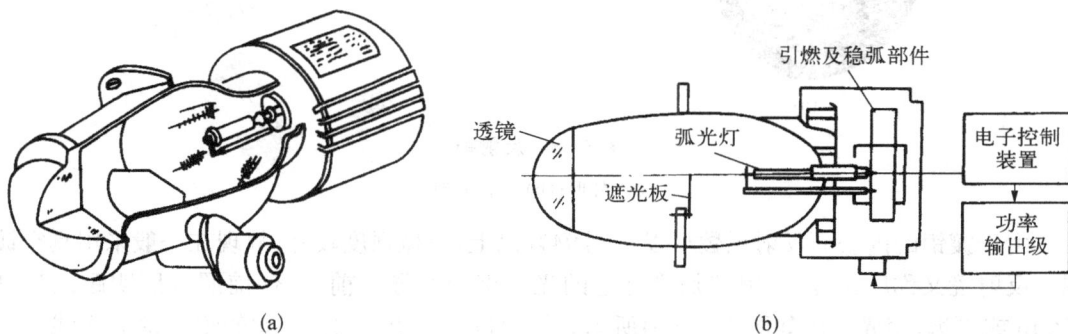

图5-7　高亮度弧光灯

（a）立体图；（b）原理图

的两个电极,管内充有氙气及微量金属(或金属卤化物)。当在电极上有足够的引弧电压时(5 000～12 000 V),气体开始电离而导电。此时,气体原子处于激发状态,由于电子发生能级跃迁而开始发光;0.1 s后,电极间有少量水银蒸气,电极立即转入水银蒸气弧光放电,待温度上升后再转入卤化物弧光灯工作。采用多种气体是为了缩短启动时间,易于启动。

弧光放电前照灯由弧光灯组件、电子控制器和升压器组成。其灯泡发出的光色成分和日光灯非常相似,其亮度是目前卤钨灯泡的 2.5 倍,寿命可达卤钨灯泡的 5 倍。灯泡点燃,并达正常工作温度后,维持电弧放电的功耗很低(约 35 W),故可节约 40% 的电能。

2. 前照灯的照明标准

汽车前照灯的照明效果对夜间行车安全影响极大,对前照灯照明标准有两个方面的要求。

(1) 前照灯应能保证汽车前面道路要有明亮而又均匀的照明,使驾驶员能够看清车前 100 m 内路面上的物体。随着现代汽车行驶速度的不断提高,对前照灯的要求也越来越高,现代高速汽车前照灯的照明距离应达到 200~250 m。

(2) 前照灯应能防止眩目,以避免夜间会车时,使对方驾驶员眩目而造成交通事故。

3. 前照灯的组成

前照灯的光学系统主要由反射镜、配光镜和灯泡三部分组成。

1) 反射镜

反射镜一般用 0.6~0.8 mm 的薄钢板冲压而成,近年来采用热固性塑料制成的反射镜。其内表面镀银、镀铝或镀铬,然后抛光。反射镜内表面形状是旋转抛物面,如图 5-8 所示。

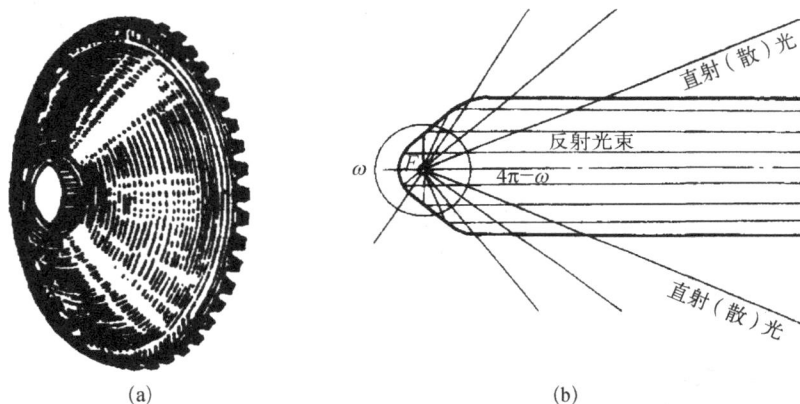

(a)　　　　　　　　　　(b)

图 5-8　反射镜

(a) 外形;(b) 工作原理

由于镀铝的内表面反射系数可以达到 94% 以上,机械强度较好,故现在一般采用真空镀铝。反射镜又称反光镜,作用就是将灯泡的光线聚合并导向前方,使前照灯照明距离达到 150 m 或更远,聚光作用如图 5-8(b) 所示。灯丝位于焦点 F 上,灯丝的绝大部分光线向后射在立体角 ω 范围内,经反射镜反射后变成平行光束,射向远方,使发光强度增加几百倍甚至上千倍,达 20 000~40 000 cd 以上,从而使车前 150 m,甚至 400 m 内的路面照得足够清楚。从灯丝射出的位于立体角 $4\pi-\omega$ 范围内的光线则向各方散射。散射向侧方和下方的部分光线,可照亮车前 5~10 m 的路面。

2) 配光镜

配光镜又称散光玻璃,它是用透光玻璃压制而成,是很多块特殊的棱镜和透镜的组合,其几何形状比较复杂,外形一般为圆形和矩形,如图 5-9(a) 所示。

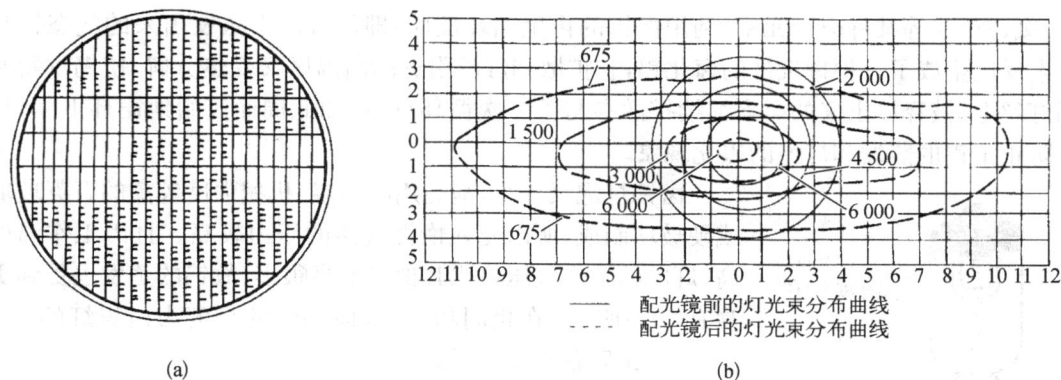

图 5-9 配光镜及其前、后的光束分布曲线

(a) 配光镜；(b) 配光镜前、后的光束分布曲线

配光镜的作用是将反射镜反射出的平行光束进行折射，使车前路面和路缘都有良好而均匀的照明。配光镜装在反射镜之前，可将反射光束扩散分配，使路面的光线更加均匀，如图 5-9(b)所示。有些国外汽车的配光镜上还设有调整凸块，以便调整前照灯光束分布曲线的形状。

3) 灯泡

汽车前照灯的灯泡主要有白炽灯泡和卤钨灯泡两种。灯泡内的灯丝用钨丝制成的。

(1) 白炽灯泡。

其灯丝用钨丝制成(钨的熔点高、发光强)。但由于钨丝受热后会蒸发，将缩短灯泡的使用寿命。因此制造时，要先从玻璃泡内抽出空气，然后充以约 86% 的氩和约 14% 的氮的混合惰性气体。在充气灯泡内，由于惰性气体受热后膨胀会产生较大的压力，这样可减少钨的蒸发，故能提高灯丝的温度，增强发光效率，从而延长灯泡的使用寿命。

为了缩小灯丝的尺寸，常把灯丝制成紧密的螺旋状，这对聚集平行光束是有利的。白炽灯泡的结构如图 5-10 (a)所示。

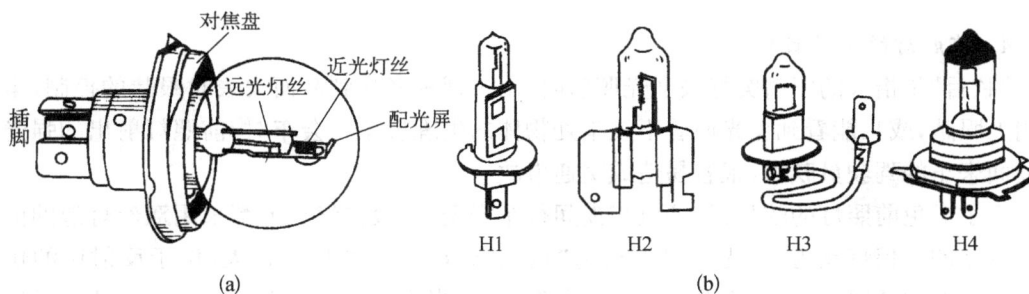

图 5-10 汽车前照灯的灯泡

(a) 白炽灯泡；(b) 卤钨灯泡

(2) 卤钨灯泡。

虽然白炽灯泡的灯丝周围充满了惰性气体，但是灯丝的钨仍然要蒸发，使灯丝损耗。而蒸发出来的钨沉积在灯泡玻璃上，将使灯泡发黑。卤钨灯泡在灯泡内所充惰性气体中渗入

笔记

碘、氯、氟、溴等某种卤族元素,利用卤钨的再生循环反应,即从灯丝上蒸发出来的气态钨与卤素反应生成了一种挥发性的卤化钨,它扩散到灯丝附近的高温区又受热分解,使钨重新回到灯丝上,被释放出来的卤素继续扩散参与下一次循环反应,如此周而复始地循环下去,从而防止了钨的蒸发和灯泡的黑化现象。

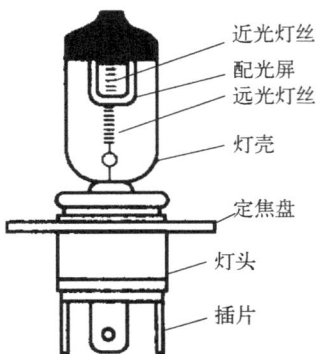

图 5-11 卤钨灯泡

卤钨灯泡尺寸小,泡壳用耐高温、机械强度较高的石英玻璃或硬玻璃制成,所以充入惰性气体的压力较高。且因工作温度高,灯内的工作气压将比其他灯泡高很多,故钨的蒸发也受到更为有力的抑制。在相同功率下,卤钨灯的亮度为白炽灯的 1.5 倍,寿命比后者长 2～3 倍。

卤钨灯泡外形如图 5-11(b)所示,H4 为双丝灯泡,广泛用于前照灯,H1、H2、H3 为单丝灯泡,常用于辅助前照灯(如雾灯等)。其结构如图 8-7 所示。

为确保正确的配光光形,灯泡安装位置必须正确,为此将灯泡的插头做成插片式,用插头凸缘上的半圆形开口与灯头上的半圆形凸起配合定位,如图 5-12 所示。另外,为保证可靠连接,三个插片呈不均匀分布。

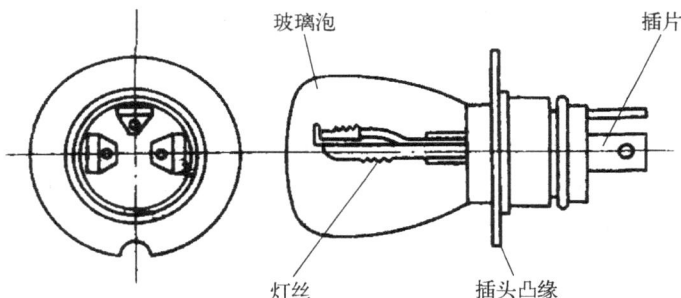

图 5-12 前照灯灯泡的定位

4. 前照灯的防眩目措施

"眩目"是指人的眼睛突然被强光照射时,由于视神经受刺激而失去对眼睛的控制,本能地闭上眼睛,或只能看到亮光而看不见暗处物体的生理现象。会车时,前照灯射出的强光会使迎面来车的驾驶员眩目,很容易造成交通事故。

为了避免前照灯的眩目,保证汽车夜间行车安全,一般在汽车上都采用双丝灯泡的前照灯。灯泡的一根灯丝为"远光",另一根为"近光"。远光灯丝功率较大,位于反射镜的焦点上。近光灯丝功率较小,位于焦点上方(或前方)。当夜间行驶无迎面来车时,可接通远灯丝,使前照灯光束射向远方,便于提高车速。当两车相遇时,接通近光灯丝,使光束向路面倾斜,不直射迎面来车驾驶员的眼睛,并使车前 50 m 内的路面也照得十分清晰。

前照灯的配光分为对称和非对称两种。

1) 对称配光

远光灯丝位于反射镜的焦点上,而近光灯丝则位于焦点的上方并稍向右偏移。当接通远光灯丝时,灯丝发出的光线由反射镜反射后,沿光学轴线平行射向远方,如图 5 - 13(a)所示。当接通近光灯丝时,射到反射镜上的光线由反射镜反射后,向路面倾斜,如图 5 - 13(b)所示。向路面倾斜的光线占大部分,从而减小了对迎面来车驾驶员的眩目作用。

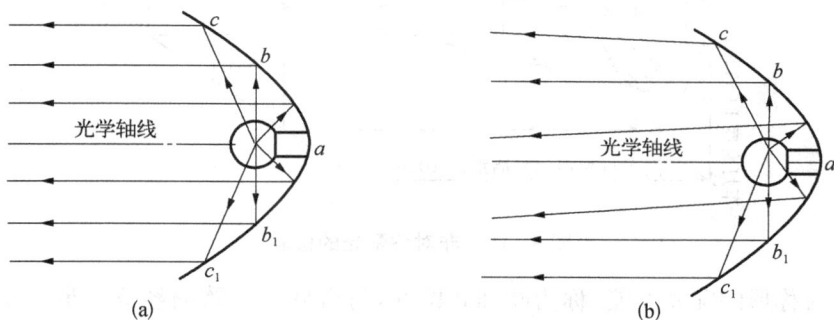

图 5 - 13 前照灯的对称配光
(a) 远光平射;(b) 近光倾向下方

2)非对称配光

远光灯丝位于反射镜的焦点处,近光灯丝则位于焦点前方且稍高出光学轴线,其下方装有金属配光屏,如图 5 - 14 所示。

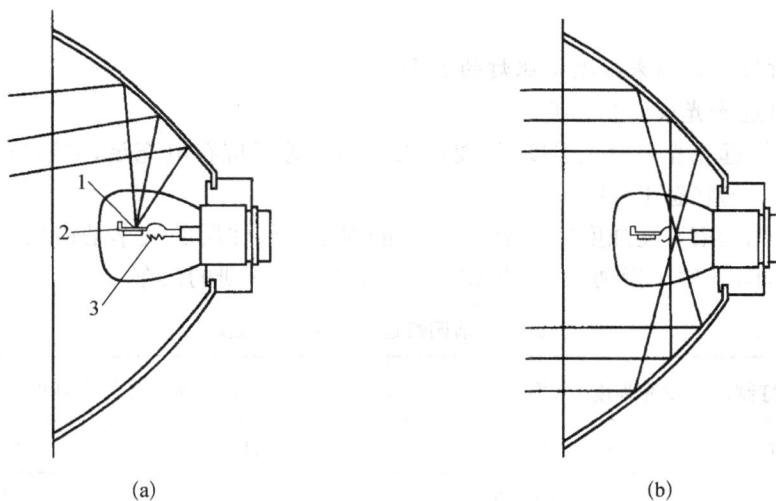

图 5 - 14 前照灯的非对称配光

(a) 近光;(b) 远光
1—近光灯丝;2—配光屏;3—远光灯丝

由近光灯丝射向反射镜上部的光线,反射后倾向路面,而配光屏挡住了灯丝射向反射镜下半部的光线,故没有向上反射能引起眩目的光线。

配光屏安装时偏转一定的角度,左侧边缘倾斜 15°,使近光的光形有一条明显的明暗截止线,如图 5 - 15 中 abc,adc 所示。在配光屏幕上,abc,adc 上面是一个明显的暗区,该区位于相距 50 m 处迎面来车驾驶员眼睛的位置,由于此点光的照度值规定得很低,所以可避免迎面来车驾驶员的眩目。

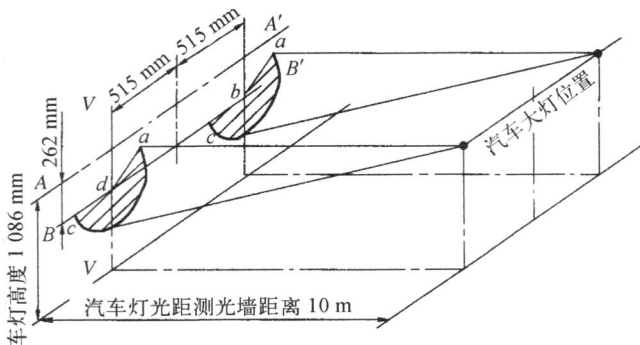

图 5 - 15　非对称配光的检验

这种非对称形的配光性能,称为欧洲式配光,符合联合国欧洲经济委员会制订的 ECE 标准,所以又称 ECE 方式,是比较理想的配光,已被世界公认。我国已经采用。

（三）汽车前照灯灯光的检测与调整

前照灯光束调整不当,影响夜间行车安全,加重了驾驶员的疲劳程度。机动车年检必须对前照灯进行检查调整。检验时,汽车空载,驾驶室内坐一名驾驶员,场地平整,轮胎气压正常,前照灯配光镜表面清洁。对装有两灯丝的前照灯以调整近光灯形为主;对于只能调整远光光束的灯,调整远光单光束。采用四灯制的汽车,其中两只对称的灯达到两灯制的要求时,视为合格。

1. 前照灯检验仪用来检测前照灯的主要技术指标

1）前照灯远光光束发光强度

检测前照灯远光光束发光强度时,要求汽车的电源系应存电充足,可通过电流表、电压表或放电指示灯的状态来判断。

前照灯远光光束发光强度应大于表 5 - 2 的规定。新注册的汽车是指从 1998 年 1 月 1 日起注册的汽车,在用车指到 1997 年 12 月 31 日截止已注册的汽车。

表 5 - 2　前照灯远光光束发光强度

两灯制汽车发光强度/cd *		四灯制汽车发光强度/cd	
新注册	在用汽车	新注册	在用汽车
15 000	12 000	12 000	10 000

* cd（坎德拉）是发光强度的标准单位。

2）前照灯光束照射位置

检测机动车前照灯的近光束照射位置时,车辆应空载,允许乘坐一名驾驶员。前照灯在距屏幕 10 m 处,设 H 为前照灯中心高度,光束明暗截止线转角或中点的高度应为 $0.60\sim 0.80H$,其水平位置向左、右均不得大于 100 mm。

四灯制的前照灯,其远光单光束灯在屏幕上的调整,要求光束中心离地面高度为 $0.85\sim 0.90H$。水平位置要求左灯向左偏不得大于 100 mm,向右偏不得大于 170 mm;右灯向左或向右偏均不得大于 170 mm,如图 5 - 16 所示。

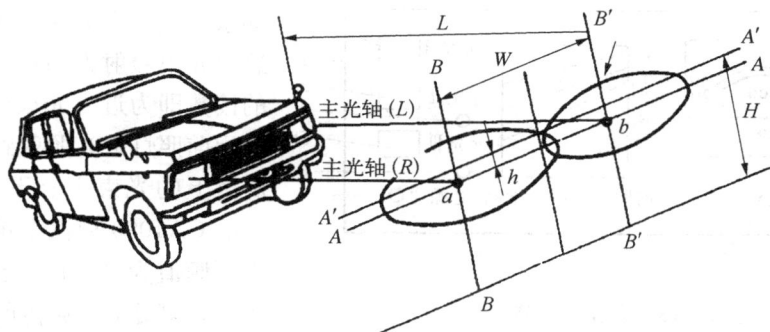

图 5-16　前照灯屏幕检验法

2. 前照灯的检验方法

1) 屏幕调试法

用屏幕调试法对前照灯光束的检验方法如图 5-16 所示,具体步骤如下:

(1) 一般在距汽车前照灯正前方 $L = 10$ m 远的地方,利用幕布或墙壁作为屏幕。在屏幕上画出前照灯的水平中心线 $A'-A'$,其离地面距离 H mm。再画一条水平线 $A-A$,比水平中心线 $A'-A'$ 低 h mm。

(2) 在屏幕上画中垂线,使它与汽车中心线对准;再画 $B-B$、$B'-B'$ 两条垂线,位于中垂线两边,且与中垂线的距离均为两前照灯中心距 W 的一半,水平线 $A-A$ 与这两条垂线分别交于 a,b 两点,并画出明暗截止线。

(3) 检验时,两只前照灯应分别进行。盖住一侧前照灯,检查另一前照灯的光束是否落在 a 或 b 点,且明暗截止线与屏幕上的明暗截止线重合,如不是,可调整如图 5-14 所示调整螺钉 9,使其符合要求。

不同的车型,L,H,W 和 h 的数值不同。

2) 检验仪调试法

前照灯检验仪有聚光式、屏幕式、投影式以及自动追踪式 4 种。可检验前照灯的光束照射位置与发光强度(c)(d)或光照度(Ix)。国产 QD-2 型前照灯检验仪是屏幕式的,如图 5-17 所示,光度指示装置的结构如图 5-18 所示。使用方法如下:

(1) 检验仪移至汽车正前方,使仪器的透镜镜面 6 距前照灯配光镜镜面(30±5)cm,调整仪器箱,使其高度等于前照灯中心到地面的高度。通过对正器 1 观察仪器与汽车的相对位置,仪器应对正汽车的纵轴线,当仪器与汽车对正后,即可将仪器移至任一前照灯前开始检验工作。

(2) 接通被检验前照灯的近光灯,光束则通过仪器箱的透镜 6 照到仪器箱内的屏幕上,从观察窗口 4 目视,并旋转光束照射方向选择指示旋钮 13,使光形的明暗截止线左半

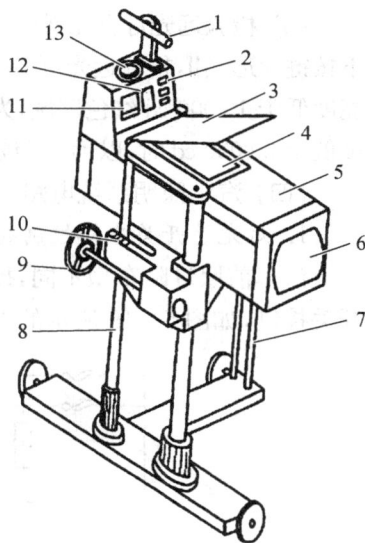

图 5-17　QD-2 型前照灯检验仪

1—对正器;2—光度选择按键;3—观察窗盖;4—观察窗;5—仪器箱;6—透镜镜面;7—仪器移动把手;8—支架;9—仪器箱升降手轮;10—仪器箱高度指示标;11—光度表;12—光束照射方向参考表;13—光束照射方向选择指示旋钮

笔记

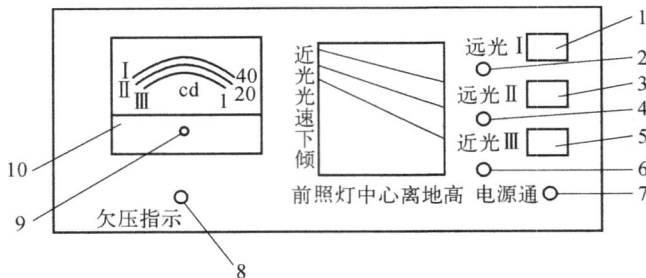

图 5 - 18 光度指示装置

1—远光Ⅰ按键;2—远光Ⅰ调零按钮;3—远光Ⅱ按键;4—远光Ⅱ调零按钮;5—近光按键;6—近光调零按钮;7—电源开关;8—电源电压指示灯;9—光度表调零按钮插座;10—光度表

部水平线段与屏幕上的实线重合。这时光束照射方向选择指示旋钮上的读数即为近光光束的下倾值。它表示前照灯近光照射到距离为 10 m 屏幕上的光束中心下倾值,单位为 cm。CA1090 型汽车前照灯近光光束下倾值为 25 cm。若光束下倾值不符合规定,应旋转前照灯上方的调整螺钉,使光束上下移动,直至符合要求为止。

（3）读取近光光形明暗截止线的转角点与仪器屏幕上 V - V 垂直线不重合距离的读数(图 5 - 15),它表示被测近光灯射到距离为 10 m 的屏幕上时,光束中心向左或向右的偏移值,单位为 cm。若不符合规定,应调节前照灯水平方向的调整螺钉,使光束左、右偏移值符合要求。

（4）近光光束照射方向检验后,按下光度选择按键 5 近光Ⅲ按键,检验近光光束暗区的光度,观察光度表 10,光度在 625 cd 以下的绿色区域为合格;超过 625 cd 的红色区域为不合格。

（5）接通远光灯,远光光束照在屏幕上的最亮部位,应落在以屏幕上的圆孔为中心的区域,若有偏移均应调整。

（6）检验远光灯发光强度。按下按键 1 远光Ⅰ,观察光度表,若亮度不超过 20 000 cd,应按下按键 3 远光Ⅱ,检验远光灯最小亮度是否符合规定。亮度超过 15 000 cd 绿色区域,为合格区;亮度低于 15 000 cd 红色区域,为不合格。亮度超过 20 000 cd 时,光度表以远光Ⅰ读数为准;亮度低于 20 000 cd 时,以远光Ⅱ读数为准。然后,以同样的方法检查另一前照灯。

（四）汽车照明系统电路

1. 灯光总开关直接控制的照明电路

汽车前照灯随车型不同,控制方式有差异。当灯的功率较小时,灯的电流直接受灯光总开关控制,如图 5 - 19 所示的天津夏利轿车照明电路。其特点如下所述。

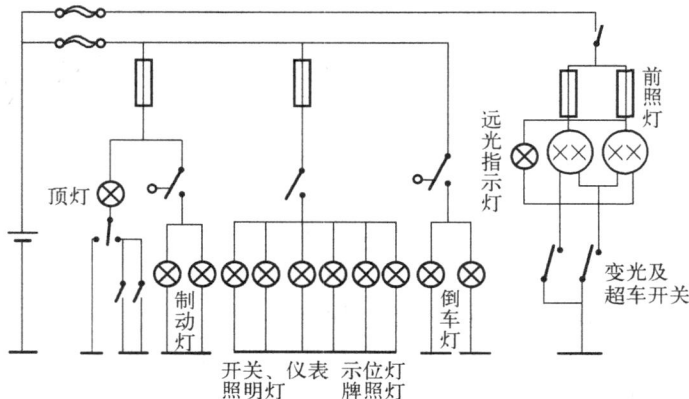

图 5 - 19 天津夏利轿车照明电路

笔记

（1）灯光由组合开关左手柄开关控制,旋转手柄末端旋钮即可接通各照明灯,一档时示位灯、牌照灯、仪表照明灯亮。

（2）二档时,在上述灯仍保持亮的同时接通了前照灯电路。需变光时,向下扳开关手柄,远光灯亮,且仪表板下远光指示灯也亮。要用超车信号时,可上下扳动手柄。变光开关控制前照灯的搭铁回路。

（3）顶灯也兼有监视车门关起的作用。

2. 继电器控制的照明电路

当灯的数量多、功率大时,为减少开关热负荷,减少线路压降,采用继电器控制。同时,分路保险器的个数也增加。继电器控制的照明电路有控制火线[如图5-20(a)所示]和控制搭铁线[如图5-20(b)所示]两种。

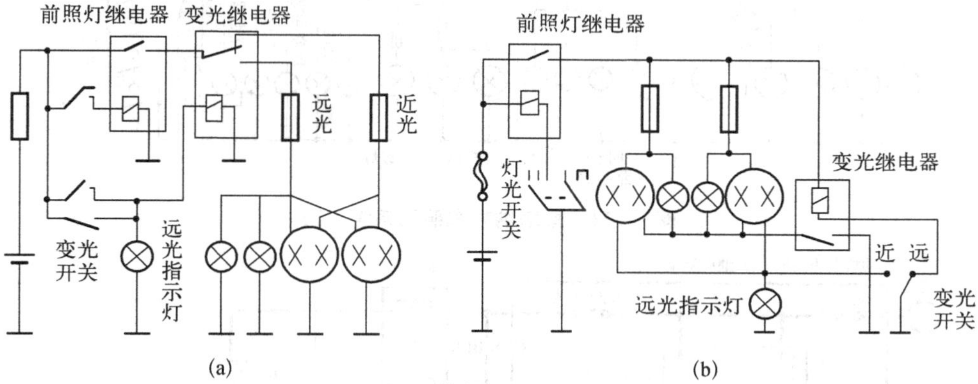

图5-20 继电器控制的照明电路

（a）控制火线；（b）控制搭铁线

典型车型的照明电路：

1) 桑塔纳轿车照明系统电路

桑塔纳轿车照明系统电路如图5-21所示。前照灯直接由车灯开关控制,在车灯开关（照明开关）为2档时,通过变光开关进行远光和近光变换控制,前照灯发光。此外,在汽车超车时,远光灯还可由超车灯开关直接控制。

雾灯开关电路中连接了雾灯继电器,雾灯继电器是由车灯开关控制且1,2档时接通。雾灯开关的电源通过雾灯继电器、中间继电器直接与蓄电池正极相连（点火开关的电源线）。雾灯开关的1档接通前雾灯的电路,2档则同时接通前、后雾灯和雾灯指示灯电路。

雾灯、牌照灯、仪表灯及图5-21右下部所示的照明灯都由车灯开关控制,在车灯开关1或2档时接通。仪表板、时钟、点烟器、后除霜器开关、空调开关、雾灯开关等照明灯在车灯开关在1或2档时接通,其亮度可通过仪表板上调光器（调光电阻）进行调节。

顶灯和行李箱灯由门控开关控制,当行李箱或车门打开时,其门控开关就会接通行李箱灯或顶灯电路。

2) 本田汽车的照明电路

广州本田飞度的照明电路是控制搭铁线的,如图5-22所示。

转动照明开关到ᴼᴼᴼ位置时,小灯、尾灯、仪表照明灯及后牌照灯亮,大灯不亮。转到

笔记

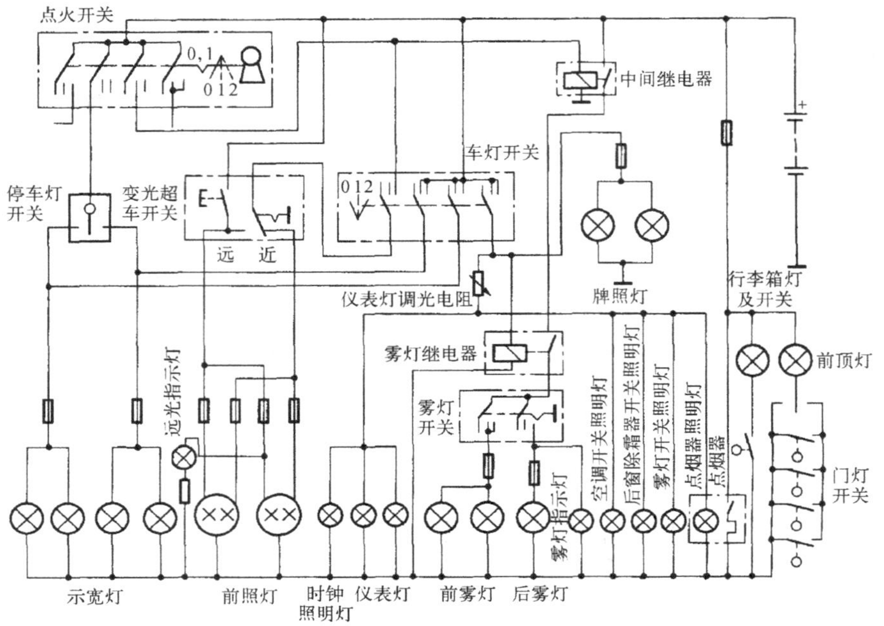

图 5-21　桑塔纳轿车照明系统电路

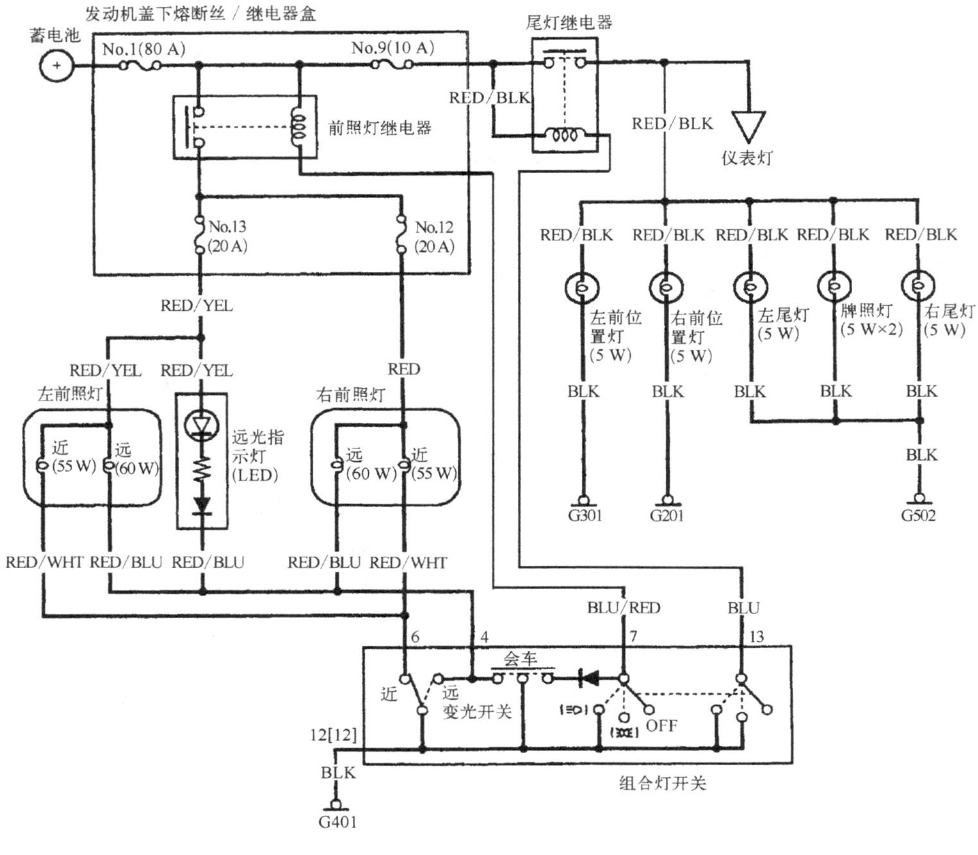

图 5-22　广州本田飞度的照明电路

位置时,前照灯继电器线圈通电,前照灯亮,同时尾灯、仪表照明灯及后牌照灯仍亮,这时,拨动变光开关,可以变换远光或近光。当照明开关处于 OFF 档时,所有照明灯不亮,这时,如果向上推照明开关柄,会车开关闭合,前照灯继电器线圈和远光灯丝的电流都通过会车开关搭铁,远光灯亮,以提醒其他车辆注意安全。

由于车门、电动门锁、防盗器的电路联系密切,所以广州本田飞度的门灯电路由 CPU 控制,如图 5-23 所示。只要有一个车门没有关好,其相应的开关就闭合,CPU 就控制车门/行李箱指示灯(LED)亮。

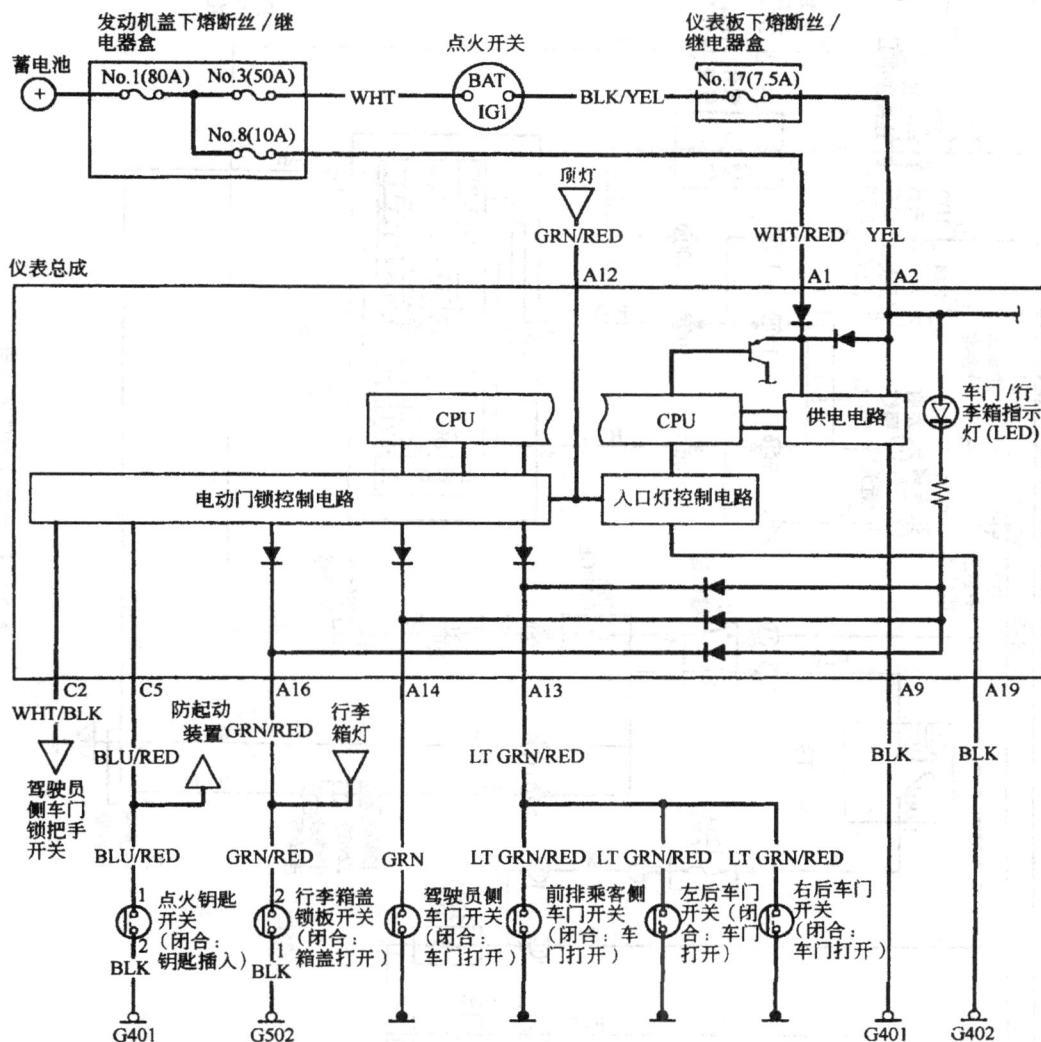

图 5-23 广州本田飞度的门灯电路

3) 丰田花冠的照明电路

丰田花冠的照明电路是由组合开关(照明明开关)直接控制搭铁线的。前照灯的电流先到变光开关,再到灯控开关后搭铁,如图 5-24 所示。

丰田花冠自动控制式照明电路如图 5-25 所示。

笔记

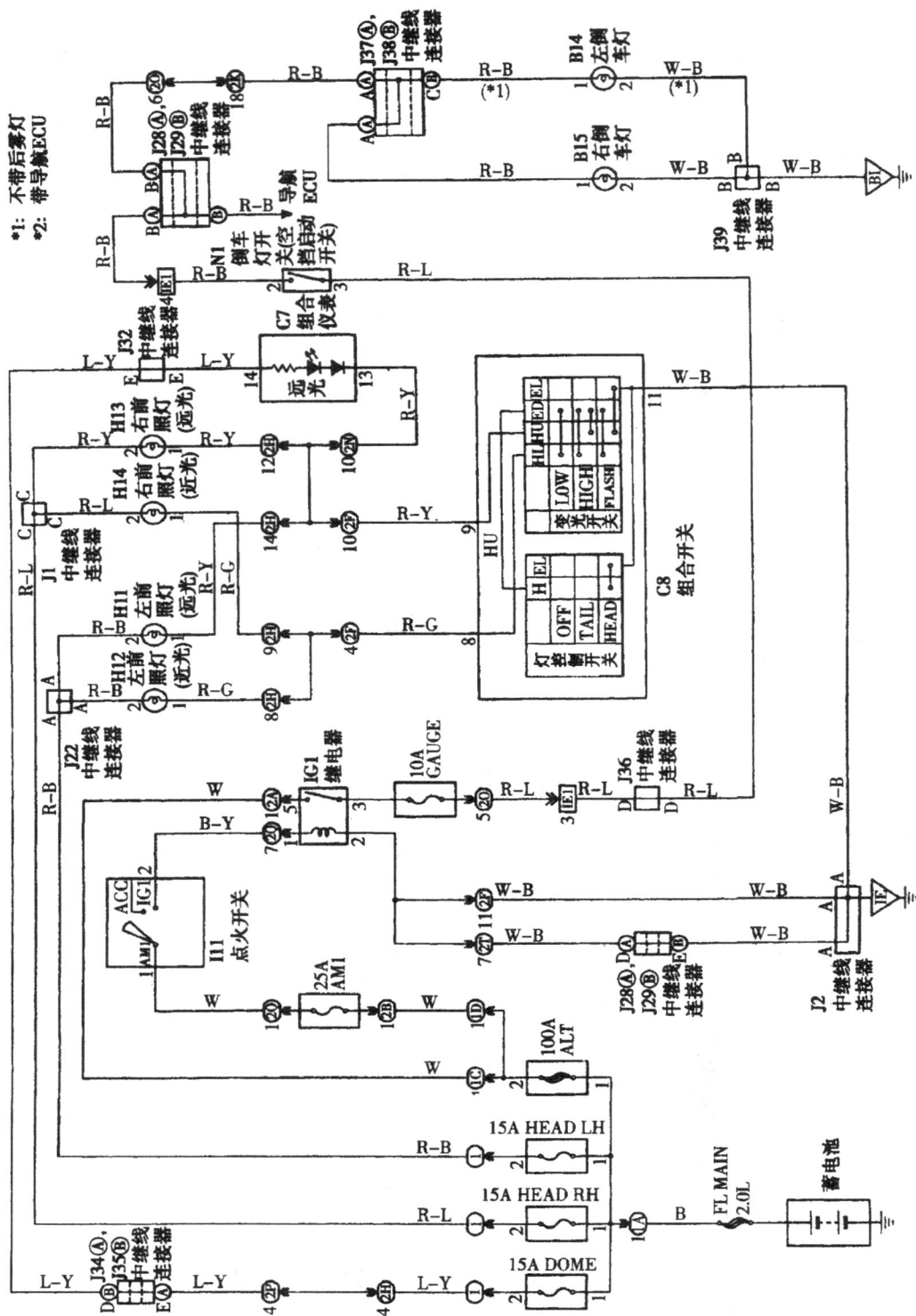

图 5 - 24　一汽花冠的照明电路

笔记

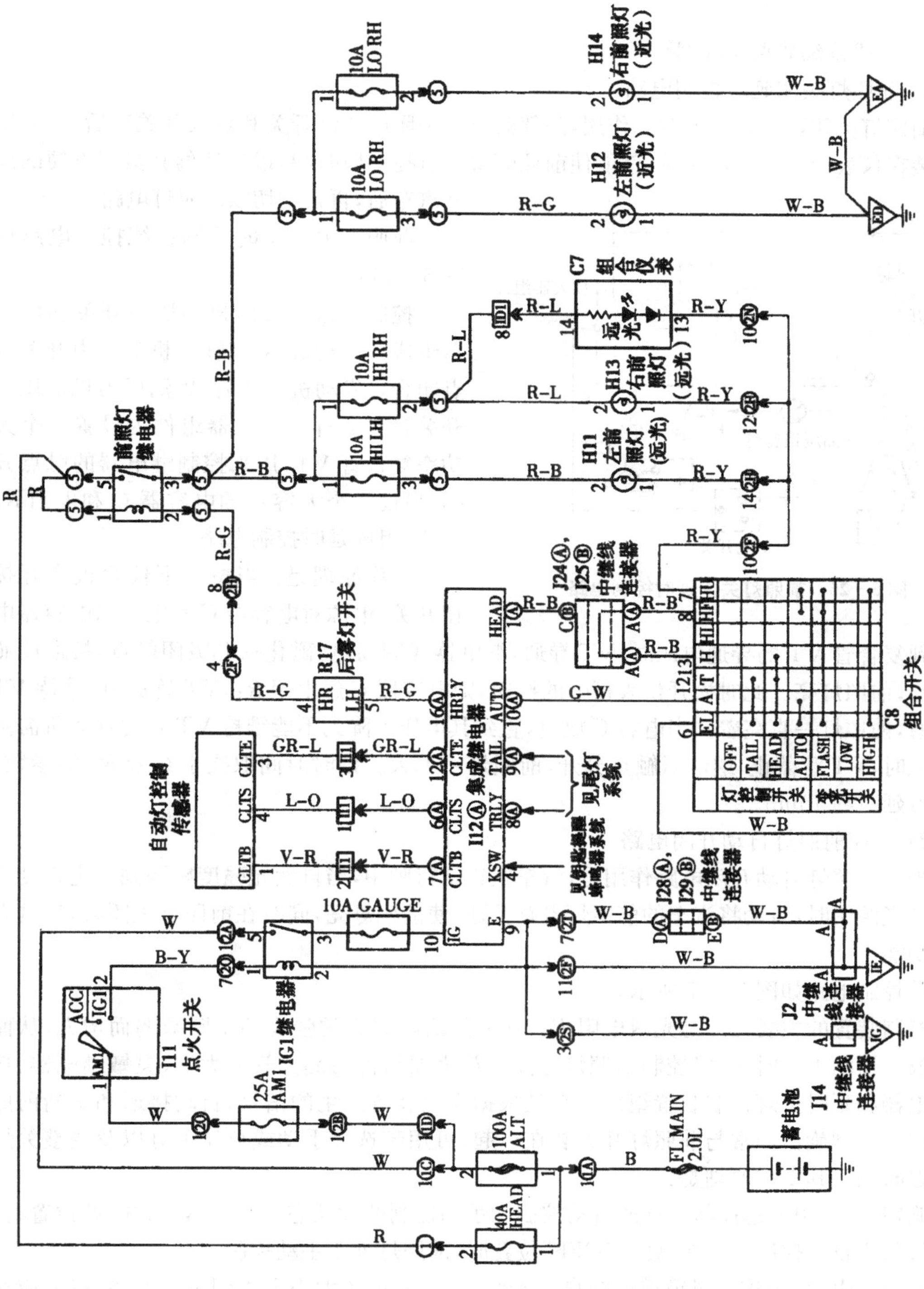

图 5 - 25　一汽花冠自动控制式照明电路

笔记

当组合开关打到 AUTO 挡,夜间自动点亮前照灯,会车时可自动将远光灯亮变为近光灯亮。当夜间间停车时,还可将前照灯点亮,并保持有 20 min,照亮路面,方便乘员离开汽车。

3. 照明系统的电子控制

1) 前照灯关闭延时控制电路

前照灯关闭延时控制电路的作用,是驾驶员在关闭前照灯开关和点火开关以后,只要接通安装在仪表板上的按钮开关,就能使前照灯继续点亮一段时间,以便使驾驶员很方便的离开汽车后,再自动切断前照灯电路。

前照灯关闭延时控制系统控制电路如图 5-26 所示。

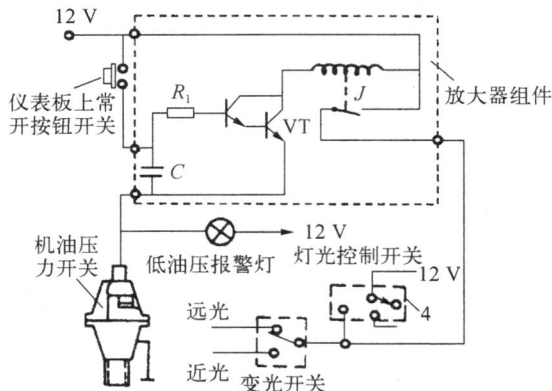

图 5-26 前照灯关闭延时控制电路

控制电路主要由机油压力开关和放大器组成。发动机不运转时,机油压力开关触点闭合。发动机运转后,机油压力机油压力开关触点分开。放大器组件内设置一个大功率复合管 VT,用来控制继电器的触点开闭,另设一个大容量的电容器 C 和电阻 R_1 串联,组成延时控制电路。

工作原理是:当按一下仪表板常开按钮开关,电源对电容器 C 充电。当电容器电压达到复合管 VT 的导通电压时,VT 导通,继电器线圈通电,磁化铁芯吸闭触点,接通前照灯电路,前照灯亮。此时松开仪表板上的按钮,则电容器 C 经电阻 R_1,VT 管放电,维持 VT 管导通,前照灯一直亮着。当电容 C 放电,直到其电压下降到不能维持 VT 管的导通所需基极电流时,VT 管截止,继电器触点分开,前照灯才熄灭。延时时间取决于 C 及 R_1 的参数,一般可延时约 1 min。

2) 光控前照灯自动开闭电路

光控前照灯自动开闭电路作用是,汽车在正常行驶中,当自然光强度减弱到一定程度而需要灯光照明时,自动将汽车的前照灯电路接通,使前照灯亮,同时在前照灯关闭时,还具有延时功能。

其控制电路如图 5-27 所示。

控制装置的主要元件是光敏电阻 R_2,其电阻值随着光的强度的不断减弱而增大,从而控制放大器的工作时机,以控制前照灯电路。放大器组件由晶体管放大器、灵敏继电器、功率继电器和延时关灯控制装置组成。它是根据光电装置产生的信号,自动接通和切断前照灯电路。控制旋钮通常与前照灯开关装在一起,可用于选择手动或自动关灯以及调整关灯的延迟时间。其工作原理是:

旋钮 S_1 可用于选择前照灯的自动控制和手动控制两种状态。当 S_1 处于"ON"位置时,前照灯处于自动控制。当 S_1 处于"OFF"位置时,前照灯处于手动控制。

光敏电阻 R_2 由透过风窗玻璃的自然光激发,光通量的大小由光阀进行调整,以适应季节的变化。光敏电阻 R_2 与电阻 R_3 串联接到电源上,三极管 VT2 的基极经灵敏度控制电阻

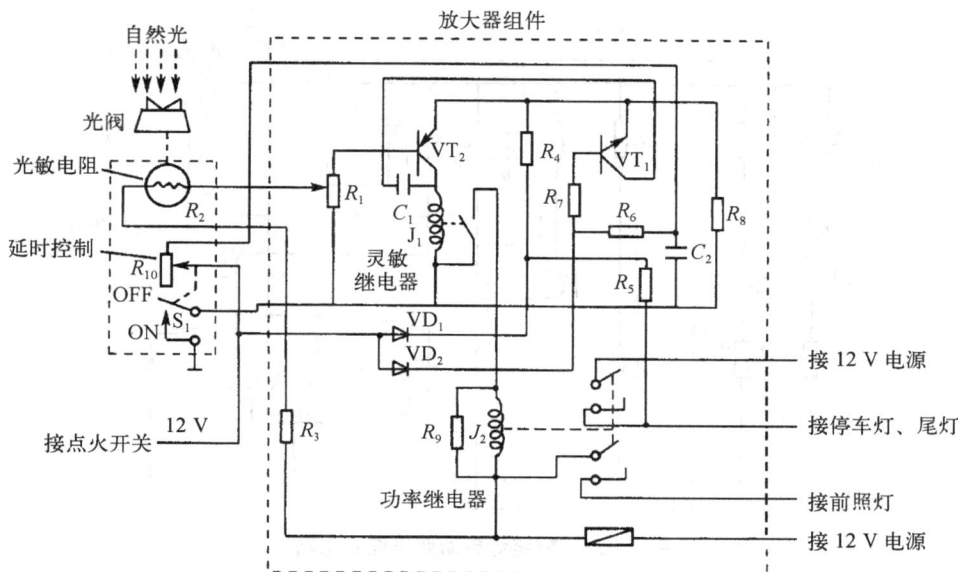

图 5-27　前照灯光控自动关闭控制电路

R_1 搭铁。同时经电阻 R_2，R_3 加到 VT2 管的偏压，应调整到刚好使 VT2 管截止。

　　当汽车行驶中自然光强度减弱时，光敏电阻 R_2 的阻值增大，VT2 管基极电位下降，当其电位下降到一定值时，VT2 管导通，接通灵敏继电器 J_1 线圈电路，触点闭合，接通功率继电器 J_2 线圈电路，吸闭触点，将前照灯电路接通，其电流为 12 V 电源→J_2 触点→前照灯。反之，将前照灯电路切断，从而实现了自动开灯和闭灯功能。电容器 C_1 接在 VT2 管的集电极和基极之间，使 VT2 管的导通、截止延迟一段时间，以防止光敏电阻 R_2 上出现瞬时的阴影时，不至于自动开灯。同时，也保证了当汽车偶尔遇到明亮的灯光时，不至于自动闭灯。

　　电路的延时闭灯控制功能是通过三极管 VT1 来实现的。当汽车停驶断开点火开关时，VT1 管维持 VT2 管保持导通，直到电容器 C_2 上的电压下降到 VT1 管的截止电压时，VT1 管才截止，VT2 管也随之截止，灵敏继电器 J_1 和功率继电器 J_2 线圈均断电，触点张开，将前照灯电路切断。延时时间的长短由电位器 R_{10} 进行调整。

　　3）前照灯自动变光控制电路

　　前照灯自动变光控制电路作用是，汽车夜间行驶时，根据迎面来车的灯光，自动调节前照灯的近光和远光，实现自动变光，防止对迎面来车驾驶员眩目。此种自动控制电路用以取代传统的机械操纵式变光开关。

　　前照灯自动变光控制电路如图 5-28 所示。

　　控制电路主要由光传感器、信号放大器和功率继电器等组成。光传感器由高灵敏达林顿光敏管组成，并加有透镜增加聚光，以提高灵敏度，同时采用遮光圈，以避免侧向光干扰造成误触发。转换开关用于功能设置，当转换开关拨至手动挡时，即切断了自动控制，灯光的变换只能通过变光开关来变换。当转换开关拨至自动挡时，则灯光的变换进入自动控制状态。

　　转换开关拨至自动挡，汽车夜间行驶没有迎面来车时，光敏管 D_1，D_2 感受光亮极少，其

笔记

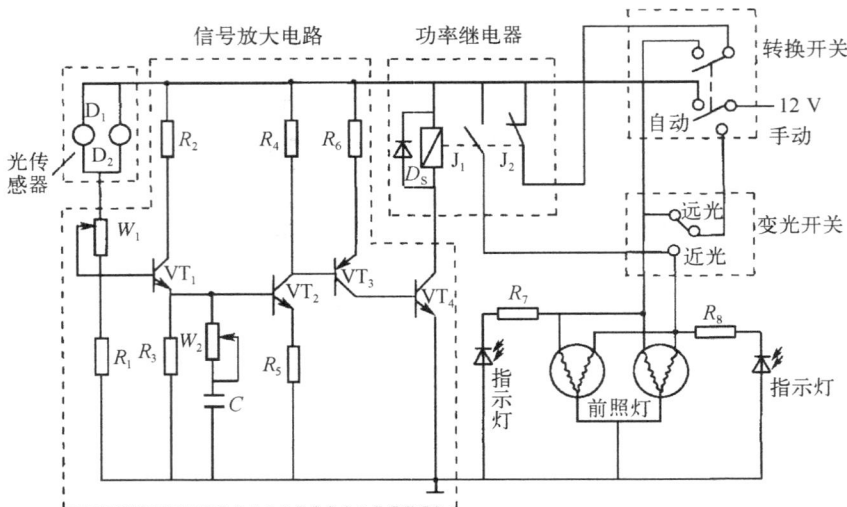

图 5 - 28   前照灯自动变光控制电路

阻值增大,三极管 VT1 基极电位过低而截止,三极管 VT2,VT3,VT4 也随之截止。功率继电器线圈中无电流流过,常开触点 J_1 打开,常闭触点 J_2 的电流经过转换开关自动挡后再经过远光灯丝搭铁构成回路,远光灯和远光指示灯均亮。

当迎面来车会车时,对面的汽车灯光照射光传感器,使光敏管 D_1,D_2 的电阻值减小,VT1 管的基极电位升高而导通,VT2,VT3,VT4 管也随之导通,功率继电器线圈中有电流流过,磁化铁芯产生吸力吸动触点,使触点 J_1 闭合,J_2 打开,远光灯丝电流通路切断,远光灯熄灭。同时,由于触点 J_1 闭合接通近光灯丝电流通路,近光灯和近光指示灯均亮。

会车结束后,由于光敏管电阻又增大,功率继电器触点 J_1,J_2 又恢复常态,所以又自动接通远光灯。

电位器 W_1 用于调节光电传感器的灵敏度,其阻值减小,则系统可在光照度较低时即开始控制。若阻值增大,则系统需在光照度高时,才开始控制。

电位器 W_2 和电容器 C 构成延时电路。当光照量增加时,VT1 管导通,经 W_2 向 C 充电。当光照量减少时,VT1 管截止,但充了电的电容器 C 经 W_2 向 VT2 管供给基极电流,此时尽管 VT1 管已经截止,但 VT2 管仍在导通,致使 VT3,VT4 管仍处于导通状态。从而实现当从近光自动地变为远光时,可以有 1 s 以上的延时,以便达到会车完全完成以后才打开远光灯的目的。调整电位器 W_2 和电容器 C 的值,就可以调整延时的长短。

(五)照明系统的故障检修

照明系统主要由蓄电池(发电机)、保险丝、灯光继电器、照明开关、变光开关、灯及其线路组成。车型不同,其控制线路也不相同。在检修其故障时,应首先弄懂其控制线路的组成、工作原理和各部件之间的连接关系。

1. 断路故障检查

1)用试灯检查

将试灯的一端夹在发动机或车架上,搭铁,接通灯开关,把试灯另一端依次与蓄电池到该灯之间连线上的各测试点相接触,如灯亮,再与下一个测试点接触,直至试灯不亮为止。

试灯在亮与不亮的两个测试点之间有断路故障,如图5-29(a)所示。

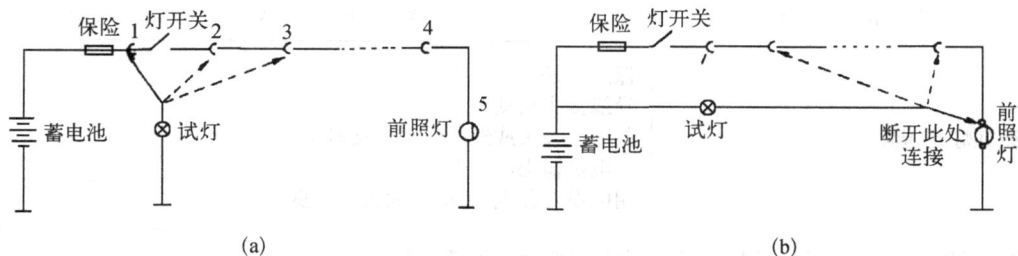

图5-29　前照灯的故障检查

(a) 检查断路;(b) 检查短路

2) 用万用表直流电压档检测

其方法与用试灯检查相同。将万用表"－"表笔搭铁,"＋"表笔分别与各测试点相接触,检测其电源电压是否正常。

2. 短路搭铁故障检查

当接通照明开关时,保险丝立即烧坏,说明照明开关所接通的照明线路有短路搭铁故障,其搭铁部位在灯开关与灯之间。

1) 用试灯检查

首先断开照明灯、照明开关的连线,将试灯一端与蓄电池"＋"极相连接,另一端与接照明灯或照明开关的连线头,如试灯亮,说明有搭铁故障存在,此时逐个拆开从照明开关到照明灯之间导线上的各个接点,如试灯灭,则搭铁故障发生在灯灭时,拆开的接线点与上一个拆开接线点之间的导线上。如图5-29(b)所示。

2) 用万用表电阻档检查

将万用表一只表笔搭铁,另一只表笔与接灯的导线线头相连接,如万用表读数为零,说明有搭铁故障存在。检查方法与用试灯检查相同。

3. 照明系统常见故障

照明系统常见故障及其原因见表5-3。

表5-3　照明系统常见故障及其原因

故　障　现　象	故　障　原　因
所有灯全不亮	蓄电池至灯总开关之间火线断路 灯总开关损坏 电源总保险丝断
远光灯或近光灯不亮	变光器损坏 导线断路或导线连接器接触不良或灯泡坏 远光灯或近光灯保险丝坏 灯光继电器损坏 导线搭铁 灯总开关损坏

笔记

故　障　现　象	故　障　原　因
前照灯灯光暗淡	保险丝松动 导线接头松动 前照灯开关或继电器触点接触不良 发电机输出电压低 用电设备漏电,负荷增大搭铁不良
一侧前照灯亮度正常,另一侧前照灯暗淡	前照灯暗的一侧搭铁不良 导线连接器的插头接触不良
前照灯、后灯正常,小灯不亮	灯总开关损坏 保险丝断 小灯灯泡坏 小灯线路断路 继电器损坏
一侧小灯亮,另一侧小灯暗且该侧指示灯和后转向亮,但不闪烁	亮度暗淡的小灯灯壳搭铁不良
灯泡经常烧坏	发电机输出电压过高

4. 照明系统的故障检查步骤

汽车在长期使用中,由于行驶颠簸和清洗车辆,难免会出现前照灯搭铁短路;各固定处的螺钉松动和锈蚀,致使线路电阻值增大,引起前照灯灯光发暗。一般采取清洗、紧固的措施即可。

1) 检查保险丝

查看保险盒中照明系统的保险丝是否被熔断,还要查出保险丝被熔断的原因。如果某灯保险丝频繁熔断或一开灯便保险丝熔断,多为该灯线路有短路之处。如果保险丝正常,也有正常电压,则进行下一步检查。

照明系统的保险丝一般在发动机舱内。图5-30所示是广州本田飞度保险丝/继电器

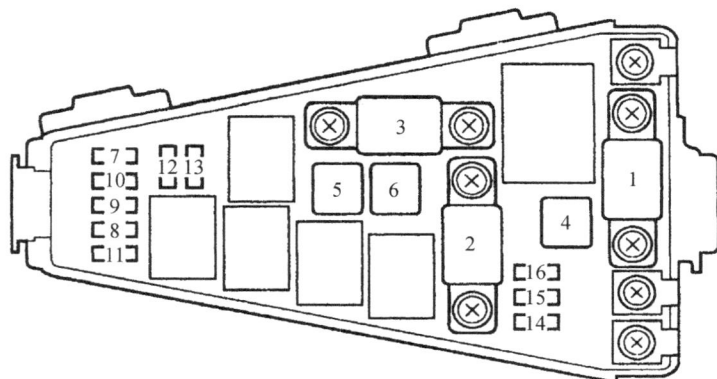

图5-30　发动机舱保险丝/继电器盒

盒。9 号保险丝是保护仪表板灯、前驻车灯、仪表灯、牌照灯、车尾灯的。12 号保险丝是保护右前照灯的。13 号保险丝是保护远光指示灯、左前照灯。14 号保险丝是保护转向/危险警告指示灯控制电路(固定在仪表总成中)。

2) 检查灯泡

灯泡灯丝是否烧断,通常目视检查即可确认。如果灯泡发黑或灯丝烧断,均应换装新灯泡。如果灯泡灯丝频繁烧断,多为发电机调节器损坏,输出电压过高所致。用电压表检查,如果发电机输出电压过高,即表明调节器损坏。

3) 检查搭铁

将导线一端接灯泡的搭铁端,另一端接车架或蓄电池负极试验,如果灯光亮度正常,可断定搭铁线断路或接触不良。同时,还应检查灯座是否氧化锈蚀,接触不良。

4) 检查开关和线路

如果前照灯远近光均不亮,应检查变光开关插座是否松脱,前照灯继电器是否正常。可用导线短接的方法来判定故障部位。若前照灯的光束不准,光束照射位置不当或交叉在一起,应按照标准重新调校其安装位置即可。

5. 延长前照灯使用寿命措施

定期维护,并按标准进行调校,以保持前照灯的技术状况完好,从而提高车辆夜间或阴雨天气行驶的能力及安全性。

(1) 保持前照灯良好的密封性能,防止潮气浸入,密封垫圈破损应及时更换。

(2) 保持反光镜清洁,如有灰尘用压缩空气吹净,用棉纱沾酒精擦拭反光镜表面脏污。

(3) 接线牢固,搭铁可靠,接触良好。

四、信息收集与处理

按表 5-4 完成任务 5.1 的信息收集与处理。

表 5-4　信息收集与处理

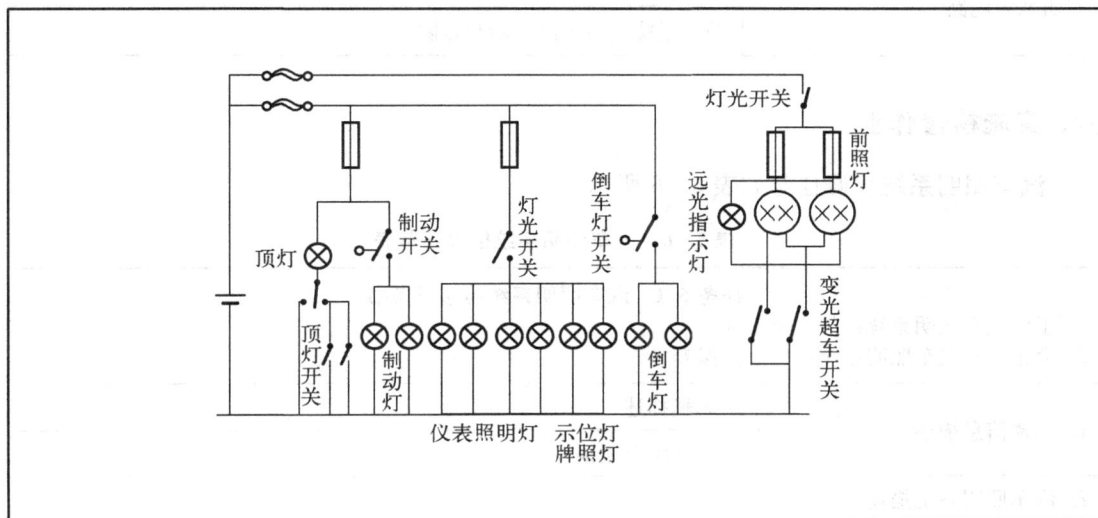

笔记

汽车照明系统的作用	
汽车照明系统的组成	
汽车照明系统的工作原理	
汽车照明系统电路的组成	
汽车照明系统的故障排除	
汽车照明系统的日常维护	

五、制订检修计划

制订汽车照明系统检修计划如表 5-5 所示。

表 5-5 制订汽车照明系统检修计划

1. 查阅资料,了解车辆照明系统类型信息、照明系统拆卸作业注意事项 2. 查阅维修手册,学习汽车照明系统检修的检修方法,制订照明系统检修计划		
汽车照明系统类型信息描述	车辆描述	
	汽车照明系统信息描述	
计 划 项 目	计 划 内 容	
汽车灯具认识	了解汽车灯具的种类	
前照灯	前照灯的种类与结构	
	前照灯的照明标准	
	前照灯的检查与调整	
照明系统电路	照明系统电路的组成与分析	
	照明系统电路故障诊断与排除	

六、实施检修作业

汽车照明系统检修任务如表 5-6 所示。

表 5-6 汽车照明系统检修任务表

任务 5.1 汽车照明系统检修任务书 1. 了解汽车照明系统检修安全事项 2. 会正确对汽车照明系统进行维护保养		
1. 车辆信息描述	车辆描述	
	汽车照明系统类型描述	
2. 汽车照明系统描述		

续　表

	故障现象	故障原因	排除方法
3.汽车照明系统检修	所有灯全不亮	(1) 蓄电池至灯总开关之间火线断路 (2) 灯总开关损坏 (3) 电源总保险丝断	
	远光灯或近光灯不亮	(1) 变光器损坏 (2) 导线断路或导线连接器接触不良或灯泡坏 (3) 远光灯或近光灯保险丝坏 (4) 灯光继电器损坏 (5) 导线搭铁 (6) 灯总开关损坏	
	前照灯灯光暗淡	(1) 保险丝松动 (2) 导线接头松动 (3) 前照灯开关或继电器触点接触不良 (4) 发电机输出电压低 (5) 搭铁不良	
	一侧灯亮度正常，另一侧灯暗淡	(1) 灯暗的一侧搭铁不良 (2) 导线连接器的插头接触不良	
	前照灯、后灯正常，小灯不亮	(1) 灯总开关损坏 (2) 保险丝断 (3) 小灯灯泡坏 (4) 小灯线路断路 (5) 继电器损坏	
	灯泡经常烧坏	(1) 发电机输出电压过高	
检查与维修结论			

七、检验评估

汽车照明系统检验评估如表5－7所示。

表5－7　检验评估表

评价指标	检验说明	检验记录
维护检查项目	➢ 各照明灯工作情况 ➢ 前照灯亮度与位置检查 ➢ 组合开关的工作情况	
汽车照明系统工作情况		

笔 记

续　表

评价内容	检　验　指　标	权重	自评	互评	总评
检查任务 完成情况	1. 完成任务过程情况	4			
	2. 任务完成质量				
	3. 在小组完成任务过程中所起作用				
专业知识	1. 能描述汽车照明系统的作用	4			
	2. 能描述汽车照明系统的结构				
	3. 能描述汽车照明系统工作原理				
	4. 会描述汽车照明系统常见故障诊断方法				
	5. 会描述汽车照明系统的日常维护要领				
职业素养	1. 学习态度：积极主动参与学习	2			
	2. 团队合作：与小组成员一起分工合作，不影响学习进度				
	3. 现场管理：服从工位安排、执行实训室"5S"管理规定				
综合评议 与建议					

项目拓展

想一想：

1. 汽车照明系中的各灯如何正确使用？

2. 其他车系的照明电路如何检修？

任务5.2　汽车信号系统检修

一、任务导入与要求

任务导入	汽车故障停在路边时，需要打开危险警报灯，此时发现在危险警报灯不亮，如何排除危险警报灯故障呢？
目标要求	1. 掌握汽车信号系统的组成和工作原理 2. 掌握汽车信号系统的故障诊断与排除方法 3. 提高维修接待与人交往的素质

续　表

学习步骤	汽车信号系统的组成→汽车信号系统原理→检修方法→故障排除举例
任务实施	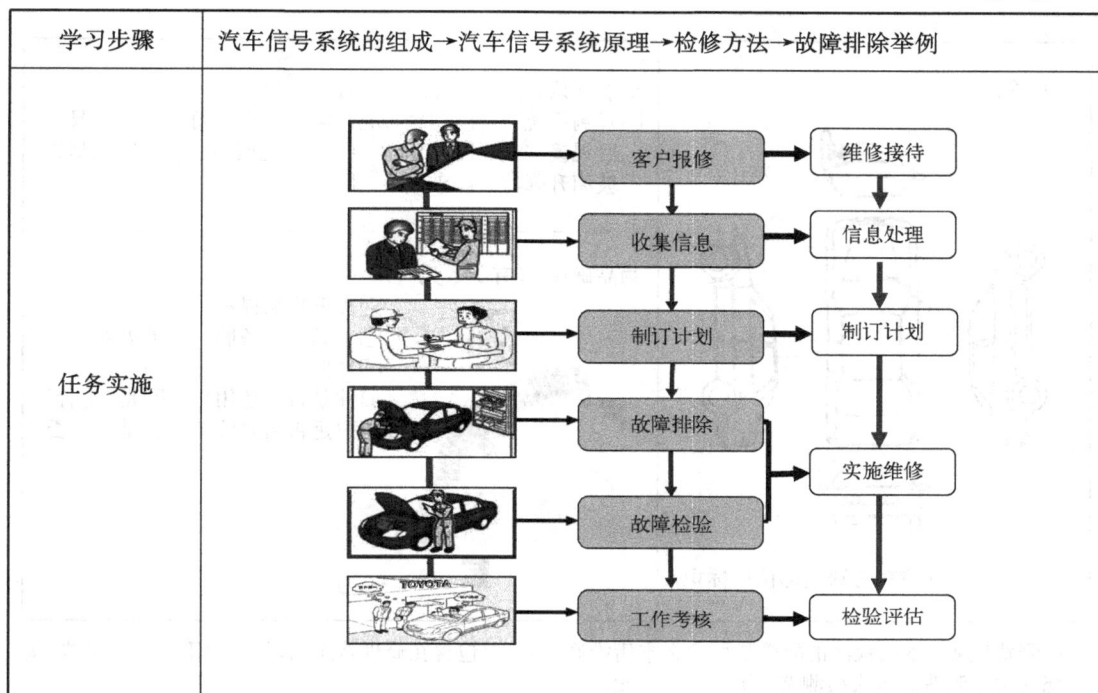

二、维修接待

按照表5-8完成待修车辆的维修接待,并准确填写接车问诊表。

表5-8　维修接待与接车问诊表

1. 通过询问客户了解汽车发生故障情况,填写接车问诊表
2. 车间检测初步确认结果转向灯不亮,需要进行检修

接 车 问 诊 表

车牌号:＿＿＿＿＿＿＿＿＿　车架号:＿＿＿＿＿＿＿＿＿　行驶里程:＿＿＿＿＿＿＿＿＿(km)

用户名:＿＿＿＿＿＿＿＿＿　电　话:＿＿＿＿＿＿＿＿＿　来店时间:＿＿＿＿＿/＿＿＿＿＿

用户陈述及故障发生时的状况:**危险警报灯不亮**

故障发生状况提示:**行驶速度、发动机状态、发生频度、发生时间、部位、天气、路面状况、声音描述**

接车员检测确认建议:**需要对危险警报灯电路进行检查**

车间检测确认结果及主要故障零部件:**闪光器损坏,更换闪光器**

车间检查确认者:＿＿＿＿＿＿＿＿＿

笔 记

外观确认：	功能确认：（工作正常✓　不正常×）
（请在有缺陷部位作标识）	□音响系统　　　□门锁（防盗器）　□全车灯光　　□工具 □后视镜　　　　□顶窗　　　　　□座椅　　　　□点烟器 □玻璃升降器　　□玻璃 物品确认：（有✓　无×） 　　　　　　　　　　　　□贵重物品提示 　　　　　　　　　　　　□工具　□备胎　□灭火器 　　　　　　　　　　　　□其他（　　　　　　） 　　　　　　　　旧件是否交还用户　□是　□否 　　　　　　　　用户是否需要洗车　□是　□否

- 检测费说明：本次检测的故障如用户在本店维修，检测费包含在修理费用内；如用户不在本店维修，请您支付检测费。本次检测费：¥＿＿＿＿＿元。
- 贵重物品：在将车辆交给我店检查修理前，已提示将车内贵重物品自行收起并保存好，如有遗失恕不负责。

接车员：＿＿＿＿＿＿＿＿＿＿＿＿＿　　　用户确认：＿＿＿＿＿＿＿＿＿＿＿＿＿＿＿

三、相关知识

（一）信号系统的组成

信号系统是汽车在使用中利用声光电等信号，用以提示其他车辆或行人注意安全的灯光信号或标志。

1. 转向灯

转向灯是将汽车转弯信息告知周围车辆和行人的灯具。其信号为亮、灭交替的闪光信号，通常为琥珀色。车的前后及侧面各设有左右两组转向灯，受转向灯开关控制。

2. 转向指示灯

转向指示灯安装在驾驶室仪表板上，是标志汽车转向并指示转向灯工作情况的灯具，一般为左右各一只，个别车仅使用一只。

3. 危险报警信号灯及指示灯

危险报警信号灯及指示灯是在紧急情况下能够发出闪光报警信号的灯具，通常由转向灯兼任。危险报警时，前后左右转向灯同时闪烁。系统工作受危险报警开关操纵，使用危险报警系统时，安装在驾驶室内的指示灯（称为危险报警指示灯）亮，该灯或位于危险报警开关内或由左右转向指示灯兼任。

笔记

4. 位灯

位灯也称为小灯或示廓灯,装于汽车前后部两侧,以示意其轮廓和存在。前位灯又称示宽灯,一般为白色或黄色。侧边为琥珀色。后位灯又称尾灯,为红色。尾灯是汽车夜间行车时,向后方表示汽车存在的灯具。

空载车高 3.0 m 以上的客车和厢式货车,前后各两只示廓灯,前面为白色,后面为红色。装于尽可能高的靠边缘的部位称为示高灯。示宽灯和示高灯统称示廓灯。

5. 停车灯

停车灯又称为驻车灯,装于车头和车尾两侧,用于夜间停车时标志车辆形位。前后各有两只。前停车灯为白色或琥珀色。后停车为红色。国产汽车常将停车灯、示宽灯合用。当拉起驻车手柄时,驻车开关接通,驻车灯灯亮。但仪表照明灯、牌照灯并不亮,耗电量比位灯小。

6. 倒车灯

倒车灯为白色,当汽车挂上倒档时,倒车灯开关接通倒车灯电路,装于车后面的白色倒车灯点亮,警告后面的车辆及行人,兼起照明作用。有些车还装配了倒车蜂鸣器或语音警告装置,在倒车的同时发出声响信号,示意汽车倒车。

7. 制动灯

制动灯是汽车行驶时,向后方表示汽车减速或要停车时的灯具,其光色一般为红色,由制动开关控制。

8. 门灯

门灯是指示车门关闭状况的灯具,通常由位于门轴处的门灯开关控制。车门关闭时,门灯开关断开,灯熄灭。该灯一般由室内顶灯兼任。

9. 挂车标志灯

全挂车在挂车前部的左右,各安装一个红色的标志灯,其高度要求高出全挂车的前栏板300~400 mm,距外侧车厢小于 150 mm,以引起其他驾驶员的注意。

10. 喇叭

汽车在行驶时,按下喇叭按钮,发出声响,警告行人及车辆,以确保行车安全。

国家标准规定,汽车的位灯、示廓灯、牌照灯、仪表灯及挂车标志灯应能同时亮灭,当前照灯点亮时,这些灯必须点亮,当前照灯关闭和发动机熄火时仍能点亮。

目前,多将前照灯、雾灯、前位灯等组合起来,称为组合前灯。将后位灯、后转向灯、制动灯、倒车灯组合起来称为组合后灯,如图 5-31 所示。前转向灯、示宽灯和前停车灯统称前小灯。

(二) 转向与危险报警灯电路

1. 转向与危险报警灯电路的工作原理

转向与危险报警灯电路主要由闪光继电器、转向开关、危险报警灯开关、左右转向灯、左右转向指示灯组成。其安装位置如图 5-31 和图 5-32 所示。电路如图 5-33 所示。

2. 转向灯电路的工作原理

危险报警灯开关在 OFF 挡时,电流路径为:蓄电池＋→点火开关 IG1→仪表板下 19 号保险丝→危险报警灯开关 1-2 脚→闪光器 A10-A20 脚→转向开关→左或右转向灯→搭铁。这时只有一边的转向灯闪光。

笔 记

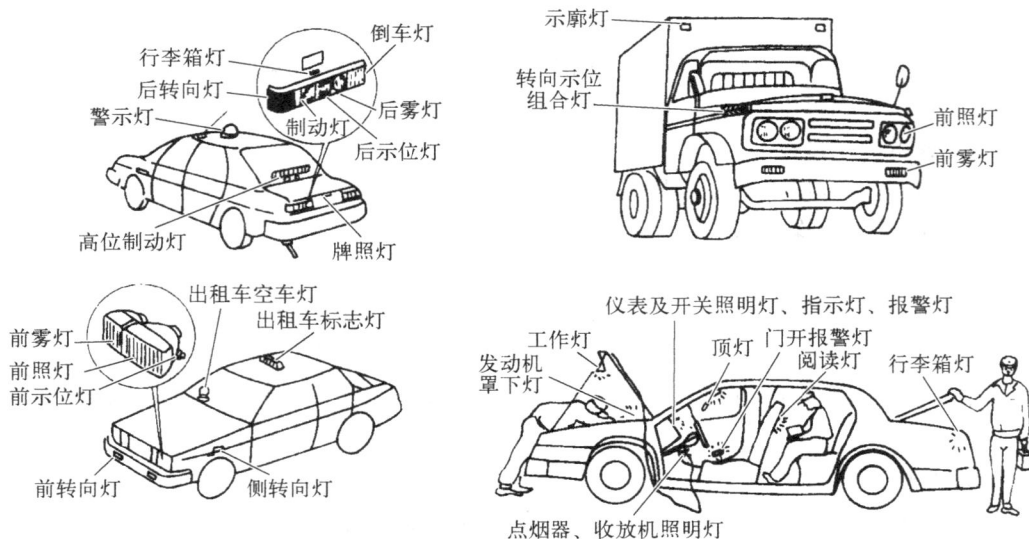

图 5 - 31　汽车各种灯具的安装位置

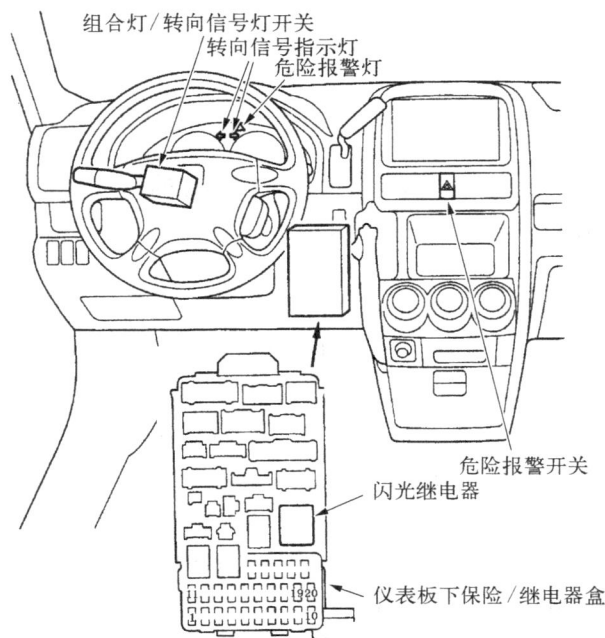

图 5 - 32　安装位置

3. 危险报警灯电路的工作原理

危险报警灯开关在 ON 挡时,电流路径为:蓄电池＋→发动机舱 14 号保险丝→危险报警灯开关 3 - 2 脚→闪光器 A10 - A20 脚→危险报警灯开关 4 脚→危险报警灯开关 7,10 脚→左右转向灯→搭铁。这时所有转向灯同时闪光。

4. 闪光器

闪光继电器简称闪光器,它串联在转向灯、转向指示灯与电源之间的电路中,一般安装

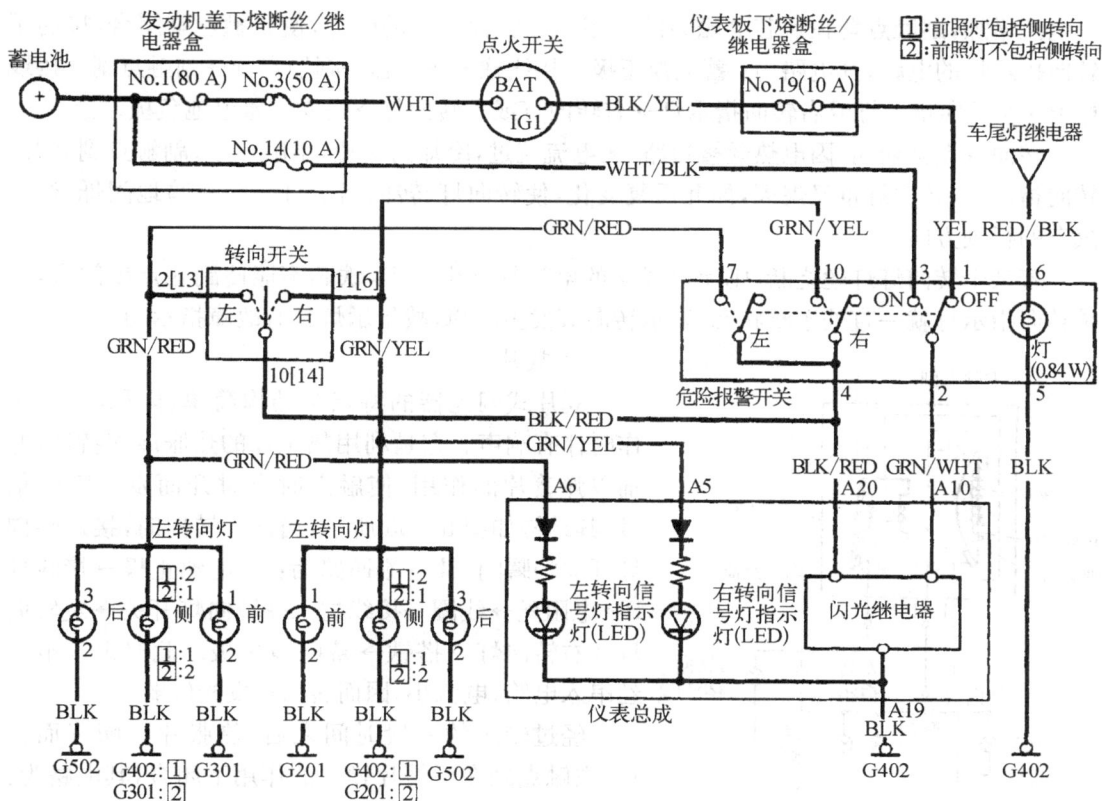

图 5-33 本田汽车转向与危险报警灯电路

在发动机罩下。其作用是使转向灯和指示灯发出明暗交替变化的醒目的闪烁信号,指示车辆的行驶方向,便于交通指挥。

闪光器的种类很多,大致可分为电热丝式、电容式、翼片式、电子式等多种类型。

1) 电热丝式闪光器

如图 5-34 为电热丝式闪光器,其工作原理如下:

当转向开关接通瞬间,电流由蓄电池正极→接线柱 B→铁芯→主触点臂→电热丝→附加电阻→线圈→接线柱 L→转向灯开关→左转向灯或右转向灯→搭铁→蓄电池负极构成回路。由于电路中电阻较大,电流很小,转向灯不亮。

经过一般很短的时间之后,电热丝因受热而膨胀伸长,主触点臂在铁芯的电磁力作用下,克服弹簧片的弹力,使主触点副闭合,其电流为:蓄电池正极→接线柱 B→铁芯→主触点臂→主触点副→线圈→接线柱 L→转向灯开关→左转向灯或右转向灯→搭铁→蓄电池负极,此时转向灯发亮。与此同时,附加电阻、电热丝均被短路,流过线圈

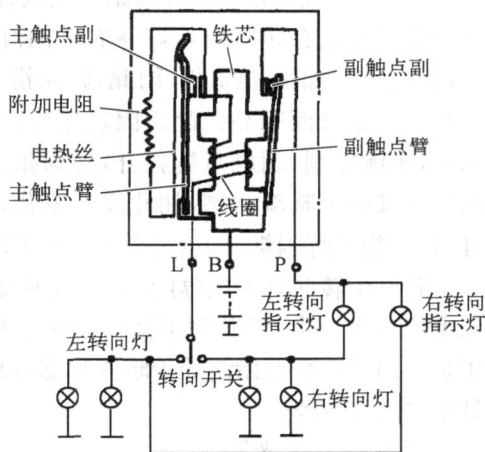

图 5-34 电热丝式闪光器(SDS7)

的电流增加,副触点臂在铁芯电磁力的作用下克服弹簧片的弹力,使副触点副闭合,接通了转向指示灯的电路,其电路为:蓄电池正极→接线柱B→铁芯→副触点臂→副触点副→接线柱P→左转向指示灯或右转向指示灯→右转向灯或左转向灯→搭铁→蓄电池负极。

转向灯点亮期间,因电热丝被短路,无电流流过,冷却而缩短,主触点副、副触点副断开,转向指示灯、转向灯重又熄灭,如此反复变化,使转向灯、转向指示灯一明一暗地闪烁,标示汽车的行驶方向。

若某个转向灯灯丝烧断,则流过线圈的电流约减少一半,铁芯不能使副触点副闭合,于是转向指示灯就一直处于暗状态,以示转向灯发生故障,故指示灯具有故障指示功能。

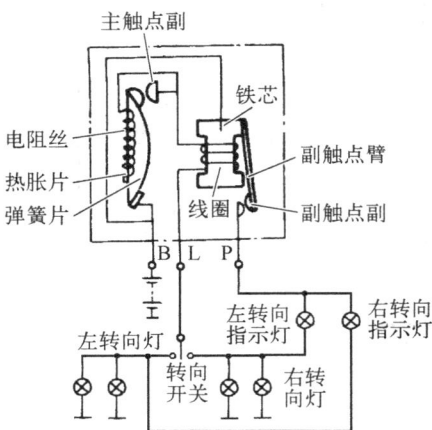

图 5-35 翼片式闪光器

2)翼片式

翼片式闪光器的特点是结构简单、体积小,且工作时伴有响声。它是利用热胀片的热胀冷缩特性,并辅以弹簧片的作用,使触点时合时开而发出闪烁信号,其结构如图5-35所示,当汽车转向时,接通转向灯开关的瞬间,其电流回路为:蓄电池正极→接线柱B→电阻丝→线圈→接线柱L→转向灯开关→左转向灯或右转向灯→搭铁→蓄电池负极。此时由于电阻丝串入电路,电流小,因而转向灯发光较弱。

经过较短的一段时间之后,热胀片因膨胀而伸长,主触点副在弹簧片弹力的作用下闭合,其电路为:蓄电池正极→接线柱B→弹簧片→主触点副→线圈→接线柱L→转向灯开关→左转向灯或右转向灯→搭铁→蓄电池负极。

于是,电热丝、热胀片被短路,流过线圈的电流增加,副触点臂在铁芯电磁力的作用下,克服弹簧片弹力使触点副闭合而接通了转向指示灯的电路,其电路为:蓄电池正极→接线柱B→铁芯→副触点臂→副触点副→接线柱P→左转向指示灯或右转向指示灯→右转向灯或左转向灯→搭铁→蓄电池负极,因此,转向指示灯、转向灯发光正常而明亮。此后因热胀片被冷却而缩短,主触点副、副触点副打开,转向指示灯、转向灯重又处于暗淡状态,如此反复变化,使转向灯、转向指示灯闪烁,标示汽车的转弯方向。

若某个转向灯失灵(灯丝烧损),则流过线圈的电流减少一半,铁芯将不能使副触点副闭合,于是转向指示灯便始终处于暗淡状态,以示转向灯电路发生故障。

3)电容式闪光器

电容式闪光器如图5-36所示。当转向开

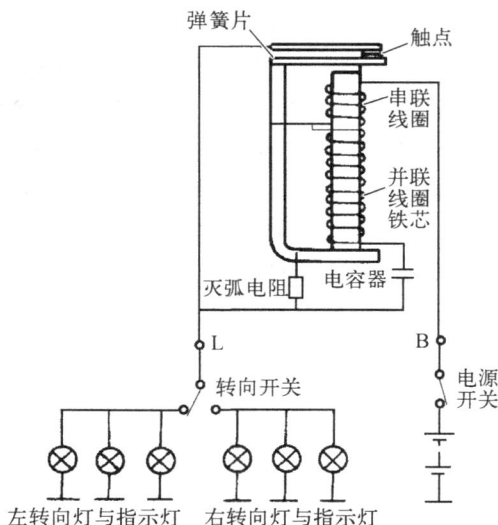

图 5-36 电容式闪光器

关接通左转向灯,左转向灯就被串入电路中,电流从蓄电池正极→电源开关→接线柱 B→串联线圈→弹簧片→常闭触点→接线柱 L→转向开关→左转向灯和指示灯→搭铁→蓄电池负极,形成回路。此时并联线圈、电容器及电阻被触点短路,而电流通过串联线圈产生的电磁吸力大于弹簧片的作用力,触点迅速被打开,转向灯和指示灯尚未来得及亮。

触点打开后,蓄电池向电容器充电,其充电电流由蓄电池正极→电源开→接线柱 B→串联线圈→并联线圈→电容器→接线柱 L→转向灯开关→左转向灯和指示灯→搭铁→蓄电池负极,形成回路。由于并联线圈电阻较大,充电电流很小,不足以使转向灯亮,则转向灯仍处于暗的状态。同时充电电流通过串联线圈和并联线圈产生的电磁吸力方向相同,使触点继续打开,随着电容器的充电,电容器两端的电压逐渐升高,其充电电流逐渐减小,串联线圈和并联线圈的电磁吸力减小,使触点重又闭合。

触点闭合后,转向灯和指示灯处于亮的状态,此时电流由蓄电池经接线柱 B→串联线圈→常闭触点→接线柱 L→转向灯开关→左转向灯和指示灯→蓄电池负极。与时同时,电容器通过线圈和触点放电,其放电电流通过线圈时产生的磁场方向与线圈磁场方向相反,所产生的电磁吸力减小,故触点仍保持闭合,左转向灯和指示灯继续发亮。随着电容器放电,电容器两端电压逐渐下降,其放电电流减小,则并联线圈的电磁作用减弱,串联线圈的电磁作用增强,触点重又打开,灯变暗,如此反复,继电器的触点不断开闭,使转向灯发出明暗交替的闪光信号。灭弧电阻与触点并联,是电容器放电回路的一部分,减小了触点火花。

电容式闪光器电压和功率要与灯泡一致,保证接线正确,否则不闪光,闪光器容易损坏。

4) 有触点电子式闪光器

有触点电子式闪光器元件少,成本较低,结构简单,工作可靠,使用较多。

带继电器触点的电子式闪光器如图 5-37 所示。当汽车右转向时,接通电源开关 SW 和转向开关,电流由蓄电池正极→电源开关 SW→接线柱 B→电阻 R_1→继电器常闭触点 K→转向灯开关→右转向灯→搭铁→蓄电池负极。则右转向灯亮,当电流通过 R_1 时,在 R_1 上产生电压降,晶体三极管 VT 因正向偏置而导通,集电极电流通过继电器 K 的线圈,使继电器触点 K 立即断开,右转向灯熄灭。

晶体三极管 VT 导通时,VT 的基极电流向电容器 C 充电,充电电路是:蓄电池正极→电源开关 SW→接线柱 B→VT 的发射极 e、基极 b→电容器 C→电阻 R_3→转向灯开关→右转向灯→搭铁→蓄电池负极。随充电时间延长,充电电流将减小,则通过继电器线圈的电流减小,当电流减小到不足以保持

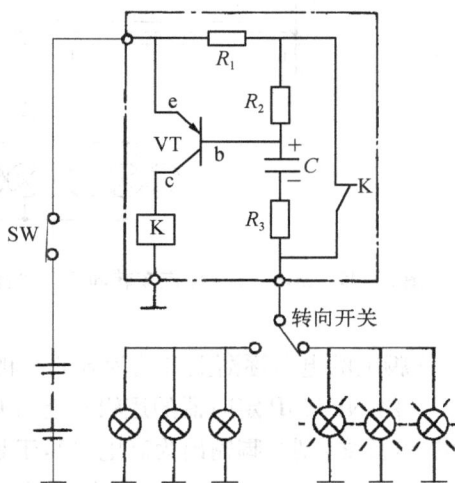

图 5-37 有触点电子式闪光器

衔铁闭合而释放时,触点重又闭合,转向灯再次发亮。这时电容器通过 R_2,触点 K,R_3 放电。当 C 放电结束时重复上述过程,右转向灯将不断地明暗闪烁。

图 5-38 所示为夏利轿车所使用的晶体管闪光器,其工作频率为 85~110 次/min,若有一只 21 W 的转向灯泡烧坏时,频率将变为 120 次/min。

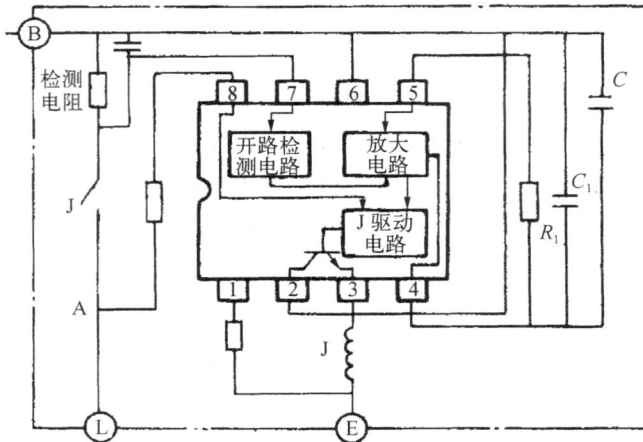

图 5‐38 夏利轿车用晶体管闪光器

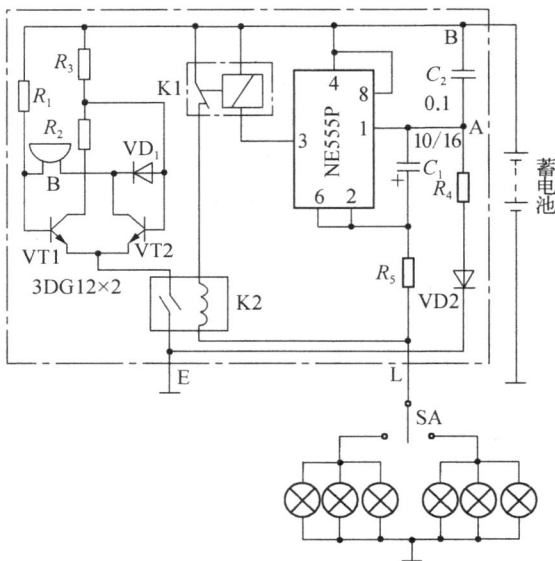

图 5‐39 SGE‐141 型汽车转向灯闪光器电路

5. SGE‐141 型闪光器

SGE‐141 型闪光器，如图 5‐39 所示。

它由转向灯控制和发声两部分组成。其中，转向灯控制部分由 NE555P 定时器、K1 继电器、R_5 电阻、C_1 电容等组成，用于控制转向灯和发声器的工作；发声部分主要由晶体管 VT1、VT2 和压电晶体蜂鸣器等组成，用于监测闪光器的工作状态。其工作过程如下：

（1）转向灯开关处于中间位置。接通电源开关时，电流流向为：蓄电池正极→继电器 K1 的常闭触点→继电器 K2 的线圈→R_5→电容 C_1→电阻 R_4→二极管 VD2→搭铁 E→蓄电池负极。这一电流回路对 C_1 电容进行充电，使 NE555P 定时集成电路的

2,6 脚上的电压逐渐上升约为 8.6 V 的高电平。

由 NE555P 定时器的逻辑功能可知，当其输入端 2,6 脚为高电平时，输出端 3 脚将为低电平（反之，则 3 脚输出为高电平），于是 K1 继电器线圈中就将有电流通过，其常闭触点将断开，使 C_1 电容的充电回路断开，舌簧管式继电器 K2 的线圈中电流也将消失，发声电路不工作。

（2）转向灯开关处于左或右侧位置。电容器 C_1 上所充的电荷通过 R_5→转向灯开关 SA闭合的触点（左或右侧）→左或右侧转向灯丝→搭铁，迅速放电，使 NE555P 集成电路的 6,2脚电位迅速下降。当该电压下降至 3.4 V 左右时，NE555P 定时器翻转，其输出端 3 脚转为高电平，继电器 K1 的线圈中无电流通过，于是 K1 常闭触点恢复闭合，接通了转向灯电路，

笔记

使转向灯点亮。与此同时,由于继电器 K2 线圈中有较大的电流通过(左或右侧转向灯灯泡的电流),K2 的常开触点闭合,等效于将 VT1,VT2 的发射极同时接地,使监测发声电路工作,发出声响提示转向灯工作正常。

在转向灯点亮的同时,电流又通过 K1 继电器常闭触点→K2 继电器线圈→R_5 电阻向 C_1 电容充电。当 C_1 电容充电到 NE555P 定时器输入端 2,6 脚为高电平时,定时器再次翻转,于是其输入端 3 脚又变为低电平,继电器 K1 的线圈中又有电流通过,其常闭触点断开,转向灯再次熄灭,继电器 K2 因线圈中失去电流其触点恢复为常开状态,致使发声部分因此也停止发声。此后,闪光器连续地重复上述过程,使转向灯闪烁。

(3) 故障检测电路。若转向灯有一个或两个灯泡损坏时,通过继电器 K2 线圈中的电流就将减小,由此会使 K2 的触点不能闭合,发声部分便停止工作。由于控制电路出现故障时,闪光器的发声部分将会出现连续发声或始终不发声两种状况。因此,其发声部分的工作状态,可用来监测控制电路是否有故障。

(三) 转向与危险报警灯电路的检修

转向灯常见故障有:左右转向灯都不亮;转向灯一侧或一只不亮;转向灯亮但不闪烁;闪烁过快或过慢等。

1. 左右转向灯都不亮

故障诊断方法是:

(1) 检查闪光器电源接柱 B 是否有电。若没有电,则说明闪光器到电源之间有断路,检查熔断器,当确认熔断器熔断原因后,才更换熔断器。若有电,则进行下一步检查。

(2) 检查闪光继电器 L 接柱是否有电。若没有电,则说明闪光器损坏。如果仅仅是闪光器损坏,可将闪光器 B,L 两端短接,接通转向开关,转向灯应亮。若有电,则进行下一步检查。

(3) 检查转向灯开关火线接柱是否有电。若没有电,则说明闪光继电器 L 接柱与转向灯开关间的连接导线有断路处;若有电,则应进一步检查转向灯开关,转向灯泡及其连接线路。

2. 转向灯亮而不闪

接通转向灯开关,转向灯点亮,但不闪烁。导致此类故障的原因主要有闪光器或闪光器搭铁线不良、危险报警开关有故障。

3. 闪烁频率较标准值低

(1) 灯泡功率不符合规定,应按标准更换灯泡。

(2) 电源电压过低,可将蓄电池充足电,适当调高发电机输出电压。

(3) 闪光器有故障,可调整或更换闪光器。

4. 闪烁频率较标准值高

(1) 灯泡功率不符合规定,应按标准更换灯泡。

(2) 转向灯接地不良,应检查灯座搭铁情况并使其接地良好。

(3) 闪光器不良,应进行调整或更换闪光器。

(4) 转向灯灯丝烧断,应更换灯泡。

5. 左右转向灯闪光频率不一样,或其中有一只不工作

(1) 指示灯或信号灯断线。

（2）其中有一个使用了非标准灯泡，应更换成标准灯泡。

（3）灯的接地不良，要检查灯座，接牢搭铁线。

（4）转向灯开关和转向灯之间有断线，接触不良，可检修线路及搭铁。

6．其他用电设备工作时，转向灯亮灭次数特别慢或不工作

（1）蓄电池电压亏电严重，应及时给蓄电池补充电。

（2）蓄电池到闪光灯电路压降大，即导线截面小，接触不良，可更换导线，检修接触情况。

7．转向灯有时工作，有时不工作

（1）接线不可靠或搭铁不良、松脱。

（2）闪光器不良。

8．闪光器的检查

在转向信号电路有故障而不能正常工作时怀疑为闪光器故障，则可进行下列检查：

（1）将闪光器 B 接线柱和 L 接线柱短接，如转向灯亮，则说明是闪光器有故障。

（2）打开闪光器的盖，观察线圈和附加电阻是否烧坏，若良好则可进行下列检查。

（3）检查触点闭合情况，按下触点，转向灯亮则是触点间隙过大所致，应予调小。

（4）按下触点不亮，可用旋具短接触点，若灯亮则是触点氧化严重，可进行打磨。

晶体管式闪光器则不能用短接的方法试验，否则将会损坏闪光器。检查时，取下闪光器，将两条线直接连接起来试验。

（四）喇叭电路

喇叭是汽车的信号装置，在汽车行驶中根据需要和规定，发出必要的音响信号，警告行人和其他车辆，以保证行车安全，同时还可以催行和传递信息。

1．喇叭的类型

喇叭有电喇叭和气喇叭。按音频分有高音喇叭和低音喇叭。按音质分有单音喇叭、双音喇叭和三音喇叭。按有无触点分为有触点式喇叭和无触点式喇叭。按接线方式分为单线制喇叭和双线制喇叭。

电喇叭按外形分有盆形、螺旋形、长筒形。盆形和螺旋形电喇叭声音和谐清脆、音色优美，多用于轿车、微型汽车、大客车、载货车、重型车等；长筒形电喇叭由于音响传播较远，因而多用于大中型货车和长途运输车。

2．盆形电喇叭的结构

图 5-40 为盆形电喇叭的结构及原理电路，其结构特点是无扬声筒，结构紧凑，体积小。

3．筒形及螺旋形电喇叭的结构

筒形及螺旋形电喇叭的结构及原理电路如图 5-41 所示，对于筒形电喇叭而言，其扬声筒为长筒形。螺旋形电喇叭则为螺旋管状的扬声筒，其他结构完全相同。

4．电喇叭的工作原理

如图 5-41 所示，按下喇叭按钮，电流由蓄电池正极经熔断器流入线圈 11 后，通过触点 16 和喇叭按钮 20 搭铁，回到蓄电池负极。电磁铁产生电磁力，吸引动盘 10 使膜片 3 向下拱曲，与此同时，中心杆 15 顶端的音量调整螺母将触点 16 打开，切断电路，使铁芯电磁力消失，在膜片 3 的弹力作用下，动盘 10 向上移动使膜片也向上拱曲，触点又闭合，电磁力又吸

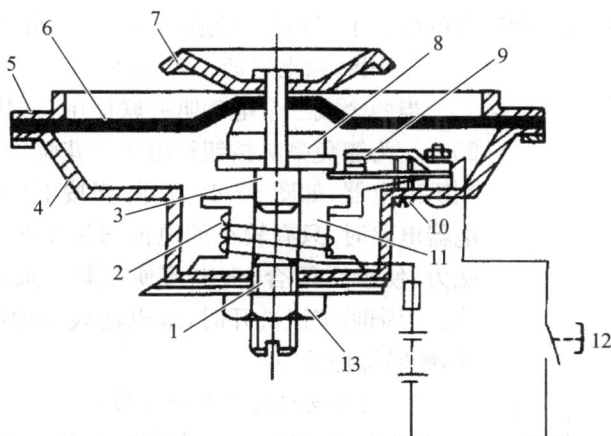

图 5 - 40　盆形电喇叭

1—下螺杆铁芯；2—线圈；3—上铁芯；4—外壳；5—前盖；
6—膜片；7—黄鸣盘；8—动铁；9—触点；10—音量调整螺钉；
11—电磁铁芯；12—按钮；13—锁紧螺母

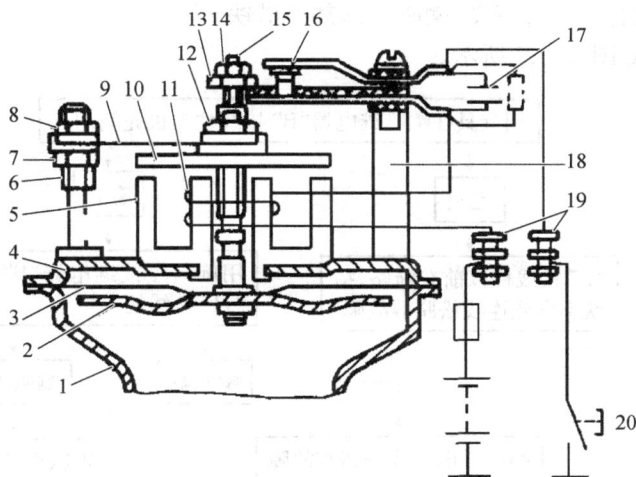

图 5 - 41　筒形电喇叭

1—扬声筒；2—共鸣盘；3—膜片；4—底板；5—电磁铁芯；6—
螺柱；7—单调调整螺母；8,12,14—锁紧螺母；9—弹簧片；10—动
盘；11—线圈；13—音量调整螺母；15—中心杆；16—触点；17—灭
弧电容或电阻；18—触点支架；19—接线柱；20—喇叭按钮

引动盘 10 使膜片向下拱曲，如此反复，膜片不断上下拱曲而产生振动，发出声波由扬声筒导
出。由于共鸣盘的共振发出"陪声"，故声音更为悦耳。

在触点间并联 $0.14 \sim 0.17 \mu F$ 电容器，或者并联 $12.5 \sim 13.5 \Omega$ 灭弧电阻，能减少触点
间火花，延长触点使用寿命。

盆形电喇叭的工作原理与上述基本相同，但它是利用上铁芯被电磁铁芯吸下时，与下螺
杆铁芯发生碰撞产生一个较低的基本振动，促使共鸣盘同时产生一个比基本振频动而分布

笔记

又较集中的谐振,在此基音和谐音的配合下,得到音量适中、和谐悦耳的喇叭声。

5. 喇叭继电器的工作原理

当两个或三个电喇叭并联使用时,其工作电流常达 10～20 A。为避免喇叭按钮被电弧火花烧蚀,必须在线路中加装喇叭继电器,如图 5-42 所示,当按下喇叭按钮,接通喇叭继电器电路时,只有较小的电流通过喇叭继电器线圈,产生电磁力,使触点闭合,大电流便经触点通往喇叭线圈,发出音响。当喇叭按钮松开时,继电器线圈中的电流中断,触点打开,喇叭即停止发声。

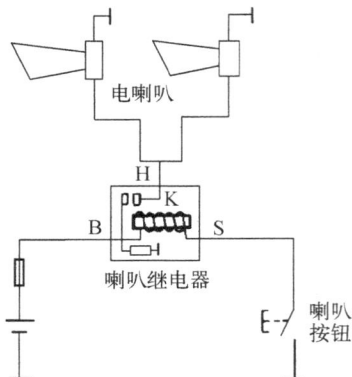

图 5-42 喇叭电路

6. 喇叭电路的常见故障诊断

电喇叭的常见故障有喇叭不响、喇叭声音沙哑、喇叭触点经常烧坏、喇叭耗电量过大等。

1) 喇叭不响

按下喇叭按钮,喇叭不响,其原因有:蓄电池充电不足而亏电、电路中熔丝烧断、线路连接松脱或搭铁不良、喇叭继电器故障(如触点不闭合或闭合不良)、喇叭本身故障(如线圈烧断、喇叭触点不能闭合或闭合不良、喇叭内部某处搭铁)等。

故障诊断步骤如图 5-43 所示。

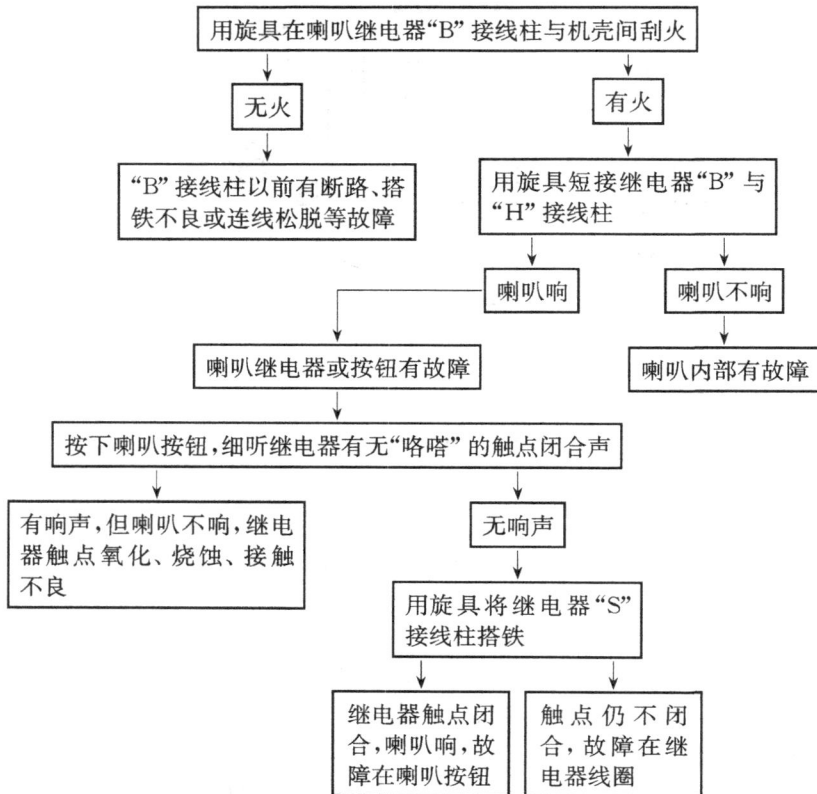

图 5-43 电喇叭不响的故障诊断步骤

2) 喇叭声音沙哑

喇叭沙哑的原因有蓄电池充电不足、喇叭固定螺钉松动、喇叭触点或继电器触点接触不良、喇叭衔铁气隙调整不当、振动膜或喇叭筒等破裂、喇叭内部弹簧片折断等。

故障诊断步骤：

（1）发动机未启动前，喇叭声音沙哑，但当发动机以中速以上速度运转时，喇叭声音恢复正常，则为蓄电池亏电；当发动机以中速以上速度运转时，若声音仍沙哑，则可能是喇叭或继电器等有问题。

（2）用旋具将喇叭继电器的"B"与"H"接线柱短接，参见图5-42。若喇叭声音正常，则故障在继电器，应检查继电器触点是否烧蚀或有污物，接触不良；若喇叭声音仍沙哑，则故障在喇叭内部，应拆下仔细检查。

3) 喇叭触点经常烧坏的原因

（1）灭弧电阻或电容器损坏。

（2）灭弧电阻阻值过大或电容器容量过小。

（3）喇叭触点压力调整过大或工作电流过大。

4) 喇叭耗电量过大

喇叭耗电量过大原因：

（1）音量调整螺母或螺钉松动，致使喇叭触点不能分开而一直耗电，且振动膜也不反复振动。

（2）喇叭衔铁气隙太小，导致触点开闭频率太小而耗电量增大。

（3）触点间绝缘垫损坏漏电。

（4）电容器或灭弧电阻短路等。

故障诊断方法：按下喇叭按钮，只发出"嗒"的一声或不响。夜间行车按喇叭按钮时，灯光瞬间变暗，放松按钮后，灯光复明。

7．喇叭电路的检修

1) 电喇叭的检查

（1）喇叭筒和盖如有凹陷或变形，应予修整。

（2）检查喇叭内的接头是否牢固，如有断脱，用烙铁焊牢。

（3）检查触点接触状况，触点应光洁平整，参见图5-40中的9，上、下触点应相互重合，其中心线的偏移不应超过0.25 mm，接触面积不应少于80%，否则应予修整。

（4）检查喇叭耗电量大小，将喇叭接到蓄电池上，并在其电路中串接一只电流表，如图5-44所示，蓄电池正常供电情况下，喇叭发音应清脆洪亮、无沙哑杂音，耗电量应不大于8～22 A。如喇叭耗电量过大或声音不正常时，应予调整。

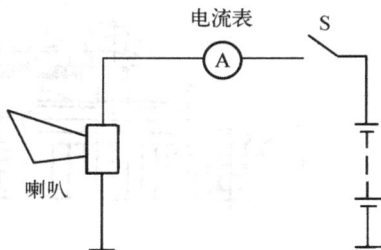
图5-44 检查喇叭耗电量

2) 电喇叭的调整

电喇叭的调整一般有下列两处：

（1）铁芯间隙。

电喇叭音调的高低与铁芯间隙有关，铁芯间隙小时，膜片的振动频率高，音调则高。间隙大,膜片的振动频率低,音调低。铁芯间隙是衔铁与铁芯间的气隙,如图 5-45 所示 δ,一般为 0.7~1.5 mm。如 DL34G 型电喇叭为 0.7~0.9 mm,DL34D 型电喇叭为 0.9~1.05 mm。

对图 5-45(a)所示的电喇叭,应先松开锁紧螺母 4,然后转动衔铁 5,即可改变衔铁与铁芯间气隙 δ。对图 5-45(b)所示的电喇叭,松开上、下调节螺母 4,即可使铁芯上升或下降,即改变铁芯间隙。对图 5-45(c)所示的电喇叭,可先松开锁紧螺母 4,转动衔铁加以调整,然后松开调节螺母 9,10,使弹簧片与衔铁平行后紧固。调整时,应使衔铁与铁芯间的气隙均匀,否则会产生杂音。图 5-45(d)所示盆形电喇叭铁芯间隙的调整,先松开锁紧螺母 4,然后旋转音量调整螺栓 6 进行调整。

(2)触点压力。

电喇叭声音的大小与通过喇叭线圈的电流大小有关。当触点压力增大时,流入喇叭线圈的电流增大,使喇叭产生的音量增大,反之音量减小。

触点压力是否正常,可通过检查喇叭工作时的耗电量与额定电流是否相符来判断。如相符则说明触点压力正常;如耗电量大于或小于额定电流,则说明触点压力过大或过小,应予调整。对于图 5-45 所示的筒形、螺旋形电喇叭,应先松开锁紧螺母 1 进行调整,然后转动调节螺母 2,反时针方向转动时,触点压力增大,音量增大;对图 5-45(d)所示的盆形电喇叭,可旋转音量调节螺钉 3,反时针方向转动时,音量增大。调整时不可过急,每次只需对调节螺母转动 1/10 圈。

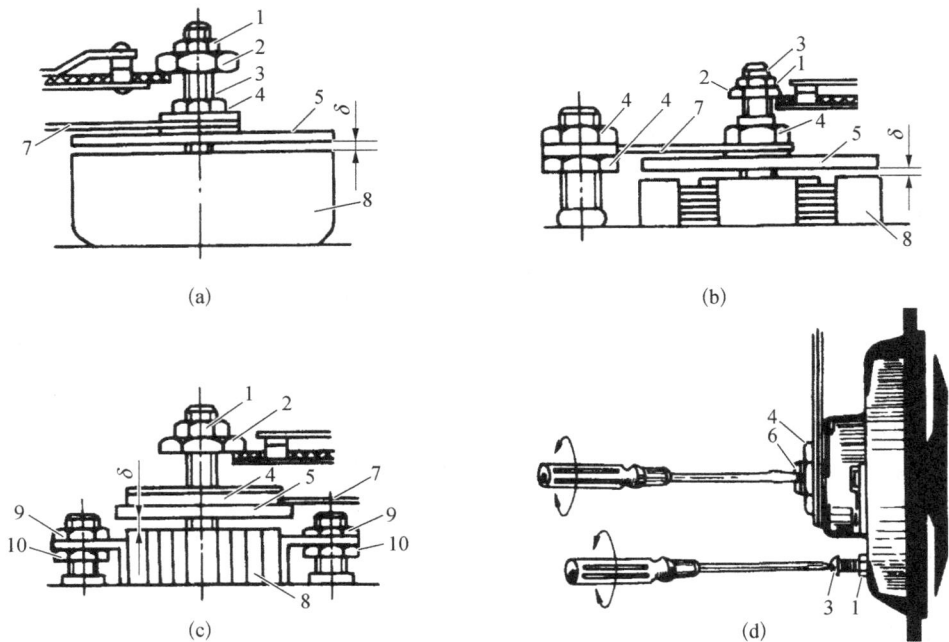

图 5-45　电喇叭的调整

1—音量调整锁螺母;2—音量调整螺母;3—音量调整螺钉;4—铁芯间隙调整锁紧螺母;5—衔铁;6—音调调整螺栓(铁芯);7—弹簧片;8—铁芯;9,10—调整螺母与铁芯间隙

3) 喇叭继电器的检查

喇叭继电器主要检查触点的闭合电压和释放电压。如图 5－46 所示。

先将可变电阻调到最大值,然后逐渐减小电阻,并观察欧姆表,当指针由∞摆到 0 时,继电器触点闭合。继电器触点闭合瞬间电压表所指示的电压值即为闭合电压。随后再逐渐增加电阻,并观察欧姆表,当指针由 0 摆到∞时,触点断开瞬间的电压即为释放电压,其值应符合表 5－9 的规定,否则,应予调整。闭合电压可通过改变弹簧的张力予以调整。释放电压可通过弯曲限位钩改变触点间隙予以调整。

进行上述检查时,触点应能闭合和断开时,不允许有跳动和接触不良现象。

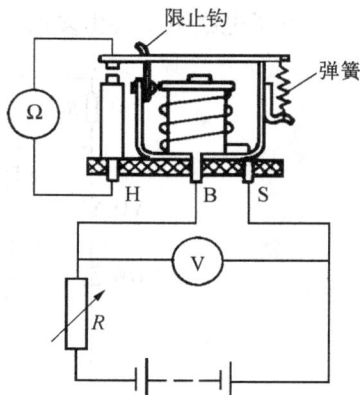

图 5－46　喇叭继电器的检查

表 5－9　喇叭继电器

型号	额定电压/V	额定电流/A	闭合电压/V	释放电压/V	线　圈　参　数		
					直径/mm	匝数	电阻/Ω
JL2A	12	17	≤8	≥3	0.17	1 000±10	26±1.6
JL2B	24	11	≤16	≥6	0.13	2 000±20	105±5

8. 电喇叭的修理

1) 喇叭膜片破裂

喇叭膜片破裂时,必须予以更换,双音喇叭的高音与低音的膜片厚度不同,厚的为高音,薄的为低音,不可装错。

2) 喇叭线圈损坏

喇叭线圈损坏后,可重新进行绕制。绕制时导线直径、匝数及电阻等必须与原线圈一致。

3) 灭弧电容或灭弧电阻损坏

灭弧电容损坏后必须予以更换,灭弧电阻损坏可用直径为 0.12 mm 的镍络丝 (Ni80Cr20)重新绕制,其阻值应与原电阻相同。灭弧电阻绕好后,其两接线片必须铆接后再焊锡,电阻与底板一定要绝缘,下端的接线片应离底板 2~3 mm,以防短路。

4) 喇叭筒破裂

喇叭筒破裂应予更换,喇叭筒也有高音和低音之分,高音喇叭筒比低音喇叭筒短,如螺旋形喇叭,其高音喇叭筒为 1.5 圈,低音喇叭筒为 2.5 圈,不能装错。

5) 触点烧蚀

触点表面严重烧蚀时,应拆下用油石打磨,但触点厚度不得小于 0.30 mm,否则应予更换。重新安装触点臂时,应注意各金属垫和绝缘垫的位置,切勿装错。

9. 电子电喇叭

前述触点式电喇叭的触点易烧蚀氧化。采用电子电喇叭,可克服上述缺点。

笔记   电子电喇叭主要由多谐振荡器和功率放大器组成,如图5-47所示。

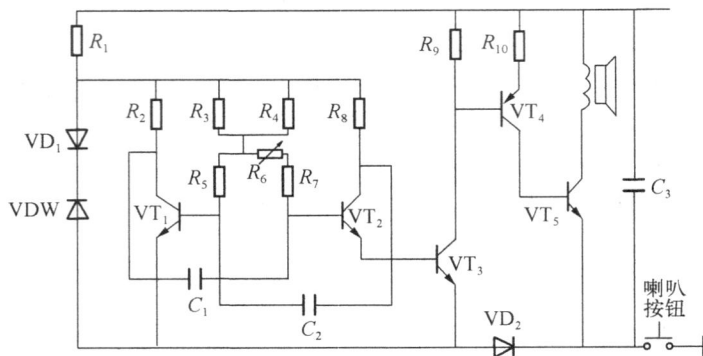

图5-47   电子电喇叭

多谐振荡器由VT_1、VT_2、VT_3组成。为使振荡频率稳定,由稳压管VDW向多谐振荡器提供稳压电源,二极管VD_1作为稳压管提供温度补偿作用。VT_4,VT_5直接耦合成放大器,喇叭的激磁线圈接在VT_5的集电极上。C_3是防止点火电路干扰的。若VT_2截止,则VT_3截止,此时VT_4,VT_5导通,喇叭线圈中有电流通过,产生电磁力吸动膜片。

若VT_2导通,则VT_3导通,使VT_4,VT_5截止,喇叭线圈中无电流通过,膜片复位。调整R_6的大小,也就调整了VT_2截止时间的长短即通电时间的长短,而通电时间影响膜片的振幅,直接控制喇叭音调高低。

(五) 制动灯电路

制动信号灯由制动开关控制,其电路如图5-48所示。制动开关分为气压式、液压式和机械式。

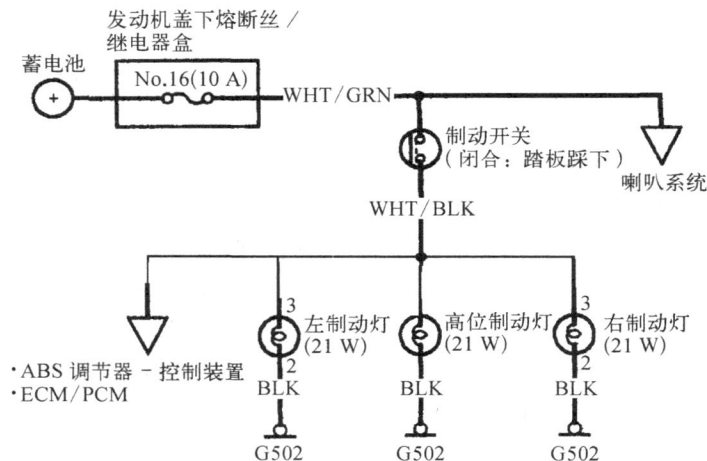

图5-48   广州本田飞度的制动信号灯电路

1. 制动开关

1) 气压式制动开关

气压式制动开关结构如图5-49所示,一般安装在制动阀上。其固定触点接线柱,与蓄电池正极相连,活动触点接线柱与指示灯相连。未踩下制动踏板时,无气压作用在膜片上方,活动触点在弹簧作用下与固定触点保持分离状态。当踩下制动踏板时,膜片上方的气压增大,迫使膜片向下压缩活动触点弹簧,带动活动触点下移,使其与固定触点接触,接通了制动灯电路,使制动灯点亮。

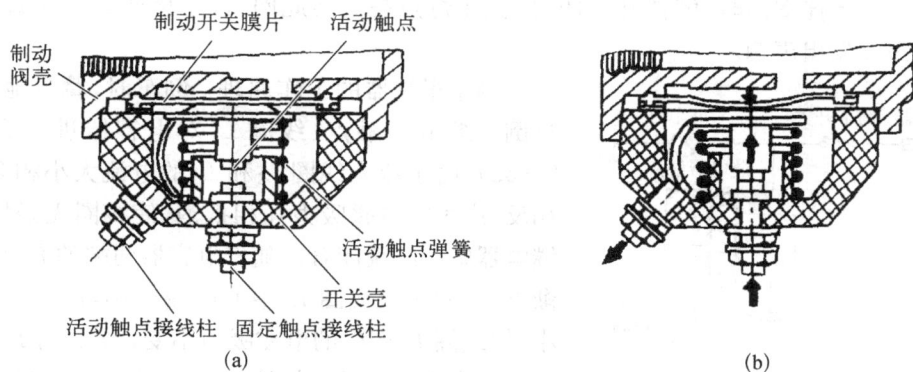

图 5 - 49 气压式制动开关

（a）触点断开；（b）触点闭合

2）液压式制动开关

液压式制动开关如图 5 - 50 所示,一般安装在制动总泵的前端,其工作情况与气压式制动开关基本相同。

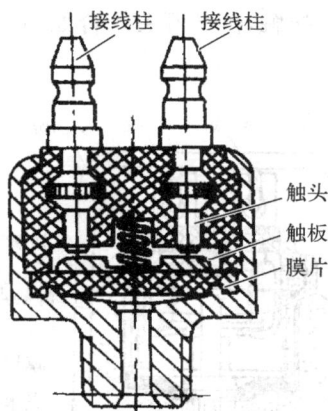

图 5 - 50 液压式制动开关   **图 5 - 51 安装在制动踏板处的制动开关**

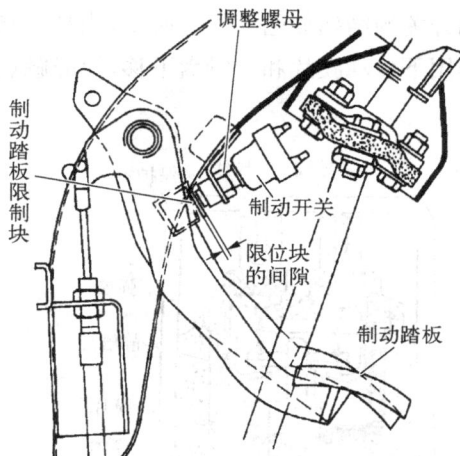

3）机械式制动开关

机械式制动开关如图 5 - 51 所示,安装在制动踏板上方。当踩下制动踏板时,制动开关内的活动触点便将两接线柱接通,使制动灯点亮;当松开踏板后,断开制动灯电路。

2. 制动信号灯电路的故障

踏下制动踏板,制动灯不亮,原因是制动灯保险丝断、制动开关损坏、导线断路、搭铁不

笔记

良、制动灯泡损坏等。

（六）倒车灯电路

倒车警报电路由倒车灯电路和倒车报警器电路组成,当汽车倒车时,用来提醒行人及其他车辆驾驶员注意安全。倒车警报电路由装在变速器盖上的倒挡开关控制,其电路如图5-52所示。当挂倒档时,倒档开关闭合,倒车灯点亮。与此同时,也接通了倒车警报器电路,使警报器发出声响。

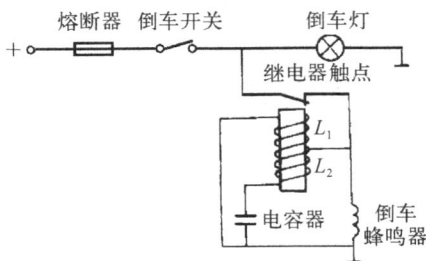

图5-52 倒车警告电路

倒车报警器的工作原理:倒车时,蓄电池电流通过倒车继电器触点、线圈L_2对电容器进行充电(图5-52)。由于流入线圈L_1和L_2的电流大小相等,方向相反,产生的电磁吸力互相抵消,使线圈无磁性,因此继电器触点继续闭合。随着电容器两端的充电电压逐渐上升,使流入线圈L_2中的电流变小,即电磁吸力减小,但线圈L_1产生的电磁吸力不变,当L_1与L_2产生的吸力差大于触点的弹簧拉力时,触点断开,警报器电路被切断而停止发出声响。

在继电器触点打开时,电容器又通过线圈L_2和L_1放电,使线圈产生磁力,触点仍继续打开。当电容器两端电压下降到一定程度时,线圈磁力减弱,继电器触点重又闭合,报警器再次通电发出声响,电容器重又开始充电。如此反复,继电器触点不断开闭,倒车警报器发出断续的声响,以示倒车。

倒挡开关的结构如图5-53所示,当挂倒档时,倒档轴叉上的凹槽恰好对准钢球,钢球在弹簧作用下带动膜片和接触盘下移,使静触点与接触盘接触,倒档开关闭合如图5-53(b)所示。

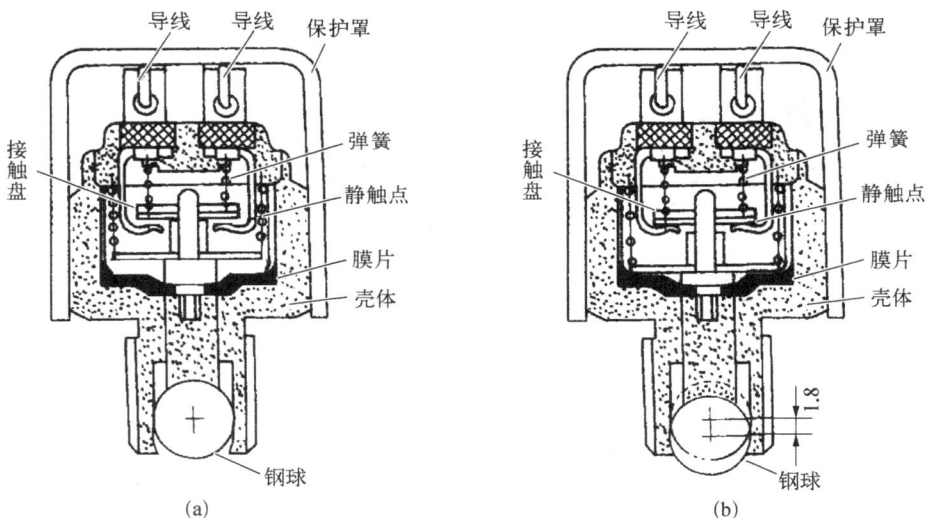

(a)

(b)

图5-53 倒档开关

(a)开关断开;(b)开关闭合

四、信息收集与处理

按表 5-10 完成任务 5.2 的信息收集与处理。

表 5-10　信息收集与处理

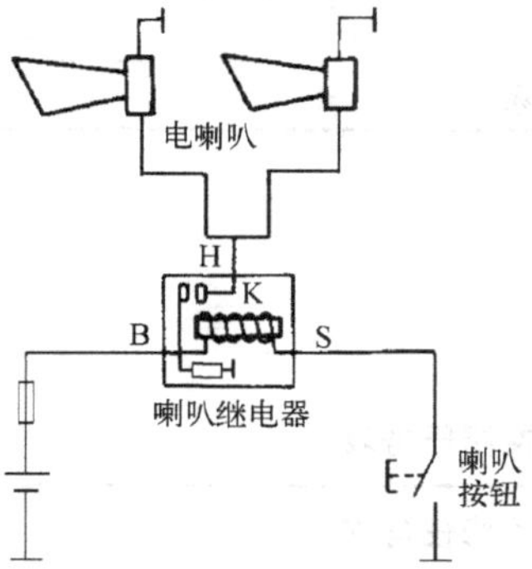

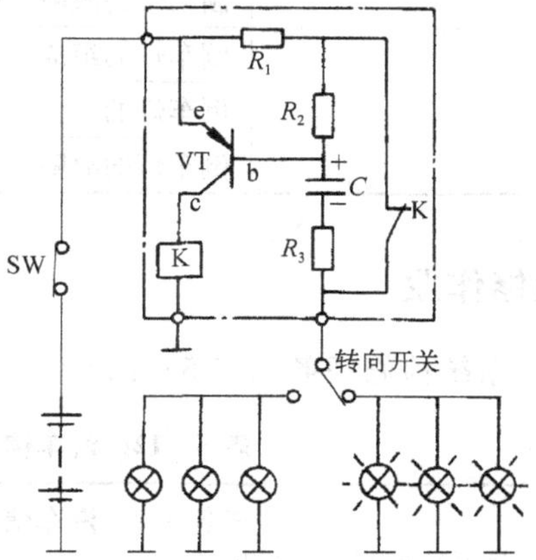

汽车信号系统的作用	
汽车信号系统的组成	
汽车信号系统的工作原理	
汽车信号系统电路的组成	
汽车信号系统的故障排除	
汽车信号系统的日常维护	

五、制订检修计划

制订汽车信号系统检验计划如表 5-11 所示。

表 5-11　制订汽车信号系统检修计划

1. 查阅资料,了解车辆照明系统类型信息、照明系统拆卸作业注意事项 2. 查阅维修手册,学习汽车照明系统检修的检修方法,制订照明系统检修计划		
1. 汽车照明系统类型信息描述	车辆描述	
	汽车照明系统信息描述	
计　划　项　目	计　划　内　容	
汽车信号灯的认识	了解汽车各信号灯的作用	
转向与危险警报灯	转向与危险警报灯的组成	
	转向与危险警报灯的工作原理	
	转向与危险警报灯的故障诊断与排除	
喇叭	喇叭的组成	
	喇叭的工作原理	
	喇叭的故障诊断与排除	

笔 记

计 划 项 目	计 划 内 容
制动灯	制动灯的组成
	制动灯的工作原理
	制动灯的故障诊断与排除
倒车灯	倒车灯的组成
	倒车灯的工作原理
	倒车灯的故障诊断与排除

六、实施检修作业

汽车信号系统检修任务如表 5 - 12 所示。

表 5 - 12 汽车信号系统检修任务表

任务 5.2 汽车信号系统检修任务书			
1. 了解汽车信号系统检修安全事项 2. 会正确对汽车信号系统进行维护保养			
1. 车辆信息描述	车辆描述		
	汽车信号系统类型描述		
2. 汽车信号系统描述			
	故 障 现 象	故 障 原 因	排除方法
3. 汽车信号系统检修	转向与危险报警灯电路所有灯全不亮	(1) 蓄电池充电不足而亏电 (2) 电路中熔丝烧断 (3) 闪光器故障 (4) 转向开关连接松脱 (5) 危险灯开关工作不良 (6) 转向灯搭铁不良 (7) 转向灯损坏	
	喇叭不响	(1) 蓄电池充电不足而亏电 (2) 电路中熔丝烧断 (3) 线路连接松脱或搭铁不良 (4) 喇叭继电器故障 (5) 喇叭本身故障	
	制动灯不亮	(1) 制动灯保险丝断 (2) 制动开关损坏 (3) 导线断路 (4) 制动灯搭铁不良 (5) 制动灯泡损坏	
	检查与维护结论		

笔 记

七、检验评估

汽车信号系统检验评估如表 5-13 所示。

表 5-13 检验评估

评 价 指 标	检 验 说 明	检 验 记 录
维护检查项目	➢ 各信号灯工作情况 ➢ 组合开关的工作情况	
汽车信号系统工作情况		

评价内容	检 验 指 标	权重	自评	互评	总评
检查任务 完成情况	1. 完成任务过程情况	4			
	2. 任务完成质量				
	3. 在小组完成任务过程中所起作用				
专业知识	1. 能描述汽车信号系统的作用	4			
	2. 能描述汽车信号系统的结构				
	3. 能描述汽车信号系统工作原理				
	4. 会描述汽车信号系统常见故障诊断方法				
	5. 会描述汽车信号系统的日常维护要领				
职业素养	1. 学习态度：积极主动参与学习	2			
	2. 团队合作：与小组成员一起分工合作,不影响学习进度				
	3. 现场管理：服从工位安排、执行实训室"5S"管理规定				
综合评议 与建议					

项目拓展

想一想：

1. 如何正确使用汽车信号灯？

2. 其他车系的信号系统如何检修？

项目六 汽车仪表与报警电路检修

一、任务导入与要求

任务导入	汽车仪表盘上各警报灯有哪些? 各有什么作用?
目标要求	1. 掌握汽车仪表与报警电路工作原理 2. 掌握汽车仪表与报警电路的检查技能 3. 提高维修接待与人交往的素质
学习步骤	汽车仪表与报警电路的组成→汽车仪表与报警电路原理→检修方法→故障排除举例
任务实施	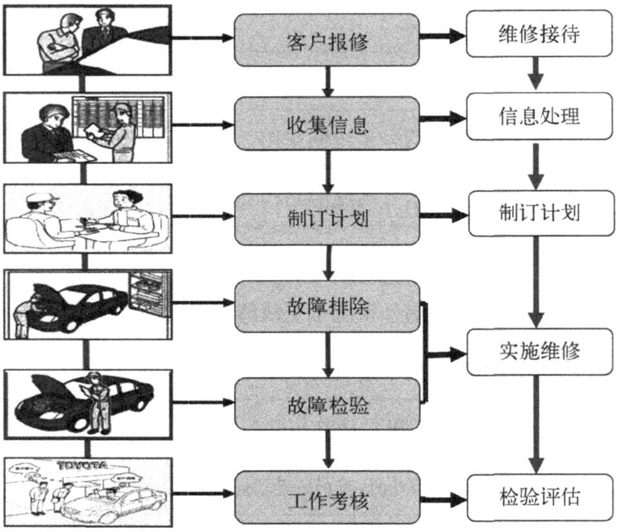

二、维修接待

按照表 6-1 完成待修车辆的维修接待,并准确填写接车问诊表。

表 6-1 维修接待与接车问诊表

1. 通过询问客户了解汽车发生故障情况,填写接车问诊表 2. 车间检测初步确认汽车仪表与报警电路有故障,需要进行检修

接 车 问 诊 表

车牌号: _____ 车架号: _____ 行驶里程: _____ (km)

用户名: _____ 电 话: _____ 来店时间: _____/_____

续　表

笔记

用户陈述及故障发生时的状况：**转速表不工作**
故障发生状况提示：**行驶速度、发动机状态、发生频度、发生时间、部位、天气、路面状况、声音描述**
接车员检测确认建议：**需要对转速表电路进行检查**
车间检测确认结果及主要故障零部件：**更换转速传感器**

车间检查确认者：＿＿＿＿＿＿＿＿＿

外观确认：

（请在有缺陷部位作标识）

功能确认：（工作正常√　不正常×）
□音响系统　　□门锁（防盗器）　□全车灯光　□工具
□后视镜　　　□顶窗　　　　　　□座椅　　　□点烟器
□玻璃升降器　□玻璃

物品确认：（有√　无×）
　　□贵重物品提示
　　□工具　□备胎　□灭火器
　　□其他（　　　　　　　　）
旧件是否交还用户　□是　□否
用户是否需要洗车　□是　□否

- 检测费说明：本次检测的故障如用户在本店维修，检测费包含在修理费用内；如用户不在本店维修，请您支付检测费。本次检测费：￥＿＿＿＿＿元。
- 贵重物品：在将车辆交给我店检查修理前，已提示将车内贵重物品自行收起并保存好，如有遗失恕不负责。

接车员：＿＿＿＿＿＿＿＿＿＿＿＿　　用户确认：＿＿＿＿＿＿＿＿＿＿＿＿

三、相关知识

（一）汽车仪表的类型

汽车仪表是用以监测汽车各系统工作状况的装置。仪表板上安装有仪表照明灯、指示灯、报警灯和仪表。仪表照明灯属于照明系统，有 2～4 个，其作用是照亮仪表，使驾驶员能看清汽车仪表的各种显示信息。指示灯有充电指示灯、左右转向指示灯、远光指示灯、驻车制动指示灯和制动液过少指示灯等。报警灯有机油压力报警灯、燃油过少报警灯、安全带未系报警灯、"CHECK ENGINE"（检查发动机）报警灯、"BRAKE"（制动）报警灯、ABS（防抱死制动）报警灯、AIR（安全气囊）报警灯、车门未关报警灯等。指示灯和报警灯一般与相应的电路相连接。

汽车仪表分为传统模拟仪表和数字仪表两种类型。传统仪表有组合式和分装式两种安装形式。组合式仪表板，就是将各种仪表、指示灯、报警灯及仪表照明灯合装在一个表盘内，

笔记

共用一块玻璃密封,采用组合式仪表的车型较多,如图6-1所示。

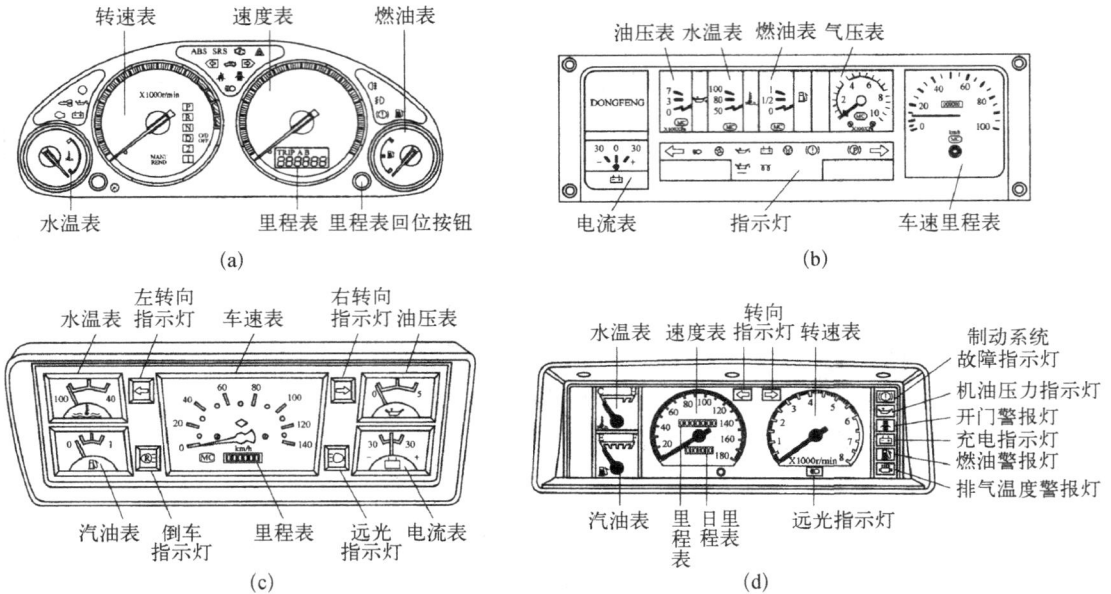

(a)

(b)

(c)

(d)

图6-1 汽车仪表的外形

数字仪表是由各种传感器将汽车的各种工况信息送到ECU,ECU驱动相应的显示器,显示汽车的各种工作状态。

汽车仪表一般采用仪表板总成的形式集中安装在驾驶室转向盘前方仪表板上,目前汽车仪表主要有电流表、电压表、燃油表、水温表、机油压力表以及车速里程表、发动机转速表、气压表等。汽车仪表及配用传感器的结构类型如表6-2所示。

表6-2 汽车仪表及传感器结构类型

仪表名称	仪表类型	传感器的类型	仪表名称	仪表类型	传感器的类型
电流表	电磁式		水温表（温度表）	电磁式	热敏电阻式
	动磁式			动磁式	热敏电阻式
电压表	动磁式			双金属片（电热式）	双金属片式，热敏电阻式
燃油表	电磁式	可变电阻式		弹簧管式	
	动磁式		机油压力表（压力表）	电磁式	可变电阻式
	双金属片（电热式）			动磁式	可变电阻式
转速表	磁感应式			双金属片（电热式）	双金属片式
	电子式			弹簧管式	
车速里程表	磁感应式		气压表	弹簧管式	
	电子式				

笔记

（二）电流表与电压表

1．电流表

电流表主要是用来指示铅蓄电池的充放电电流值，同时还用以监测电源系统工作是否正常。目前汽车上常用的电流表有电磁式和动磁式两种。

1）电磁式电流表

电磁式电流表的结构及工作原理如图6-2所示，当没有电流流过电流表时，软钢转子被永磁铁磁化而相互吸引，使指针停在中间"0"的位置。

当铅蓄电池向外供电时，放电电流通过黄铜板条，其产生的磁场与永久磁铁磁场的合成磁场吸动软钢转子逆时针偏转一个与合成磁场方向一致的角度。于是指针就指向刻度盘的"－"侧。放电电流越大，合成磁场越强，则软钢转子带着指针向"－"侧偏转角度就越大。

当发电机向铅蓄电池充电时，则流过黄铜板条的电流反向，合成磁场吸引软钢转子带着指针顺时针方向偏转指向"＋"侧，且充电电流越大，指针偏转越大。

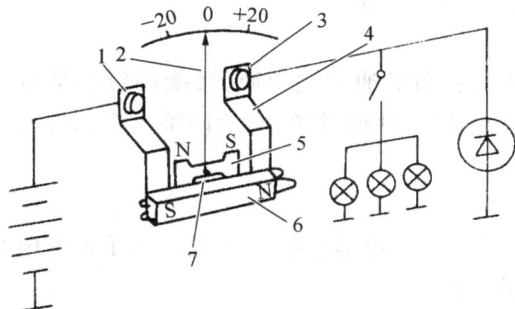

图6-2　电磁式电流表

1—负极接线柱；2—指针；3—正极接线柱；4—黄铜板条；5—软钢转子；6—永久磁铁；7—转轴

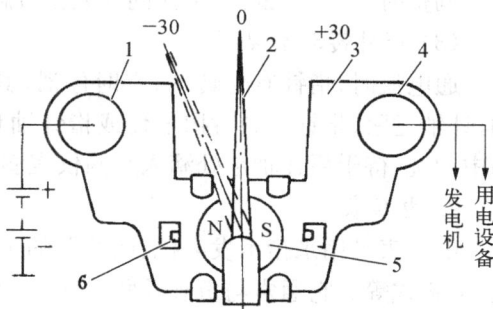

图6-3　动磁式电流表

1—负接线柱；2—指针；3—黄铜导电板；4—正接线柱；5—永久磁铁转子；6—磁轭

2）动磁式电流表

动磁式电流表如图6-3所示。

当没有电流通过电流表时，永久磁铁转子使磁轭磁化相互吸引，故指针停止在"0"位。

当蓄电池向外供电时，放电电流通过导电板产生的磁场，使浮装在导电板中心的永久磁铁转子带动指针向"－"侧偏转，且放电电流越大偏转角越大。

当发电机向蓄电池充电时，充电电流通过导电板产生的磁场则使指针向"＋"侧偏转，显示出充电电流的大小。

3）电流表的使用注意事项

（1）不同车型使用不同型号的发电机，所配用电流表的量程不同。电流表的量程有：－20～＋20 A，－30～＋30 A，－50～＋50 A，－60～＋60 A等。

（2）电流表应与铅蓄电池串联且接线时极性不可接错。若汽车和铅蓄电池为负极搭铁，电流表的"－"接线柱与蓄电池的正极相连。电流表的"＋"接线柱与发电机的电枢（正接线柱）相连。

（3）点火系统、仪表系统等长时间连续工作的小电流的用电设备，其电流通过电流表。

短时间断续工作的大电流用电设备,如起动机、转向灯、电喇叭等均不通过电流表。

4)电流表的故障检修

(1)电流表的检验。

将被试电流表与标准直流电流表(-30~+30 A)及可变电阻串联在一起,接通蓄电池电流,逐渐减小可变电阻值,比较两个电流表的示数,若示数差不超过20%,则可认为被测电流表工作正常。

(2)电流表的调整。

被试电流表示数偏高,可用充磁法进行调整,其方法有两种:

一种是永久磁铁法,即用一个磁力较强的永久磁铁的磁极与电流表永久磁铁的异性磁极接触一段时间,以增强其磁性。

另一种是电磁铁法,即用一个"Π"字形电磁线圈通以直流电,然后和电流表的永久磁铁的异性磁极接触3~4 s,以增强其磁性。

调整时,若示数偏低,可使同性磁极接触一段时间,使其退磁。

(3)指针转动不灵活。

通电流时,指针有时转动,有时停滞,其原因有:润滑油老化变质、接线螺钉的螺母松动、针轴过紧、指针歪斜碰擦卡住或指针轴和轴承磨损。针轴过紧,应予调整。将机件在汽油中冲洗,待干后在轴承处滴入几滴仪表润滑油。

2. 电压表

电压表是用来指示发电机、调节器的工作状况以及蓄电池的技术状况。电压表有电热式、电磁式等。它通常与负载并联,且受点火开关控制。

1)电热式电压表

电热式电压表的结构如图6-4所示,当在两接线柱6间加有一定电压时,电热丝中有电流通过而发热,"Π"字形双金属片变形,推动指针摆动,指示出所加电压。接线柱两端加的电压升高,电热丝发热量大,双金属片变形量大,则指针偏转角度大。反之,电压低,指针摆角则小。

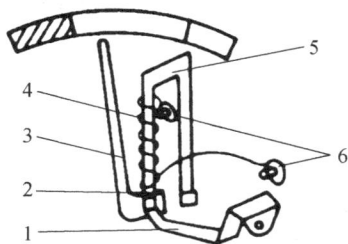

图6-4 电热式电压表

1—支架;2—挂钩;3—指针;4—电热丝;
5—Π字形双金属片;6—接线柱

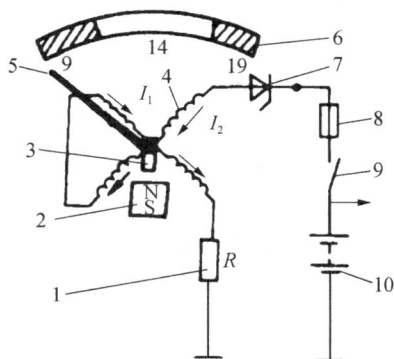

图6-5 电磁式电压表

1—限流电阻;2—永久磁铁;3—转子;4—十字交叉线圈;5—指针;6—刻度盘;7—稳压管;8—熔断器;9—点火开关;10—蓄电池

2) 电磁式电压表

电磁式电压表的结构及工作原理如图 6-5 所示,在电压表未接入电路或电源电压低于稳压管击穿电压(6~8 V)时,永久磁铁将转子磁化,保持指针在初始的位置。

接通电路,当电源电压达到稳压管击穿电压后,两十字交叉线圈产生的磁场与永久磁铁产生的磁场相互作用,从而使转子带动指针偏向高电压方向。且电源电压越高,通过十字交叉线圈的电流就越大,产生的磁场就越强,指针偏转角就越大。

3) 电压表的故障检修

电压表的常见故障检修如表 6-3 所示。

表 6-3　电压表的常见故障及排除方法

故障现象	故 障 原 因	排 除 方 法
电压表无指示	(1) 仪表线路熔断器熔断 (2) 电压表损坏 (3) 导线断路	(1) 更换熔断器 (2) 更换电压表 (3) 连接导线
电压指示过高	(1) 调节器损坏 (2) 电压表失调	(1) 更换调节器 (2) 校准电压表
电压指示过低	(1) 调节器损坏 (2) 发电机不发电或输出功率不足 (3) 电压表失调 (4) 发电机输出电路有搭铁	(1) 更换调节器 (2) 检修发电机、调节风扇传动带松紧度 (3) 校准电压表 (4) 拆除搭铁

(三) 发动机转速表

1. 柴油机转速表

柴油机转速表由变磁阻式传感器、等幅脉冲形成电路、磁电式测量机构等组成,其变磁阻式传感器的结构如图 6-6 所示。

其电路原理如图 6-7 所示,当发动机曲轴转动时,齿顶和齿间部分周期性地接近传感器的感应端,使磁路的气隙长度、磁阻跟随改变,从而引起传感器线圈内产生的感应电势和感应电流的周期变化,因而在原直流电路上就叠加了一个脉冲的交变电流信号。

当变磁阻式传感器输出负半周的交变信号时,晶体管 VT_1 由导通变为截止,起到消波整形放大作用,在其集电极输出近似矩形的脉冲波,经 C_2,R_2,R_3,R_4,R_8 组成的微分电路产生尖脉冲,触发由 VT_2 等组成的开关电路。只要 VT_1 的截止时间大于 VT_2 输出脉冲的宽度,则 VT_2 输出脉冲宽度实际上就能保持不变。加之稳压管的作用,使得脉冲的幅度也将保持不变。这样传感器每输出一周交变信号,转速表磁电式测量机构便得到一个定值的脉冲,其脉冲电流的平均值作用于测量机构,指针便指示出相应的发动机转速。

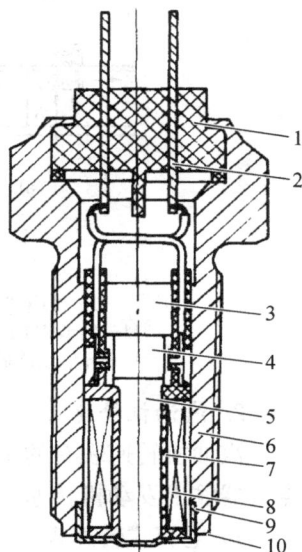

图 6-6　柴油机电子转速传感器

1—端钮;2—插片;3—极板;4—磁钢;5—极靴;6—壳体;7—线圈架;8—线圈;9—焊圈;10—端罩

笔 记

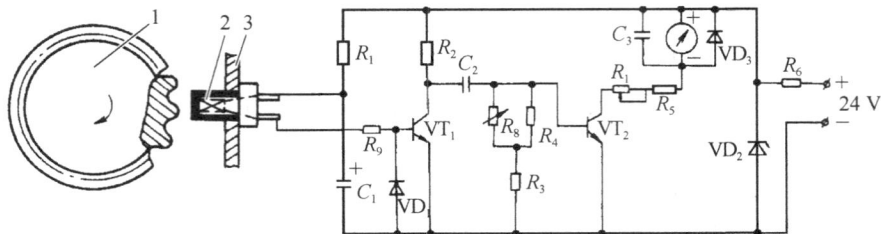

图 6-7　柴油机电子转速表电路图

1—正时齿轮；2—电子转速表传感器；3—发动机壳体

转速表的测量显示机构如图 6-8 所示,磁钢的上下两端面分别装有极环和极板,它们之间的空间形成磁路的气隙。当电流通过套装在极环臂上的线圈时,处于磁路气隙中的下半部线圈的电流方向朝外。根据楞次左手定则,电流和磁极相互作用使线圈沿极环的环形臂作顺时针移动,从而带动与线圈架固定在一起的骨架针轴作同向转动。磁电作用的感应力矩与游丝相平衡时,使指针指示出相应的转速。

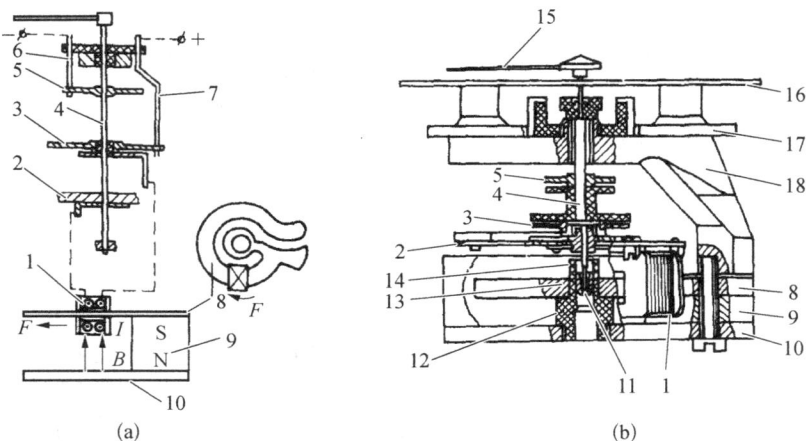

图 6-8　转速表的测量显示机构

(a) 原理图　(b) 结构示意图

1—线圈；2—骨架；3,5—游丝；4—针轴；6,7—导流片；8—极环；9—磁钢；10—极；
11—轴承钢珠；12—下轴承；13—阻尼油；14—阻尼垫圈；15—指针；16—刻度盘；
17—印制线路板；18—支架

2. 汽油机转速表

汽油机转速表有的是利用点火系统初级电路为触发信号,有的是利用发动机计算机或点火器输出发动机转速信号。其典型的型式有如下两种。

1) 电容式转速表

电容式发动机转速表如图 6-9 所示,它是利用电容充放电的脉冲驱动转速表的,其信号是取点火线圈的初级。发动机工作时,点火器内大功率三极管 VT_2,导通与截止的次数与发动机的转数成正比。当 VT_2 导通时,点火线圈的初级线圈通过 VT_2 搭铁,三极管 VT_1 基极无偏压而处于截止状态,电容 C_2 被电源充电,充电电流的路径为蓄电池正极→电阻 R_3 →电容器 C_2 →二极管 VD_1 →蓄电池负极。

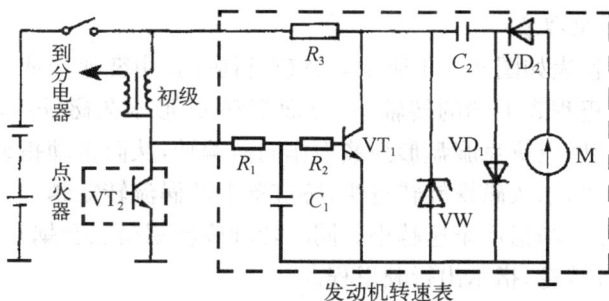

图 6-9 电容式发动机转速表

当 VT_2 截止时,三极管 VT_1 的基极电位升高而导通,此时电容器 C_2 通过三极管 VT_1、转速表测量机构 M 和二极管 VD_2 构成放电电路,从而驱动转速测量机构。

当 VT_2 不断导通与截止时,对 C_2 不断进行充放电,其放电电流平均值与发动机转速成正比,通过转速表测量机构(实际上为毫安表)指示出发动机的转速。

2) 振荡式转速表

振荡式发动机转速表如图 6-10 所示。

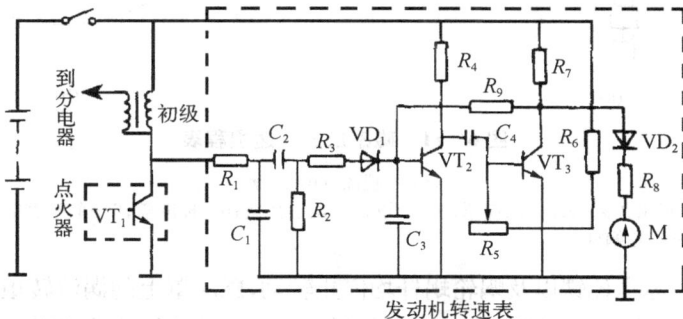

图 6-10 振荡式发动机转速表

振荡器由点火器内大功率三极管 VT_1 触发,当打开点火开关,发动机未转动时,VT_3 通过 R_5 处于正向偏置而导通,VT_3 集电极的饱和电压不足使 VT_2,VD_2 导通,因此转速表的读数为 0。

当 VT_1 第一次由导通转变为截止时,蓄电池电压经过点火开关、点火线圈初级经过 R_1,C_2,R_3,VD_1,C_1 组成的滤波网络到达 VT_2 的基极,VT_2 导通给 C_4 提供一个通路,VT_3 的基电极电位下降,VT_3 瞬时截止(非稳态),VT_3 的集电极电位迅速升高到电源电压,通过 R_9 使 VT_2 进一步导通,在 C_4 上的电压达到 VT_3 的导通电压以前,VT_2 保持导通。在这段时间内,一个已知的振幅脉冲出现在 VT_3 的集电极上,并由 VD_2 和 R_8 加在表头 M 上。由于 VT_1 脉冲宽度随转速而变,而单稳态多谐振荡器的输出不随转速而变。因此,VT_3 集电极上的平均电压与转速成正比。

(四) 车速里程表

车速里程表是用来指示汽车行驶速度和累计行驶过里程的,它由车速表和里程计数器两部分组成。按其工作原理可分为磁感应式和电子式两类。

1. 磁感应式车速里程表

磁感应式车速里程表如图 6-11 所示,当汽车行驶时,由变速器或分动器的转速经蜗轮蜗杆、软轴,传至车速里程表下端的转轴,一方面带动 U 形永久磁铁旋转,在感应罩上产生涡流磁场和转矩,驱使感应罩克服盘形弹簧力作同向偏转,从而带动指针在表盘上指示出相应的车速值。车速越快,永久磁铁旋转越快,感应罩上的涡流转矩越大,指针偏转角大,指示的车速值也越大。反之,则指示车速越小。同时转轴旋转驱动三套蜗轮蜗杆,按一定传动比转动,从而逐级带动计数轮,指示出行驶里程。

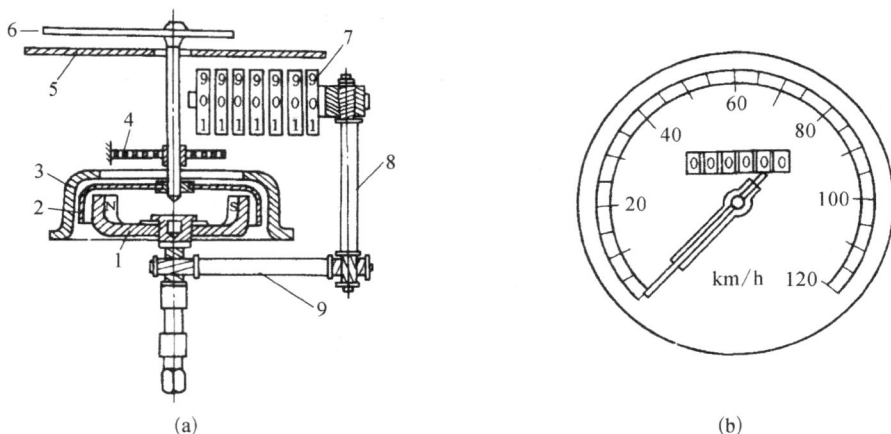

(a)　　　　　　　　　　　　　　　(b)

图 6-11　磁感应式车速里程表

(a)剖视图;(b)表盘

1—U 形永久磁铁;2—感应罩;3—护罩;4—盘形弹簧;5—标度盘;6—车速表指针;7—数字轮;8,9—蜗轮蜗杆

当汽车停驶时,永久磁铁以及蜗轮蜗杆均停止转动,感应罩上的涡流转矩消失,在盘形弹簧作用下使指针回到 0 位置,同时里程表也停止记数。当汽车继续行驶时,里程表又继续计数。

2. 电子式车速里程表

电子式车速里程表如图 6-12 所示。

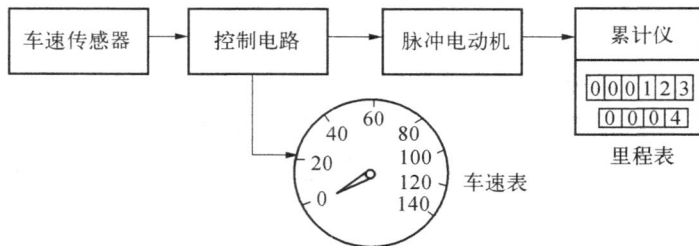

图 6-12　电子式车速里程表

变速器输出轴的转速,通过传感器转换为电信号,传递给控制电路,驱动车速表和脉冲电动机。脉冲电动机使累计仪运转指示里程。车速表是一个电流表,指示出车速。

1)车速传感器

车速传感器安装在变速器的输出轴端,如图 6-13(a),(b)所示。

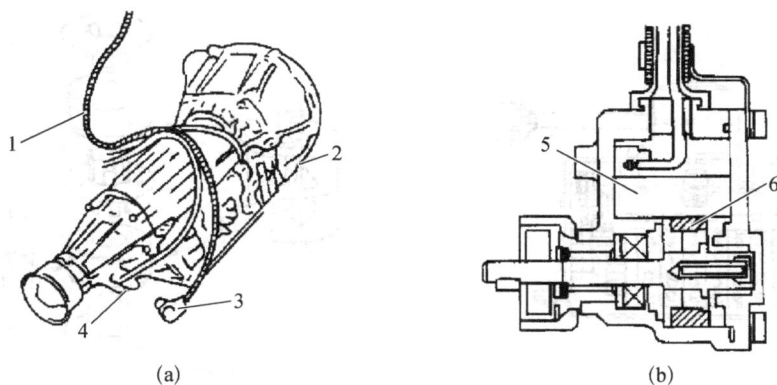

(a)　　　　　　　　　　　　　　　　(b)

图6-13 车速传感器安装位置与结构

(a) 安装位置；(b) 构造

1—电气配线；2—变速器；3—车速传感器；4—传动齿轮；5—集成电路；6—磁环

车速传感器是一种以"N-S"极交替排列的磁环与内置磁阻元件(MRE)的集成电路(IC)构成的组件。变速器输出轴端的传动齿轮，使车速传感器的磁环旋转，参见图6-13(b)，使磁阻元件MRE的电阻发生变化，通过集成电路输出矩形波，如图6-14所示。

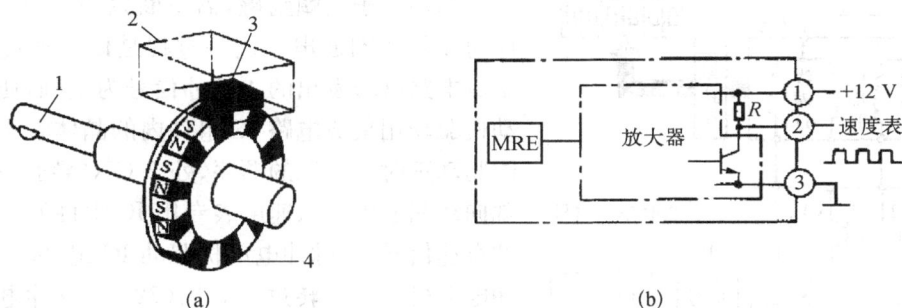

(a)　　　　　　　　　　　　　　　　(b)

图6-14 车速传感器的工作原理

(a) 磁环状态；(b) 原理图

1—键；2—集成电路；3—磁阻元件；4—磁环

当磁阻元件MRE位于两磁极之间时，流向磁阻元件的电流方向与磁力线方向平行，其电阻值最大，输出电流最小；当磁阻元件MRE位于某一个磁极之上时，流向磁阻元件的电流方向与磁力线方向垂直，其电阻值最小，输出电流最大。

随着磁环的转动，磁力线方向交替变化，内置磁组元件(MRE)的集成电路(IC)每一圈，发出20个脉冲信号，该脉冲信号即作为车速信号送入速度表，并使脉冲电动机旋转，驱动里程表的计数器。

2) 里程表的工作原理

里程表的构造如图6-15所示。

脉冲电动机是由上下两层线圈组成的定子(电磁铁)与转子(电枢)构成。每一层线圈均组成一个10极电磁铁芯(N,S各5个)。这样，上下两层电磁铁芯则组成相互交错18°安装的20磁极，通过该具有20个磁极的电磁铁芯即可驱动转子(电枢)回转，如图6-15(b)所示。

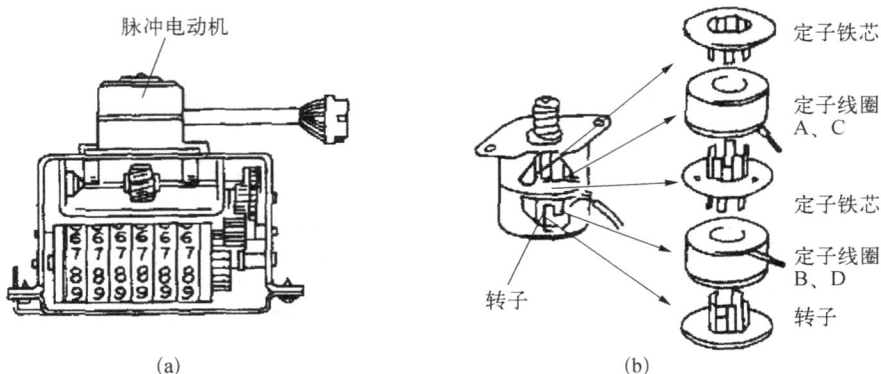

图 6-15　计数器和脉冲电动机

(a) 计数器；(b) 脉冲电动机

　　脉冲电动机不像普通电动机那样只要输入电压即可回转。为使脉冲电动机回转，需要经常变化定子线圈的励磁顺序。只有使转子(电枢)与定子线圈的励磁作用相协调，才可实现回转。

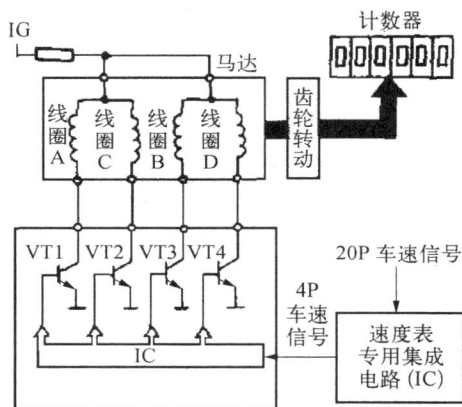

图 6-16　腾冲马达电路

　　脉冲电动机的电路如图 6-16 所示。

　　为使定子线圈励磁，需不断以 A,B,C,D 的顺序对 4 相线圈通电。这一过程是以从速度表专用集成电路(IC)发出的 4 脉冲信号为基础，使脉冲电动机驱动用集成电路 IC 组件内的晶体管按照与线圈驱动正时相协调的顺序，处于 ON(导通)状态，实现向线圈通电。从速度表专用 IC 组件发出的 4 脉冲车速信号，向脉冲电动机驱动 IC 组件输入时，脉冲电动机分 4 步转过 1/5 周(72°)。脉冲电动机转动原理如表 6-4 所示。

　　3) 车速里程表的检修

　　车速里程表的常见故障，产生原因及排除方法见表 6-5。

表 6-4　脉冲电动机转动原理

脉冲	1	2	3	4
通电线圈	A,B	B,C	C,B	A,D
两层铁芯和转子的状态	拉动	拉动	拉动	拉动
累计回转角度	18°	36°	54°	72°

表 6-5　车速里程表常见故障

故障现象	产生原因	排除方法
车速表和里程表指针均不动	(1) 主轴减速机构中的蜗杆或蜗轮损坏使软轴不转 (2) 软轴或软管断裂 (3) 主轴处缺油或氧化而卡住不动 (4) 表损坏 (5) 转轴的方孔或软轴的方轴被磨圆 (6) 软轴与转轴或主轴连接处松脱	更换零件 更换 清除污物加润滑油 更换 更换转轴或软轴 连接牢靠
车速表和里程表指示失准	(1) 永久磁铁的磁性急减或消失 (2) 游丝折断或弹性急减 (3) 里程表的蜗轮蜗杆磨损	充磁 更换 更换
车速表指针跳动、不准而里程表正常	(1) 指针轴磨损或已断 (2) 指针轴转轴的轴向间隙过大 (3) 感应罩与磁铁相碰 (4) 游丝失效或调整不当 (5) 软轴两端结合处时接时脱 (6) 软轴的安装状态不合要求,某处弯曲急剧	更换 调整 检修 换游丝或重调 重装或更换 改变安装或更换
工作时发出异响	(1) 软轴过于弯曲、扭曲 (2) 软轴与转轴、变速器或分动器输入端润滑不良 (3) 各级蜗轮蜗杆润滑不良 (4) 磁钢与感应罩相碰	更换软轴 加润滑油 加润滑油 检修
车速表正常而里程表工作不良	(1) 减速蜗轮蜗杆啮合不良 (2) 计数轮运转不良	更换 更换
里程表走而车速表不走	(1) 感应罩或指针卡住 (2) 磁铁失效	检修 充磁

注:① 轮胎过分磨损,胎压过高或过低均将引起车速表的误差。
　　② 软轴质量不好,常引起针摆现象。

车速里程表的检修:

使用车速里程表检测仪在车上检查车速表指示误差、针摆和异常噪声,检查里程表是否工作正常。

对比检验法,用可调速的电动机同时驱动标准表和被检表,在改变电动机转速的情况下,观察两表的指示值,其值应基本相同。

若经过检测、检验,不合要求的车速表,对于磁感应式,可拆开表壳拨动盘形弹簧下面的调整柄校准或更换新表;对于电子式车速表,则须更换传感器、控制电路或车速表。

(五) 燃油表与燃油量警告灯

燃油表是用来指示汽车燃油箱中的存油量,它由装在油箱内的油量传感器和仪表板上的燃油指示表两部分组成。

现代汽车上使用的燃油表有电磁式燃油表、双金属片式燃油表、动磁式燃油表。

1. 电磁式燃油表

1) 带铁芯电磁式燃油表

带铁芯电磁式燃油表如图 6-17 所示。

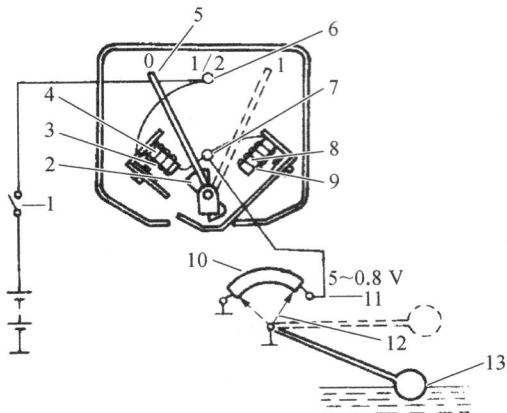

图 6-17 带铁芯的电磁式燃油表

1—点火开关；2—转子；3—左线圈；4,9—铁芯；5—指针；6—电源接线柱；7,11—传感器接线柱；8—右线圈；10—可变电阻；12—滑片；13—浮子

当油箱内无油时，浮子下沉，可变电阻与右线圈被短路，无电流通过，左线圈在电源电压作用下，通过的电流达最大值，产生电磁力最大，吸引转子，使指针停在最左面的"0"位上。

随着油箱中油量的增加，浮子上浮，便带动滑片移动，部分可变电阻接入回路中，左线圈中的电流相应减小，产生的电磁力减弱，而右线圈中的电流增加，产生的电磁力增强。转子在合成磁场的作用下向右偏转，从而使指针指示油箱中的燃油量。

当油箱中充满燃油后，浮子上升到最高点，可变电阻全部接入回路。此时左线圈产生的电磁力最弱，而右线圈的电磁力最强，转子在合成磁场的作用下向右偏移至最大位置，指针便指在"1"的位置上。

2）十字线圈电磁式燃油表

十字线圈电磁式燃油表电路如图 6-18 所示。

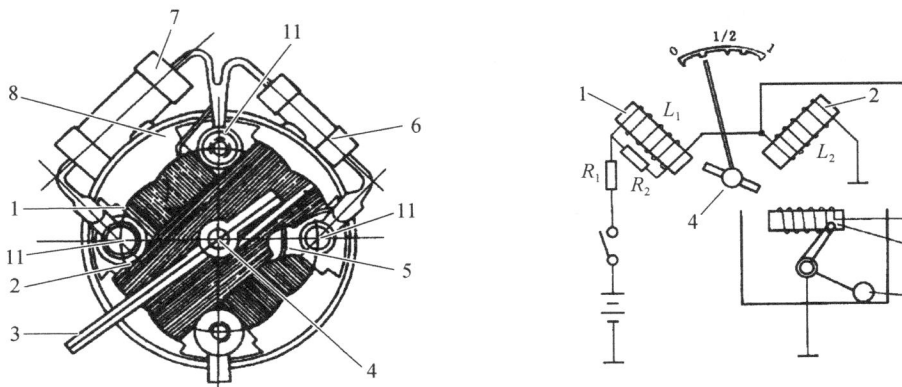

图 6-18 十字线圈电磁式燃油表

1—十字交叉线圈 L_1；2—十字交叉线圈 L_2；3—指针；4—指针轴；5—盘形永久磁铁；6,7—电阻；8—外壳；9—可变电阻；10—浮子；11—接线柱

由燃油表和传感器组成。燃油表由十字交叉线圈、表针和刻度盘等组成。传感器主要由可变电阻线圈、可变电阻滑动触点、浮子等组成。

这里以图 6-18(b)为例讲解其工作原理。当油箱无油时，浮子下沉，传感器的可变滑动电阻减小，这时线圈 L_2 被短路，通过其中的电流接近零，不显磁性，而线圈 L_1 中的电流达到了最大值，产生的磁力也达到最大值，吸引转子使表针向"0"位置偏转，指示油箱无油。当油箱装满油时，浮子向上浮，这时传感器可变电阻值最大，但经过的电流很小，而线圈 L_2 的电流达到最大值，L_2 产生的磁力达到最大值，吸引转子使表针向"1"位置处偏转，指示油箱满油。

燃油表的电路有二线传感器和三线传感器两种，如图 6-19 所示。

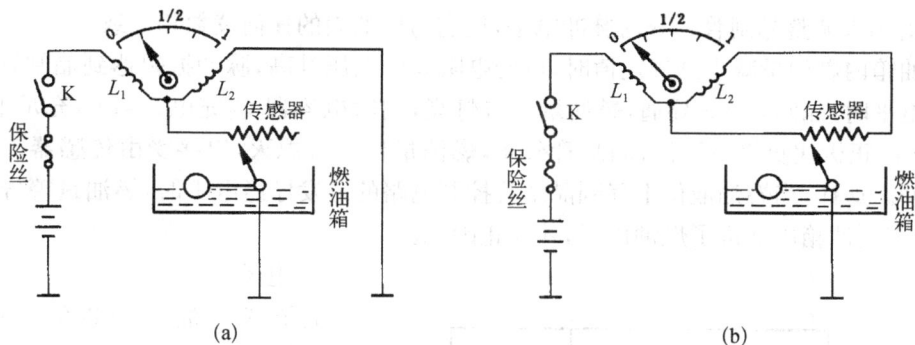

图6-19 两种十字线圈电磁式燃油表电路

（a）两线传感器；（b）三线传感器

2．燃油量警告灯

燃油量警告灯的作用是用来告知驾驶员，燃油箱中的燃油已不多。警告灯的传感器通常有热敏电阻式、晶闸管式、电子式等。

1）热敏电阻式

热敏电阻式传感器燃油量警告灯电路如图6-20所示。

当油箱中燃油量多时，负温度系数的热敏电阻元件浸没在燃油中散热快，其温度较低，电阻值大，所以电路中电流很小，警告灯不亮。

当燃油减少到规定值以下时，热敏电阻元件露出油面，散热慢，温度升高，电路中电流大，则警告灯亮，向驾驶员警告燃油量过少。

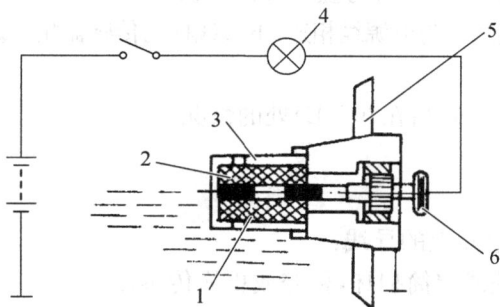

图6-20 热敏电阻式燃油量警告灯

1—热敏电阻元件；2—防爆用的金属网；3—外壳；4—警告灯；5—油箱外壳；6—接线柱

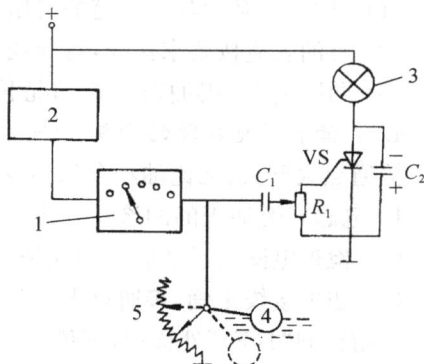

图6-21 可控硅式燃油量警告灯

1—双金属燃油表；2—电压调节器；3—燃油量警告灯；4—浮子；5—可变电阻

2）晶闸管式

晶闸管式燃油量警告灯电路通常与汽车上双金属片式燃油表和传感器一起工作。其工作原理如图6-21所示。

每当燃油表的电压调节器输送一个脉冲时，在传感器的可变电阻上出现一个与燃油表液位成比例的电压。燃油液位下降时，可变电阻5的阻值增大，其上的电压升高，脉冲振幅增大。R_1用来调整晶闸管的导通脉冲电平,使它与燃油表的任何读数相一致。

当油箱内燃油量减少到规定值时,可变电阻 5 的电压升高,脉冲振幅达到晶闸管 VS 导通脉冲电平时,晶闸管 VS 导通,燃油量警告灯亮,同时电容器 C_2 充电。当 C_2 充足电时,晶闸管 VS 的正极比负极电压低,晶闸管截止,燃油量警告灯熄灭,以接受由传感器传来的第二个脉冲。这样,当燃油液位下降到晶闸管控制电路的触发导通电平时,燃油量警告灯接通闪光,一直到油箱内加进了燃油以后,才停止闪光。

3)电子式

电子式燃油量警告灯电路如图 6-22 所示。

与电磁式燃油表结合使用,其中,VT_1,VT_2 组成施密特触发器,形成可变电阻上的直流电压,该直流电压和油箱内的燃油位成正比。

当油箱装满时,传感器滑动触点处于下端,电阻值大,VT_1 的基极电位高,使 VT_1 导通,VT_2,VT_3 截止,燃油警告灯不亮。

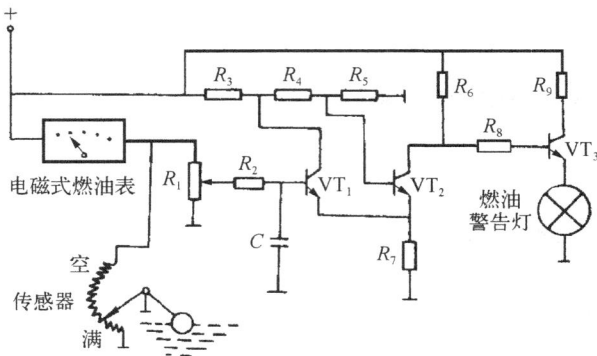

图 6-22　电子式燃油警告灯电路

当燃油位下降到规定值时,传感器电阻减小,可变电阻上的电压达到临界值,VT_1 截止,VT_2,VT_3 导通,燃油警告灯发出闪光。

3. 燃油表的使用

(1) 燃油表,必须与其配套的稳压器、传感器配套使用。

(2) 燃油表应按要求接线,且导线必须连接可靠,不得与金属导体相接触。

(3) 两接线柱式燃油表,一般情况下应将上接线柱与电源线相连,下接线柱与传感器相连。

4. 燃油表常见故障的诊断方法

接通点火开关,无论油箱存油多少,指针不动,总指在"0"(E)处的情况:

1) 电磁式燃油表的的诊断方法

(1) 检查电磁式燃油表的导线是否接错。

(2) 如果接线正确,接通点火开关,拆下传感器上的导线:

若指针向"1(F)"处移动,则传感器内部搭铁或浮筒损坏,检修或更换传感器;

若指针仍指在"0(E)"处,进行下一步检查。

(3) 拆下燃油表上的传感器接线柱导线:

若指针向"1(F)"处移动,则燃油表至传感器间导线搭铁,更换导线;

若指针仍在"0(E)"处,将燃油表电源接线柱搭铁试火:有火花,则燃油指示表内部电磁线圈断路。无火花,则燃油表电源线断路。

2) 双金属片式燃油表的诊断方法

(1) 接通点火开关,将传感器上的导线搭铁:

若指针迅速向"1(F)"处移动,则传感器损坏或接地不良;

若指针仍不动,进行下一步检查。

（2）将燃油表上的传感器接线柱搭铁：

若指针向"1(F)"处移动,则传感器至燃油表间线路有断路或接线头接触不良；

若指针仍不动,进行下一步检查。

（3）将燃油表的电源接线柱搭铁试火：

若无火,则燃油表电源线断路；

若有火,则燃油表内电热线圈断路。

接通点火开关,无论油箱存油多少燃油指示表指针均指在"1"(F)处的情况：

1）电磁式燃油表的诊断方法

（1）接通点火开关将燃油表传感器导线搭铁：

若指针回到"0(E)"处,则传感器损坏或接地不良；

若仍不回"0(E)"处,进行下一步检查。

（2）将燃油表上的传感器接线柱搭铁：

若指针回"0(E)"处,则燃油表至传感器间线路断路；

若指针仍不回"0(E)"处,则燃油表上的传感器接线柱与电磁线圈脱焊或接触不良。

2）双金属片式燃油表的诊断方法

（1）接通点火开关,拆下传感接线：

若指针回到"0(E)"处,则传感器内部搭铁；

若指针仍不回"0(E)"处,进行下一步检查。

（2）再拆下燃油表上的传感器接线柱：

若指针回到"0(E)"处,则燃油表至传感器线路搭铁；

若指针仍不回"0(E)"处,则燃油表损坏内有短路。

（六）机油压力表与警告灯

机油压力表是用来指示发动机机油压力的大小和发动机润滑系工作是否正常。由装在发动机主油道上或粗滤器壳上的机油压力传感器和仪表板上的机油压力表两部分组成。常用机油压力表的类型有双金属片式、电磁式和弹簧管式机油压力表。

1. 机油压力表电路的结构原理

1）双金属片式机油压力表

双金属片式机油压力表如图6-23所示。

当接通点火开关时,电流流过双金属片上的加热线圈,使双金属片受热变形。机油压力很低时,传感器中的膜片几乎无变形,此时作用在触点上的压力甚小。电流通过加热线圈不久,温度略有升高,双金属片弯曲使触点分开（弹簧片3与双金属片4分开）,电路被切断,稍后双金属片冷却伸直,触点又闭合。因触点闭合时间短,电路中电流的平均值小,指示表中双金属片弯曲变形小,指针向右偏移量小,即指出较低油压。

若机油压力增高时,膜片向上拱曲,加在触点上的压力增大,触点闭合时间延长,电路中电流的平均值增大,指示表中双金属弯曲变形增大,从而指示较高的油压。

2）电磁式机油压力表

电磁式机油压力表如图6-24所示。

当油压为0时,膜片无变形,可变电阻全部接入电路,左线圈中的电流最大,而右线圈中

笔记

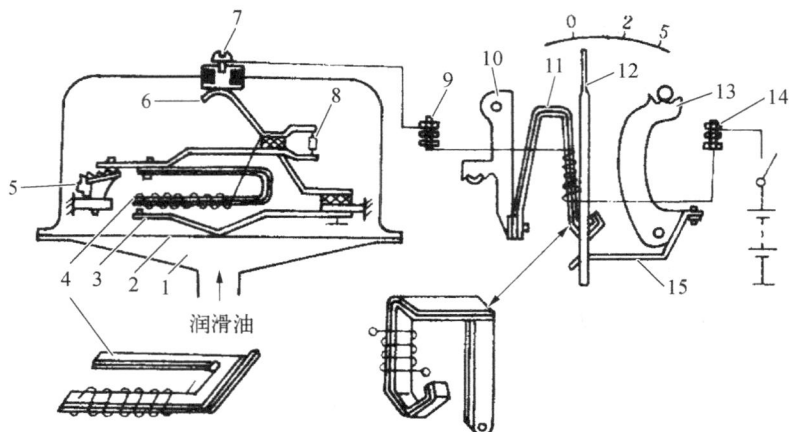

图 6-23　双金属片式油压表

1—油腔；2—膜片；3—弹簧片；4—双金属片；5—调节齿轮；6—接触片；7,9,14—接线柱；8—校正电阻；10,13—调节齿扇；11—双金属片；12—指针；15—弹簧片

最小,形成的合成磁场吸动磁铁带动指针指向"0"位。

　　当油压升高时,膜片向上拱曲,可变电阻部分接入电路,流过右线圈的电流增大,而流过左线圈的电流减小,形成的合成磁场使指针向右偏转,指在高油压位置。

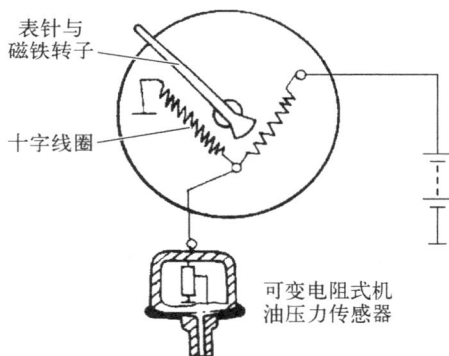

图 6-24　电磁式机油压力表

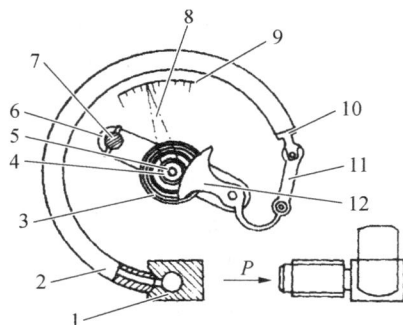

图 6-25　弹簧管式机油压力表

1—接头；2—弹簧管；3—游丝；4—小齿轮；5—针轴；6—夹板；7—固定轮；8—指针；9—刻度盘；10—封口塞；11—连接板；12—扇形齿轮

　　3) 弹簧管式机油压力表

　　弹簧管式机油压力表如图 6-25 所示。

　　当发动机不工作时,弹簧管内无机油压力,而处于自由状态,指针指在表盘的"0"位上;

　　当压力增高时,弹簧管自由端外移,通过连接板使扇形齿轮驱动固定在指针轴上的小齿轮,带动指针指示出相应的油压值。

　　2. 使用时注意事项

　　(1) 机油压力表指示器必须与其配套设计的稳压器、传感器配套使用。

笔记

（2）机油压力表安装时必须注意，接线柱的绝缘应良好，拆卸时不要敲打或碰碰。

（3）双金属脉冲式机油压力表传感器安装时，一定要使传感器上的箭头符号向上，并与垂直中心线的夹角不得超过 30°。

（4）弹簧管式机油压力表安装时必须保证管口的密封，以防漏油。

3. 机油压力表的常见故障检修

1）发动机工作，指针指在"0"位不偏转

（1）察看电流表和燃油表，并用旋具将传感器接线柱搭铁。

指针仍指在"0"位，熔断器烧断，机油压力表火线断脱，机油压力表指示表损坏，指示表与传感器之间连线断脱；

指针迅速向 490.5 kPa 处移动，则进行下一步检查。

（2）检查机油深度。

若机油深度在规定值以下，则发动机严重缺油，应补充机油；

若机油深度在规定值以上时，则进行下一步检查。

（3）拆下传感器使外壳接铁，用一根无尖头的铁钉顶压传感器膜片。

若指针转到 490.5 kPa 处，则机油油路有故障；

若指针仍指在"0"位不动，传感器失效（线圈烧断、触点氧化接触不良、可变电阻器断路）。

2）发动机没有运转，接通点火开关指针即开始移动

拆下传感器接线柱的连线：若指针迅速转到"0"，则传感器触点粘住或内部搭铁；若指针仍指示一定压力，传感器与指示表之间连线搭铁，指示表内部搭铁。

3）指针指示不准确

原因有：接线柱连接不良；指示表电热线圈烧坏；指示表十字交叉线圈内部短路或断路；传感器安装位置不对。

4. 机油压力警告灯电路

机油压力警告灯是在润滑系统机油压力降低到规定限度时，红色警告灯亮，提醒驾驶员注意。它由装在主油道上的传感器和装在仪表板上的红色警告灯组成，常见的警告灯有弹簧管式机油压力警告灯和膜片式机油压力警告灯。

1）弹簧管式机油压力开关

弹簧管式机油压力警告灯的电路如图 6 - 26 所示。

当机油压力低于某一定值时，管形弹簧变形很小，于是触点闭合，电路接通，警告灯亮，指出主油道机油压力过低；当发动机运转，机油压力升高，管形弹簧变形大，触点打开，警告灯熄灭，说明润滑系工作正常。

2）膜片式机油压力开关

膜片式机油压力开关如图 6 - 27 所示。

当机油压力正常时，机油压力推动膜片向上拱曲，触点打开指示灯不亮。当润滑系油压

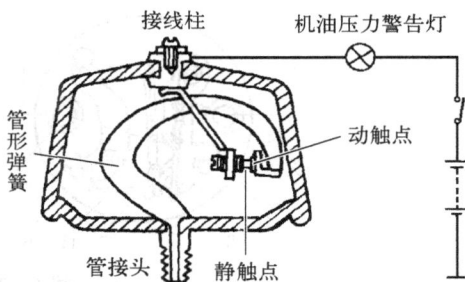

图 6 - 26　弹簧管式机油压力警告灯电路

笔记

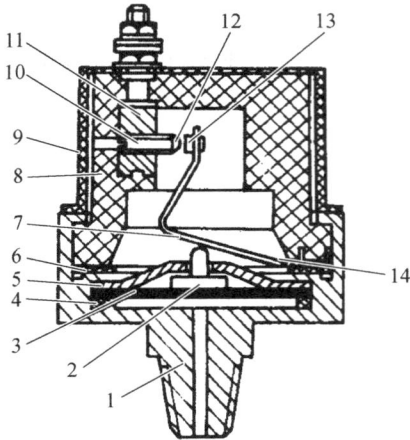

图 6-27　膜片式机油压力开关

1—接头;2—顶芯;3—膜片;4—密封
垫圈;5—限制阀;6—垫圈;7—导电片;
8—盖体;9—外套;10—调节螺钉;11—接
线柱;12—静触点;13—动触点;14—锁钉

降到一定值时,回位弹簧使膜片下移,触点闭合,接通机油压力警告灯的电路,红色指示灯亮,以示警告。

(七) 水温表与温度报警器

1. 水温表电路

水温表(温度表)是用以指示发动机冷却液的温度的,由温度传感器和温度指示表两部分组成。温度传感器安装在发动机气缸体水套上,温度指示表在仪表板上。水温表有双金属片式水温表配双金属式传感器型、电磁式水温表配热敏电阻式传感器型、动磁式水温表配热敏电阻式传感器型和双金属片式水温表配热敏电阻式传感器型等 4 种。

1) 双金属片式水温表

图 6-28 所示是双金属片式水温表配双金属式传感器的电路。

当发动机冷却水温度低时,传感器铜壳及双金属片周围温度也低,动触点的闭合压力较大,触点闭合时间长,断开时间短,流过指示表电热线圈中的脉冲电流平均值大,双金属片变形大,带动指针偏转较大的角度,指示发动机温度低。

当水温升高时,动触点的闭合压力减小,触点的闭合时间变短,断开时间变长,流过电热线圈的脉冲电流平均值减小,双金属片变形小,指针偏转角小,指示发动机温度高。

图 6-29 所示是双金属片水温表配热敏电阻式水温传感器的电路。

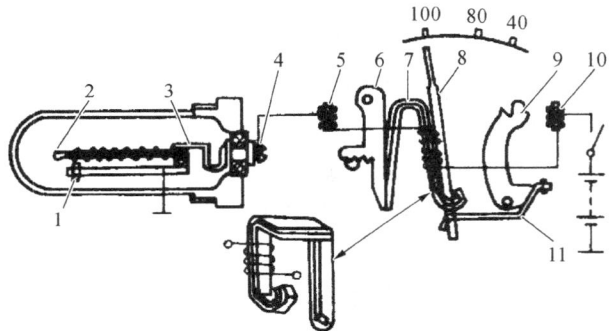

图 6-28　双金属片式水温表

1—螺钉;2—双金属片;3—接触片;4,5,10—接线柱;
6,9—调节齿扇;7—双金属片;8—指针;11—弹簧片

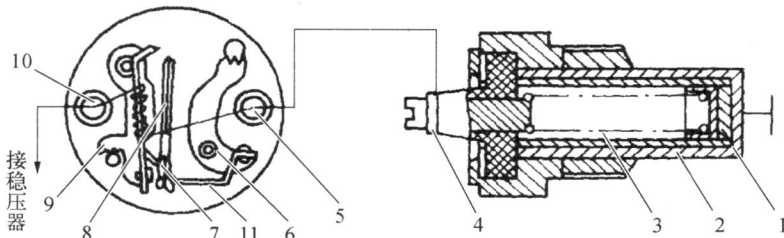

图 6-29　热敏电阻式水温表

1—热敏电阻;2—外壳;3—弹簧;4,5,10—接线螺钉;6,9—调节齿扇;7—双金
属片;8—指针;11—弹簧片

温度升高,热敏电阻的电阻值变小,改变指示表内电热线圈的电流大小,改变双金属片

的变形程度,从而带动指针指示出相应的温度值。

2)电磁式水温表

图6-30所示是电磁式水温表的电路图。

当冷却水温度升降时,热敏电阻传感器的电阻值变化,直接控制串、并联线圈中的电流大小,使两个铁芯作用在转子上的电磁力发生变化,从而带动指针偏转,指示相应的温度值。

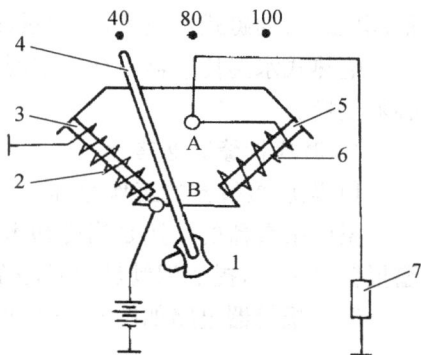

图6-30 电磁式水温表

1—转子;2,6—左右线圈;3,5—铁芯;
4—指针;7—热敏电阻传感器

2. 水温表的故障诊断

(1)接通点火开关,双金属片式水温表指针不动或指示数值偏高,电磁水温表指针不动或指示数值偏低。

① 将水温传感器接线柱搭铁。指针移动,则传感器损坏或搭铁不良。

② 指针仍不动,再将水温表电源接线柱搭铁试火。若无火,电源线路断路。

③ 若有火,再将水温表上的传感器接线柱搭铁。若指针移动正常,水温指示表与传感器之间的连线断路。若指针仍不移动,水温指示表电热线圈烧坏或断路。

(2)接通点火开关,双金属片式水温表指示数值偏低,电磁水温表指针指向最高值。

将传感器接线柱上的连线拆除,进行断路试验。若指针仍指到最低值,则指示表至传感器之间连线有搭铁。若指针转至高温,则传感器内部有搭铁。

(3)接通点火开关,电磁水温表指针指示数值不正确。其原因有指示表与传感器未正确配套;指示表或传感器性能不良。

3. 水温表的检修

1)水温表使用的注意事项

(1)温度指示表必须与其配套的稳压器、传感器配套使用。

(2)温度指示表与传感器安装时,必须注意接线柱的绝缘,同时必须保证各接线柱连接可靠,并不得与金属体相碰。

(3)温度指示表和传感器拆卸时不要敲打和碰磕。

2)水温表的检测

先用万用表测量指示表内线圈及传感器的电阻值,应符合原制造厂的规定,否则更换。再将传感器安装在加热容器上,并接好电线,接通电路,使加热容器内的水分别为规定水温,并在保持3 min不变的情况下观察水温指示表与水银温度表的示数,相同则均为良好,否则需调整或更换,如图6-31所示。

夏利轿车水温表的内阻为25 Ω。水温为50℃时,传感器的电阻226 Ω。水温为115℃时,传感器的电阻26.4 Ω。

双金属片式水温表,可通过拨动表内齿扇来调

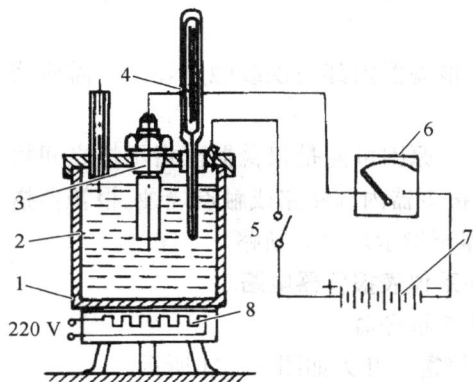

图6-31 水温表的检验

1—加热容器;2—水;3—被检传感器;4—水银温度表;5—开关;6—标准水温表;7—蓄电池;8—电炉

笔记

整;电磁式、动磁式水温表,可通过改变两线圈的轴向位置或两线圈的夹角来调整。

电热式水温传感器不合要求时,可拆开外壳通过调整静触点来校正。而热敏电阻式则必须更换。

4. 温度报警器电路

1)温度报警器的工作原理

温度报警器的作用是当冷却水的温度达到或超过规定的温度时,驾驶室仪表板上的水温报警灯发光,提醒驾驶员及时停车检查冷却系。

温度报警器电路如图6-32和图6-33所示。

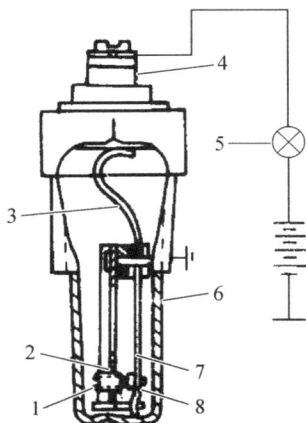

图6-32 条形双金属片式温度报警器开关

1—调节螺钉;2—支架;3—导电片;4—端钮铜接头;5—报警灯;6—接头壳体;7—条状双金属片;8—触点

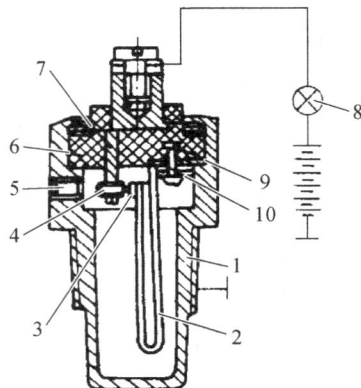

图6-33 U形双金属片温度报警器开关

1—接头壳体;2—U形双金属片;3—触点;4—调节螺钉;5—封口螺钉;6—绝缘端钮;7—导电架;8—报警灯;9—铆钉;10—导电体

当水温达到规定的极限温度时(95~98℃),双金属片受热变形,两触点接触,电路接通,水温报警灯发亮,当水温下降后,双金属片变形量减小,两触点又断开,水温报警灯熄灭。

2)温度报警器常见故障排除方法

(1)接通点火开关,温度报警指示灯就亮,原因是报警器内部搭铁或触点烧结。需检修或更换报警器。

(2)接通点火开关,温度报警器在水温过高时不亮,原因可能是报警器至指示灯之间短路、灯泡烧坏、报警器内部断路或触点烧蚀、报警器搭铁不良、报警器至指示灯之间断路。

(八)制动系仪表报警器电路

1. 制动液面报警器

制动液面报警器开关如图6-34所示。

当浮子随着制动器液面下降到极限值以下时,永久磁铁4吸动舌簧开关3内触点闭合,报警指示灯电路接通发亮。当制动液面在规定极限值以上时,浮子上升,与永久磁铁4的距离增加,舌簧开关在自身弹

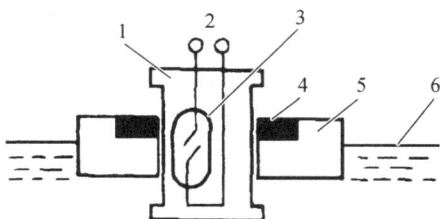

图6-34 制动液面报警器开关

1—外壳;2—接线柱;3—舌簧开关;4—永远磁铁;5—浮子;6—液面

力作用下,断开报警灯电路,指示灯熄灭。

2. 真空度报警器

真空报警器的作用是在真空增压器的真空筒内的真空度过低时,报警灯就发亮,提醒驾驶员,以保证行车安全。

真空度报警器开关如图 6-35 所示。

当真空筒内的真空度下降到 53.3 kPa 时,膜片在压力弹簧的作用下向上拱曲,触点与接线柱接触,报警指示灯发亮。当发动机工作时,真空筒内的真空增加,吸动膜片向下拱曲,触点与接线柱断开,报警指示灯熄灭。

3. 空气压力表

1) 空气压力表类型

空气压力表是用来测量气压制动储气筒内气压的大小,以保证在需要制动时能产生相当大的制动力。有单弹簧管式和双指针双管式两种类型,现代汽车采用双指针双管式气压表较多。

2) 结构原理

双指针双管空气压力表如图 6-36 所示。

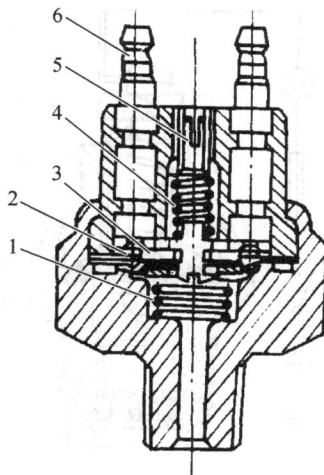

图 6-35 真空度报警器开关

1—压力弹簧;2—膜片;3—触点;4—调整弹簧;5—调整螺钉;6—接线柱

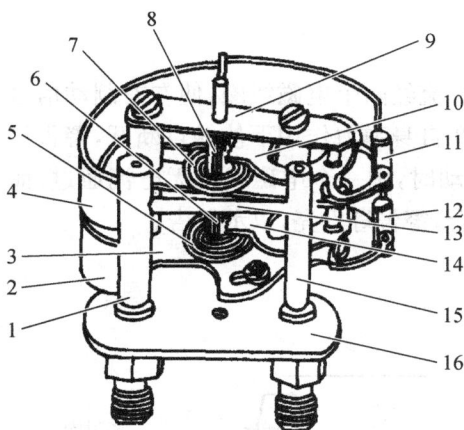

图 6-36 双指针双管空气压力表

1—左接头;2,4—弹簧管;3—下夹板;5,7—游丝;6—长径齿轮;8—空心齿轮;9—上夹板;10,14—扇形齿轮;11,12—连接板;13—气管;15—右接头;16—底板

仪表上的左右接头分别与前后桥储气筒相连,进入左接头的气体流入弹簧管 2 的内腔,进入右接头的气体经气管 13、左接头上端的小孔流入弹簧管 4 的内腔。弹簧管受到气压作用使其端部产生位移,经连接板 11,12,扇形齿轮 10,14 传至空心齿轮、长径齿轮(空心齿轮套在长径齿轮的轴径外面),从而带动压在空心齿轮和长径齿轮外面的两指针,分别指示出前后桥储气筒的气压值。

3) 气压表的故障检修

(1) 两气压表示值不同。其原因有管路中漏气、表内漏气、指针装配过紧、表误差较大。可焊修或更换管路、焊修或更换气压表、重新装配表针、更换气压表。

(2) 气压表指针不回零。其原因有表针轴孔与轴松动或装配管接头时,扳用力过大,使表心转动。可重新装配或把表芯拧回。

4. 制动系低气压报警器

1) 结构及工作原理

制动系低气压报警器装在制动系储气筒或制动阀压缩空气输入管路上,其作用是在制动系气压过低时,驾驶室仪表板制动系低气压报警灯发光,告知驾驶员,采取措施,以保证行车安全。

笔记

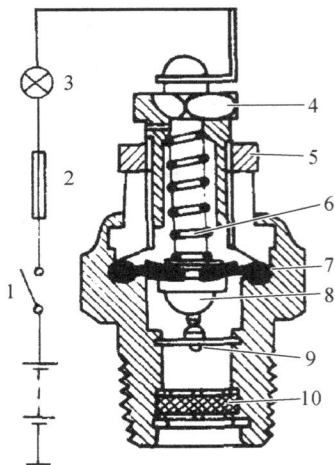

图6-37 膜片式低气压报警器

1—电源开关；2—保险丝；
3—指示信号灯；4—调整螺钉；
5—锁紧螺母；6—回位弹簧；7—
膜片；8—动触点；9—静触点；
10—滤清器

制动系低气压报警器如图6-37所示。

电源接通后，当制动系储气筒内的气压下降至0.34～0.37 MPa(3.5～3.8 kgf/cm²)时，作用在膜片上的压力减小，膜片在回位弹簧的作用下移动，使触头闭合，电路接通，低气压报警灯发光；当储气筒中的气压升高至0.4 MPa(4.5 kgf/cm²)以上时，膜片所受的推力增大，回位弹簧压缩，触头打开，电路切断，低气压报警灯熄灭。

2) 低气压报警器故障检修

(1) 接通电源，在汽车运行过程中低气压报警灯一直不灭。其原因有空压机传送带松弛打滑、空压机工作性能不良、空压机至储气筒制动阀之间管路接头漏气、低气压报警器滤清器堵塞或膜片破裂、报警指示灯至报警器开关间线路短路。

(2) 停驶时间较长时，接通电源，低气压报警灯不亮。其原因有低气压报警灯损坏、低气压报警灯至报警器间和指示灯至电源开关间断路、报警器搭铁不良、报警器损坏。

(3) 报警器报警压力失准。要结合气压表和旋转报警器上的调整螺钉来调整。

5. 制动信号灯断线报警器

制动信号灯断线报警器电路如图6-38所示。

制动时，踩下制动踏板，制动灯开关接通，电流分别流经两个电磁线圈，使左右制动信号灯亮。同时两线圈所产生的磁场互相抵消，舌簧开关在自身弹力作用下使触点断开，警告灯不亮。若左(或右)制动信号灯断路(或灯丝烧断)，制动时，则一个电磁线圈无电流通过，而通电的线圈所产生的磁场吸力吸动舌簧开关，触点闭合，警告灯发亮，以示警告。

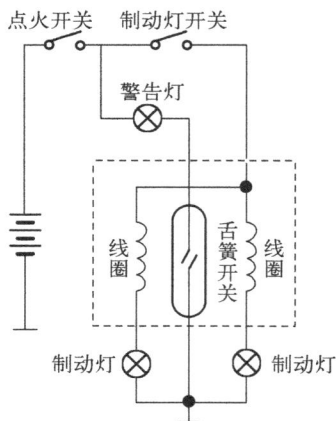

图6-38 制动信号灯断线报警灯电路

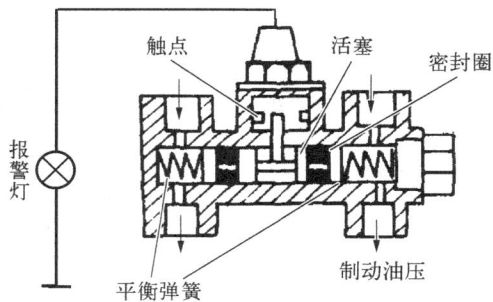

图6-39 制动故障报警器

6. 制动故障报警器

制动故障报警器如图6-39所示。

在没有制动或制动系统工作正常时,制动故障报警器活塞两头作用的压力相同,活塞在平衡弹簧的作用下,处于中间位置,触点断开,指示灯不亮。当任何一条制动管路损坏时,该制动管路中的压力下降,当活塞两头的压力差达到 1 000 kPa 以上时,活塞向一边偏移,接通触点,报警灯亮,以示警告。

(九) 电子组合仪表

电子组合仪表是使用彩色液晶元件(LCD)数字显示器显示汽车各种信息的,如图 6-40 所示。采用彩色液晶显示元件显示的有车速表、区间显示式转速表、双复位里程表、数字区段水温表、区间显示式燃油表。

1. 彩色液晶显示器的工作原理

液晶具有液体一样的流动性和结晶固体一样规则排列分子两种性能。在两片透明的玻璃基板中间,放入液晶元件,再使玻璃基板贴合,置入透明电极,即成为液晶显示元件。

液晶显示元件的组成如图 6-40 所示。

其工作过程与家用百叶窗很相似。当百叶窗关闭时,其窄长板垂直,外部的光不能射入室内。但是,百叶窗打开时,窄长板水平方向扭转,就可以从室内看到外部景象,外部光也可透过百叶窗射入室内了。如不使百叶窗的窄长板全部打开,仅使一部分水平扭转,结果就会使光只从那里射入,这样也可使那里的光,组成文字(数字)等图形。

液晶显示器是利用这一原理,把透明电极配置成百叶窗形状,只向欲显示的"窄长板"通入电压,就可显示出其图形。在液晶材料中,渗入双色素,利用该色素的异向吸光性进行显示,再使之形成双层结构,就会使视角更广,实现全面彩色化。

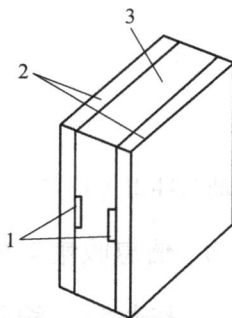

图 6-40 液晶显示元件构成

1—透明电极;
2—玻璃基板;3—液晶材料

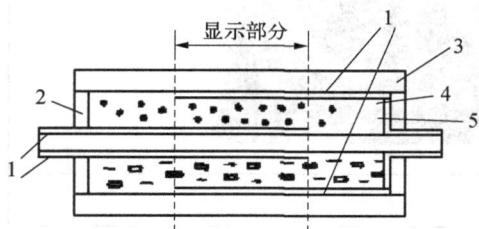

图 6-41 双层液晶显示元件构造

1—电极;2—密封材料;3—玻璃板;4—液晶分子;5—颜料分子

双层液晶显示元件,是在平行的三片玻璃间置入两层液晶材料。两层液晶材料内的双色素分子与液晶分子,相互垂直排列,如图 6-41 所示。显示部分,夹着液晶层的透明电极,透明电极相对放置。

当双层液晶显示元件断电时,各层内的液晶分子和颜料分子与光的穿透方向垂直,光不能透过,但部分着色光可透过如图 6-42(a)所示。

当双层液晶显示元件通电时,电极间通入电压后,显示部分中液晶分子和颜料分子与光的穿透方向相同,透过无色光,如图 6-42(b)所示。彩色液晶数字显示仪表利用这一特性,把透明电极制成显示窗形状,只向欲显示的部位通入电压,就可实现显示作用。

2. 液晶显示板的照明

由于液晶自体无发光能力,是一组受光型元件,因此在 LCD 元件的内侧配置了两只冷阴极放电管,还设有反射板、扩散板等,形成亮度均匀的 LCD 元件照明机构。

冷阴极放电管是一种不使用热电子的荧光灯,它具有寿命长、耗电少、由于无灯丝、耐振

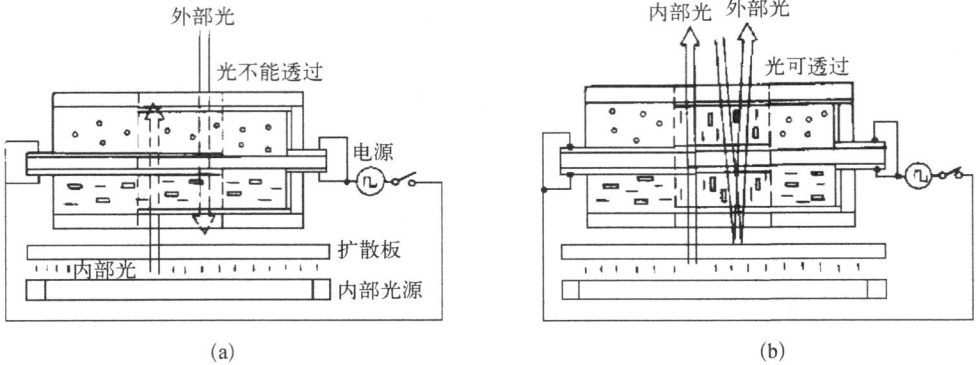

图 6-42 液晶显示元件的工作原理

(a)断电状态;(b)通电状态

动与冲击等特点。

四、信息收集与处理

按表 6-6 完成任务 6.1 的信息收集与处理。

表 6-6 信息收集与处理

仪表与报警电路的作用	
仪表与报警电路的组成	
仪表与报警电路的工作原理	
仪表与报警电路的组成	
仪表与报警电路的故障排除	
仪表与报警电路的日常维护	

五、制订检修计划

制订仪表与报警电路计划如表 6-7 所示。

表 6 - 7　制订仪表与报警电路检修计划

1. 查阅资料,了解仪表与报警电路类型信息、仪表与报警电路拆卸作业注意事项 2. 查阅维修手册,学习仪表与报警电路的检修方法,制订仪表与报警电路检修计划		
仪表与报警电路信息描述	车辆描述	
	仪表与报警电路类型描述信息描述	
计　划　项　目	计　划　内　容	
电流表与电压表	电流表与电压表的工作原理与检修	
发动机转速表	发动机转速表工作原理与检修	
车速里程表	车速里程表工作原理与检修	
燃油表与燃油量警告灯	燃油表与燃油量警告灯工作原理与检修	
机油压力表与警告灯	机油压力表与警告灯工作原理与检修	
水温表与温度报警器	水温表与温度报警器工作原理与检修	
制动系仪表报警器电路	制动系仪表报警器电路工作原理与检修	
电子组合仪表	电子组合仪表工作原理与检修	
日常维护	仪表与报警系统的日常维护	

六、实施检修作业

仪表与报警电路检修任务如表 6-8 所示。

表 6 - 8　仪表与报警电路检修任务表

任务 6.1　仪表与报警电路检修作业任务书			
1. 了解仪表与报警电路检修安全事项 2. 会正确对仪表与报警电路进行维护保养			
1. 车辆信息描述	车辆描述		
	仪表与报警电路类型描述		
2. 仪表与报警电路检修描述			
3. 仪表与报警电路的检修	故　障　现　象	故　障　原　因	排除方法
	车速表和里程表指针均不动	(1) 主轴减速机构中的蜗杆或蜗轮损坏使软轴不转 (2) 软轴或软管断裂 (3) 主轴处缺油或氧化而卡住不动 (4) 表损坏 (5) 转轴的方孔或软轴的方轴被磨圆 (6) 软轴与转轴或主轴连接处松脱	
	双金属片式燃油表	(1) 接通点火开关,拆下传感接线:若指针回到"0(E)"处,则传感器内部搭铁。若指针仍不回"0(E)"处,进行下一步检查 (2) 再拆下燃油表上的传感器接线柱:若指针回到"0(E)"处,则燃油表至传感器线路搭铁。若指针仍不回"0(E)"处,则燃油表损坏内有短路	

笔记

3.仪表与报警电路的检修	机油压力表不工作	（1）察看电流表和燃油表，并用旋具将传感器接线柱搭铁 （2）检查机油深度 （3）拆下传感器使外壳接铁，用一根无尖头的铁钉顶压传感器膜片	
	温度报警指示灯常亮	（1）接通点火开关，温度报警指示灯就亮，原因是报警器内部搭铁或触点烧结。需检修或更换报警器 （2）接通点火开关，温度报警器在水温过高时不亮，原因可能是报警器至指示灯之间短路、灯泡烧坏、报警器内部断路或触点烧蚀、报警器搭铁不良、报警器至指示灯之间断路	
检查与维修结论			

七、检验评估

仪表与报警电路检验评估如表 6-9 所示。

表 6-9　检验评估表

评价指标	检验说明	检验记录
维护检查项目	➤ 里程表 ➤ 转速表 ➤ 水温表 ➤ 油量表	
仪表与报警电路的工作情况		

评价内容	检验指标	权重	自评	互评	总评
检查任务完成情况	1. 完成任务过程情况	4			
	2. 任务完成质量				
	3. 在小组完成任务过程中所起作用				
专业知识	1. 能描述仪表与报警电路的作用	4			
	2. 能描述仪表与报警电路的结构				
	3. 能描述仪表与报警电路检测				
	4. 会描述仪表与报警电路的常见故障排除方法				
	5. 会描述仪表与报警电路的日常维护要领				
职业素养	1. 学习态度：积极主动参与学习	2			
	2. 团队合作：与小组成员一起分工合作，不影响学习进度				
	3. 现场管理：服从工位安排、执行实训室"5S"管理规定				
综合评议与建议					

项 目 拓 展

想一想：

1. 各车系的警报灯是否一样？
2. 行车中要注意哪些指示灯？

项目七　汽车辅助电气设备

任务 7.1　刮水器与洗涤器检修

一、任务导入与要求

任务导入	如果刮水器不工作,在下雨天行驶,视线受阻,是非常不安全的。该如何排除刮水器电路存在问题呢？
目标要求	1. 掌握刮水器电路的类型和工作原理 2. 掌握刮水器电路检修技能 3. 提高维修接待与人交往的素质
学习步骤	刮水器的组成→电路原理→检修方法→故障排除举例
任务实施	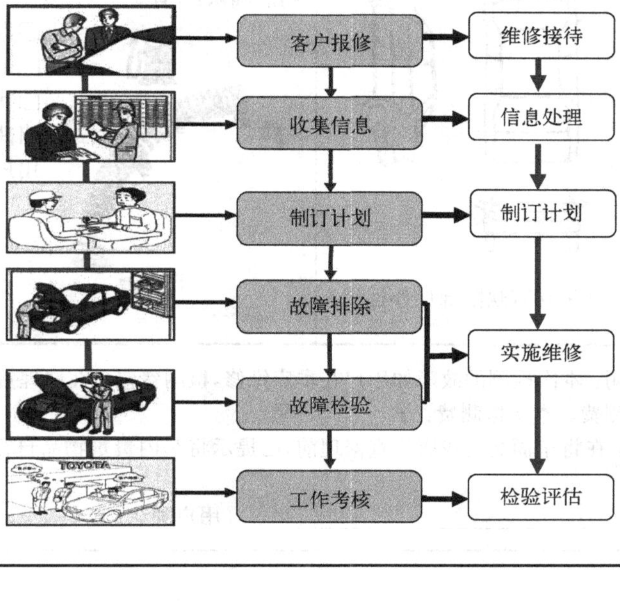

笔记

二、维修接待

按照表7-1完成待修车辆的维修接待,并准确填写接车问诊表。

表7-1 维修接待与接车问诊表

1. 通过询问客户了解汽车发生故障情况,填写接车问诊表
2. 车间检测初步确认结果需要检修刮水器电路,首先需要进行刮水器电路检测

接 车 问 诊 表

车牌号:＿＿＿＿＿＿　　车架号:＿＿＿＿＿＿　　行驶里程:＿＿＿＿＿＿(km)

用户名:＿＿＿＿＿＿　　电　话:＿＿＿＿＿＿　　来店时间:＿＿＿/＿＿＿

用户陈述及故障发生时的状况:**广州本田飞度刮水器不工作**

故障发生状况提示:**行驶速度、发动机状态、发生频度、发生时间、部位、天气、路面状况、声音描述**

接车员检测确认建议:**需要对刮水器进行检查**

车间检测确认结果及主要故障零部件:**刮水器电机故障,需更换刮水器电机**

车间检查确认者:＿＿＿＿＿＿

外观确认:

（请在有缺陷部位作标识）

功能确认:(工作正常√　不正常×)
□音响系统　□门锁(防盗器)　□全车灯光　□工具
□后视镜　□顶窗　□座椅　□点烟器
□玻璃升降器　□玻璃

物品确认:(有√　无×)
□贵重物品提示
□工具　□备胎　□灭火器
□其他(　　　)
旧件是否交还用户　□是　□否
用户是否需要洗车　□是　□否

· 检测费说明:本次检测的故障如用户在本店维修,检测费包含在修理费用内;如用户不在本店维修,请您支付检测费。本次检测费:¥＿＿＿＿元。
· 贵重物品:在将车辆交给我店检查修理前,已提示将车内贵重物品自行收起并保存好,如有遗失恕不负责。

接车员:＿＿＿＿＿＿　　　　用户确认:＿＿＿＿＿＿

三、相关知识

（一）刮水器综述

1. 刮水器的功用

刮水器是用来刮除汽车窗玻璃上灰尘、污垢、雨水和雪花，保证驾驶员有良好的视线，确保其行驶安全。一般汽车的前窗玻璃上都装有两个刮水片，部分汽车在后窗玻璃上也装有一个刮水片，一些豪华轿车还装有与窗玻璃刮水器一起开动的前照灯刮水器。

2. 刮水器的类型

汽车刮水器根据驱动动力不同分为电动、真空、气压及机械等4种型式。由于电动刮水器具有动力强大，工作可靠，容易控制，不受发动机工况影响等优点，应用广泛。

电动刮水器按刮水速度分为单速、双速、三速和间歇刮水器几种类型。现代汽车普遍采用具有两种速度且能间歇工作的刮水器。而刮水器中的刮水刷片一般均为铰接式，以便对窗玻璃的外形及不同运行条件具有很好的适应性。

3. 刮水器的组成

电动刮水器的组成如图7-1所示。主要由刮水器电动机、减速机构、自动复位机构、驱动杆系和刮水刷片总成等组成。通常将刮水器电动机、减速机构、自动复位装置组装在一起，统称为刮水器电机。

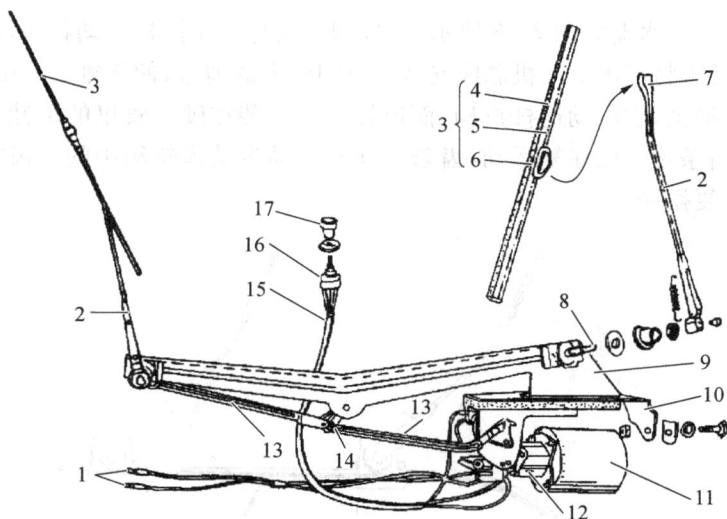

图7-1 电动刮水器的组成

1—电线插头；2—刮水刷臂；3—刮水刷片总成；4—橡胶刷片；5—刷片杆；6—刷片支座；7—刷片支持器；8—刮水刷臂心轴；9—刮水器底板；10—电动机安装架；11—电动机；12—减速机构；13—驱动杆系；14—驱动杆铰链；15—电线束；16—刮水器开关；17—刮水器开关旋钮

4. 刮水器的结构和基本工作原理

如图7-2所示为常用两刷两速电动刮水器。它通过点火开关与电源连接，双金属片保险器连接在电路中，当电机电流过大时，触点断开，起保护作用。刮水器采用并激直流电动机。电动机的轴与蜗杆 6 连接,并带动齿轮 7 旋转。曲柄 8 与齿轮轴连接,并且在齿轮 7 旋转时,将齿轮 7 的旋转运动变为曲臂 13,16 的摆动,而曲柄是通过拉杆及杠杆将运动传给曲臂的。因此,刷子就左右作一定弧度的往复运动。

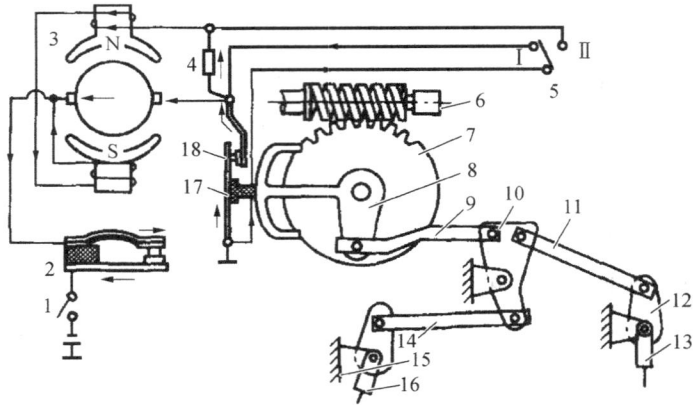

图 7 - 2　两刷两速电动刮水器

1—点火开关;2—双金属片保险器;3—电动机;4—电阻;5—刮水器
开关;6—蜗杆;7—齿轮;8—曲柄;9,11,14—拉杆;10,12,15—杠杆;13,
16—曲臂;17—销柱;18—复位开关

柔性齿条传动刮水器如图 7 - 3 所示,这种刮水器与上述拉杆传动相比,具有体积小,噪声低等优点,而且可将刮水电动机总成安装在空间较大的地方,便于维修。电动机驱动的蜗轮轴上有一个曲柄销,它驱动连杆机构,而连杆和一个装在硬套管里的柔性齿条连接,因此在连杆运转时,齿条则会做往复运动,齿条的往复运动带动齿轮箱中的小齿轮往复运动,从而驱动刮水片往复摆动。

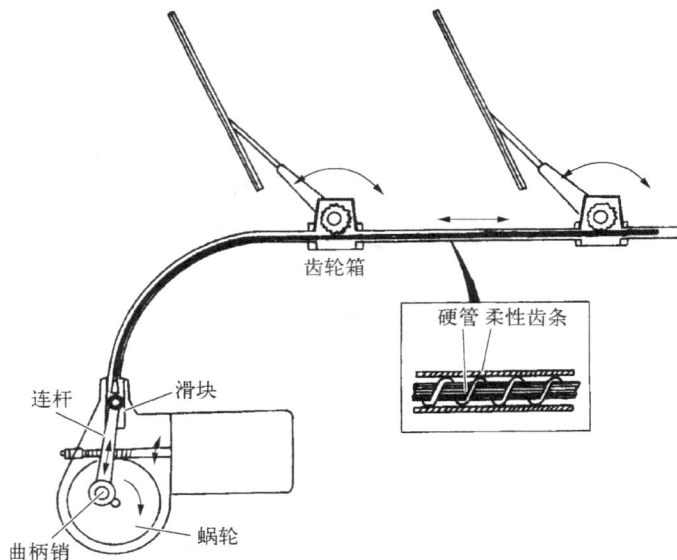

图 7 - 3　柔性齿条传动刮水器

（二）刮水器电机

1. 刮水器电动机的类型

刮水器电动机按其磁场结构不同分为有永磁式和励磁式两种。其工作原理与起动机相同。永磁式刮水电动机具有体积小、质量轻、噪声小、结构简单等优点，目前在国内外汽车上得到了广泛的应用。励磁式刮水电动机的磁极铁芯上绕有串联和并联两个励磁绕组，如图7-4所示，其他部件的结构与永磁式基本相同。

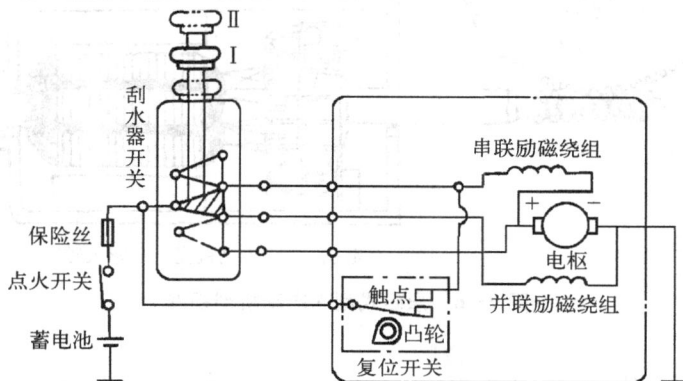

图 7-4 励磁式刮水电动机电路

2. 永磁式刮水电动机的变速原理

永磁式刮水电动机分解图如图7-5所示。其组装剖面图如图7-6所示。

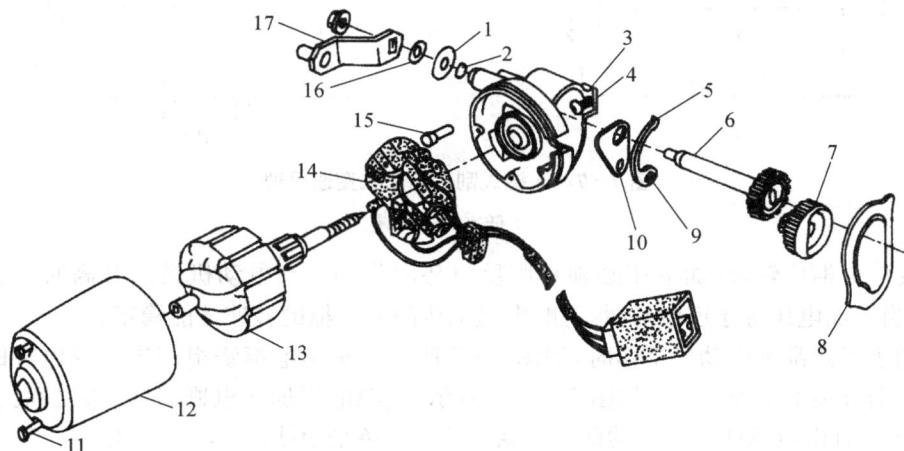

图 7-5 永磁式刮水电动机分解

1—平垫圈；2—O形圈；3—减速器壳；4—电枢轴向定位弹簧；5—复位开关顶杆；6—输出齿轮轴；7—惰轮和蜗轮；8—减速器盖；9—放在凸轮表面；10—复位开关顶杆定位板；11—电机螺杆；12—电动外壳和磁极；13—电枢；14—3个电刷的安装板和复位开关总成；15—复位开关顶杆及其与销子；16—弹簧垫圈；17—输出臂

永磁式刮水电动机是利用3个电刷来改变正、负电刷之间串联线圈个数实现变速的，如图7-7所示。刮水电动机工作时，在电枢内同时产生反电势，其方向与电枢电流的方向相

笔记

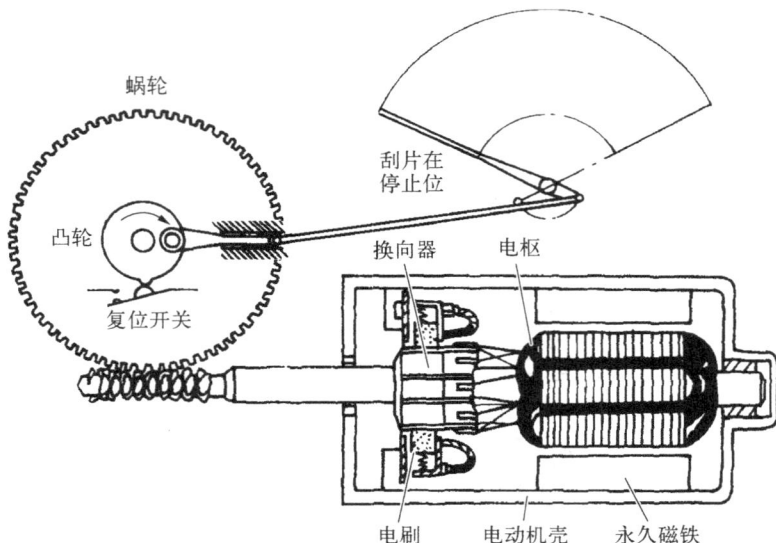

图 7-6　永磁式刮水电动机剖视图

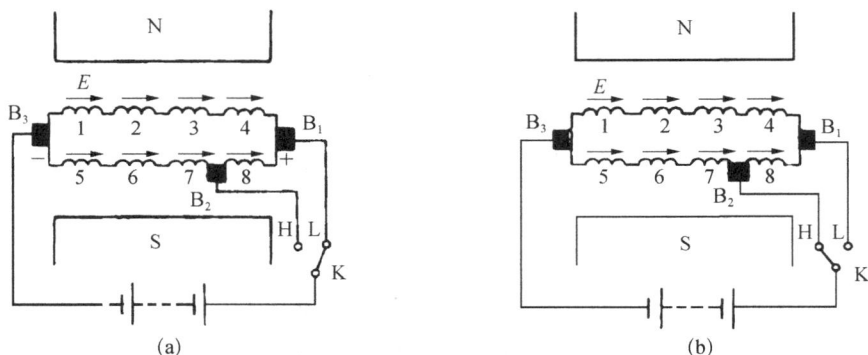

图 7-7　永磁式刮水电动机变速原理

(a) 低速；(b) 高速

反。如要使电枢旋转，外加电压必须克服反电势的作用。当电动机转速升高时，反电势增高，只有当外加电压等于反电势时（忽略电枢电压降），电枢的转速才能稳定。

　　三刷永磁式刮水电动机工作时，如图 7-7 所示箭头是电枢绕组产生的反电势的方向。当将刮水器开关 K 拨向 L 时，如图 7-7(a) 所示，电源电压加在电刷 B_1 和 B_3 之间。在电刷 B_1 和 B_3 之间有由电枢线圈组成的两条并联支路：一条是由线圈 1，2，3，4 串联；另一条是由线圈 5，6，7，8 串联。每条支路中各有 4 个串联线圈，反电势的大小是 4 个线圈反电势的和。由于外加电压需要平衡 4 个线圈所产生的反电势，故电动机转速较低。

　　当将刮水器开关 K 拨向 H 时，如图 7-7(b) 所示，电源电压加在电刷 B_2 和 B_3 之间。在电刷 B_2 和 B_3 之间同样有由线圈 1，2，3，4，8 串联和由线圈 5，6，7 串联组成的两条并联支路。由于电机内部的磁场方向和电枢的旋转方向没有变化，所以各线圈内反电势的方向与低速时相同。线圈 1，2，3，4，8 同居一条支路中，其中线圈 8 与线圈 1，2，3，4 的反电势方向相反，相互抵消后，使每条支路变为 3 个线圈。所以在高速挡时，反电势减小了，实际加在电枢绕组两端的有效电压值增高了,因此电动机的转速升高了。电动机转速增高,产生的反电势增大,当外加电压与反电势达到新的平衡后,电机便以某一高转速稳定运转。

(三) 刮水器的电路

1. 单速刮水器电路

如图 7-8 所示是微型车用单速刮水器电路。当点火开关和刮水器开关接通时,其电流由蓄电池正极→总保险丝→点火开关→分保险丝→黄线→刮水器开关→蓝线→刮水器电机→搭铁→蓄电池负极。刮水器电机通电旋转,带动刮水刷片摆动,同时还带动凸轮转动,交替接通复位开关的 P_1 和 P_2 触点,但并不影响电动机转动。

凸轮、触点 P_0, P_1, P_2 组成复位开关,其工作原理在下面讲述。

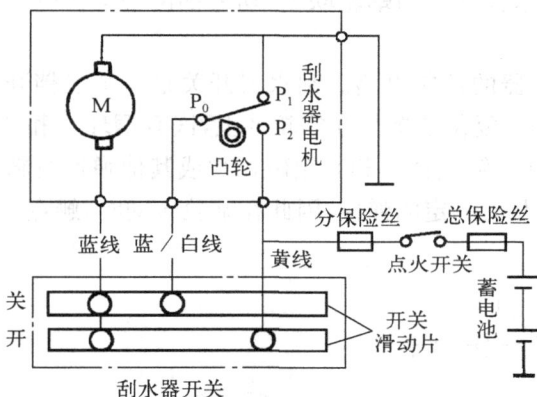

图 7-8　单速刮水器电路

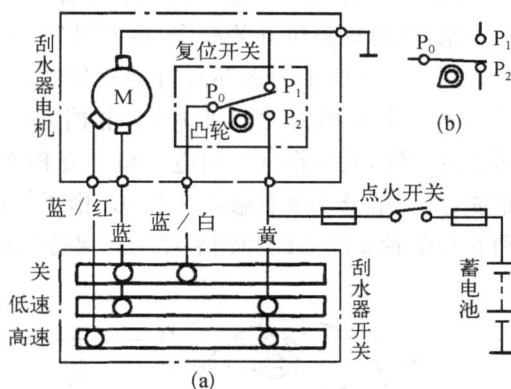

图 7-9　双速刮水器电路原理图

(a) 刮水器开关在"关"挡；(b) 刮片不在停止位时,复位开关的状态

2. 双速刮水器电路

图 7-9 所示是微型车采用的双速刮水器电路。刮水器开关有关、低速和高速三个挡位,电动机的换向器上有三个电刷。

1) 低速挡

当点火开关接通,刮水器开关在低速挡时,其电流由蓄电池正极→总保险丝→点火开关→分保险丝→黄线→刮水器开关→蓝线→低速电刷→刮水器电机→搭铁→蓄电池负极。刮水器电机通电旋转,带动刮水刷片摆动,同时还带动凸轮转动,交替接通复位开关的 P_1 和 P_2 触点,但并不影响电动机转动。

2) 高速挡

当点火开关接通,刮水器开关在高速挡时,其电流由蓄电池正极→总保险丝→点火开关→分保险丝→黄线→刮水器开关→蓝/红线→高速电刷→刮水器电机→搭铁→蓄电池负极。刮水器电机通电旋转,带动刮水刷片摆动,同时还带动凸轮转动,控制复位开关。

3) 自动复位

刮水器从运转状态拨到关闭状态,如果刮片不在窗玻璃的下方停止,则刮水器仍会继续通电转动。其电流为由蓄电池正极→总保险丝→点火开关→分保险丝→黄线→P_2→P_0→

蓝/白线→刮水器开关→蓝线→低速电刷→刮水器电机→搭铁→蓄电池负极,复位开关的状态如图 7-9(a)所示。这个电流一直维持到刮片停止在挡风玻璃的下方,复位开关转变为图 7-9(b)所示的状态,凸轮将触点 P_1 与 P_0 接通,将刮水器电动机的火线(蓝线)与搭铁线连通。刮片停止在玻璃的下方后,复位开关虽然关断了刮水器电动机的电流,但刮水器电动机仍在惯性的作用下继续转动,这时刮水器电动机以发电机的形式工作,消耗掉刮水器电动机惯性能量,其产生的感生电流的路径为:刮水器电动机→低速电刷→蓝线→刮水器开关→蓝/白线→P_0→P_1→刮水器电机搭铁电刷。刮水器电动机的感生电流所产生的阻力矩,阻碍刮水器电动机继续转动,直到刮水器电动机停止为止。

自动复位开关有种形式:凸轮式和铜环式。

图 7-9 所示是凸轮式刮水器自动复位装置,其凸轮与蜗轮联动,动力都由刮水器电动机供给,以驱动复位开关动作,参见图 7-6。

图 7-10 所示为铜环式自动复位装置刮水器的控制电路。刮水器开关是一个三档开关,0 档为复位档,Ⅰ档为低速档,Ⅱ档为高速档。复位装置是在蜗轮 8 上,嵌有铜环 7 和 9 两部分绝缘,其中铜环 9 与电动机外壳相连搭铁。触点臂 3 和 5 用磷铜片或其他弹性材料制成,其一端分别铆有触点 4 和 6。由于触点臂具有一定的弹性,因此在蜗轮转动时,触点 4 和 6 与蜗轮 8 的端面和铜滑环 7、9 保持接触。

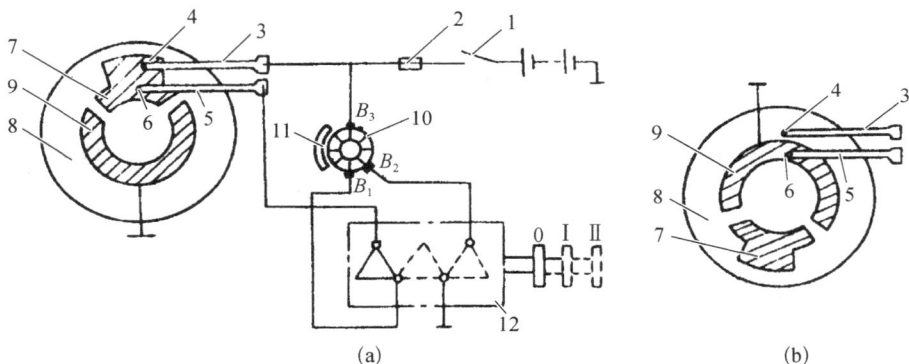

图 7-10 铜环刮水器自动复位装置

(a)刮水器复位时,复位开关的状态;(b)没有复位时,复位开关的状态
1,2—熔断丝;3,5—触点臂;4,6—触点;7,9—铜环;8—蜗轮;10—电枢;11—永久磁铁;12—刮水器开关

当把刮水器开关 12 从 Ⅰ档或Ⅱ档退回到 0 档时,如果刮水片没有复位,由于触点 5 与铜环 9 相接触,如图 7-10(b)所示,则电流继续流入电枢,其电路为蓄电池正极→点火开关 1→保险丝 2→电刷 B_3→电枢绕组→电刷 B_1→刮水器开关 12→触点臂 5→铜环 9→搭铁→蓄电池的负极。电动机仍以低速运转直至蜗轮旋转到图 7-10(a)所示的特定位置,电路中断。由于电枢的运动惯性,电机不能立即停止转动,此时电动机以发电机方式运行。因此时电枢绕组通过触点臂 3,5 与铜环 7 接通而短路,电枢绕组将产生制动力矩,电动机迅速停止运转,使刮水片复位到风窗玻璃的下部。

3. 三速刮水器电路

三速刮水器电路如图 7-11 所示。它是利用改变并联励磁绕组中的电流,实现改变刮水器电动机的转速的。并联励磁绕组电路中的电阻越大,其电流越小,并联励磁绕组的磁场强度越小,刮水器电动机的转速越高。

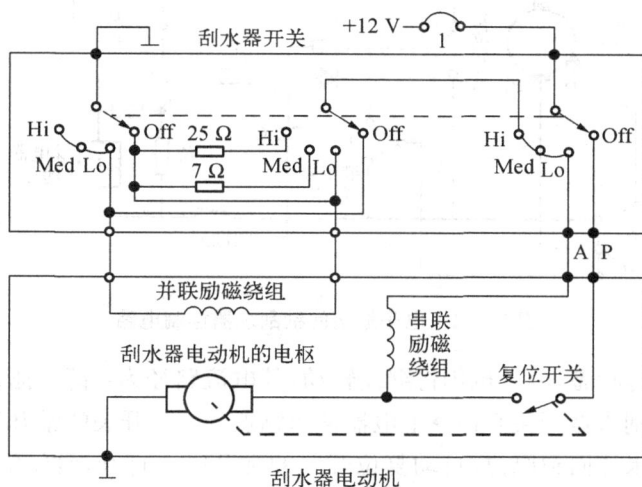

图 7-11 三速刮水器电路

（四）间歇刮水器

汽车在小雨或雾天中行驶时,如果仍用上述速度连续进行刮水,玻璃表面上就会由少量水分和灰尘形成一层发黏的不透明物,刮水器不能将玻璃刮拭干净,相反使玻璃更加模糊不清,影响驾驶员的视线。因此,在现代汽车刮水器电路中都加装了电子间歇控制系统,使刮水器能按照一定的周期停止和动作,每次刮水后停止 2～12 s,这样可以使驾驶员获得更好的视线。

汽车刮水器的间歇控制电路多种多样。刮水器的间歇控制一般是利用自动复位装置和电子振荡电路或集成电路实现的。下面介绍几种常见的控制电路。

1. 电子振荡间歇刮水器控制电路

电子振荡间歇刮水器控制电路如图 7-12 所示。当刮水器开关置于 0 档,间歇开关闭合时,电源将通过自动复位开关向电容器 C 充电,其电流路径为:蓄电池正极→点火开关→保险丝→自动复位开关常闭触点（上）→电阻 R_1→电容器 C→搭铁→蓄电池负极。随着充电时间的延长,电容器两端的电压逐渐升高。当电容器 C 两端的电压升高到一定值时,晶体管 VT_1 和 VT_2 相继由截止转为导通,继电器线圈 J 的通电,其电流路径为:蓄电池正极→点火开关→保险丝→电阻 R_5→VT_2→继电器线圈 J→间歇开关→搭铁→蓄电池负极。在电磁吸力的作用下,继电器常闭触点 J 打开,常开触点闭合（虚线位置）,刮水电动机通电,其电流路径为:蓄电池正极→点火开关→保险丝→B_3→B_1→继电器常开触点→搭铁→蓄电池负极。此时刮水器电动机将低速旋转。

刮水器电动机带动复位开关的常开触点（下）接通时,电容器 C 通过二极管 D,复位开关常开触点迅速放电,此时刮水电动机的通电回路不变,电动机继续转动。随着放电时间的增长,晶体管 VT_1 基极的电位逐渐降低。VT_1 和 VT_2 由导通转为截止,从而切断了继电器线圈 J 的电路,继电器常开触点打开（虚线位置）,常闭触点闭合（实线位置）。此时,由于复位开关

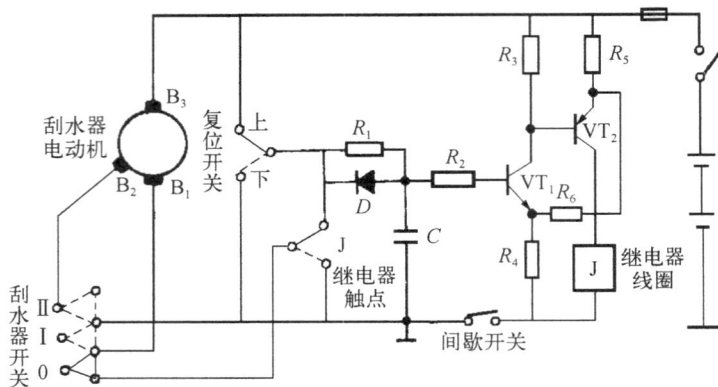

图 7‑12　电子振荡间歇刮水器控制电路

的常开触点处于闭合状态,电动机仍将继续转动,其电流路径为:蓄电池正极→点火开关→熔断丝→B_3→B_1→刮水器开关 0 档→继电器常闭触点→复位开关的常开触点→搭铁→蓄电池负极。只有当刮水片回到原位,自动复位开关的常开触点打开,常闭触点闭合时,电机方能停止转动。继而电源将再次向电容器 C 充电,重复以上过程。如此反复,实现刮水片的间歇动作,其间歇时间的长短取决于 R_1,C 的数值,即充电时间常数的大小。

2. **集成电路振荡间歇刮水器控制电路**

集成电路振荡间歇刮水器控制电路如图 7‑13 所示。当闭合间歇刮水开关时,集成电路 IC 的 3 脚输出高电位,使继电器 J 线圈通电,在电磁力的作用下,常闭触点 J(实线)打开,常开触点 J(虚线)闭合,刮水器电动机运转,其电流路径为:蓄电池正极→点火开关→熔断丝→B_3→B_1→刮水开关→继电器 J 常开触点→搭铁→蓄电池负极。同时复位开关的常闭触点打开,常开触点(虚线)闭合。经过一定时间后,电路输出低电位,继电器线圈 J 断电,继电器复位,常开触点打开,常闭触点闭合。此时由于自动复位开关的常开触点处于闭合状态,电动机仍将继续转动,其电流路径为:蓄电池正极→点火开关→熔断丝→B_3→B_1→刮水开关→继电器常闭触点→复位开关的常开触点→搭铁→蓄电池负极。只有当刮水片回到原位

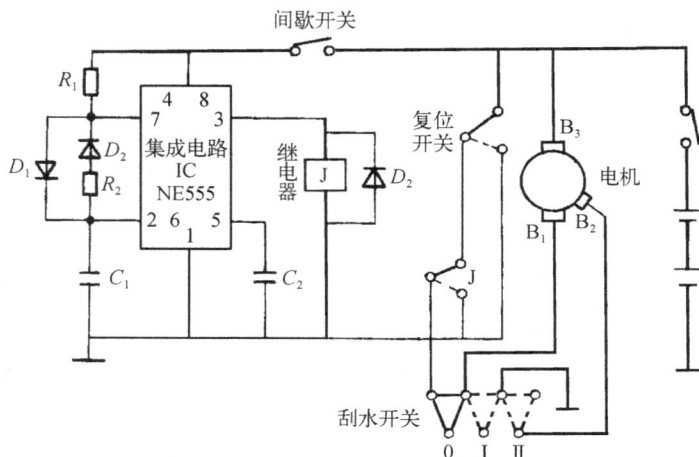

图 7‑13　集成电路振荡间歇刮水器控制电路

（即不影响驾驶员视线位置），自动复位开关的常开触点打开，常闭触点闭合时，电机才停止转动。重复上述过程，使刮水器间歇刮水。

3. 雨量传感器控制刮水器电路

雨量传感器间歇控制电路能使汽车刮水器根据雨量大小自动开闭，并自动调节间歇时间。

1）自动开关控制刮水器电路

自动开关控制刮水器电路如图 7-14 所示。S_1、S_2 和 S_3 是安装在风窗玻璃上的雨量传感器的电极，雨水落在两电极之间，使其阻值减小，雨水流量越大，其阻值越小。

S_1 与 S_3 之间的距离较近（约 2.5 cm）。因此，晶体管 VT_1 首先导通，继电器 J_1 通电，在电磁吸力的作用下，触点 P 闭合，刮水电动机低速旋转。当雨量增大时，S_1 与 S_2 之间的电阻减小到使晶体管 VT_2 也导通，于是继电器 J_2 通电，在电磁吸力的作用下，继电器 J_2 的触点 A 断开，B 接通，刮水电动机转换为高速旋转。雨停时，电极 S_1，S_2 和 S_3 之间的阻值均增大，晶体管 VT_1，VT_2 截止，继电器复位，刮水电动机自动停止工作。雨量传感器相当于自动开关。

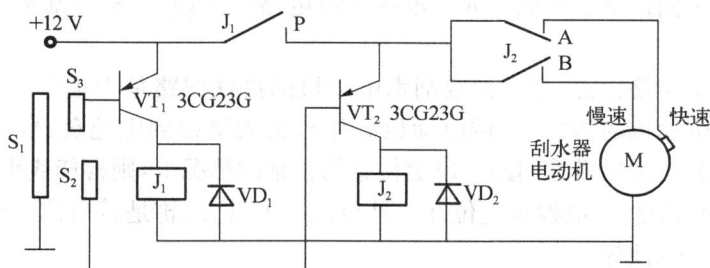

图 7-14　自动开关控制刮水器电路

2）电子调速刮水器

电子调速刮水器如图 7-15 所示，该调速器可根据雨量的大小或雾天的实际情况，自动调节刮水片的间歇摆动时间，使风窗玻璃的清晰度提高，且能自动接通或关闭刮水器。其中，雨量传感器 M 是用镀铜板（尺寸为 6.5 cm×6.5 cm）制成的两个间隔很近，但互不相通的电极，如图 7-16 所示。比较先进的雨量传感器，它能获得刮水的最佳时间。

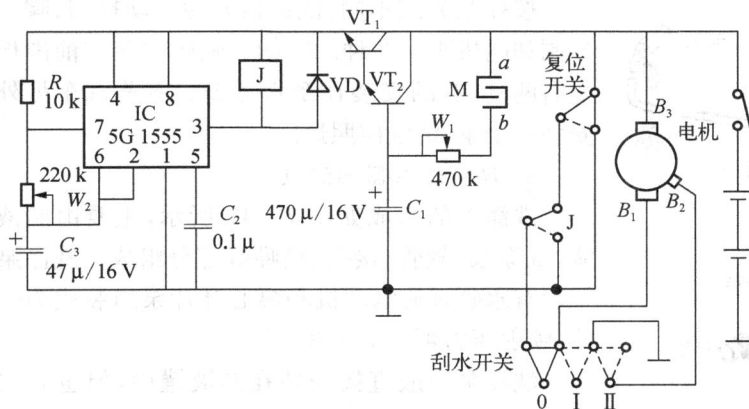

图 7-15　雨量传感器式电子调速刮水器

图 7-16　雨量传感器

(五）刮水器的常见故障检修

刮水器常见的故障有：刮水器不工作、间断性工作、工作不停、刮片不能复位、刮片调整不当等。

（1）刮水器不转动，首先确定是电器故障还是机械故障。最简单的方法就是从电动机上拆下连接刮水片的机械臂，接通刮水器系统，观察电动机的运行。如果电动机工作正常，则是机械问题，检查各拉杆、摆杆等是否松脱、破损以及变形而引起卡滞等。若刮片拍打风窗下方排水槽或其中一个刮片低于另一个刮水片的停止位置等，是刮片调整不当引起的。

（2）如果电动机不运转，先检查熔断器是否烧断、电动机是否正常。其次检查各接线处是否松脱或接触不良，有无短路。

（3）电器或机械故障均能引起刮水器速度比正常慢。

大多数导致刮水器动作慢的电路故障是由于接触电阻大而引起的。如果故障表现为所有的速度档都慢，应检查电源到刮水器开关之间的电路，主要是中间继电器、熔断器和刮水器开关连接线端子插接是否牢固可靠。电源供电电路正常，则应检查刮水器开关中有无接触不良的现象。

如果电源供电回路正常，则应检查刮水电动机的搭铁回路是否正常。其方法是：将电压表的正表笔接电动机的搭铁端（或电动机壳体），负表笔接到电池负极，电压降不应超过0.1 V，否则应修复电动机搭铁回路。以上检查均正常的情况下，则检修或更换刮水电动机。

（4）若刮片不能复位，应检查复位开关是否接触不良、凸轮是否窜位、触点臂、凸块是否磨损以及触点是否烧蚀等。

关掉刮水器开关后，如果刮片到达下限后又摆起几次时，应检查复位开关搭铁触点的接触情况及各搭铁线是否松脱。

（5）与普通直流电动机一样，刮水器电机的常见故障也是换向器及电刷容易烧蚀，如果出现这种情况，根据需要修理或更换即可。

（六）洗涤器

刮水器在刮除泥土和尘埃时，如果挡风玻璃上没有水，则干刮就很难刮净，甚至会划伤玻璃。因此，现代汽车上都安装有风窗玻璃洗涤器，与刮水器配合使用。

按控制方式不同，洗涤器分为手动控制、脚动控制和电机驱动3种。有的将喷嘴安装在前围板左右两侧，有的安装在刮水器臂。有些汽车另外安装一个泵，清洗前照灯。

1．风窗洗涤器的组成

洗涤器的组成如图7-17所示，主要由储液罐、洗涤泵、软管、接头、喷嘴等部分组成。洗涤泵一般有永磁直流电动机和离心叶片泵组装成为一体，喷射压力可达70~88 kPa。

洗涤泵一般直接安装在储液罐内，但也有安装在储液罐外的。在离心式洗涤泵的进口处设置有滤清器。

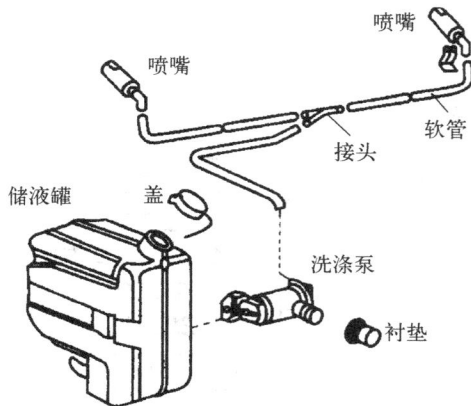

图7-17　洗涤器的组成

　　喷嘴安装在挡风玻璃的下面,其喷嘴方向可以根据使用情况调整,喷孔直径一般为0.8～1.0 mm,能够使洗涤液喷射在挡风玻璃的适当位置。洗涤泵的连续工作时间不应超过1 min,对于刮水和洗涤分别控制的汽车,而且应先开洗涤泵,再接通刮水器。喷水停止后,刮水器应继续刮动3～5次,以便达到良好的清洁效果。

　　常用的洗涤液是浓度不超过205 ppm的清水。为了能刮掉挡风玻璃上的油、蜡等物,可在水中添加少量的去垢剂和防锈剂。强效洗涤液的去垢效果好,但会使风窗密封条和刮片胶条变质,还会引起车身喷漆变色以及储液罐、喷嘴等塑料件的开裂。冬季使用洗涤器时,为了防止洗涤液的冻结,应添加甲醇、异丙醇、甘醇等防冻剂,再加少量的去垢剂和防锈剂,即成为低温洗涤液,可使凝固温度下降到−20℃以下。如冬季不用洗涤器时,应将洗涤管中的水倒掉。

　　2. 风窗洗涤装置的控制电路

　　图7-18是广州本田飞度刮水器与洗涤器电路。由于洗涤器应与刮水器配合工作,所

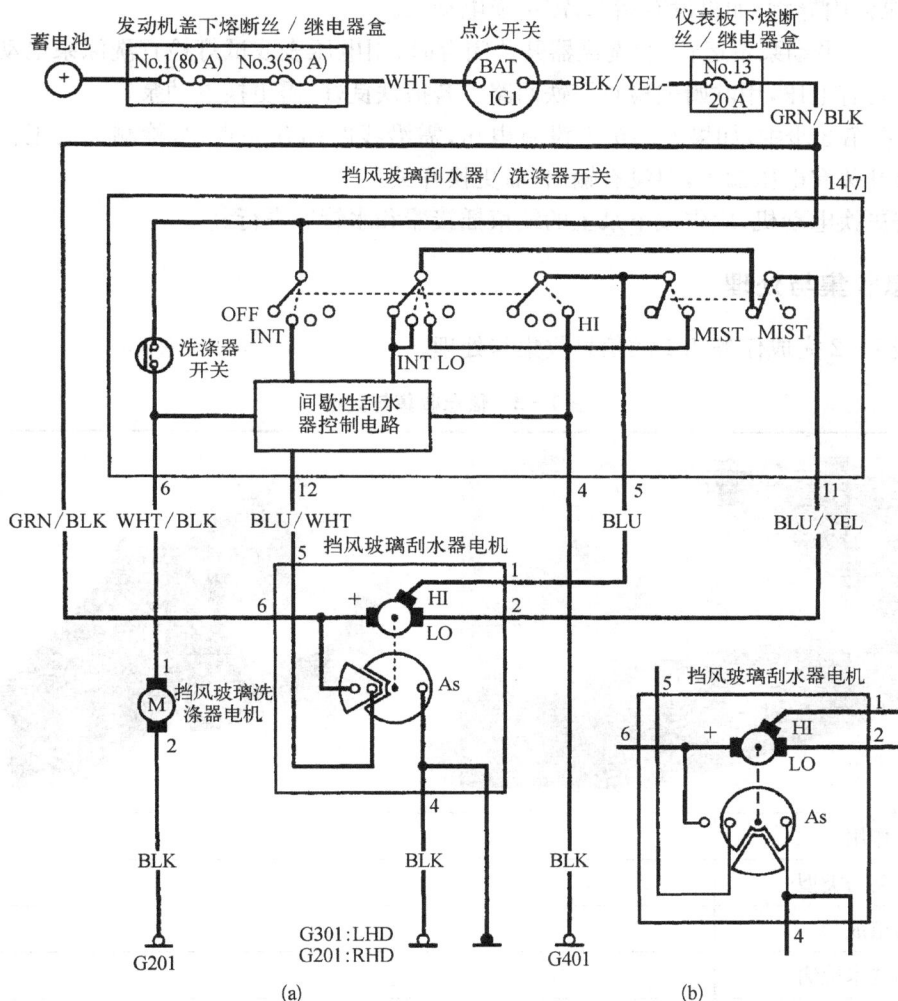

图7-18　广州本田飞度刮水器与洗涤器电路

(a) 刮水器复位状态;(b) 刮水器没有复位,复位开关状态

以两系统属同一控制电路。当将洗涤开关接通时(将刮水器开关向上扳动),洗涤泵电路接通,其电流方向为:蓄电池正极→熔断丝 No.1→熔断丝 No.2→WHT(白线)→点火开关(IG 挡)→BLK/YEL(黑/黄线)→熔断丝 No.13→洗涤器开关→WHT/ BLK(白/黑线)→洗涤泵电机→BLK(黑线)→搭铁→蓄电池负极。洗涤泵运转,输送清洗液,位于发动机盖上的两个喷嘴,也同时向风窗玻璃喷射清洗液。与此同时,也接通了刮水器间歇继电器的控制电路。

3. 风窗洗涤器的维修

洗涤器的故障都是因输液系统而引起的。因此,应首先拆下泵体上的水管然后使电动泵工作。如果电动泵能够喷出清洗液,则故障在输液系统。否则,按照下列步骤查找故障。

(1)目测储液罐内的液体存储量。检查熔断丝和线路连接是否良好。

(2)打开洗涤器开关,同时观察电动机。如果电动泵工作但不喷液,检查泵内有无堵塞,排出泵体内异物;如果没有堵塞,需更换电动泵。

(3)如果电动泵不运转,当洗涤器开关闭合时,用电压表或试灯检查洗涤泵电动机上有无电压。若有电压,用欧姆表检查搭铁回路。若搭铁良好,需更换电动泵。

(4)在第3步中,如果电动机上没有电压,需沿线路向开关查找,检测开关工作是否正常。如果开关有电压输入,但没有输出,需更换开关。

如需更换电动机,应先拔下泵上的线束插接器和水管后进行。

四、信息收集与处理

按表 7-2 完成任务 7.1 的信息收集与处理。

表 7-2　信息收集与处理

刮水器的作用	
刮水器电路的类型	
刮水器的组成	
刮水器的技术检测	
刮水器的日常维护	
刮水器的检修	

五、制定检修计划

制订刮水器电路计划如表7-3所示。

表7-3 制订刮水器检测与维修计划

1. 查阅资料,了解车辆刮水器电路类型信息、汽车刮水器电路拆卸作业注意事项 2. 查阅维修手册,学习刮水器电路的检查和保养内容		
刮水器电路类型信息描述		
检 修 项 目	工 作 内 容	
刮水器洗涤器开关	检测刮水器洗涤器开关	
刮水器电机	测试刮水器电机	
喷水器电机	测试喷水器电机	
日常维护	刮水器洗涤器日常维护	

六、实施维修作业

汽车刮水器洗涤器检测与维护作业任务书见表7-4所示。

表7-4 汽车刮水器洗涤器检测与维护作业任务书

任务7.1 汽车刮水器洗涤器检测与维护作业任务书 1. 了解汽车刮水器洗涤器的检测与维护安全事项 2. 会正确对刮水器洗涤器进行维护保养			
1. 车辆信息描述	车辆描述		
	车辆空调类型描述		
2. 汽车刮水器洗涤器检修的描述			
3.汽车刮水器洗涤器的检测	故 障 现 象	故 障 原 因	排除方法
	电动机不转动	（1）熔丝烧断 （2）导线松动或接触不良 （3）刮水器开关损坏或接触不良 （4）电刷磨损或夹住 （5）电枢线圈烧坏或减速器齿轮损坏 （6）线圈接头松脱 （7）转子卡死	
	刮水器速度比正常慢	（1）电压过低或开关接触不良 （2）刮片和玻璃的接触面脏污 （3）电动机轴承和减速器齿轮润滑不良 （4）电刷接触不良或弹簧过敏	
	开关断开后,电动机仍转动	（1）开关或接线短路 （2）自动停位器触点烧蚀	

笔 记

续　表

3.汽车刮水器洗涤器的检测	刮片停止位置不当	(1) 自动停位器搭铁不良 (2) 停位器触点污染或接触不良 (3) 自动停位器停止位置不当	
	刮水器摇臂有不正常响声	(1) 连杆机构扭曲 (2) 接头磨损	
	刮水效果不良	(1) 刮片磨损或变硬 (2) 玻璃上有油垢	
检查与维护结论			

七、检验评估

检验评估见表 7-5 所示。

表 7-5　检验评估

评价指标	检验说明	检验记录
维护检查项目	➢ 刮水器洗涤器开关 ➢ 刮水器电机的测试 ➢ 喷水器电机的测试	
汽车刮水器洗涤器使用效果情况		

评价内容	检验指标	权重	自评	互评	总评
检查任务完成情况	1. 完成任务过程情况	4			
	2. 任务完成质量				
	3. 在小组完成任务过程中所起作用				
专业知识	1. 能描述汽车刮水器洗涤器的作用	4			
	2. 能描述汽车刮水器洗涤器的结构				
	3. 能描述汽车刮水器洗涤器的牌号含义				
	4. 会描述汽车刮水器洗涤器的技术检查内容				
	5. 会描述汽车刮水器洗涤器的日常维护要领				
职业素养	1. 学习态度：积极主动参与学习	2			
	2. 团队合作：与小组成员一起分工合作，不影响学习进度				
	3. 现场管理：服从工位安排、执行实训室"5S"管理规定				
综合评议与建议					

<<<< ----------

项 目 拓 展

想一想：

1. 我们日常如何正确使用电控刮水器洗涤器呢？
2. 电控刮水器洗涤器是什么样的呢？

任务 7.2　电动车窗检修

一、任务导入与要求

任务导入	一辆索纳塔轿车所有车窗均不能升降或偶尔不能升降,其故障原因是什么呢?
目标要求	1. 掌握电动车窗控制原理知识 2. 掌握电动车窗维修技能 3. 提高学生做人和待人接物素质
学习步骤	电动车窗的组成→电路原理→检修方法→故障排除举例
任务实施	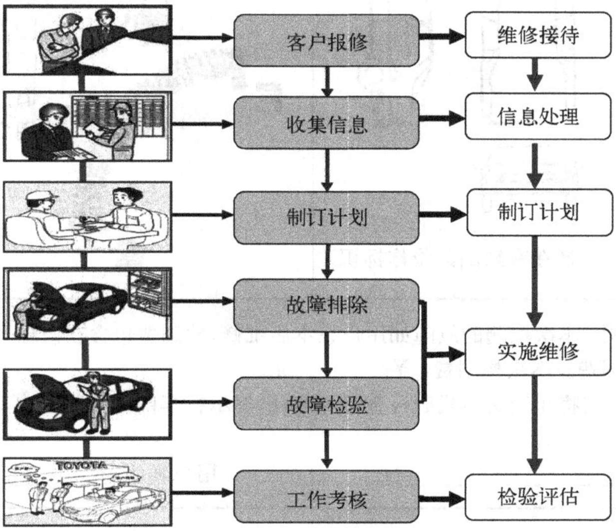

二、维修接待

按照表 7 - 6 完成待修车辆的维修接待,并准确填写接车问诊表。

表 7–6　维修接待与接车问诊表

1. 通过询问客户了解汽车发生故障情况,填写接车问诊表
2. 车间检测初步确认结果需要检查电动车窗电路

接 车 问 诊 表

车牌号:＿＿＿＿＿＿　车架号:＿＿＿＿＿＿　行驶里程:＿＿＿＿＿＿(km)

用户名:＿＿＿＿＿＿　电　话:＿＿＿＿＿＿　来店时间:＿＿＿＿／＿＿＿

用户陈述及故障发生时的状况:**捷达汽车电动车窗打不开**

故障发生状况提示:**行驶速度、发动机状态、发生频度、发生时间、部位、天气、路面状况、声音描述**

接车员检测确认建议:**需要检查车窗保险丝**

车间检测确认结果及主要故障零部件:**车窗保险丝损坏,车窗开关损坏**

车间检查确认者:＿＿＿＿＿＿

外观确认:

功能确认:(工作正常√　不正常×)
□音响系统　□门锁(防盗器)　□全车灯光　□工具
□后视镜　□顶窗　□座椅　□点烟器
□玻璃升降器　□玻璃

物品确认:(有√　无×)
□贵重物品提示
□工具　□备胎　□灭火器
□其他(　　　　)
旧件是否交还用户　□是　□否
用户是否需要洗车　□是　□否

(请在有缺陷部位作标识)

- 检测费说明:本次检测的故障如用户在本店维修,检测费包含在修理费用内;如用户不在本店维修,请您支付检测费。本次检测费:￥＿＿＿＿元。
- 贵重物品:在将车辆交给我店检查修理前,已提示将车内贵重物品自行收起并保存好,如有遗失恕不负责。

接车员:＿＿＿＿＿＿　用户确认:＿＿＿＿＿＿

三、相关知识

(一)电动车窗综述

1. 电动车窗的类型与组成

电动车窗分为电动门窗和电动顶窗。

　　电动门窗是利用电动机来升降车窗玻璃的。它主要由车窗、玻璃升降机构、电动机、主控开关、分控开关、继电器和保险丝等组成，如图 7-19 所示。

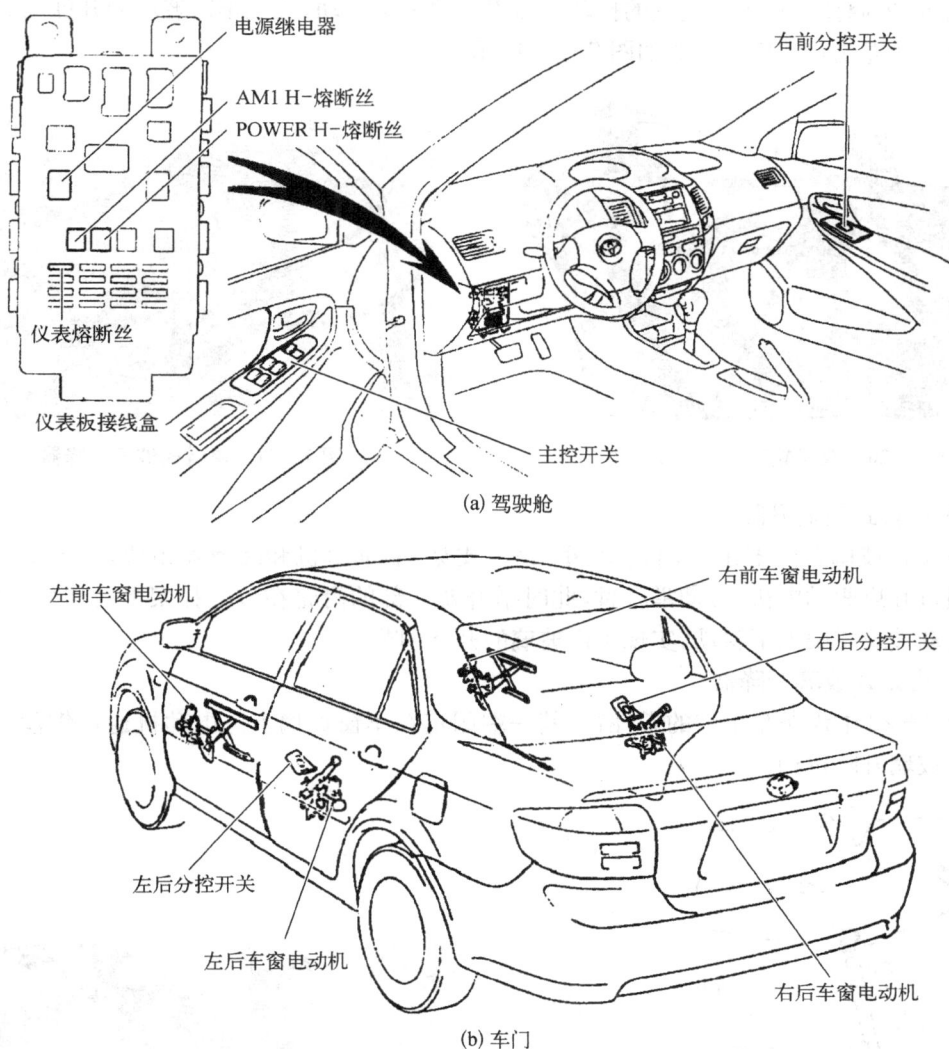

电源继电器
右前分控开关
AM1 H-熔断丝
POWER H-熔断丝
仪表熔断丝
仪表板接线盒
主控开关

(a) 驾驶舱

左前车窗电动机
右前车窗电动机
右后分控开关
左后分控开关
左后车窗电动机
右后车窗电动机

(b) 车门

图 7-19　丰田威驰电动门窗的组成

　　电动门窗一般使用双向永磁电动机或串励式电动机。每个车窗安装有一只车窗电动机，通过开关控制其电流的方向，从而实现车窗的升降。当车窗下降时，连接在扇形齿轮上的螺旋弹簧卷绕起来，储存一定的能量，当车窗升高时，弹簧将其储存的能量释放，协助电动机升高车窗。弹簧的作用力补偿车窗的重力。没有螺旋弹簧，车窗下降时将需要较小的力量，但升高时则需要较大的力量。螺旋弹簧的作用是：当车窗玻璃上升或下降时使驱动电机承受相等的负荷。

　　2. 车窗玻璃升降机构

　　要求车窗玻璃升降机构动作过程要平顺、可靠、轻便。车窗玻璃升降机构由玻璃升降器和窗框导槽组成。玻璃升降器的类型有下列几种。

1）绳轮式玻璃升降器

绳轮式电动玻璃升降器由导轨、玻璃托架、牵引钢绳、驱动电机和减速器组成,通过开启驱动电机,玻璃托架在牵引钢绳的拉动下沿着导轨上下滑动,实现车窗玻璃的开度调节。

双导轨绳轮式玻璃升降器如图 7－20 所示。

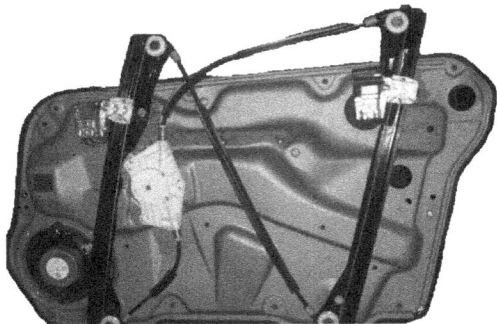

图 7－20　双导轨绳轮式玻璃升降器

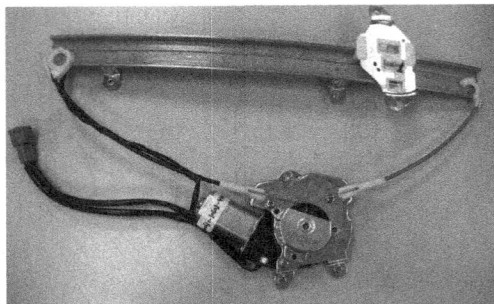

图 7－21　单臂式玻璃升降器

2）单臂式玻璃升降器

单臂式玻璃升降器由玻璃托架、举升臂、支架、驱动电机和减速器组成,如图 7－21 所示。通过开启驱动电机,转动举升臂,此时举升臂端部的滑轮在玻璃托架上的导轨中滑移,从而带动玻璃托架上下移动,实现车窗玻璃的开度调节。

3）齿条式玻璃升降器

图 7－22 中齿条是带齿的柔性带,其一端固定在车窗玻璃上。电动机通过钢丝绳或直接带动玻璃升降机构。

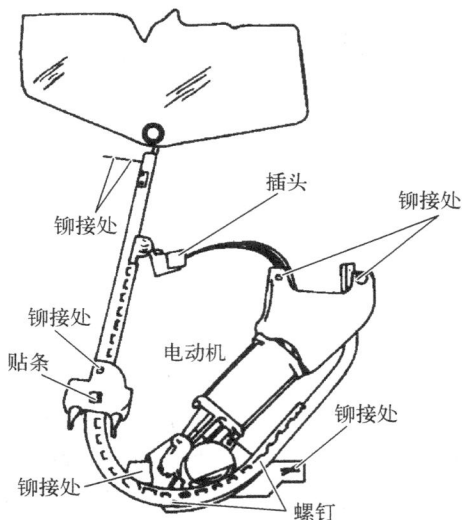

图 7－22　齿条式玻璃升降器

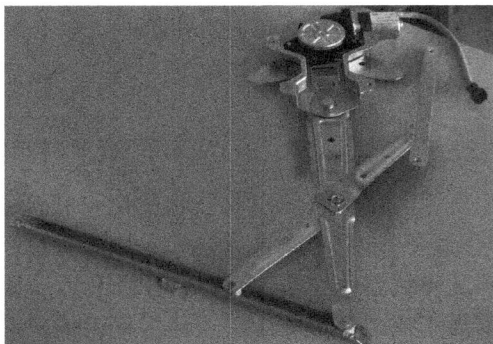

图 7－23　杠杆式玻璃升降器

4）杠杆式玻璃升降器

图 7－23 所示是通过电动机的小齿轮与扇形齿板相啮合。当驱动电动机旋转时,便可

通过杠杆升降机构实现车窗玻璃的升降。

3. 电动门窗控制开关

电动门窗控制开关由驾驶侧门控主控开关和各车门处的分控开关组成。主控开关如图 7-24 所示,用于对所有车门锁和车窗玻璃系进行控制,一般安装在左前车门把手上或变速杆附近。4 个车窗开关用于分别控制 4 个车门的玻璃升降。当窗锁开关按下时,4 个车门的玻璃不能升降。当门锁开关按下时,4 个车门不能打开,以保证行车安全。

分控开关安装在每个车门的中部或车门把手上,用于乘客对车窗进行操纵,如图 7-25 所示。

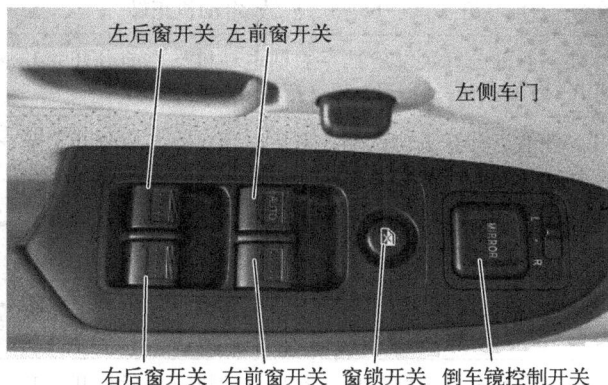

图 7-24　本田汽车的主控开关

图 7-25　分控开关

(二) 丰田汽车的电动门窗

1. 凌志 UCF10 型轿车电动门窗控制原理

凌志 UCF10 型轿车电动门窗控制电路如图 7-26 所示。当接通点火开关,电动窗继电器线圈通电,通过 4 号线给主控开关(9 号线)和分控开关(5 号线)提供 12 V 电源。其控制过程如表 7-7 所示。

表 7-7　凌志 UCF10 型轿车电动门窗控制过程

开关状态			动　作	电　流　路　径
主控开关	左前	升	左前窗玻璃升起	主控开关 9→左前主控开关"升"档→4→2→左前电动机→1→10→左前主控开关降→8→搭铁,电动机正转
		降	左前窗玻璃降下	主控开关 9→左前主控开关"降"档→10→1→左前电动机→2→4→左前主控开关升→8→搭铁,电动机反转
	右前	升	右前窗玻璃升起	主控开关 9→右前主控开关"升"档→右前分开关升→右前电动机→右前分开关降→右前主控开关降→K→8→搭铁,电动机正转
		降	右前窗玻璃降下	主控开关 9→右前主控开关"降"档→右前分开关降→右前电动机→右前分开关升→右前主控开关降→K→8→搭铁,电动机反转
	右后	升	右后窗玻璃升起	主控开关 9→右后主控开关"升"档→右后分开关升→右后电动机→右后分开关降→右后主控开关降→K→8→搭铁,电动机正转
		降	右后窗玻璃降下	主控开关 9→右后主控开关"降"档→右后分开关降→右后电动机→右后分开关升→右后主控开关降→K→8→搭铁,电动机反转

笔记

开 关 状 态			动　作	电　流　路　径
主控开关	左后	升	左后窗玻璃升起	主控开关9→左后主控开关"升"档→左后分开关升→左后电动机→左后分开关降→左后主开关降→K→8→搭铁,电动机正转
		降	左后窗玻璃降下	主控开关9→左后主控开关"降"档→左后分开关降→左后电动机→左后分开关升→左后主开关降→K→8→搭铁,电动机反转
分控开关	右前	升	右前窗玻璃升起	右前分开关5→右前分开关"升"档→右前电动机→右前分开关降→1→主开关3→右前主开关降→K→8→搭铁,电动机正转
		降	右前窗玻璃降下	右前分开关5→右前分开关"降"档→右前电动机→右前分开关升→4→主开关7→右前主开关降→K→8→搭铁,电动机反转
	右后	升	右后窗玻璃升起	右后分开关5→右后分开关"升"档→右后电动机→右后分开关降→1→主开关11→右后主控开关降→8→搭铁,电动机正转
		降	右后窗玻璃降下	右后分开关5→右后分开关"降"档→右后电动机→右后分开关升→4→主开关12→右后主开关降→K→8→搭铁,电动机反转
	左后	升	左后窗玻璃升起	左后分开关5→左后分开关"升"档→左后电动机→左后分开关降→1→主开关6→左后主开关降→K→8→搭铁,电动机正转
		降	左后窗玻璃降下	左后分开关5→左后分开关"降"档→左后电动机→左后分开关升→4→主开关5→左后主开关降→K→8→搭铁,电动机反转

注意事项:

（1）轻按或轻扳左前主控开关,为电动或手动,手停止按开关,玻璃也立刻停止升降。将左前主控开关向下按到位或向上扳到位,为自动。主控开关内部自动升降控制电路给线圈L通电,产生磁力,吸住开关,玻璃自动升降,参见图7-26所示。

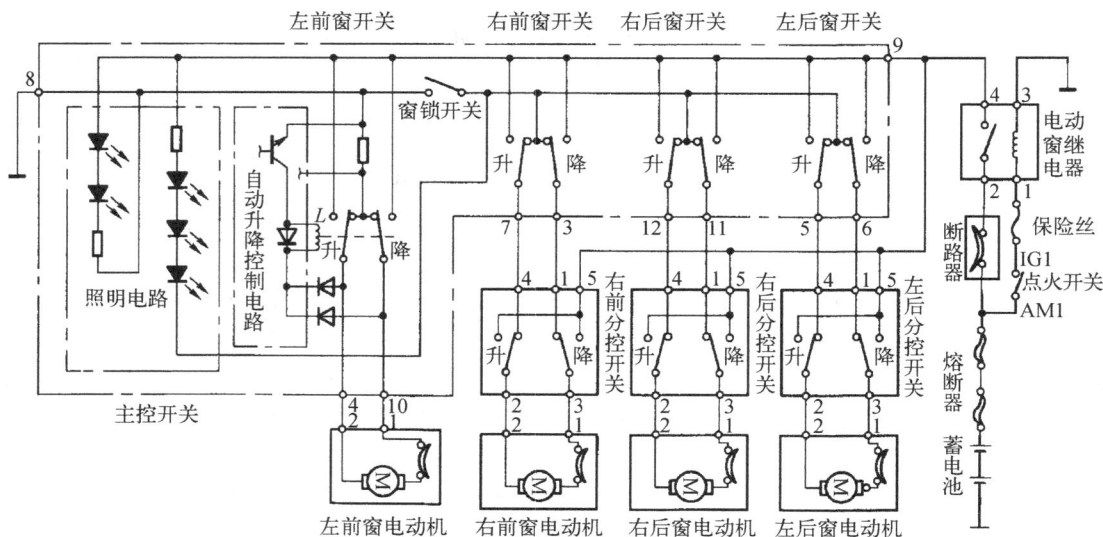

图7-26　凌志UCF10型轿车电动门窗控制电路

　　（2）当按下窗锁开关K（参见图7-26所示），除了左前门窗玻璃可以通过左前主控开关控制升降外，其他门窗玻璃都不能升降。

　　（3）本表中开关"升"档或"降"档，意思是要扳动开关到"升"档或"降"档，即从虚线位置扳到实线位置，其相应的电流方向也改变了，如图7-27所示。"开关升"或"开关降"的意思是不扳动开关，而电流从"开关升"或"开关降"这一侧触点流过。

　　（4）"主控开关"可简称为"主开关"。"分控开关"可简称为"分开关"。

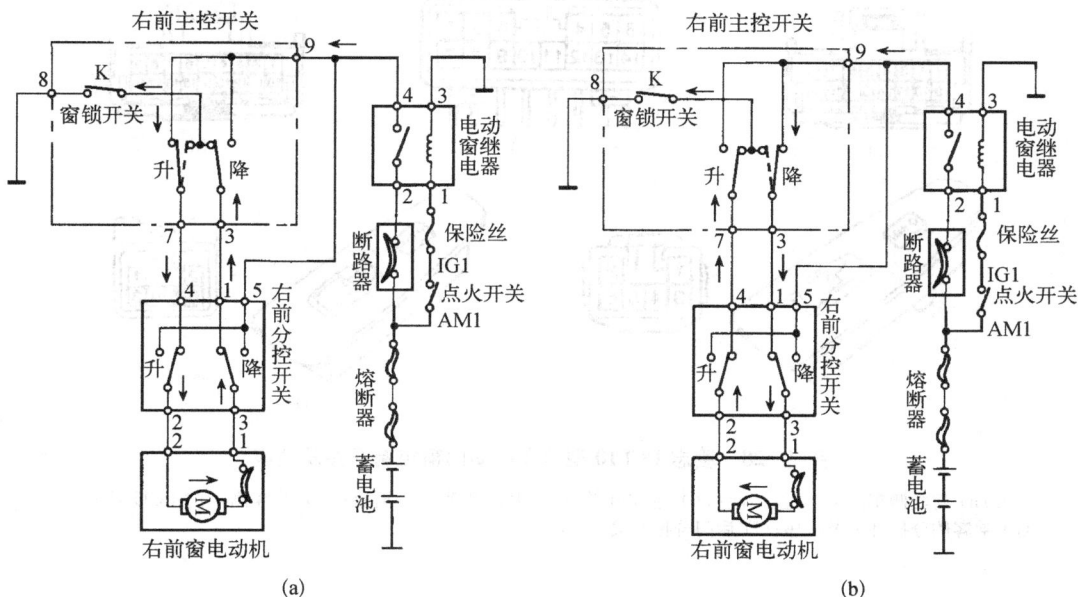

图7-27　主控开关的档位与电流流向

（a）右前主控开关在"升"档；（b）右前主控开关在"降"档

　　2. 凌志UCF10型轿车电动门窗控制电路的检修

　　凌志UCF10型轿车电动门窗控制开关及插座如图7-28所示。

　　1）主控开关检查

　　用欧姆表检测主控开关各针脚间的导通情况。其检查结果应符合图7-28中的规定。否则应更换总开关。在车窗锁紧，即图7-26所示中的窗锁开关断开时，主控开关的8号针脚与其他针脚不通（左前主控开关除外）。

　　2）主控开关连接电路检查

　　拔开主控开关的导线连接器，并检测已拔开的导线连接器针脚间的导通情况或电压。当点火开关旋到ON，图7-28（c）中的针脚9对搭铁应为蓄电池电压；针脚8对搭铁应为导通。否则应检查与其他元件相接的电路。

　　3）主控开关照明工作状况检查

　　把窗锁开关置于未锁位置，将蓄电池的正极接主控开关针脚9，负极接针脚8，照明灯应亮。再将窗锁开关置于锁住位置，照明灯应熄灭。否则应更换主控开关。

　　4）分控开关检查

　　用欧姆表检测开关的导通情况或电压。其检查结果，应符合表7-8中的规定。否则应

笔记

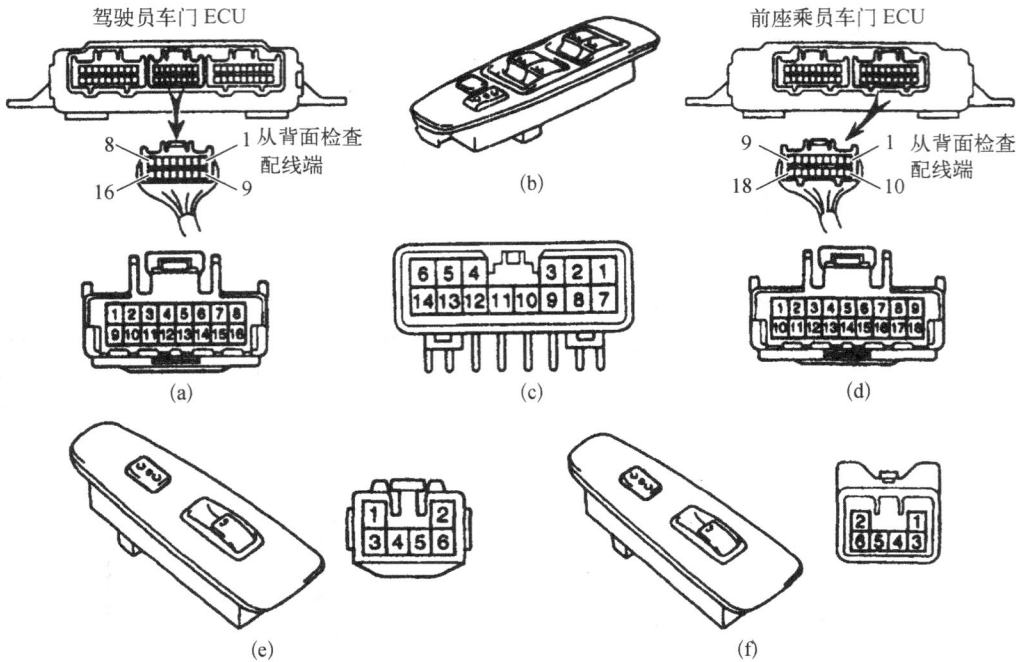

图 7 - 28　凌志 UCF10 型轿车电动门窗控制开关及插座

(a) 驾驶侧车门 ECU 及插座;(b) 主控开关;(c) 主控开关配线插座;(d) 乘客侧车门 ECU 及插座;(e) 乘客侧分控开关及插座;(f) 后门分控开关及插座

导通情况　针脚　车窗　开关位置		前　车　门								后　车　门							
		驾驶员侧				乘员侧				左				右			
		8	4	9	10	8	3	9	7	8	9	6	5	8	9	12	11
车窗未锁	UP　(升)	○	○─○	○	○	○	○	○─○	○	○	○─○	○	○	○	○─○	○	○
	OFF　(关)	○	○	○	○	○	○	○	○	○	○	○	○	○	○	○	○
	DOWN　(降)	○	○	○─○	○	○	○─○	○	○	○	○	○─○	○	○	○	○─○	○
车窗锁紧	UP　(升)	○	○─○	○	○												
	OFF　(关)					○	○	○	○	○	○	○	○	○	○	○	○
	DOWN　(降)	○	○─○	○	○	○	○─○	○	○	○	○─○	○	○	○	○─○	○	○

图 7 - 29　主控开关各档位的导通情况

更换分控开关。拔开开关的导线连接器,并检测已拔开的导线连接器针脚间的导通情况或电压。其检查结果,应符合表 7-8 中的规定,否则应检查与其他元件相接的电路。针脚位置如图 7-28(e),(f)所示。

表 7-8　分控开关及其导线连接器检查

检查项目	检测针脚	检测条件		规定值
分控开关	5-2,1-3	分控开关在 UP 挡		导通
	1-3,2-4	分控开关在 OFF 挡		导通
	5-3,2-4	分控开关在 DOWN 挡		导通
导线连接器	5-搭铁	点火开关 ON		蓄电池电压
	4-搭铁	点火开关 ON	主控开关 UP	蓄电池电压
			主控开关 OFF	无电压
	1-搭铁		主控开关 DOWN	蓄电池电压
			主控开关 OFF	无电压

5）电动门窗继电器检查

用欧姆表检测电动门窗继电器各针脚间的导通情况。1-3 脚应导通。当 1-3 脚有蓄电池电压时，2-4 应导通。否则应更换主继电器。

6）门窗电机及其线路的检查

（1）检查电机。

将蓄电池正极接电机端子 1，负极接其端子 2，电机应逆时针转动；交换蓄电池正、负极接线，电机应顺时针转动。

车窗电机断路器：并将车窗升到全关位置，继续扳起各窗控制开关，在 4～40 s 内倾听是否有断路器的运行噪声。再按下各窗控制开关，在 60 s 内车窗应开始下降。经检查若不符合要求，则更换电机。

（2）电机线路检查。

拔开电机的导线连接器，并插好主控开关和各窗分控开关的导线连接器，然后检查已拔开的电机导线连接器两针脚与车身搭铁之间的电压。

点火开关旋到 ON，主控开关或分控开关在 DOWN 挡，1 与车身搭铁之间有蓄电池电压，2 与车身搭铁之间无电压。

点火开关旋到 ON，主控开关或分控开关在 UP 挡，1 与车身搭铁之间无电压，2 与车身搭铁之间有蓄电池电压。

点火开关旋到 ON，主控开关或分控开关在 OFF 挡，1，2 与车身搭铁之间均无电压。

（3）门窗电机运转电流检查。

拆下电动门窗继电器，将电流表串联到 2,4 两脚之间，当车窗下降时，电流表的读数应为 7 A；当车窗停止下降时，电流表的读数应增加到 14.5 A。否则电动门窗系统有故障。注意，车窗停止下降后 4～40 s，断路器便断开，所以检查工作必须要在断路器起作用的时间内进行。

（三）本田汽车的电动门窗

本田汽车电动门窗的控制原理与丰田大同小异，有下列几点不同：

（1）每一个车门电动门窗的控制电路配有一个保险丝，有单独的电源线，如图 7-30 所示。

（2）驾驶侧门窗电机的电枢轴上有一个 C 形铜环，与之相接触有一对电刷，组成了"脉冲信号传感器"。当电机旋转时，两电刷不断地通过 C 形铜环接通和断开，这一脉冲信号被送到主控开关的控制单元。控制单元根据脉冲信号给线圈通电，产生电磁力，吸住驾驶侧主

笔记

控开关自动档,使驾驶侧车门玻璃自动升降。玻璃升降到位时,电机阻力增大而停止转动,"脉冲信号传感器"无"脉冲信号"输出,控制单元给线圈断电,电磁力消失,驾驶侧主控开关回到"关"档,使驾驶侧车门玻璃停止升降。

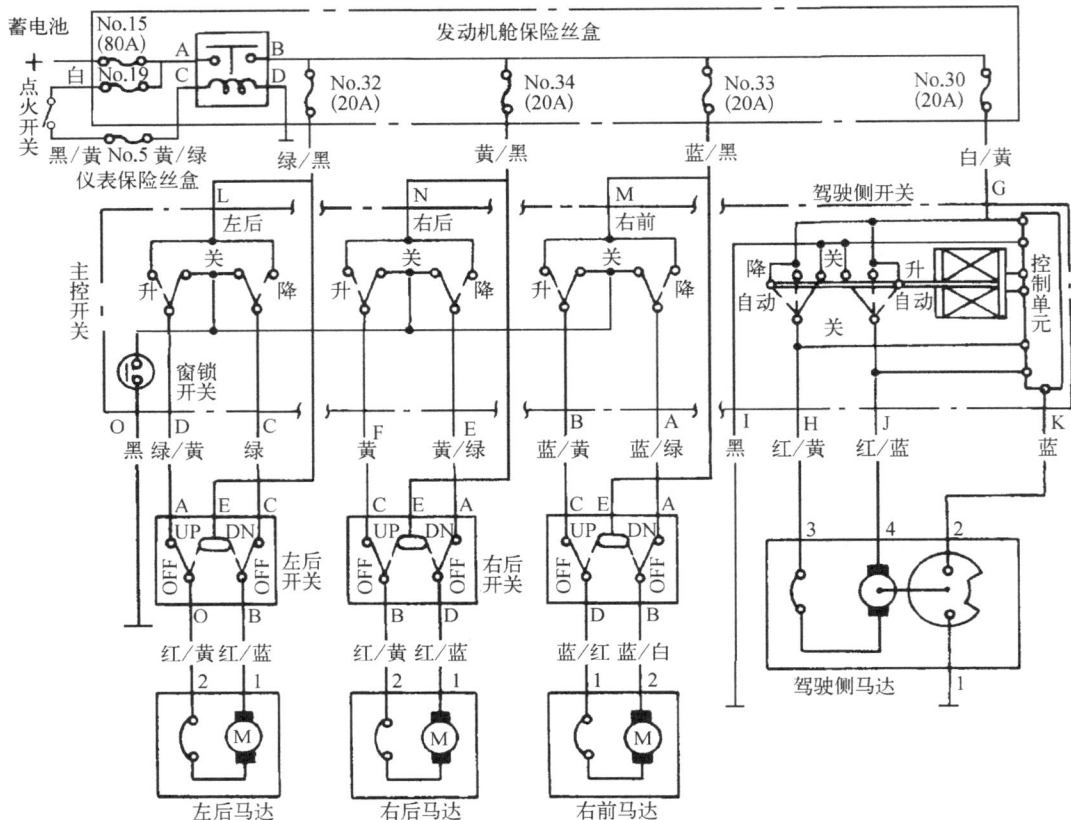

图7-30 本田汽车电动门窗的电气线路

四、信息收集与处理

查找相关知识的内容,按表7-9完成信息收集与处理。

表7-9 信息收集与处理

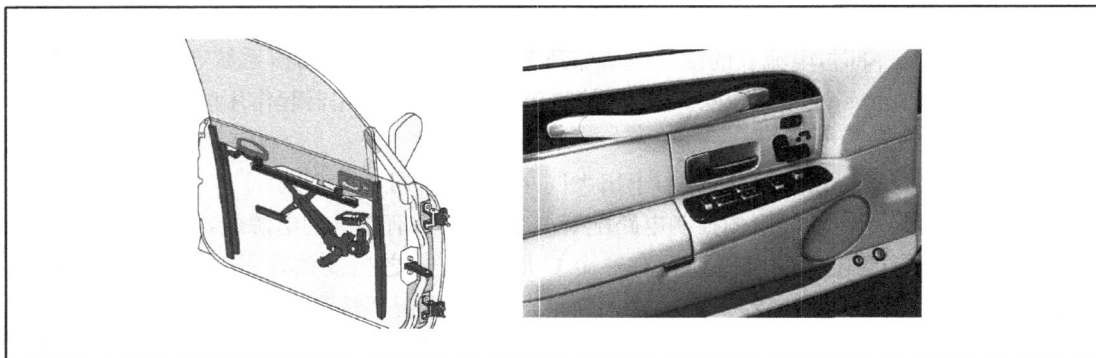

续　表

电动车窗作用	使车窗玻璃自动或点动升降,以打开或关闭汽车门窗或顶窗
电动车窗的类型	(1) 根据车窗玻璃升降器分有绳轮式、单臂式、齿条式、杠杆式 (2) 根据控制方式分有传统分立控制型和汽车网络控制型
电动车窗组成	电动门窗主要由车窗、玻璃升降机构、电动机、主控开关、分控开关等组成
维护电动车窗	润滑升降机构、清洁玻璃的污物减小阻力
检查电动车窗	(1) 某车窗只能向一个方向运动,检查该窗分开关或至主开关是否断路 (2) 某车窗两个方向都不能运动,传动机构卡住、电动机损坏、分开关至电动机断路 (3) 所有车窗均不能升降或偶尔不能升降,熔断丝被烧断、搭铁不良 (4) 两个后车窗分开关不起作用,总开关出现故障

五、制定检修计划

制订电动车窗检修计划,如表 7 - 10 所示。

表 7 - 10　电动车窗的检修计划

1. 查阅资料,了解车辆电动车窗类型信息、汽车电动车窗拆卸作业注意事项 2. 查阅维修手册,学习电动车窗的检查和保养内容		
了解电动车窗电路	查找维修手册,查找电动车窗的电路	
	搞清电动车窗电路的工作原理	
检 修 项 目	工 作 内 容	
拆卸	从汽车上拆下电动车窗或开关	
检查	检查电动车窗开关、电机、升降器工作状况	
技术要求	符合维修手册的规范	
电动车窗性能检查	电动车窗运转自如,自动和手动挡都工作正常	

六、实施维修作业

制订电动车窗检测与维护作业任务书,如表 7 - 11 所示。

表 7 - 11　电动车窗检测与维护作业任务书

汽车电动车窗检测与维护作业任务书			
1. 车辆信息描述	车上物品描述		
	车况描述		
2. 电动车窗故障描述			
3. 汽车电动车窗的检修	检 查 项 目	作业要领及技术标准	检查记录
	电动车窗工作情况		
	检查车窗保险丝		

笔记　　　　　　　　　　　　　　　　　　　　　　　　　　续　表

3. 汽车电动车窗的检修	拆检主开关		
	拆检分开关		
	拆检玻璃升降器		
结论			

七、检验评估

对学生学习效果进行检验评估,如表 7 - 12 所示。

表 7 - 12　检验评估

评价指标	检验说明	检验记录
检查电动车窗工作	➢ 运转是否自如 ➢ 所有车窗工作是否正常 ➢ 检查车窗保险丝 ➢ 拆检主开关 ➢ 拆检分开关 ➢ 拆检玻璃升降器	

评价内容	检验指标	权重	自评	互评	总评
检查任务完成情况	1. 完成任务过程情况	4			
	2. 任务完成质量				
	3. 在小组完成任务过程中所起作用				
专业知识	1. 描述汽车电动车窗的作用	4			
	2. 描述汽车电动车窗的结构				
	3. 描述汽车电动车窗电路符号的含义				
	4. 描述汽车电动车窗的技术检查内容				
	5. 描述汽车电动车窗的日常维护要领				
职业素养	1. 学习态度:积极主动参与学习	2			
	2. 团队合作:与小组成员一起分工合作,不影响学习进度				
	3. 现场管理:服从工位安排、执行实训室"6S"管理规定				
综合评议与建议					

项目拓展

想一想：

1. 汽车网络控制型电动车窗如何正确检修？
2. 汽车网络控制型电动车窗工作原理如何？

任务7.3　电动顶窗检修

一、任务导入与要求

任务导入	李先生的一辆北京现代索纳塔轿车的顶窗（俗称天窗）不工作,该如何排除故障呢?
目标要求	1. 掌握电动顶窗的电路图及工作原理等知识 2. 掌握电动顶窗的维修技能 3. 提高维修接待与人交往的素质
学习步骤	电动顶窗的组成→电路原理→检修方法→故障排除方法
任务实施	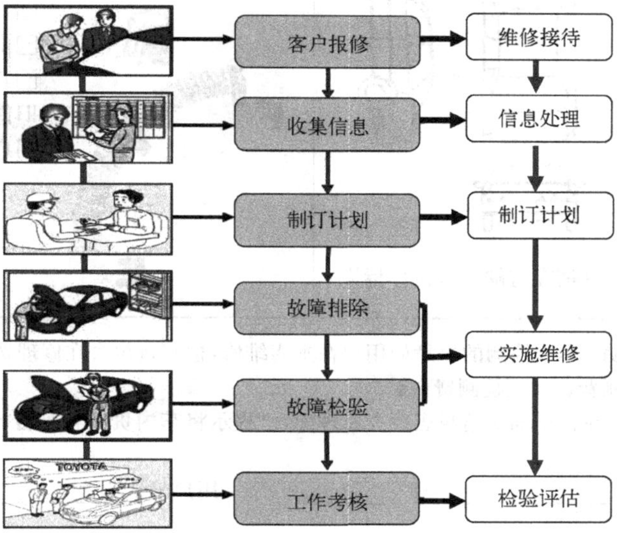

二、维修接待

通过询问客户,了解汽车电动顶窗发生故障情况,按照表 7－13 完成待修车辆的维修接待,并准确填写接车问诊表。

笔记

表 7 - 13　维修接待与接车问诊表

接 车 问 诊 表

车牌号：_____　　车架号：_____　　行驶里程：_____（km）

用户名：_____　　电　话：_____　　来店时间：_____ / _____

用户陈述及故障发生时的状况：**北京现代索纳塔轿车的电动顶窗不工作**
故障发生状况提示：**行驶速度、发动机状态、发生频度、发生时间、部位、天气、路面状况、声音描述等**
接车员检测确认建议：**需要对电动顶窗进行检查**
车间检测确认结果及主要故障零部件：**电动顶窗不工作**

车间检查确认者：_____

外观确认：

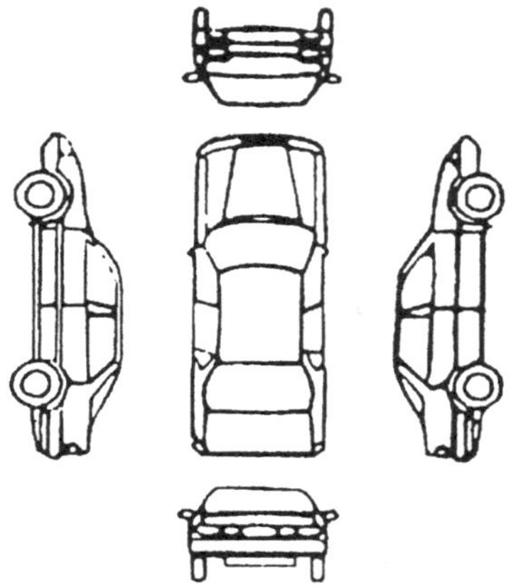

（请在有缺陷部位作标识）

功能确认：（工作正常√　不正常×）

□音响系统　□门锁（防盗器）　□全车灯光　□工具

□后视镜　　□顶窗　　　　　□座椅　　　□点烟器

□玻璃升降器　□玻璃

物品确认：（有√　无×）

□贵重物品提示

□工具　□备胎　□灭火器

□其他（　　　　　）

旧件是否交还用户　□是　□否

用户是否需要洗车　□是　□否

- 检测费说明：本次检测的故障如用户在本店维修，检测费包含在修理费用内；如用户不在本店维修，请您支付检测费。本次检测费：￥_____元。
- 贵重物品：在将车辆交给我店检查修理前，已提示将车内贵重物品自行收起并保存好，如有遗失恕不负责。

接车员：_____　　　　　用户确认：_____

三、相关知识

（一）本田汽车电动顶窗

本田汽车电动顶窗的结构如图 7 - 31 所示。其控制电路如图 7 - 32 所示。本田 CR - V 汽车电动顶窗的工作原理如下。

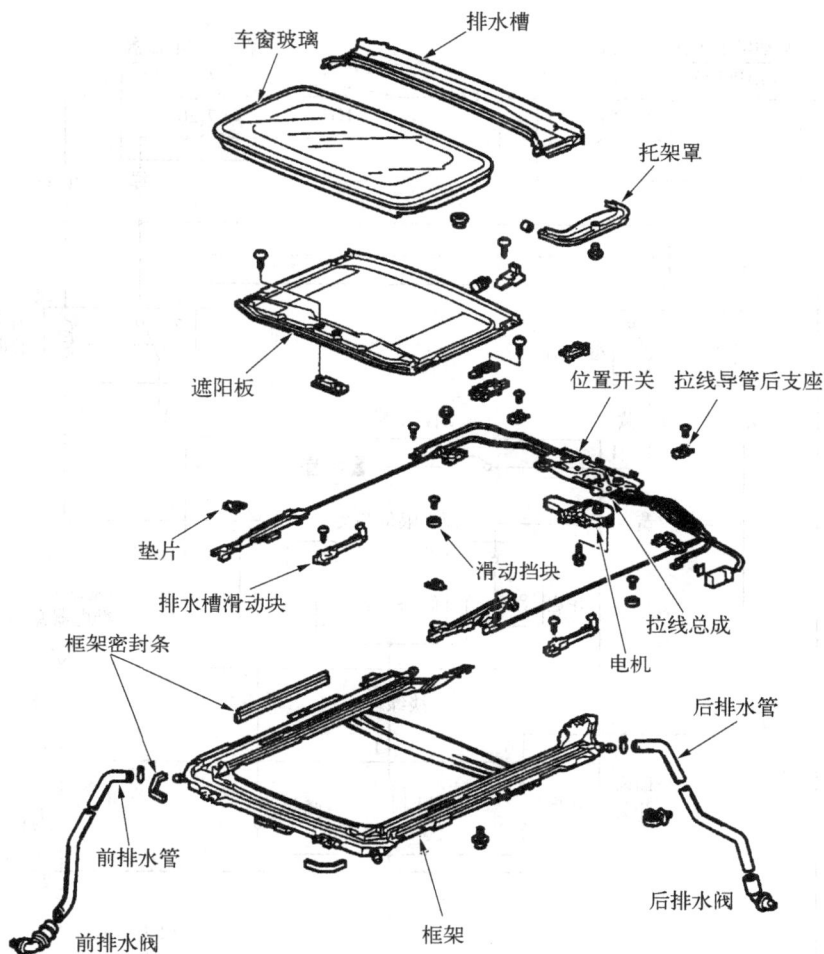

车窗玻璃　排水槽　托架罩　遮阳板　位置开关　拉线导管后支座　垫片　排水槽滑动块　滑动挡块　框架密封条　拉线总成　电机　后排水管　前排水管　前排水阀　框架　后排水阀

图 7-31　本田汽车电动顶窗的结构

1. 顶窗开启

顶窗开关打到"开启"挡,这时顶窗继电器线圈的电流为:蓄电池＋→No.19→No.20→白线→点火开关→No.6→黄/绿→顶窗开启继电器线圈→红/黄→顶窗开关"开启"挡→黑线→搭铁。这个电流使顶窗开启继电器线圈通电,并使其触点从实线位置变为虚线位置,给顶窗电机通电。顶窗电机的电流为:蓄电池＋→No.19→No.13→白/蓝线→No.7→绿→顶窗开启继电器(虚线)→绿/黄→顶窗电机→绿/黑→顶窗关闭继电器(实线)→黑线→搭铁。顶窗电机正转,顶窗渐渐打开。当顶窗打开到最大位置时,顶窗限位开关均在"开启"位置。

2. 顶窗关闭

顶窗开关打到"关闭"挡,这时顶窗继电器线圈的电流为:蓄电池＋→No.19→No.20→白线→点火开关→No.6→黄/绿→顶窗关闭继电器线圈→绿/白线→顶窗限位开关 S_2 "开启"挡→浅绿/黑线→顶窗开关"关闭"挡→黑线→搭铁。这个电流使顶窗关闭继电器线圈通电,并使其触点从实线位置变为虚线位置,给顶窗电机通电。顶窗电机的电流为:蓄电

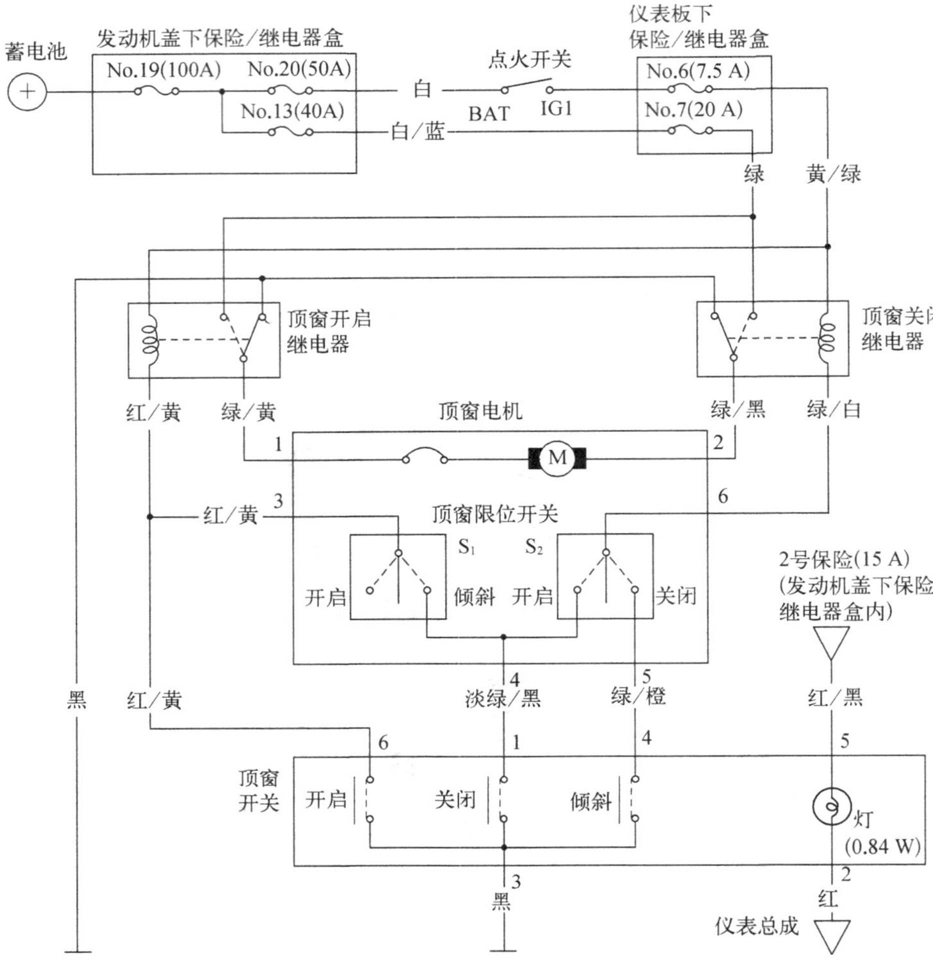

图 7 - 32　本田汽车电动顶窗的电路

池＋→No. 19→No. 13→白/蓝线→No. 7→绿→顶窗关闭继电器(虚线)→绿/黑→顶窗电机→绿/黄→顶窗开启继电器(实线)→黑线→搭铁。顶窗电机反转,顶窗渐渐关闭。当顶窗完全关闭时,顶窗限位开关均在"关闭"位置。

(二) 电动顶窗的检修

电动顶窗主要检查顶窗开关、顶窗继电器和顶窗电机。以北京现代索纳塔轿车的顶窗为例说明顶窗的故障检查方法。

1. 检查顶窗开关

(1)用电阻表检查导线连接器(图 7-33)各端子之间导通状态如图 7-34 所示。

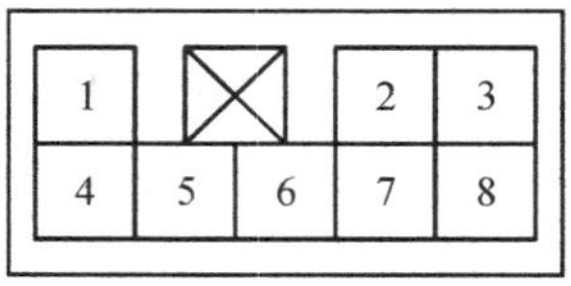

图 7 - 33　顶窗开关端子

端子位置		1	2	3	4	5	6	7
滑动开关	OPEN		○——	——○				○
	OFF		○——					○
	CLOSE		○——	——○			——○	
			○——					○
倾斜开关	UP			○——	——○			
			○——					○
	OFF		○——					○
	DOWN			○——	——○			
			○——					○

图 7-34 顶窗开关各端子的导通状态

（2）各端子导通状态与图 7-34 所示不一致时，更换顶窗开关。

2. 检查顶窗继电器

顶窗继电器如图 7-35 所示，实际上是两个 5 脚继电器组合而成。检查各端子导通状态如图 7-36 和图 7-37 所示。若导通性不符要求，则应更换继电器。

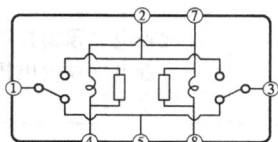

图 7-35 顶窗继电器电路

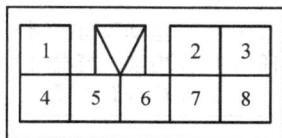

图 7-36 顶窗继电器端子

位置 \ 端子	1	2	3	4	5	6	7	8
没有接蓄电池（线圈不工作）				○——	——○		○——	——○
	○——	——○		○				
连接蓄电池（线圈工作）				⊖——			——⊕	
	○——	——○						
		○——	——○					
				⊕——				——⊖

图 7-37 顶窗继电器导通状态

3. 检查顶窗电机

（1）拆下车顶电动顶窗控制台。

（2）分离电机导线连接器端子，如图 7-38 所示。

（3）在顶窗电机导线连接器端子 8 和 3 上分别连接蓄电池（＋）极和（一）极。

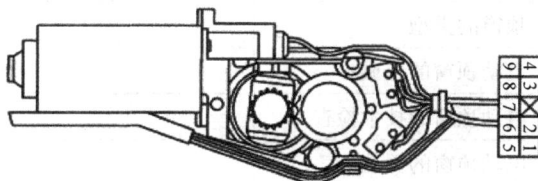

图 7-38 顶窗电机及端子

笔记

（4）检查电机是否向打开方向和向下方向转动。

（5）把接线极性倒过来，检查电动顶窗电机是否向关闭方向和向上方向转动。

电机转动时应没有任何异常声音。若电机工作不符合要求，则应更换顶窗电机。

（三）电动顶窗的常见故障

电动顶窗的故障现象、原因及排除方法见表7-14。

表7-14 电动顶窗的故障现象、原因及排除方法

故障现象	故障原因	故障排除方法
电动顶窗不工作（门锁不正常）	① P/W 熔断丝损坏 ② 电动顶窗继电器有故障 ③ 配线有故障	① 检查 P/W 熔断丝 ② 检查顶窗继电器 ③ 检查线路
电动顶窗不工作（门锁正常）	① 点火开关有故障 ② 电动顶窗控制开关和继电器有故障 ③ 电动顶窗电机和限位开关有故障 ④ 配线有故障	① 检查点火开关 ② 检查电动顶窗控制开关和继电器 ③ 检查电动顶窗电机和限位开关 ④ 检查线路
电动顶窗系统工作异常	① 电动顶窗控制开关和继电器有故障 ② 电动顶窗电机和限位开关有故障 ③ 配线有故障	① 检查电动顶窗控制开关和继电器 ② 检查电动顶窗电机和限位开关 ③ 检查线路
顶窗中途停止工作（电机总成中无任何异物）	① 电动顶窗控制开关和继电器有故障 ② 电动顶窗电机和限位开关有故障 ③ 配线有故障	① 检查电动顶窗控制开关和继电器 ② 检查电动顶窗电机和限位开关 ③ 检查线路

四、信息收集与处理

按表7-15完成电动顶窗信息收集与处理。

表7-15 信息收集与处理

电动顶窗的作用	
顶窗的类型	
电动顶窗的组成	
电动顶窗的技术检查	
电动顶窗的拆装	
电动顶窗的维护	

五、制定检修计划

制订电动顶窗检修计划如表 7 - 16 所示。

表 7 - 16　电动顶窗检修计划

检 修 项 目	工 作 内 容
查阅资料	查阅维修手册,了解电动顶窗的电路原理和维修注意事项
拆装检查	了解顶窗开关、顶窗继电器和顶窗电机的拆装方法
检查顶窗开关	检查顶窗开关各档位导通性是否符合要求
检查顶窗继电器	检查工作情况
拆检顶窗电机	能拆卸、检测和安装顶窗电机
顶窗的维护	能对顶窗进行的维护保养,润滑导轨

六、实施检修作业

制订电动顶窗维修作业任务书,如表 7 - 17 所示。

表 7 - 17　电动顶窗维修作业任务书

汽车电动顶窗检修作业任务书				
1. 车辆信息描述	车上物品描述			
	车况描述			
2. 汽车电动顶窗的检测与维护描述				
3. 汽车电动顶窗的检测与维修	检 查 项 目	作业要领及技术标准		检查记录
	(1) 了解汽车电动顶窗的检测与维护安全事项 (2) 会正确对电动顶窗进行维护保养			
	电动顶窗各部分的拆卸			
	检查顶窗开关			
	检测顶窗继电器			
	拆检顶窗电机			
检查与维护结论				

笔记

七、检验评估

电动顶窗的检验评估如表 7-18 所示。

表 7-18　检验评估表

评价指标	检验说明	检验记录
维护检查项目	➢　查阅维修手册 ➢　拆装检查 ➢　检查顶窗开关、电机和继电器	
汽车电动顶窗的工作情况		

评价内容	检验指标	权重	自评	互评	总评
检查任务完成情况	1. 完成任务过程情况	4			
	2. 任务完成质量				
	3. 在小组完成任务过程中所起作用				
专业知识	1. 能描述汽车电动顶窗的作用	4			
	2. 能描述汽车电动顶窗的结构				
	3. 能描述汽车电动顶窗电路图				
	4. 会描述汽车电动顶窗的技术检查内容				
	5. 会描述汽车电动顶窗的日常维护要领				
职业素养	1. 学习态度：是否积极主动参与学习	2			
	2. 团队合作：与小组成员一起分工合作，不影响学习进度				
	3. 现场管理：服从工位安排、执行实训室"5S"管理规定				
综合评议与建议					

项目拓展

想一想：

1. 电动顶窗如何正确使用呢？

2. 汽车网络控制型电动车窗的工作原理如何？

笔 记

任务7.4 电动门锁检修

一、任务导入与要求

任务导入	李先生的别克汽车电动门锁不起作用,该如何排除故障呢?
目标要求	1. 掌握电动门锁结构和工作原理等知识 2. 掌握电动门锁检修技能 3. 提高维修接待与人交往的素质
学习步骤	电动门锁的组成→电路原理→检修方法→故障排除
任务实施	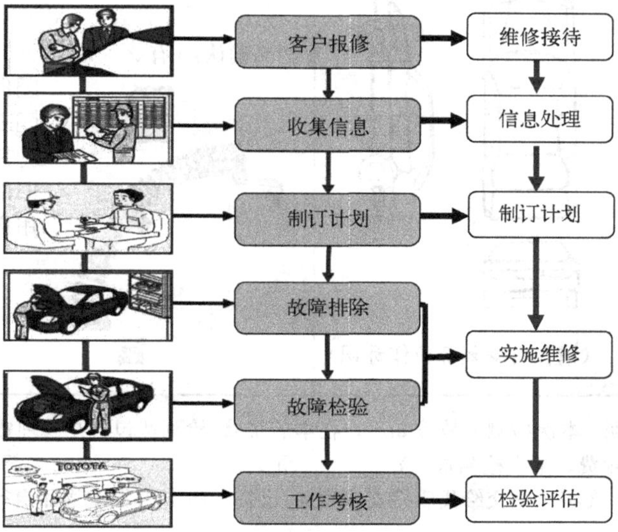

二、维修接待

通过询问客户,了解汽车电动门锁发生故障情况,按照表7-19完成待修车辆的维修接待,并准确填写接车问诊表。

表7-19 维修接待与接车问诊表

接 车 问 诊 表

车牌号:_____ 车架号:_____ 行驶里程:_____(km)

用户名:_____ 电 话:_____ 来店时间:___/___

用户陈述及故障发生时的状况:**别克轿车的电动门锁不工作**

故障发生状况提示:**行驶速度、发动机状态、发生频度、发生时间、部位、天气、路面状况、声音描述等**

笔记

接车员检测确认建议：**需要对电动门锁进行检查**

车间检测确认结果及主要故障零部件：**电动门锁不工作**

车间检查确认者：_____

外观确认：

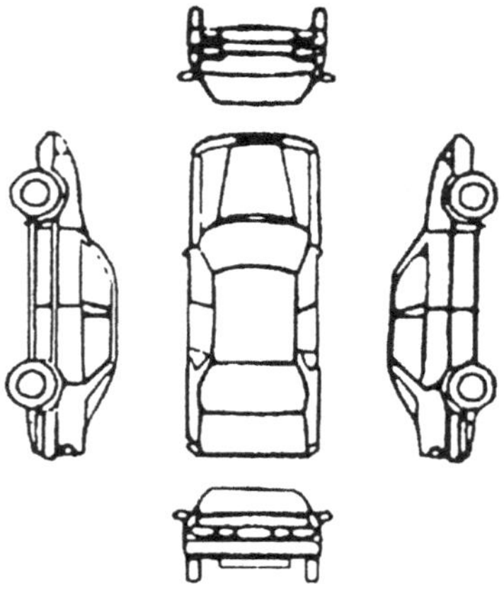

（请在有缺陷部位作标识）

功能确认：（工作正常√　不正常×）
- □音响系统　　□门锁（防盗器）　□全车灯光　□工具
- □后视镜　　　□顶窗　　　　　　□座椅　　　□点烟器
- □玻璃升降器　□玻璃

物品确认：（有√　无×） 
- □贵重物品提示
- □工具　□备胎　□灭火器
- □其他（　　　　　　　　）
- 旧件是否交还用户　□是　□否
- 用户是否需要洗车　□是　□否

- 检测费说明：本次检测的故障如用户在本店维修，检测费包含在修理费用内；如用户不在本店维修，请您支付检测费。本次检测费：¥_____元。
- 贵重物品：在将车辆交给我店检查修理前，已提示将车内贵重物品自行收起并保存好，如有遗失恕不负责。

接车员：_____　　　　用户确认：_____

三、相关知识

电动门锁又称中央门锁。驾驶员通过操纵按钮，可控制所有车门的开锁或锁定，不用对各个车门进行单独操作，同时乘客仍可利用车门的机械式锁开关车门，使用十分方便和安全。电动门锁有传统型和电子遥控型两种类型。电子遥控型电动门锁将在任务 7.5 中介绍。

（一）电动门锁组成

电动门锁系统一般由门锁总成、连杆机构、门锁执行器、控制器、继电器和控制开关等组成，如图 7-39 所示。

1. 门锁总成及连杆机构

门锁总成如图 7-40 所示。

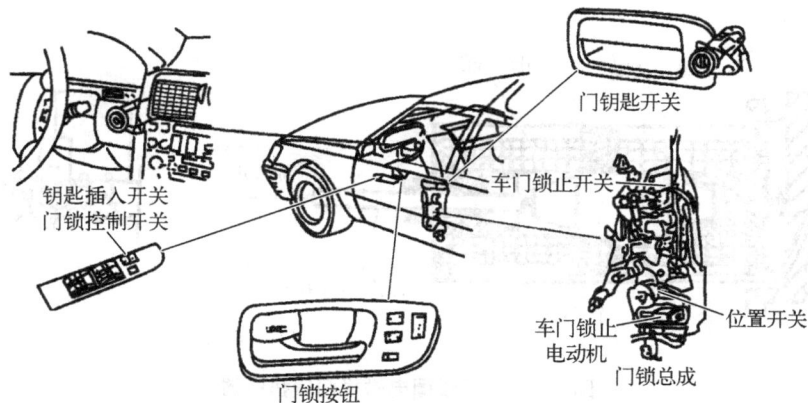

图 7 - 39 电动门锁系统的组成

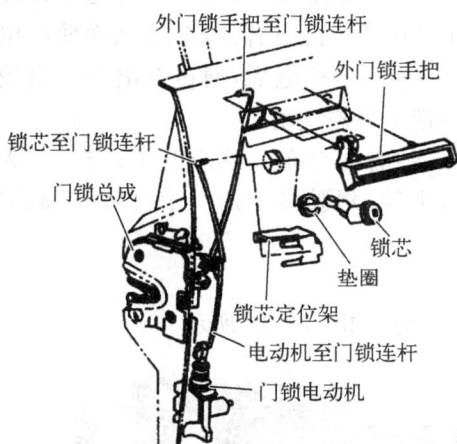

图 7 - 40 门锁的机械部分

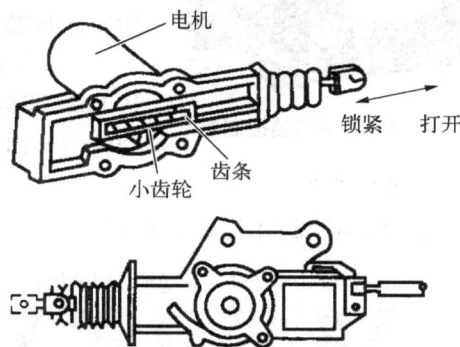

图 7 - 41 永磁双向电动机式门锁执行器

2. 门锁执行器

门锁执行器用于拨动车门门锁装置的锁扣,使车门开锁或闭锁。常用的有永磁双向电动机式和双线圈电磁式两种类型。

图 7 - 41 所示为永磁双向电动机式门锁执行器,它由双向永磁电动机以及齿轮和齿条等组成,电机旋转带动齿条伸出或缩回完成开锁或闭锁动作。

图 7 - 42 所示为双线圈电磁式门锁执行器,分别对锁门线圈和开门线圈进行通电即可使车门闭锁和开锁。

3. 控制器和继电器

门锁控制器通过改变执行机构通电电流方向,使控制连杆左右移动,实现门锁的锁止和开启。门锁控制器按控制原理大致可分为晶体管式、电容式和车速感应式 3 种。图 7 - 43 所示是昌河门锁控制器。

(1)晶体管式。晶体管门锁控制器内部有 2 个继电器,一个管锁门,一个管开门。继电器由晶体管开关电路控制,利用电容器的充放电过程,控制脉冲电流持续时间,使执行机构完成锁门和开门动作。

笔记

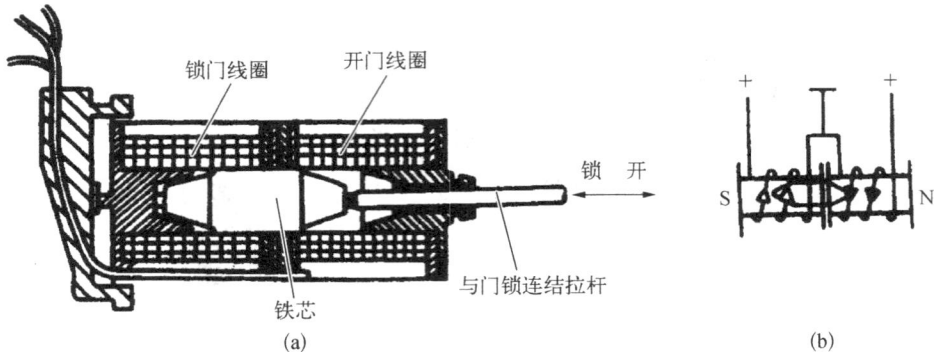

图 7 - 42   双线圈电磁式门锁执行器

(a) 结构图；(b) 原理图

图 7 - 43   昌河门锁控制器

　　（2）电容式。利用电容器充放电特性，平时电容器充足电，工作时把它接入控制电路，使电容器放电，从而使继电器通电而短时吸合。电容器完全放电后，通过继电器的电流中断而使其触点断开，门锁系统停止动作。

　　（3）车速感应式。装有一个车速感应开关，当车速大于 10 km/h 时，若车门未上锁，驾驶员不需动手，门锁控制器自动将门上锁。

4. 控制开关

电动门锁控制开关是用来开锁的。其形式有许多种，如图 7 - 44 所示。

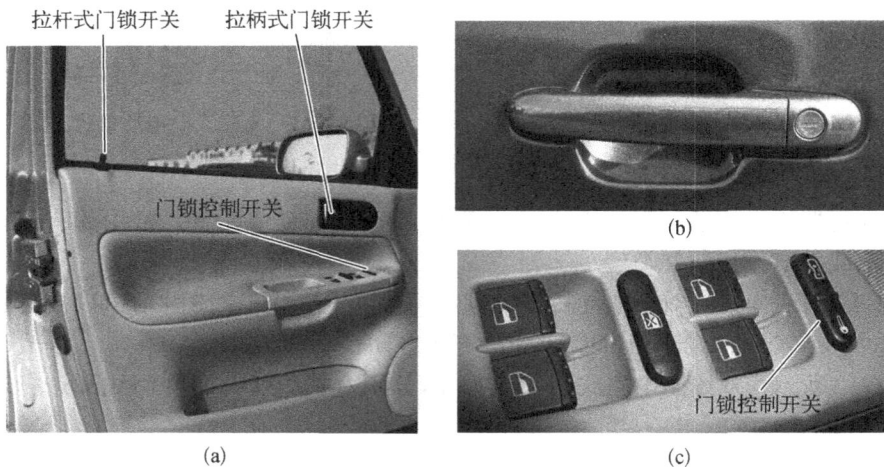

图 7 - 44   电动门锁的控制开关

（a）门内门锁控制开关；（b）门外门锁控制开关；（c）门窗及门锁控制开关

（二）电动门锁的控制电路

1. 双线圈电磁式门锁执行器

　　图 7 - 45 是利用电容器充放电特性控制电动门锁的电路。转动车钥匙开门时，门锁开关与两个 10 μF 的电容触点接触，电容充电，电流通过开门继电器线圈，开门继电器触点闭

合,蓄电池电流经过热敏断路器,给执行器的开门线圈通电,车门打开;转动车钥匙锁门时,门锁开关在闭锁位置,电容充电,电流通过锁门继电器线圈,锁门继电器触点闭合,蓄电池电流经过热敏断路器,给执行器的锁门线圈通电,车门闭锁。

无论车门是锁还是开,电容器放完电后,车门仍保持原有状态。

2. 电机式门锁执行器

图 7-46 所示为别克轿车电动门锁控制电路,工作原理如下。

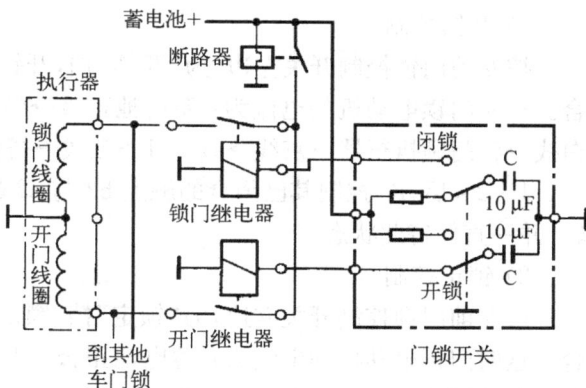

图 7-45　电容器式电动门锁电路

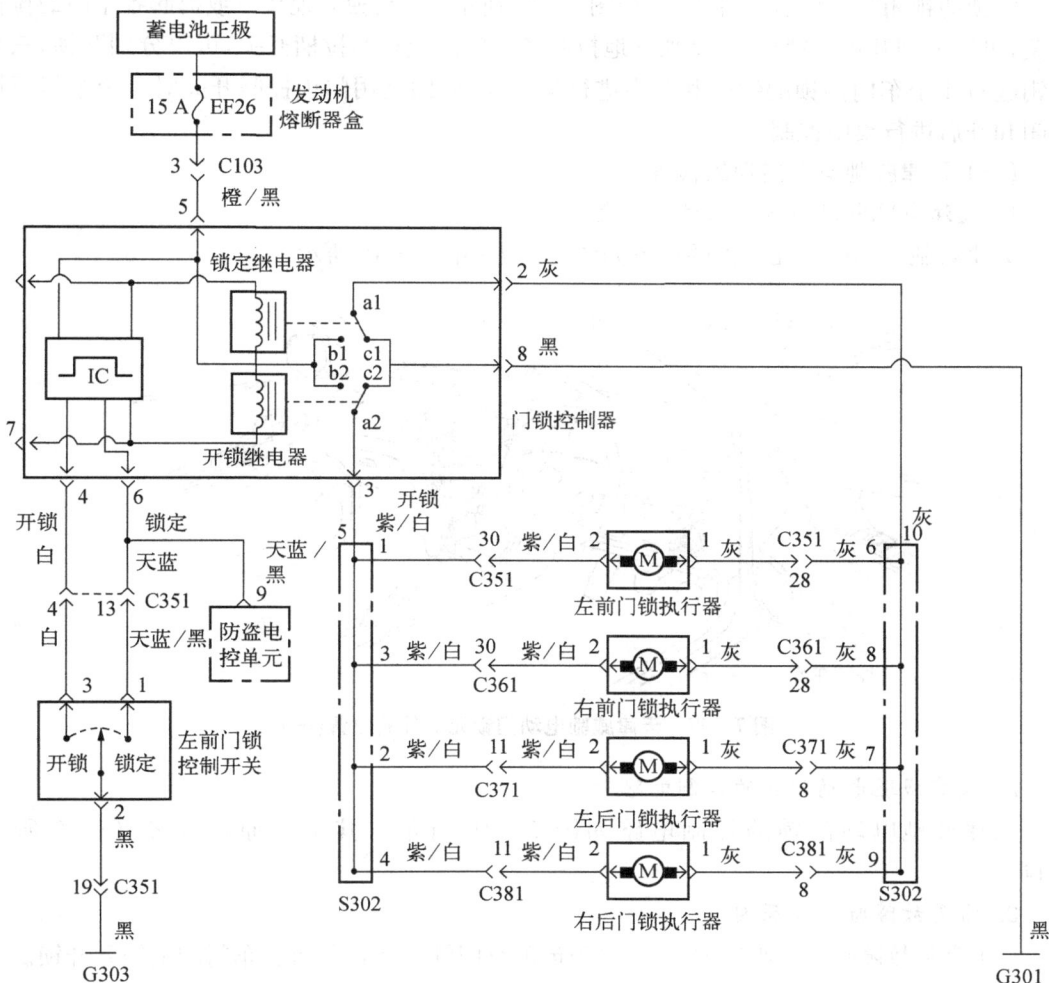

图 7-46　别克轿车电动门锁控制电路

1）开锁控制

按左前门锁控制开关左边，为"开锁"挡，开锁继电器线圈通电，触点 b2 与 a2 被短暂闭合。这时门锁电动机的电流为：蓄电池正极→熔断丝 EF26→橙/黑线→触点 b2→a2→紫/白线→各门锁执行器→灰线→a1→c1→黑线→搭铁。4 个门锁电机反转，带动各门锁机构开锁。1～2 s 后，IC 控制其已闭合的触点 b2 与 a2 断开，从而切断了门锁电机的电源，电机停转，并一直保持此状态。

2）锁定控制

按左前门锁控制开关右边，为"锁定"挡，锁定继电器线圈通电，触点 b1 与 a1 被短暂闭合。这时门锁电动机的电流为：蓄电池正极→熔断丝 EF26→橙/黑线→触点 b1→a1→灰线→各门锁执行器→紫/白线→a2→c2→黑线→搭铁。4 个门锁电机正转，带动各门锁机构锁定。1～2 s 后，IC 控制其已闭合的触点 b1 与 a1 断开，从而切断了门锁电机的电源，电机停转，并一直保持此状态。

门锁的锁闭与开启有 4 种方式，如图 7 - 43 所示：一是独立地按下或提起各车门的拉杆开关，可以分别开锁或锁定；二是独立地拉起各车门内或外的拉柄开关，可以分别开锁；三是用钥匙对 4 个车门门锁的锁闭和开启进行集中控制；四是用门锁控制开关对 4 个车门门锁锁闭和开启进行集中控制。

（三）天津威驰电动门锁的检修

1. 天津威驰电动门锁元器件的位置

天津威驰电动门锁元器件的位置如图 7 - 47 和图 7 - 48 所示。

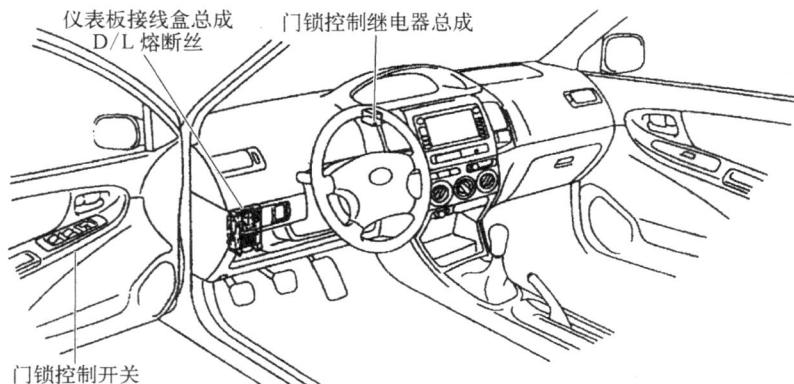

图 7 - 47　天津威驰电动门锁元器件的位置（一）

2. 天津威驰电动门锁的控制电路

天津威驰电动门锁的控制电路如图 7 - 49 所示。其工作原理与图 7 - 46 所示相同。

3. 常见故障症状及原因

（1）常见故障症状：通过主开关、驾驶员侧车门锁不能控制所有车门的上锁和开锁。

（2）可能的原因：D/L 熔断丝、电动车窗调节器主开关总成、左侧前门锁总成、门锁控制继电器总成、线束等处存在故障。

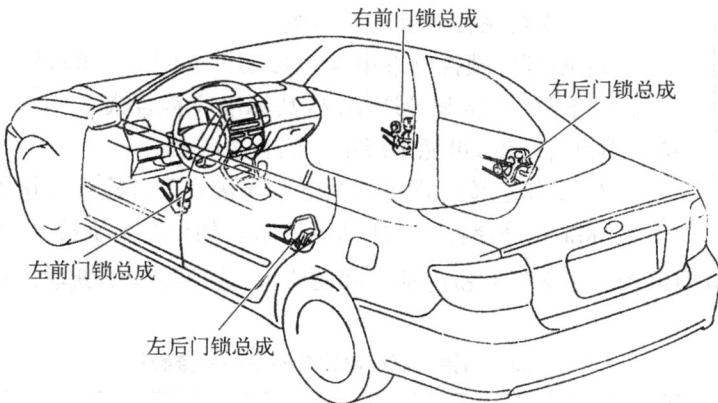

图 7-48 天津威驰电动门锁元器件的位置(二)

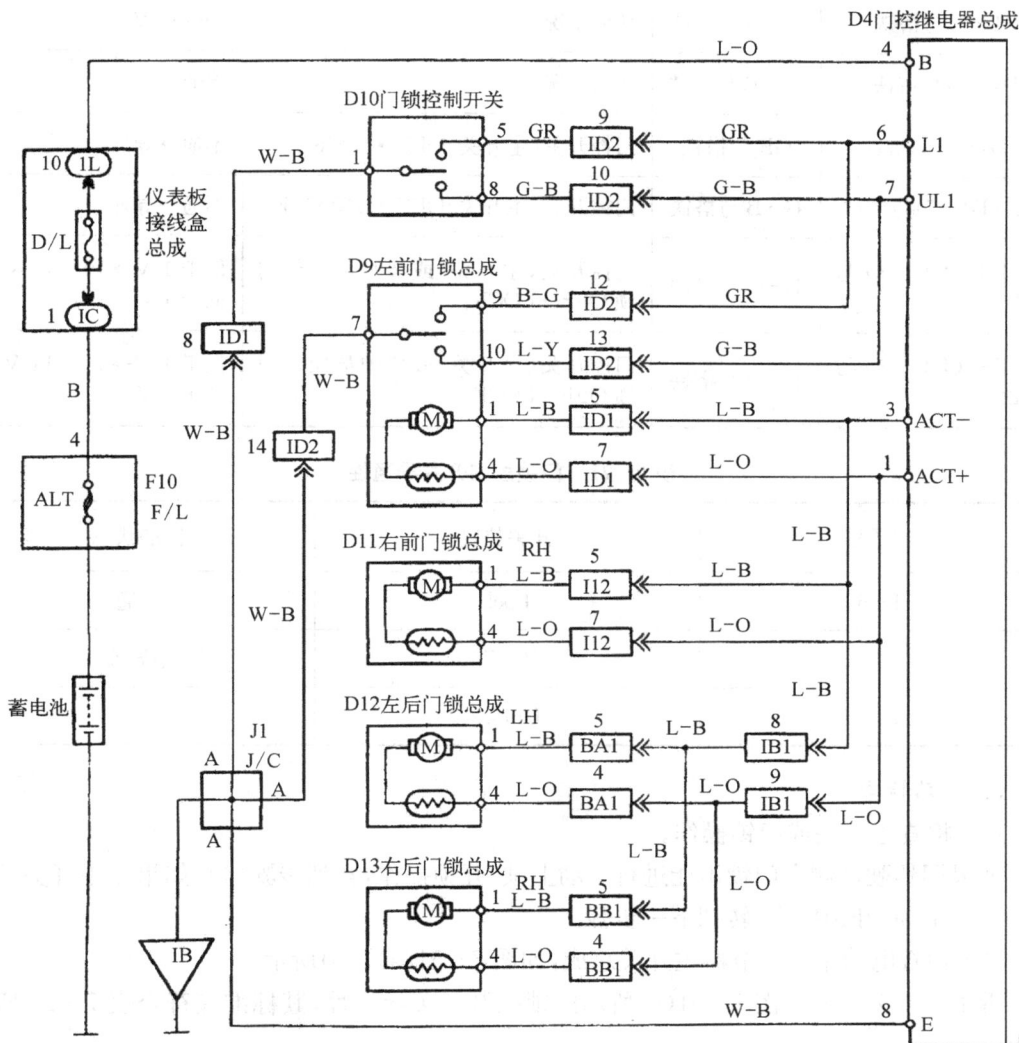

图 7-49 天津威驰电动门锁的控制电路

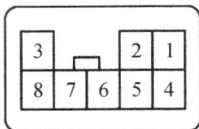

**图 7 - 50　门锁控制
继电器连接器 D4**

4. 检查门锁控制继电器总成

（1）断开门锁控制继电器连接器 D4（图 7 - 50），检查线束一侧连接器每个端子的电压和导通情况，其标准应符合表 7 - 20 所示要求。如果结果不符合标准，可能是线束一侧有故障。

（2）重新连接门锁控制继电器连接器 D4，检查连接器每个端子的电压，其标准应符合表 7 - 21 所示要求。如果结果不符合标准，车辆可能有故障。此时，检查门锁控制继电器和蓄电池之间的线束、连接器和熔断丝。如果有必要进行修理或更换。

表 7 - 20　门锁控制继电器各端子的检查数据

端 子 号	导线颜色	工　　　况	标　准　状　态
B(D4 - 4)与搭铁	L - O 与搭铁	任何工况	10～14 V
E(D4 - 8)与搭铁	W - B 与搭铁	任何工况	导通
L1(D4 - 6)与搭铁	GR 与搭铁	门控开关（主开关）OFF→LOCK	不通→导通
UL1(D4 - 7)与搭铁	G - B 与搭铁	门控开关（主开关）OFF→UNLOCK	不通→导通
ACT＋(D4 - 1)与搭铁	L - O 与搭铁	门控开关（主开关）或驾驶员操作门锁 OFF→LOCK	低于 1 V→10～14 V→低于 1 V
ACT－(D4 - 3)与搭铁	L - O 与搭铁	门控开关（主开关）或驾驶员操作门锁 OFF→LOCK	低于 1 V→10～14 V→低于 1 V

表 7 - 21　门锁控制开关导通性

端子号	开关位置	标准状态
1 - 5	Lock	导通
	OFF	不导通
1 - 8	Unlock	导通

5. 电路检查

（1）检查主开关或门锁操作。

如果用驾驶员侧车门锁不能进行手动上锁/开锁操作，转到步骤（4）；如果用主开关不能进行手动上锁/开锁操作，转到下一步骤。

（2）检查电动车窗调节器主开关总成，如图 7 - 51(a)，(b)所示。

拆下主开关。检查图 7 - 51(a)所示门锁控制开关导通性，其标准应符合表 7 - 21 所示要求。

如果不正常，更换电动车窗调节器主开关总成；如果正常，转到下一步骤。

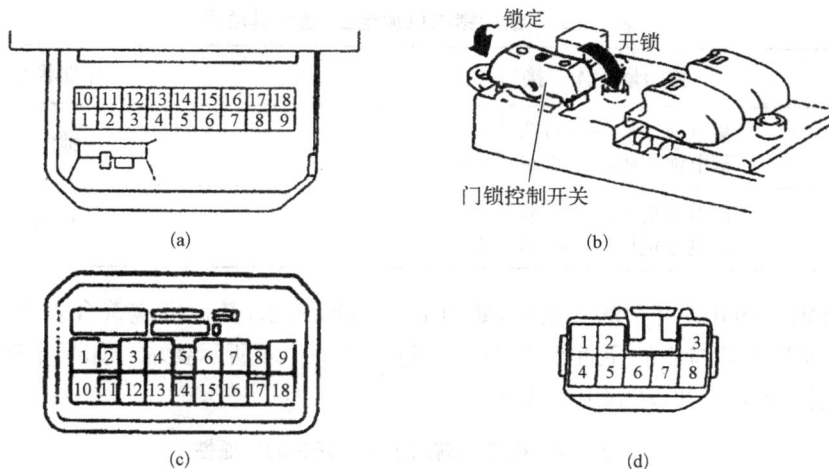

(a)   (b)

(c)   (d)

图 7-51 主控开关和门锁控制继电器连接器

(a) 主控开关侧连接器;(b) 主控开关;(c) D10 主控开关导线侧连接器;(d) D4 门
锁继电器导线侧连接器

(3) 检查主控开关总成和门锁控制继电器总成的线束。

断开 D10 电动车窗主开关连接器。断开 D4 门锁控制继电器连接器。检查如图
7-51(c),(d)所示线束一侧连接器的导通性,其标准应符合表 7-22 所示要求。

表 7-22 连接器 D10 和 D4 线束一侧连接器的导通性

符号(端子号)	标准状态	符号(端子号)	标准状态
(D10-5)与 L1(D4-6)	导通	(D10-8)与 UL1(D4-7)	导通

如果不正常,修理或更换线束和连接器;如果正常,更换门锁控制继电器总成。

(4) 检查左前门锁总成。

① 加蓄电池电压,检查门锁电机的动作,如图 7-52 所示,其标准应符合表 7-23 所示
要求。

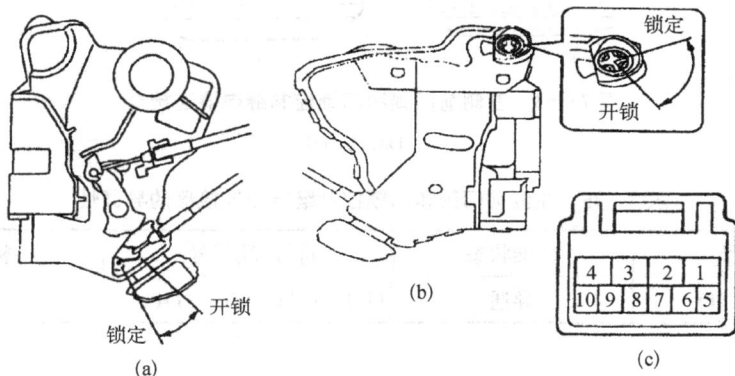

(a)   (b)   (c)

图 7-52 左前门锁总成

(a) 左前门锁总成;(b) 左前门锁总成背面;(c) 左前门锁连接器

表7-23 给门锁电机加电压,检查其动作

测 量 连 接	标准状态
蓄电池正极(+)与端子4 蓄电池负极(一)与端子1	锁定
蓄电池负极(+)与端子1 蓄电池负极(一)与端子4	开锁

② 检查锁定和开锁开关的导通性,如图7-52(b)所示,其标准应符合表7-23所示要求。检查位置开关7与8的导通性,其标准应符合表7-24所示要求。如果不正常,更换左侧前门锁总成;如果正常,转到下一步骤。

表7-24 检查左前门锁总成开关的导通性

端子号	开关位置	标准状态
7 与 9	Lock	导通
	OFF	
7 与 10	Unlock	导通
7 与 8	Lock	不通
	Unlock	导通

(5)检查左侧前门锁总成与门锁控制继电器总成线束,如图7-53和图7-49所示。断开驾驶员侧门锁连接器 D9。断开 D4 门锁控制继电器连接器。检查线束一侧两个连接器的导通性,其标准应符合表7-25所示要求。如果不正常,修理或更换线束或连接器;如果正常,更换门锁控制继电器总成。

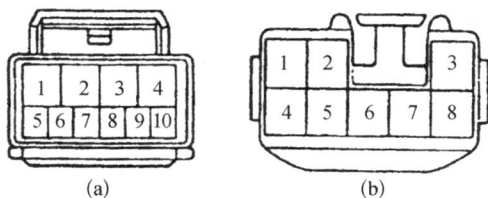

图7-53 左侧前门锁和门锁控制继电器连接器

(a) D9;(b) D4

表7-25 左侧前门锁和门锁控制继电器连接器的导通性

符号(端子号)	标准状态	符号(端子号)	标准状态
(D9-1)与 ACT-(D4-3)	导通	(D9-4)与 ACT+(D4-1)	导通

四、信息收集与处理

按表7-26完成电动门锁信息收集与处理。

笔记

表 7-26 电动门锁信息收集与处理

拉杆式门锁开关 拉柄式门锁开关

门锁控制开关

(a) 门内门锁控制开关

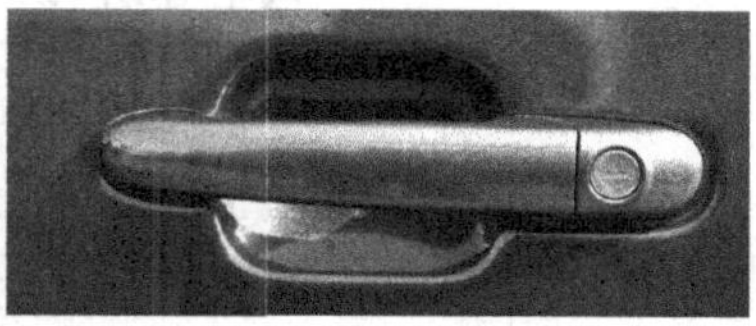

(b) 门外门锁控制开关

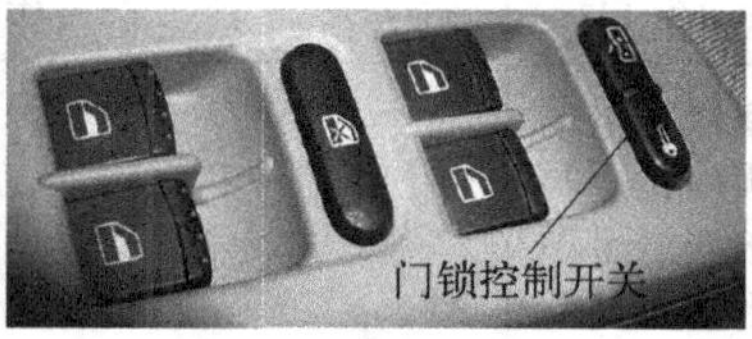

门锁控制开关

(c) 门窗及门锁控制开关

电动门锁的作用	
电动门锁的类型	
电动门锁的组成	
电动门锁的技术检查	
电动门锁的拆装	
电动门锁的维护	

五、制定检修计划

制订电动门锁检修计划如表 7-27 所示。

表 7-27 电动门锁检修计划

检 修 项 目	工 作 内 容
查阅资料	查阅维修手册,了解电动门锁的电路原理和维修注意事项
拆装检查	了解电动门锁开关、电动门锁继电器和电动门锁电机的拆检方法
检查电动门锁开关	检查电动门锁开关各档位导通性是否符合要求
检查电动门锁继电器	检查工作情况
拆检电动门锁电机	能拆卸、检测和安装电动门锁电机
电动门锁系统的维护	能对电动门锁进行的维护保养,润滑

六、实施维修作业

制订电动门锁维修作业任务书,如表 7-28 所示。

笔记

表 7-28　电动门锁维修作业任务书

汽车电动门锁检修作业任务书				
1. 车辆信息描述	车上物品描述			
	车况描述			
2. 汽车电动门锁的检测与维护描述				
3.汽车电动门锁的检测与维护	检查项目	作业要领及技术标准		检查记录
	（1）了解汽车电动门锁的检测与维护安全事项 （2）正确对电动门锁进行维护保养			
	电动门锁各部分的拆卸			
	检查门锁开关			
	检测门锁继电器			
	拆检门锁电机			
检查与维护结论				

七、检验评估

电动门锁的检验评估如表 7-29 所示。

表 7-29　检验评估表

评价指标	检验说明	检验记录
维护检查项目	➤ 查阅维修手册 ➤ 拆装检查 ➤ 检查门锁开关、电机和继电器	
汽车电动门锁的工作情况		

评价内容	检验指标	权重	自评	互评	总评
检查任务完成情况	1. 完成任务过程情况	4			
	2. 任务完成质量				
	3. 在小组完成任务过程中所起作用				

续 表

评价内容	检 验 指 标	权重	自评	互评	总评
专业知识	1. 能描述汽车电动门锁的作用	4			
	2. 能描述汽车电动门锁的结构				
	3. 能描述汽车电动门锁电路图				
	4. 会描述汽车电动门锁的技术检查内容				
	5. 会描述汽车电动门锁的日常维护要领				
职业素养	1. 学习态度：是否积极主动参与学习	2			
	2. 团队合作：与小组成员一起分工合作，不影响学习进度				
	3. 现场管理：服从工位安排、执行实训室"5S"管理规定				
综合评议与建议					

项目拓展

想一想：

1. 如何正确使用电动门锁呢？
2. 汽车网络控制型电动车窗工作原理如何？

任务7.5 无线防盗门锁的检修

一、任务导入与要求

任务导入	一辆新君威轿车无钥匙起动系统失效，该如何排除故障呢？
目标要求	1. 掌握无线防盗门锁的电路图及工作原理等知识 2. 掌握无线防盗门锁的维修技能 3. 提高维修接待与人交往的素质
学习步骤	无线防盗门锁的组成→电路原理→检修方法→故障排除方法

笔记

任务实施	

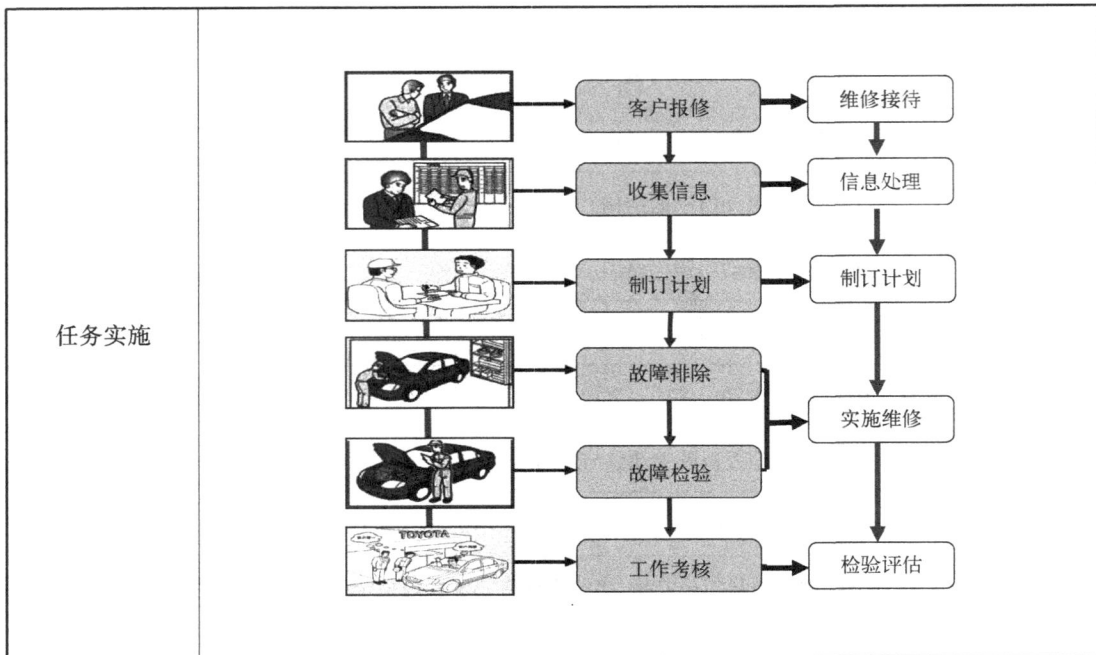

二、维修接待

通过询问客户，了解汽车无线防盗门锁发生故障情况，按照表 7－30 完成待修车辆的维修接待，并准确填写接车问诊表。

表 7－30　维修接待与接车问诊表

接 车 问 诊 表

车牌号：＿＿＿＿＿＿＿　车架号：＿＿＿＿＿＿＿　行驶里程：＿＿＿＿＿＿＿（km）

用户名：＿＿＿＿＿＿＿　电　话：＿＿＿＿＿＿＿　来店时间：＿＿＿／＿＿＿

用户陈述及故障发生时的状况：**一辆新君威轿车无钥匙起动系统失效**

故障发生状况提示：**行驶速度、发动机状态、发生频度、发生时间、部位、天气、路面状况、声音描述等**

接车员检测确认建议：**需要对无线防盗门锁进行检查**

车间检测确认结果及主要故障零部件：**无线防盗门锁不工作**

车间检查确认者：＿＿＿＿＿＿＿

续　表

外观确认：

（请在有缺陷部位作标识）

功能确认：（工作正常√　不正常×）
□音响系统　　□门锁（防盗器）　□全车灯光　□工具
□后视镜　　　□顶窗　　　　　　□座椅　　　□点烟器
□玻璃升降器　□玻璃

物品确认：（有√　无×）

□贵重物品提示
□工具　□备胎　□灭火器
□其他（　　　　　　　）
旧件是否交还用户　□是　□否
用户是否需要洗车　□是　□否

· 检测费说明：本次检测的故障如用户在本店维修，检测费包含在修理费用内；如用户不在本店维修，请您支付检测费。本次检测费：￥＿＿＿＿元。
· 贵重物品：在将车辆交给我店检查修理前，已提示将车内贵重物品自行收起并保存好，如有遗失恕不负责。

接车员：＿＿＿＿＿＿＿＿＿＿　　　用户确认：＿＿＿＿＿＿＿＿＿＿＿＿

三、相关知识

（一）汽车防盗的类型

随着轿车乘用舒适性、操纵方便性，特别是安全防盗要求的逐步提高，发展到中央电动控制，并使用了电子技术和无线电技术，有的还接入汽车微机控制系统，或与启动、点火系统相连接，在汽车被盗时，防止汽车启动。国外从20世纪70年代，就在中、高级轿车上广泛使用电控门锁，到20世纪80～90年代，电控汽车门锁与防盗系统已发展得比较完善，形式多种多样，目前电控门锁与防盗系统正在向智能化、全自动与车载电脑集成化方向发展。

1. 机械防盗锁

机械防盗锁，其功能是靠坚固的金属结构，锁住汽车的操纵部位，如转向盘、离合器、制动、挂挡的变速杆等。使用起来隐蔽，占驾驶室空间，每次开停车都要用钥匙开启，价格在300～1 000元。由于优质的机械防盗锁用材非常坚硬不易被锯断，而汽车的转向盘及变速杆则是普通钢材，因此盗贼多数在转向盘上锯一个缺口，把转向盘扭曲后，便将锁在转向盘上的防盗锁完好取下来。机械防盗锁如图7-54和图7-55所示。

图 7 - 54　转向盘防盗锁

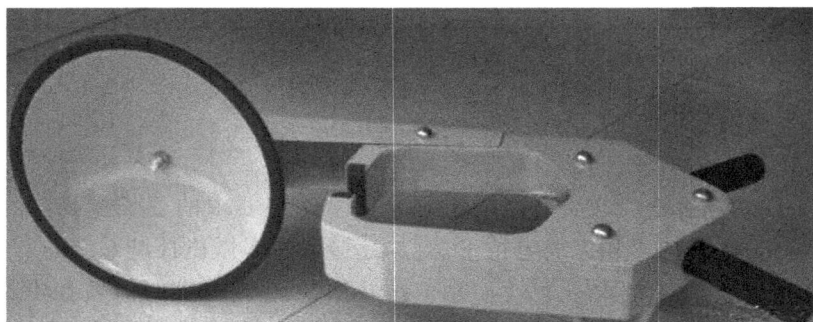

图 7 - 55　车轮防盗锁

2. 电子防盗报警器

电子防盗报警器也称微电脑汽车防盗器。其功能有 4 种：一是服务功能，包括遥控车门锁、遥控启动、寻车和吓阻等。二是警惕提示功能，指触发报警记录，以提示您的车曾被人打开过车门。三是报警提示功能，即当有人触动汽车时发出警报。四是防盗功能，即当防盗器处于警戒状态时，切断汽车上的起动电路。该类防盗器安装隐蔽，功能齐全，无线遥控，操作简便，但需要靠良好的安装技术和完善的售后服务来保证。由于这类电子防盗报警器的使用频率普遍被限定在 300~350 MHz 的频段上，而这个频段的电子波干扰源又多，电波、雷电、工业电焊等都会干扰它而产生误报警。由于法令的限制，一些会产生噪声的防盗器将被判为不合格的商品，市场前景堪忧，如图 7－56 所示。

图 7－56　电子防盗报警器

3. 电子跟踪定位监控防盗系统

该类汽车防盗系统分为卫星定位跟踪系统(简称 GPS)和利用车载电台(对讲机)通过中央控制中心定位监控系统。该类产品从技术上讲是可靠的，但效果不尽如人意。原因是这些系统要构成网络，消除盲区(少数收不到信号的地方)，而且要政府配合，公安部门设立监控中心。但这些设施及服务费用都需要安装的车主按月缴费。

4. 机电结合类防盗锁

机械性锁车坚固，结合无线遥控操作，使机械性与电子(微电脑)编程密码技术合二为一。其目的是注重防盗，因而无报警的噪声污染，安装专业化强，因此破除也难。市场目前以"无人油路锁"和"强中强制动锁"为代表。前者为机械式锁断汽车燃油供给油路；后者为机械式锁住制动油泵，使汽车的四个车轮处于制动状态。这类锁的安装是在使用专用工具的情况下安装在汽车底部的安全处，因此破除难度相当大。

5. 电子式汽车门锁

为了安全防盗、便于操纵，汽车门锁正在由机械式向电子式转变。汽车电子门锁是采用电子控制，以电磁铁、微型电动机和锁体或继电器作为执行机构的机电一体化保险装置。电子门锁在设计上通常突出一个方便性和安全性。所谓安全性，是指驾驶员打开(或锁上)前车门，其余门锁应能自动开(或锁上)。安全性包括防止乘坐人员误开车门、防止外来人员侵入等。

6. 车载电脑防盗系统

现代轿车普遍自带有车载电脑防盗系统，功能齐全，方便有效。

（二）天津威驰无线门锁控制系统

1. 无线门锁控制系统部件位置

天津威驰无线门锁控制系统部件位置如图 7 - 57 所示。

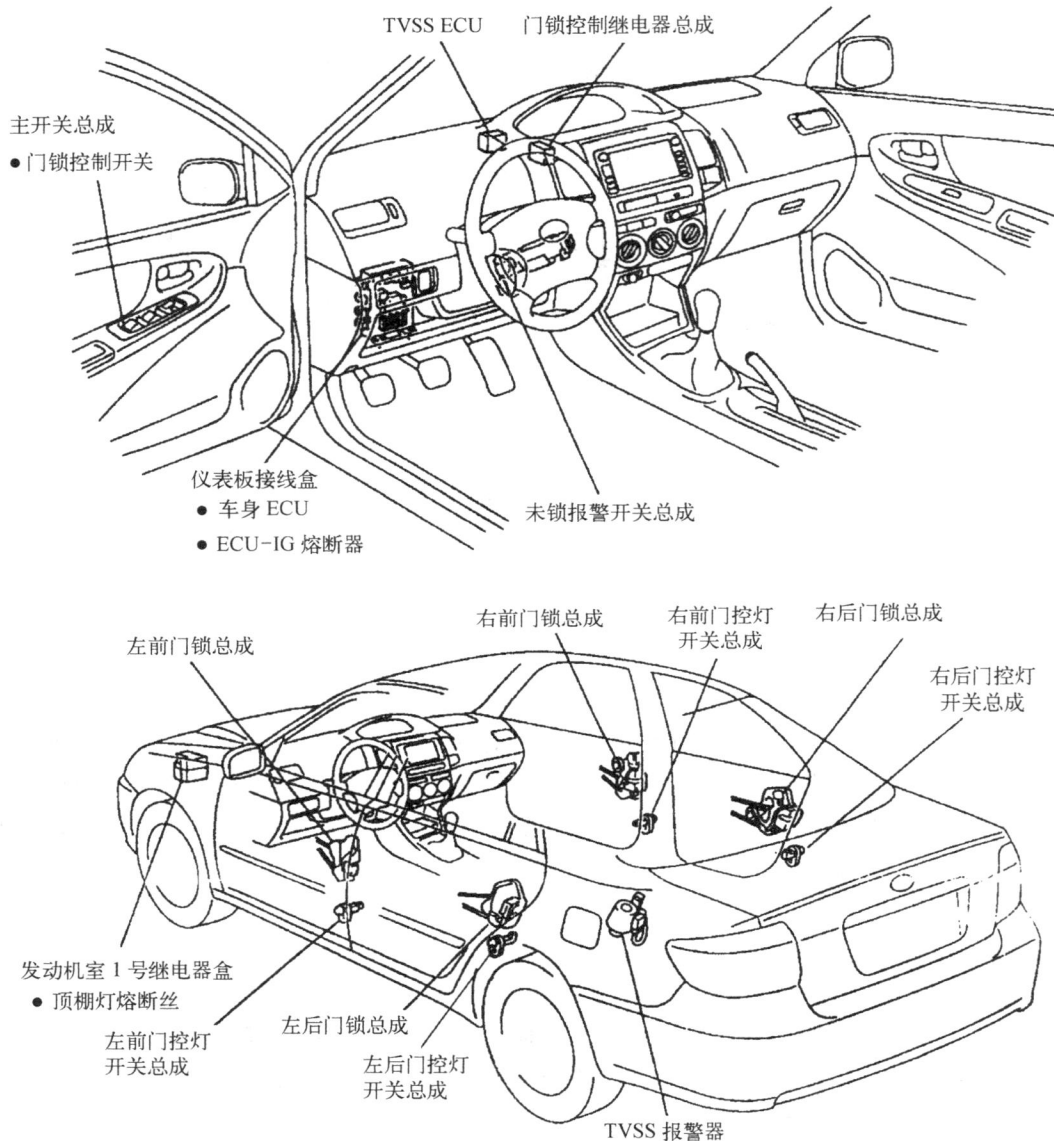

图 7 - 57　天津威驰无线门锁控制系统部件位置

2. 无线门锁控制系统故障诊断

在诊断无线门锁控制系统故障之前,首先确认电动门锁控制系统工作正常。根据以下步骤进行故障诊断。

（1）根据客户所述进行故障分析。

（2）根据故障症状表查找故障。如果有相符的症状,转到步骤（4）;如果没有相符的症状,转到下一步骤。

（3）根据故障症状,检查 ECU 端子的和就车检查。

（4）调整、修理或更换。

（5）确认试验。

3. 故障症状表

故障症状表如表 7-31 所示。

表 7-31　故障症状表

症　　状	可 疑 区 域
仅无线控制功能不工作 （比较新车或同类型车辆的发射器）	发射器电池、门控发射器、门控继电器总成、DOME 和 ECU-IG 熔断丝、未锁警告灯开关总成、TVSS ECU、线束

4. 天津威驰无线门锁控制系统的电路图

天津威驰无线门锁控制系统的电路图如图 7-58 所示。

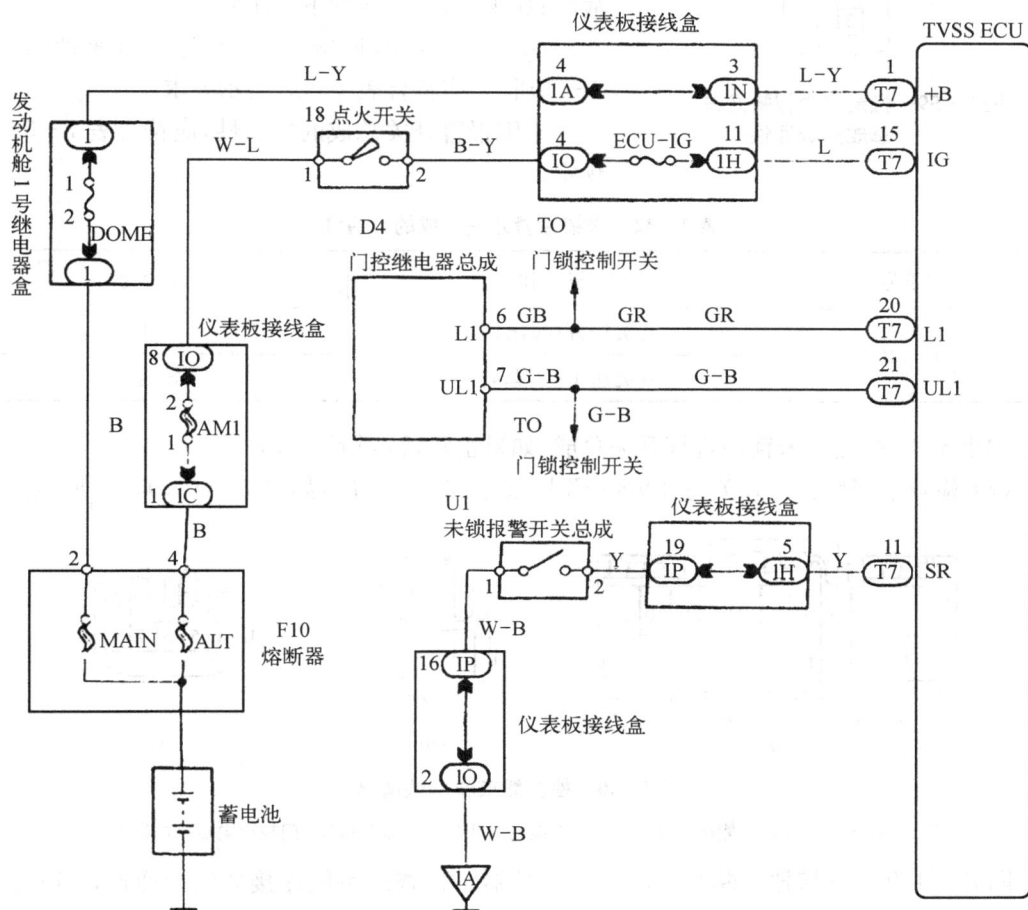

图 7-58　天津威驰无线门锁控制系统的电路图

笔记

TVSS ECU 接收来自发射器的信号,并把这个信号发送给门锁控制继电器总成,门锁控制继电器总成再向每个门锁电机发出上锁或开锁信号实现控制。

5.检查程序

(1)将车辆置于初始状态。

(2)检查发射器发光二极管是否闪亮。按 3 次开关,检查发射器发光二极管是否亮 3 次。如果正常,转到步骤(4);如果不正常,转到下一步骤。

(3)简单检查发射器电池。更换新的或完好的发射器电池后,按 3 次开关,检查发射器发光二极管是否亮 3 次。如果不正常,更换门控发射器;如果正常,更换发射器电池。

(4)检查 DOME,ECU-IG 熔断丝。从仪表板接线盒上拆下熔断丝,检查是否导通。

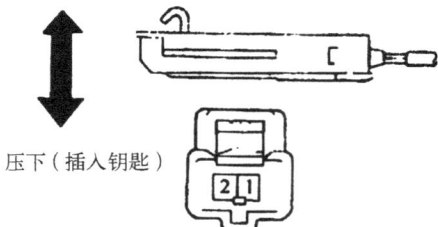

图 7-59　检查未锁报警开关总成的导通性

如果不导通,更换熔断丝;如果导通,转到下一步骤。

(5)检查无线门锁功能。按发射器开关 1 s,发射器正对驾驶员一侧的车门外侧把手,距离车辆 1 000 mm,检查能否开锁-上锁。如果正常,无线门锁故障;如果不正常,转到下一步骤。

(6)检查未锁报警开关总成的导通性,如图 7-59所示,应符合表 7-32 所示要求。

未锁报警开关总成的导通性,应符合表 7-32 的规定。

表 7-32　未锁报警开关总成的导通性

端子号	操　作	标准状态
1 与 2	开关松开(拔出钥匙)	不通
	开关压下(钥匙插入)	导通

如果不正常,更换未锁警告灯开关总成;如果正常,转到下一步骤。

(7)检查未锁警告灯开关与 TVSS ECU 线束和搭铁情况,如图 7-60(a),(b)所示。

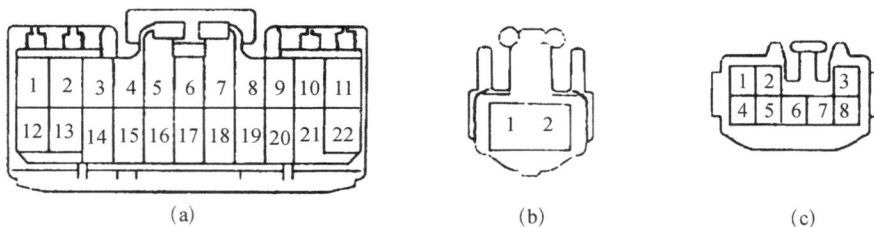

图 7-60　检查线束和搭铁情况

(a) TVSS　ECU 线束侧接插器 T7;(b) 未锁报警开关接插器 U1;(c) 门控继电器接插器 D4

断开 U1 开关连接器。断开 T7 ECU 连接器。检查线束侧连接器的导通性,U1-2 与 T7-11 应导通。检查 U1-1 连接器与搭铁之间应导通。

如果不正常,修理或更换线束或连接器;如果正常,转到下一步骤。

（8）检查注册识别码。

如果正常，无故障（执行功能检查）；如果不正常，转到下一步骤。

（9）检查门控继电器与 TVSS ECU 之间线束，如图 7-60(a)，(c)所示。

断开 D4 继电器连接器。断开 T7 ECU 连接器。检查线束一侧连接器之间的导通性，"D4-6"与"T7-20"，"D4-7"与"T7-21"之间都应导通。

如果不正常，修理或更换线束或连接器；如果正常，更换 TVSS ECU。

6. 检查 TVSS ECU

（1）断开连接器 T7，检查线束一侧连接器每个端子的电压和导通情况，如图 7-60(a)所示，其标准应符合表 7-33 所示要求。如果结果不符合标准，可能是线束一侧有故障。

表 7-33　连接器 T7 线束一侧连接器每个端子的电压和导通情况

端 子 号	导线颜色	工　　　　况	标准状态
E(T7-22)与搭铁	W/B 与搭铁	任何工况	导通
SR(T7-11)与搭铁	Y 与搭铁	钥匙未插入→钥匙插入	不导通→导通
L1(T7-20)与搭铁	GR 与搭铁	使用钥匙，驾驶员侧门锁 LOCK→其他位置	导通→不通
UL1(T7-21)搭铁	G-B 与搭铁	使用钥匙，驾驶员侧门锁 UNLOCK→其他位置	
IG(T7-15)与搭铁	L 与搭铁	点火开关 LOCK→ON	0V→10～14 V
顶棚灯(T7-16)与搭铁	R/W 与搭铁	内室灯开关 DOOR	10～14V→0 V
		驾驶员侧门全关→开	
		前乘客侧门全关→开	
		右后门全关→开	
		左后门全关→开	

（2）重新连接 T7，在"不响应～后备状态→响应～后备状态"工况，检查 HAZ(T7-14)与搭铁之间应有脉冲信号。如果结果不符合标准，ECU 可能有故障。

7. 检查无线门锁控制系统部件的注意事项

（1）无线门锁的遥控控制功能只有在以下 3 种条件都满足的情况下，才能起作用。

① 所有的车门都关闭，否则，任何一扇车门打开着，其他车门就无法上锁。

② 点火开关钥匙没有插入钥匙孔里。

③ 电动门锁系统工作正常。

（2）不同情况，无线门锁的遥控区域不同。

① 根据操作者和发射器所持的方式，控制区域不同。

② 在某些地方，控制区域会因为汽车车身和周围环境的影响而缩小，或者遥控控制功能只有部分起作用。

③ 由于发射器采用的是微量的电磁波，强烈的电磁波或者相同频率的噪声会减小控制的区域，或者遥控控制功能不起作用。

④ 遥控电池缺电时,控制的区域会减小,或者遥控控制功能不起作用。注意:如果车门控制发射器被放置在阳光直接照射的地方,比如仪表板上,也会造成电池缺电或者其他故障。

8. 就车检查无线门锁的控制功能

(1) 检查基本功能。

① 当钥匙上的任何开关按 3 次时,检查 LED 灯是否闪烁 3 次。如果按压不小于 3 次后,LED 灯没有闪烁,则是缺电。

② 在遥控区域按压开关,检查所有的车门是否上锁或者开锁。UNLOCK 功能在任一车门打开时也能起作用。

(2) 检查自动锁门功能。

① 按压开关,打开所有车门门锁后大约 30 s,如果没一扇门被打开或者点火开关没有转到 ON 位置,检查所有的车门应自动上锁。

② 按压开关,打开所有车门门锁后大约 30 s,当任意一扇门被打开或者点火开关转到 ON 位置,检查自动上锁功能应不工作。

(3) 检查开关操作失效保护功能。当钥匙插在点火开关钥匙孔里,检查车门是否能用开锁或者上锁。

(4) 当任意一扇车门打开或者没有完全关闭时,检查操作终止功能。当任意一扇车门打开或者没有完全关闭时,检查车门不能通过遥控上锁。

(5) 检查警告灯的闪烁和警报器鸣叫功能。

① 当按下 LOCK 开关时,检查警告灯应闪烁 1 次,同时伴有所有车门上锁的动作。

② 当按下 UNLOCK 开关时,检查警告灯应闪烁 2 次,同时伴有打开所有车门开锁的动作。

(6) 检查遥控功能。当按下 PANIC 开关不少于 1.5 s 时,检查 TVSS 警报器应有鸣叫,警告灯开始闪烁。一旦按下 UNLOCK 开关或者再按 1 次 PANIC 开关时,鸣叫声音和闪烁应停止。

(7) 检查搜索功能。

在灯光昏暗的夜晚和大量停车的停车场,能够利用声音和闪光指示,较容易地找到汽车。当车门锁住时,按 LOCK 开关一次,检查警告灯应闪烁 15 s。

9. 遥控器的检修

(1) 遥控器电池更换。

① 用螺丝刀撬开遥控器壳,如图 7 - 61(a)所示。

② 拆下 2 粒锂电池。不要用手指按电极弹片;向上撬动电池(锂电池),太用力会导致变形;手不要接触电池,因为水分会造成生锈;不要触摸或移动发射器里的任何元件,否则会影响操作。

③ 如图 7 - 61(b)所示,装入 2 粒新电池,正极(+)朝上。

④ 检查橡胶盖是否扭曲或者滑落,安装遥控器壳。

(2) 门控遥控器登记识别码。

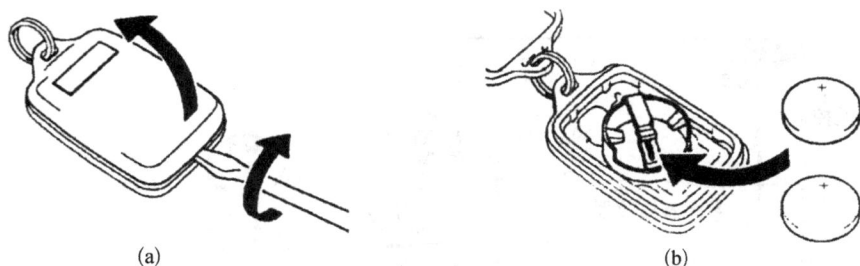

图7-61　更换遥控器电池

(a) 撬开遥控器壳；(b) 装入2粒新电池

如果更换了门控遥控器或者 TVSS ECU，就要登记识别码。其方法如下：

① 在汽车处于非警戒状态时，打开驾驶员侧车门，把钥匙插入点火开关钥匙孔。在10 s内把点火开关从 ON 位置转到 OFF 位置5次。使安全指示器 LED 灯亮。

② 安全指示器 LED 灯亮时，在步骤①以后，于16 s内按压任意遥控器的开关一次，这样会使 LED 灯熄灭。再次按压同样的开关一次会使 LED 灯闪烁一次，然后保持常亮，遥控器识别码的登记就完成了。

③ 为了登记其他的遥控器识别码，在先前的登记工作完成后16 s内重复步骤②。

一次能登记4个识别码。如果试图登记5个遥控器（识别码），最早登记在 TVSS ECU 中的识别码将被清除。

④ 当任何一扇车门关上，点火开关转到 ON 位置或者遥控在登记后的16 s内没有信号发出，则 LED 灯全熄灭，识别码的登记就结束了。

（三）上海通用车系无钥匙防盗系统

1. 系统功能

（1）无钥匙解锁：指驾驶者不用拿出钥匙，而是放身上或随身包内，当靠近车外天线1 m以内时，直接拉动车门后，车门门锁自动解锁并可以被打开。

（2）无钥匙上锁：指驾驶者不用拿出钥匙，而是放身上或随身包内，靠近车外天线1 m以内时，直接按动车门把手上锁按键后，车门门锁自动上锁或上死锁的功能。

（3）无钥匙启动：指驾驶者不用拿出钥匙，只要钥匙在车内，踩制动踏板后，直接按下启动开关，车辆即可启动。

（4）无钥匙开启后备箱：指驾驶者不用拿出钥匙，而是放身上或随身包内，靠近后保险杠天1 m以内时，直接按后备箱上的开锁按钮后，后备箱自动打开。

（5）钥匙无电启动：指当遥控器钥匙没电或受到强无线电干扰，无钥匙启动失败时，将遥控器钥匙放入中央备用启动线圈后，大头向下靠后面时，可以汽车便可点火启动。

2. 系统部件

（1）系统部件位置图，如图7-62所示。

（2）无钥匙进入及起动系统部件及功能，如表7-34所示。

（3）系统逻辑框架图与说明。

图7-63中主要介绍无钥匙及进入起动系统中各个部件的逻辑关系。

笔记

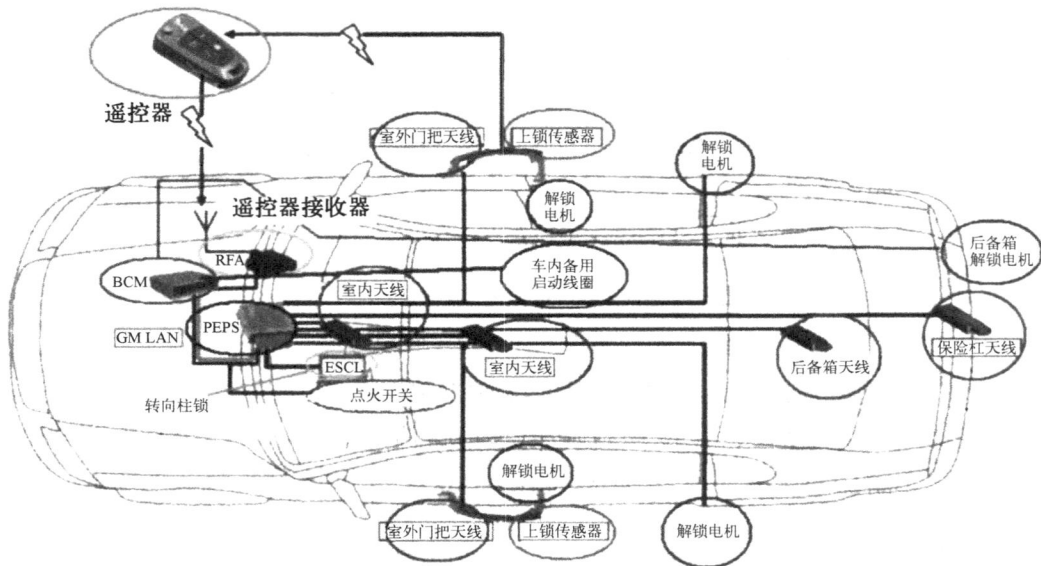

图 7-62　系统部件位置

表 7-34　无钥匙进入及起动系统部件及功能说明

部　　件	功　　　能
遥控钥匙	遥控打开车门门锁、解除防盗警戒状态、遥控打开后备箱；遥控控制车门上锁、上死锁，车辆进入防盗警戒状态；以及寻车灯功能。 为无钥匙进入及起动系统提供遥控器芯片信号，实现无钥匙打开车锁、点火启动等操作。 遥控器无电或干扰时，备用线圈读取阻断芯片信息，实现启动功能。即遥控器包含三个部分功能：遥控车门锁、无钥匙进入芯片、阻断式防盗芯片
遥控器接收器（简称RFA）	接收遥控器的开、闭锁，开启后备箱、寻车、遥控启动（本车无此装备）以及无钥匙操作的遥控信息传递等功能，将遥控器信号通过 LIN 数据通信传给 BCM，以进行各个功能的控制
车身控制模块（简称BCM）	BCM 接收遥控接收器、后备箱触摸开关、PEPS、点火开关、制动踏板等各个信号，控制防盗进入解除、门锁开闭死锁、后备箱开启、启动、灭车等一系列操作
无钥匙进入、起动系统模块（简称PEPS）	PEPS 也叫 k77 遥控门锁接收器；接收或控制：3 个车外天线、3 个车内天线、车门闭锁开关、车门打开、点火开关等等，控制车门锁的无钥匙打开，为 BCM 提供防盗解除信号、防钥匙车内上锁信号等诸多功能
转向柱电子锁（ESCL）	锁车后，有 PEPS 控制转向管柱的电子锁上锁，防止转向盘转动。但中国产车辆取消此功能
点火开关（ST SW）	点火、启动、关闭开关（触摸式点火开关）为 BCM，PEPS 提供点火开关状态信号
车门门锁天线	共 2 个，左右前侧车门各一个，用于接收 PEPS 信号，用以激活遥控器信号，实现车门自动锁
后保险杠天线	用于激活遥控器信息提供给 RFA，转发到 BCM 后以实现 BCM 控制的后备箱示钥匙开启功能

笔记

部　件	功　　能
车内天线	3个,分别在仪表台下、中央扶手侧后部、后备箱内,用于接收 PEPS 信以激活遥控器信息提供给 RFA,转发到 BCM 以实现防盗解除、无钥匙启动
中央仪表台备用天线	激活遥控器内部阻断芯片信息并反馈给 BCM 模块,以实现防盗解除以及实现遥控器无电干扰时的备用模式启动着车功能,该线圈与简配的阻断器线圈完全一致
车门打开开关	4个,每个车门把手各1个,由 PEPS 模块接收车门打开信号,同时控制侧的车外天线线圈激活遥控器,实现无钥匙开门解锁
车门上锁开关	2个,前侧车门把手各1个,由 PEPS 模块接收车门把手的上锁信号,同时控制同侧的车外天线线圈激活遥控器,实现无钥匙开门上锁、死锁功能
车门解锁电机	4个,每个车门锁块内各1个,该解锁电机只负责由 PEPS 控制的无钥匙解锁,并可以超越死锁状态进行解锁,而其他解锁功能由 BCM 控制的两个门锁电机完成

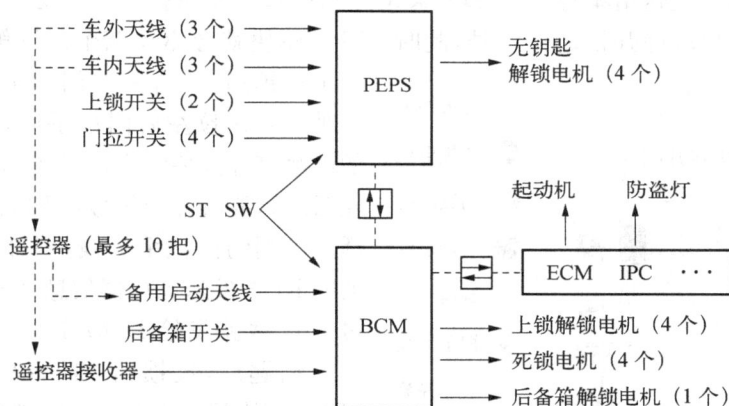

图7-63　无钥匙及进入起动系统各个部件逻辑框架图

① 点火开关 ST SW 不仅仅提供给 BCM 信号以确定当时的点火开关状态,并且将点火信号输送给 PEPS 模块,目的是在按动点火开关时,使 PEPS 通过车内天线激活遥控器,使遥控器发送信息给 RFA,转送给 BCM,BCM 经过防盗验证之后,才允许启动或者实现点火开关的循环功能。

② 与 PEPS 连接的部件有3个车内天线、3个车外天线、2个上锁开关、4个车门拉手开关以及4个无钥匙解锁电机,其中并没有负责上锁的电机,这说明无钥匙上锁时,由 BCM 控制其上锁、死锁电机。实际上 PEPS 并不储存遥控器的信息,不对遥控器进行合法性的验证,而只是负责启动天线激活遥控器的作用。

③ 后备箱的无钥匙开启信号是送至 BCM 的,PEPS 的后备箱线圈只是负责激活遥控器发出信息,后备箱开启解锁电机也是由 BCM 来控制的。

④ BCM 作为车身各个电气系统的控制模块在此也显得十分重要,如果没有 BCM 的参与,无钥匙进入,起动系统是根本无法独立工作的,虽然无钥匙解锁并不是由 BCM 直接驱动解锁电机,但是由 BCM 进行的遥控器信息的验证与信号的传递也是不可或缺的步骤,同时

在无钥匙上锁、无钥匙启动、无钥匙开启后备箱中作为信号接收、输出控制的驱动模块,更是该系统的主控模块。另外,BCM在处理遥控器信息、控制驱动时,需要对车内物品防盗进行设定及解除、阻断防盗系统的判断与验证以及门锁系统的级别操作,涉及的方方面面是其他模块无法替代的。

⑤ 由图7-63可以看出,备用启动功能完全由BCM接收备用天线的信号,此时并不是该备用天线激活遥控器,给遥控器接收器信号。而是直接由备用天线激活遥控器内阻断器芯片,再将信号反馈给BCM之后,由BCM进行防盗验证。豪华版的备用启动天线,不配PEPS车辆上的阻断器防盗线圈。

3. 系统工作过程、示意图与流程

1) 无钥匙解锁开门

当驾驶员装有有效遥控钥匙靠近左前车门把手天线1 m以内后,直接拉动左前门把手,左前门把手内的微触开关结合,这便给PEPS模块一个打开左前门的信号,PEPS模块开始激活左前侧的门把手天线,天线激活遥控接收器RFA发送一个钥匙信息,RFA通过LIN数据线路将钥匙信息发送给车身控制模块BCM,经BCM判断该钥匙为有效钥匙后,再向无钥匙模块PEPS发出准许开锁动作信号,此时PEPS模块就会驱动四个门锁解锁电机解锁。

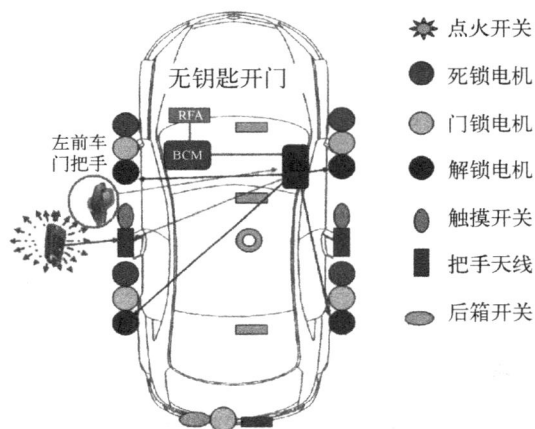

图7-64 无钥匙解锁开门的工作示意图

门锁解锁后,所有的车门便可以打开。同样驾驶员直接拉左后门把手后,左后门把手内的微触打开开关结合,这便给PEPS模块一个左后门需要打开的信号,PEPS模块同样会激活左前侧的门把手天线,同样天线激活遥控器向RFA发送遥控器信息,RFA将该信息通过LIN线路发给BCM,BCM判定遥控器为有效钥匙后,反馈给PEPS信号可以解锁,PEPS模块就会驱动四个门锁解锁电机解锁,这样车门就可以被打开了。工作的示意图如图7-64所示。

但是如果有效的遥控器钥匙在左侧,有人去拉右侧的门把手,此时右侧车门天线没有检测到钥匙,所以不允许解锁,车门也不会被拉开。也就是说有效的遥控器钥匙在左侧时,只能无钥匙先打开左前、左后两个车门。当无钥匙解锁之后,其他车门才允许被打开;同样右侧的控制关系与左侧控制也是一致的;并且后备箱也不能首先被打开,必须有效的遥控器钥匙在后保险杠1 m范围内。

无钥匙解锁开门的工作流程图如图7-65所示。

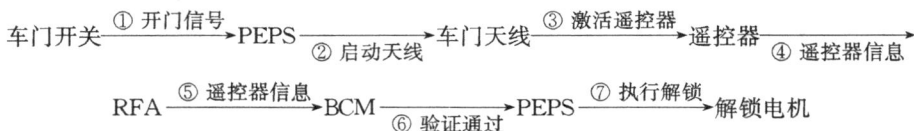

图7-65 无钥匙解锁开门的工作流程图

2) 无钥匙上锁

当驾驶人员拿着有效的遥控器钥匙下车,关闭所有车门后,只要遥控器在左右车门把手上的天线 1m 范围之内,便允许操作者使用无钥匙上锁功能。此时,当按下位于左或右侧车门把手上的上锁开关后,PEPS 模块开始激活左右前侧的门把手天线,天线激活遥控器向遥控器接收器 RFA 发送一个钥匙信息,RFA 通过 LIN 数据线路将钥匙信息发送给车身控制模块 BCM,经 BCM 判断该钥匙为有效钥匙后,然后 BCM 控制门锁电机上锁,如果再次按动该侧车门的上锁开关,那么 PEPS 再次向 BCM 发送一个上锁信号,此时 BCM 就会控制死锁电机将车门完全锁死,不允许车门从内部打开。其工作的示意图与流程图如图 7-66,图 7-67 所示。

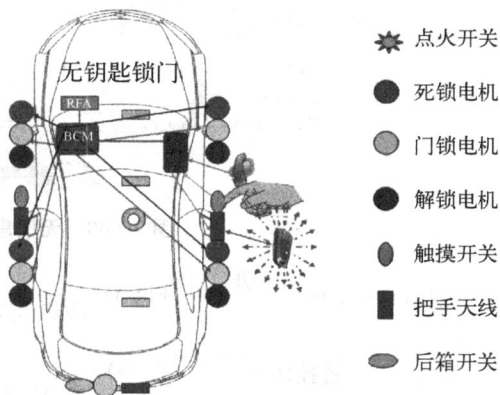

图 7-66　无钥匙上锁工作的示意图

图例:
- ☀ 点火开关
- ● 死锁电机
- ● 门锁电机
- ● 解锁电机
- ● 触摸开关
- ■ 把手天线
- ● 后箱开关

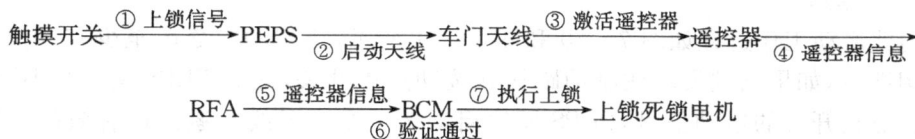

图 7-67　无钥匙上锁工作的流程图

触摸开关 ──①上锁信号──→ PEPS ──②启动天线──→ 车门天线 ──③激活遥控器──→ 遥控器 ──④遥控器信息──→

RFA ──⑤遥控器信息──→ BCM ──⑦执行上锁──→ 上锁死锁电机
　　　⑥验证通过

同样,对上锁开关的操作也必须是检测到有效遥控器钥匙的一侧,即左侧检测到有效的遥控器时,只能从左侧控制无钥匙上锁,右侧则无效果;反之亦然。

死锁功能是指:将车门死锁后,无论从车门内外都不能通过拉拔锁销的方式打开车门,这样极大地保护了车内物品的安全,防止小偷轻易地撬开门锁。

3) 无钥匙开启后备箱

无钥匙开启后备箱的功能与无钥匙开启车门的逻辑功能一样,只有有效的遥控器钥匙在保险杠天线 1m 之内,才能操作后备箱开启开关打开后备箱;但是需要注意的是,该信号的请求、释放过程却与以上开启车门的过程原理完全不同。当驾驶员按动后备箱开关后,首先是由 BCM 接收此开启信号,然后将该请求信号传递到 PEPS 模块,PEPS 模块开始激活后保险杠侧的后部天线,天线激活遥控器向接收器 RFA 发送一个钥匙信息,RFA 通过 LIN 数据线路将钥匙信息发送给车身控制模块 BCM,经 BCM 判断该钥匙为有效钥匙后,此后 BCM 控制后备箱释放继电器吸合,指令后备箱解锁电机打开后备箱。无钥匙开启后备箱工作的示意图与流程图如图 7-68 所示。

在这里,再简单介绍后备箱开启的其他功能。以上仅仅是车门上锁的状态时,无钥匙开启后备箱的一种情况,实际上如果当车门处于没有上锁的状态时,后备箱则一直处于允许开启的状态,即车门属于开锁状态时不用拿有效遥控器,只要按动后备箱开启按钮,BCM 就可以直接打开后备箱。同样,无论在哪种状态时,只要在有效范围内按动有效遥控器上的开启后备箱按键,同样也以遥控打开后备箱盖的。

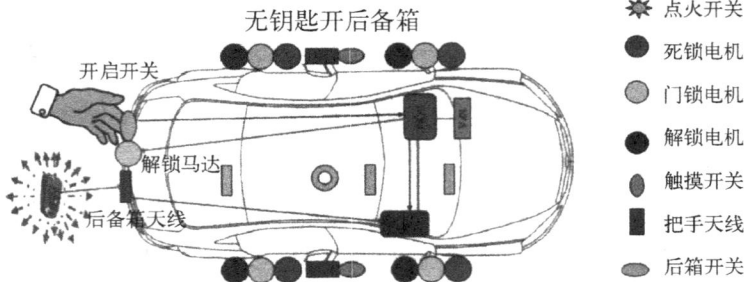

图 7 - 68   无钥匙开启后备箱工作的示意图

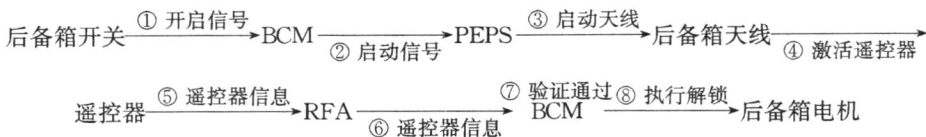

图 7 - 69   无钥匙开启后备箱工作的流程图

4）无钥匙启动

无钥匙启动工作过程如图 7 - 70 和图 7 - 71 所示，当驾驶室之内至少有一把有效的遥控器钥匙时，如果驾驶员踩住制动踏板并按动点火开关，此后 PEPS 模块与 BCM 模块共同接收点火开关的启动信号，PEPS 模块启动 3 个车内天线并激活该有效的遥控器钥匙，遥控器将钥匙信息发送给遥控器接收器 RFA，RFA 再将遥控器信息通过 LIN 数据总路传递给车身控制模块 BCM，BCM 判断该信号为有效遥控器钥匙后，才继续进行下一步

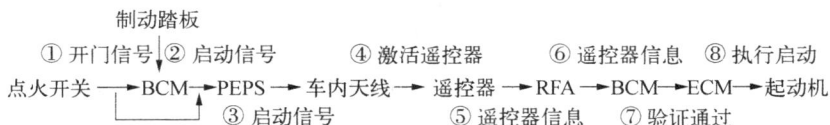

图 7 - 70   无钥匙启动工作过程流程图

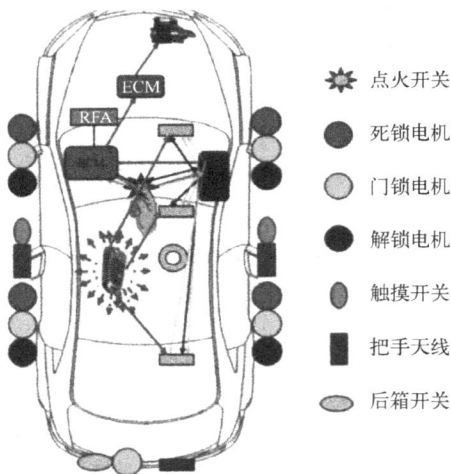

图 7 - 71   无钥匙启动工作过程示意图

的防盗验证，包括验证总线上的关键模块是否齐全，涉及防盗信息几个模块的防盗密码是否通过，以上验证全部通过之后，才通过数据线路允许发动机控制模块（ECM）控制起动机运转，合理地喷油点火。其中车身控制模块 BCM 作为防盗控制的主控模块，而涉及的其他几个防盗模块有：ECM 发动机控制模块、IPC 仪表模块、EBCM 电子制动控制模块、SDM 安全气囊控制模块、HVAC 加热制冷空调控制模块。

在此过程中，3 个室内天线就没有了位置之分，只要有一个天线激活有效的遥控器钥匙，向RFA 发送遥控器信息，BCM 认证遥控器为合法有效之后，才进行其他防盗认证步骤，但是之后的系

统防盗认证也是相当复杂的一个过程,在此不再
赘述。

　　5)钥匙无电备用启动

　　当遥控器一旦没有电池、电池老化或者被强
电波干扰之后无法被3个车内天线有效的自检
激活时,采用备用启动模式:当发生上述无法检
测 A 遥控器钥匙情况时,可以将遥控器钥匙放
入中央扶手内的备用启动线圈中,此时驾驶员启
动着车时,备用线圈就可以激活并检测到有效的
遥控器钥匙,将遥控器钥匙中的阻断器芯片信息
发送给 BCM,BCM 经过阻断式防盗验证,就可
以排除无钥匙启动过程直接启动着车了。工作
的示意图与流程图,如图 7-72,图 7-73 所示。

　　但是需要格外注意的是,该备用线圈并不是
由 PEPS 模块驱动、监测,而是直接由 BCM 进行

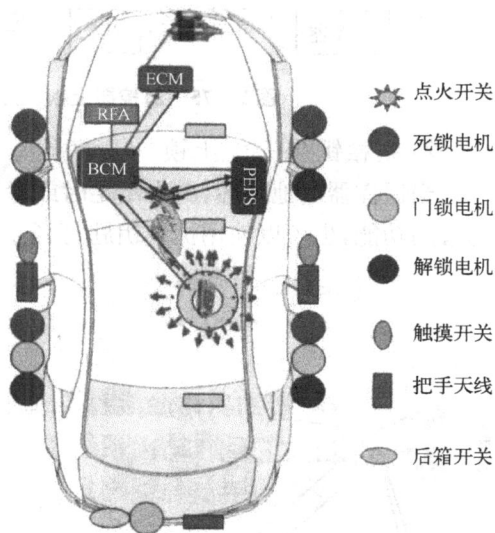

图 7-72　钥匙没电备用启动工作的示意图

检测,这一点与不带 PEPS 的防盗 IMMO 系统模块的启动着车过程完全一致,而此过程就与
PEPS 系统没有任何关联了;并且遥控器即使电池完全拿掉,只要按照正确的角度将遥控器钥匙
放入备用线圈都可以实现启动着车的,但必须注意遥控器放置的方向,并且各个车型并不一致。

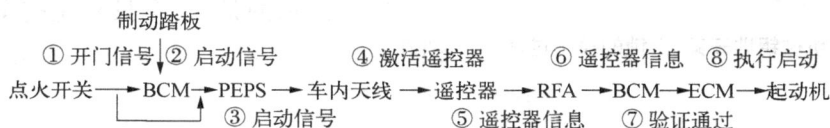

图 7-73　钥匙无电备用启动工作的流程图

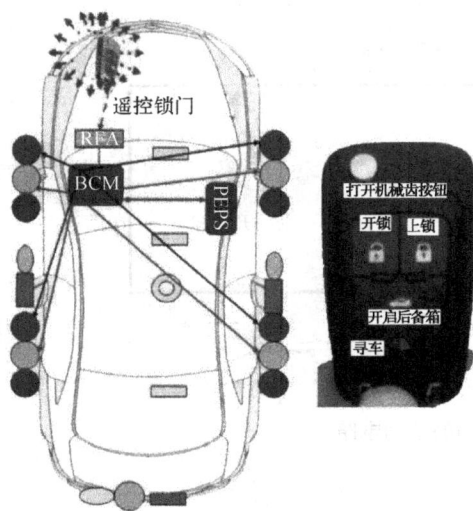

图 7-74　遥控器上锁、上死锁、开锁以及
开启后备箱工作示意图

　　6)遥控器上锁、上死锁、开锁以及开启后
备箱

　　遥控器的上锁、死锁、解锁,完全与其他普通
车辆类似。当驾驶员按动有效的遥控器钥匙后,
遥控器将开锁或者解锁的信息传递给遥控器接收
器 RFA,RFA 将该信息通过 LIN 数据专线传递
给 BCM 模块,BCM 根据该信号进行上锁、死锁、
解锁以及遥控开启后备箱的操作。

　　与无钥匙上锁一样,遥控器上锁一次为普通
门锁上锁,继续按动上锁按钮后门锁进入死锁状
态。解锁时只需按动一次解锁按钮就可以解开死
锁状态。遥控器上锁、上死锁、开锁以及开启后备
箱工作示意图与流程图,如图 7-74,图 7-75
所示。

笔记

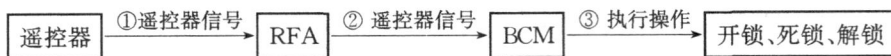

图 7-75 遥控器上锁、上死锁、开锁以及开启后备箱工作流程图

7）机械钥匙开锁、上锁

当遥控器电池损坏、电力不足时或者当车辆蓄电池亏电时，要保证驾驶员能够进入车辆的备用功能，也可以使用机械钥匙打开车门锁，并且无论是普通上锁状态还是死锁状态，机械解锁的级别都高于两者，可以利用机械钥匙打开驾驶员侧车门上车。当驾驶员利用机械钥匙拧动左前门机械锁芯后，该侧门锁锁块就会出现上锁、解锁两种信号，门锁锁块便会将这一信息首先传递给离它最近的驾驶员侧玻璃升降器开关（或玻璃升降器电机，配置不同信号传递给的模块也不同，同时该开关还传递车门的开启信号），该开关实际上是玻璃升降开关也是 BCM 模块的一个 LIN 模块，并将它所接收到的锁芯状态信号通过 LIN 数据线路发送给 BCM，BCM 再根据接收到信号直接控制门锁电机进行上锁、解锁，如图 7-76 所示。其电路如图 7-77 所示。这里需要注意的是，全车只有左前车门有一个锁孔。

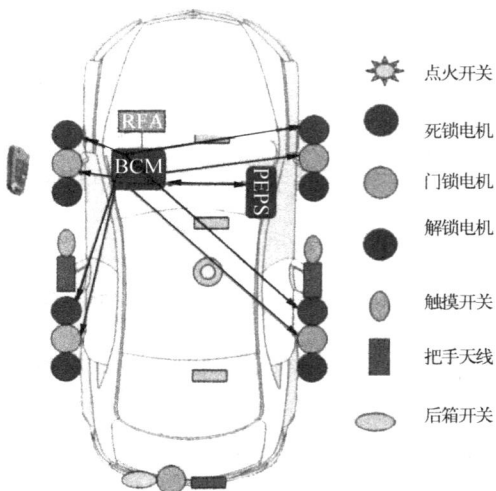

图 7-76 机械钥匙开锁、上锁的控制过程

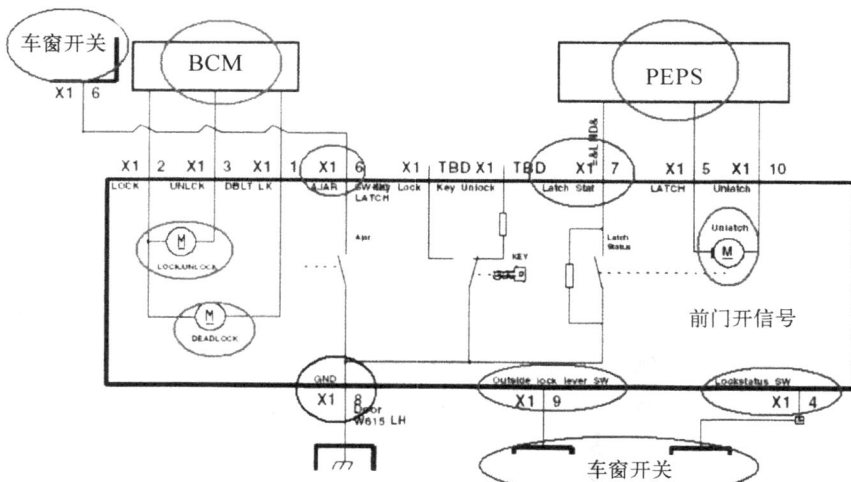

图 7-77 机械钥匙开锁、上锁的控制电路

4．电路

（1）PEPS 四门解锁执行器如图 7-78 所示。

（2）PEPS 门把手开关如图 7-79 所示。

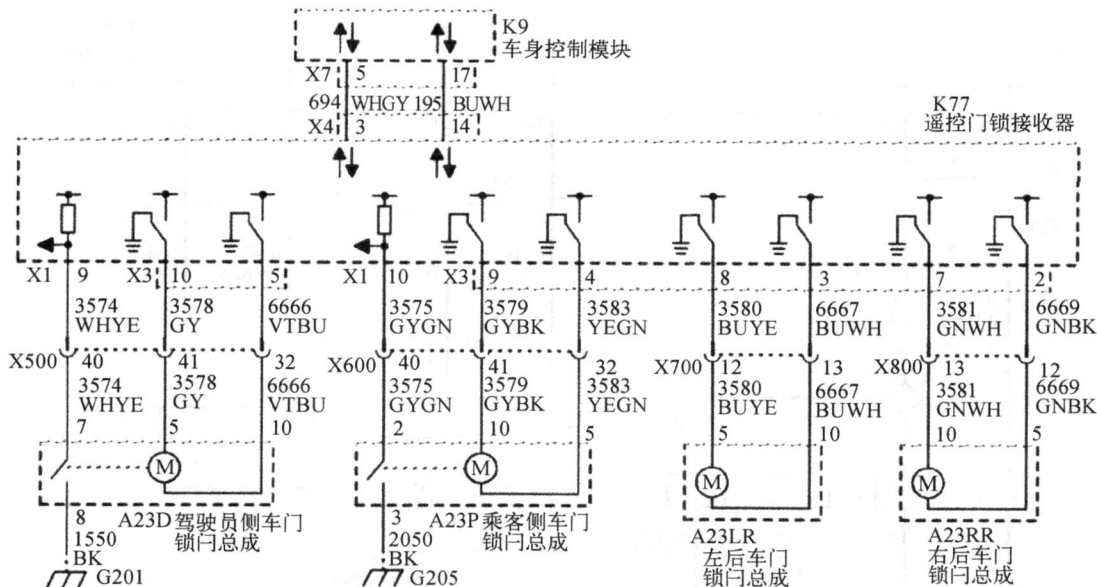

图 7-78 PEPS 四门解锁执行器

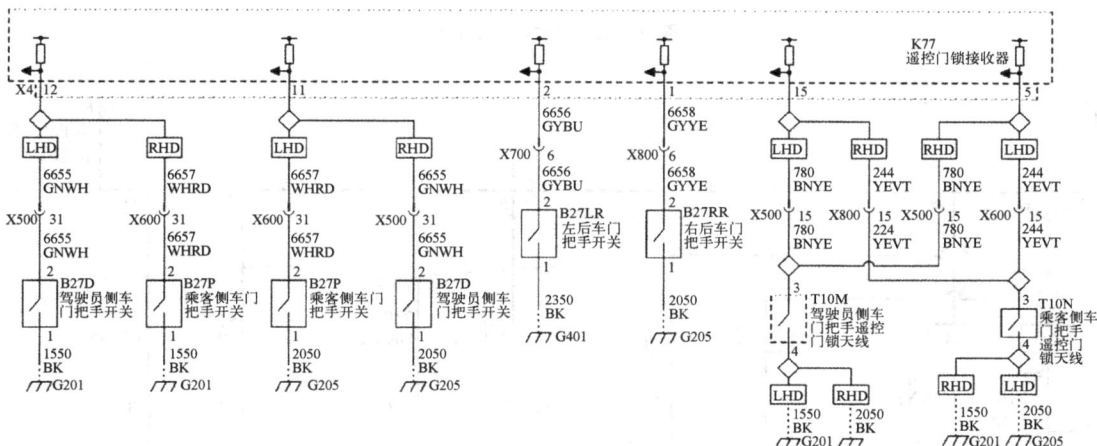

图 7-79 PEPS 门把手开关

（3）室内天线电路如图 7-80 所示。

（4）室外天线电路如图 7-81 所示。

（5）PEPS 电源、接地及数据线路如图 7-82 所示。

（6）后备箱开启信号与释放电路如图 7-83 所示。

（7）门锁电路如图 7-84 所示。

5. 故障的诊断与排除

1）诊断软件与设备

因为新君威、君越、科鲁兹等几种车型采用最新的 Global A 平台，因此车身电器系统采用全新的总线结构框架，并需要使用 GM 全球诊断系统 GDS 进行诊断、维修，所以要想诊断

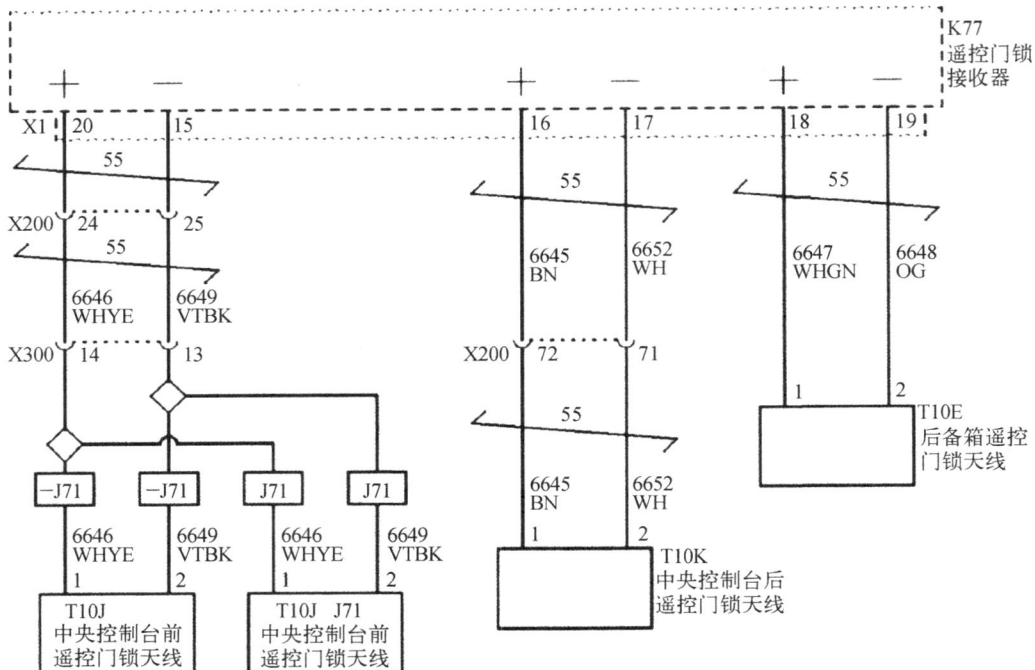

图 7-80 室内天线电路

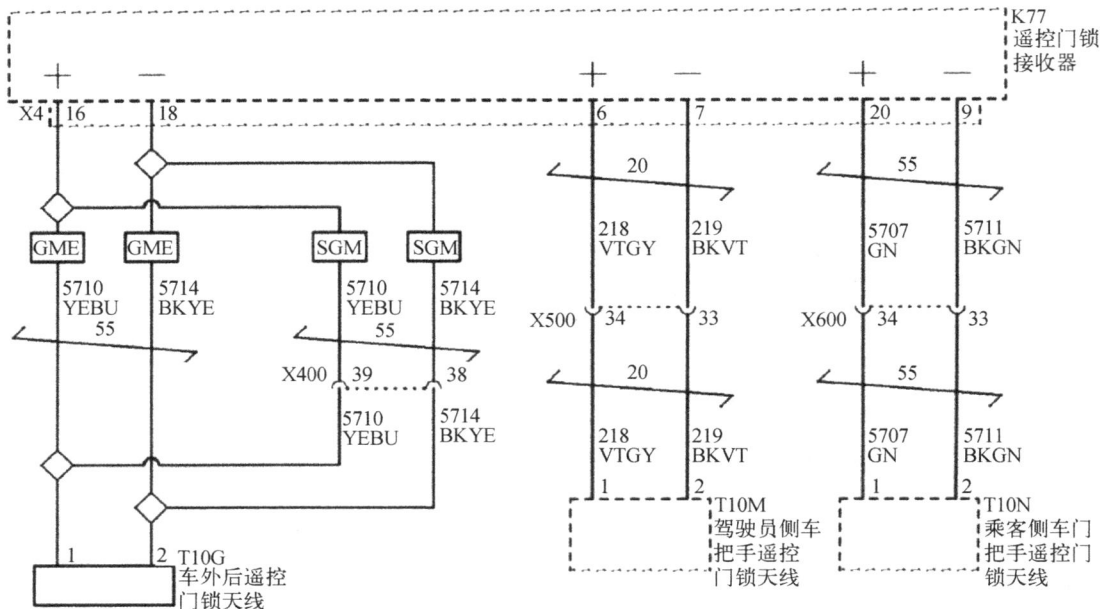

图 7-81 室外天线电路

上述车型的无钥匙系统,必须使用装有全新的诊断软件 GDS 的笔记本电脑,并配合最新的诊断设备 MDI 进行。

2) 新君威无钥匙起动系统失效

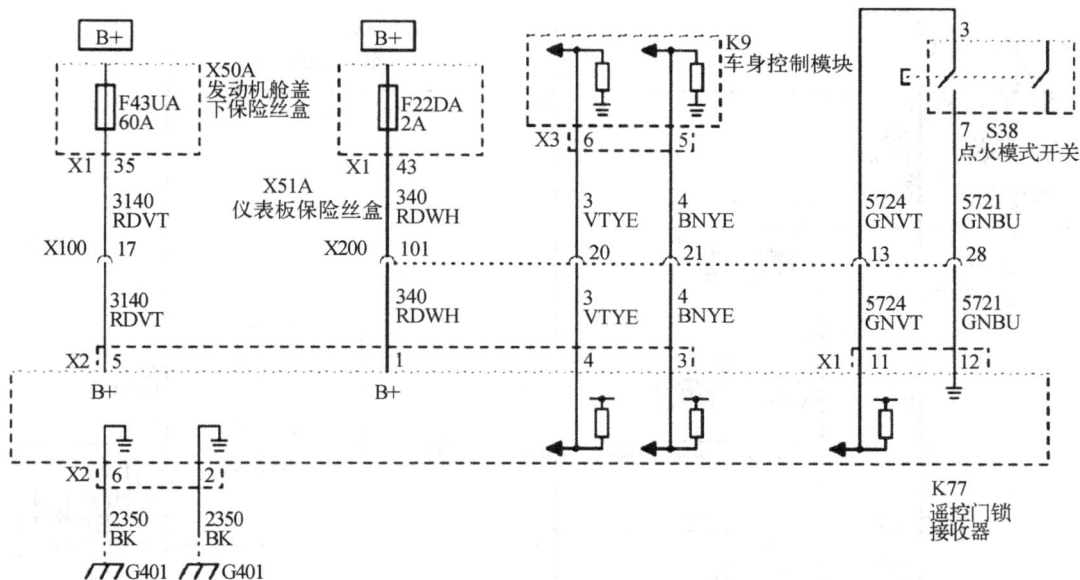

图 7 - 82　PEPS 电源、接地及数据线路

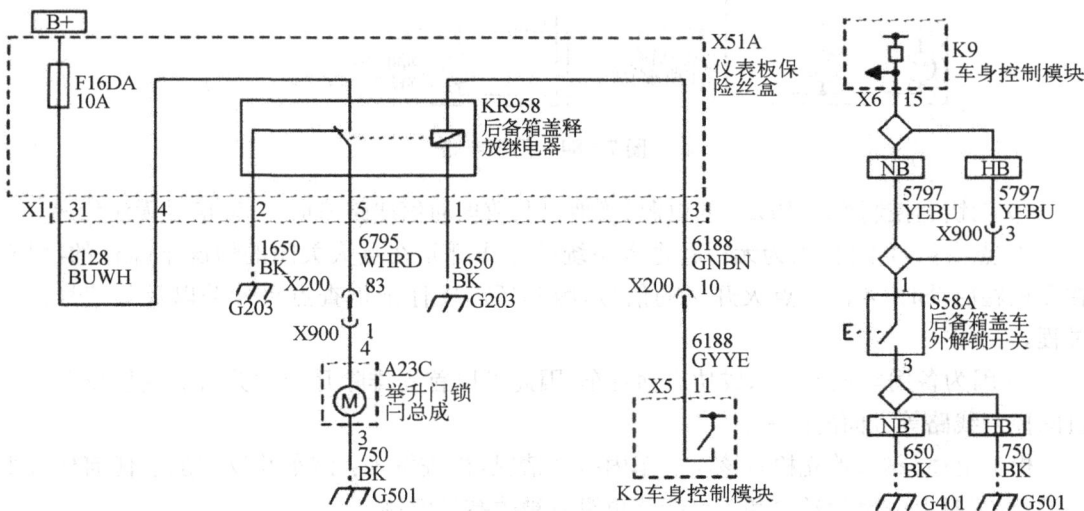

图 7 - 83　后备箱开启信号与释放电路

一辆 2009 款别克新君威无钥匙进入系统正常,但无钥匙起动系统失效。

首先试验无钥匙系统的所有功能,结果发现:无钥匙开锁、上锁、无钥匙开启后备箱等功能完全正常。而进入车内之后,发现无钥匙起动系统失效,踩刹车按点火按钮车辆无任何反应。点火档位也没有切换,同时仪表显示:未发现遥控器钥匙。但是将遥控器放入备用启动线圈后,点火、启动功能却是正常的。

根据上述现象分析,很可能是因为下述原因造成:

① 车内有无线电磁信号干扰,比如车载电台、车载 MP3、各种充电器等。

② 无钥匙控制模块 PEPS 的车内天线故障,造成无法激活遥控器。

笔记

K9
车身控制模块

X7 4　X6 1　　　　　　　4　　　　　　　　X7 10

6165　195
GNVT　BUWH

X2 48　52

KR97
驾驶员侧车门
锁止继电器

X2 53　50　X50A
发动机舱盖
下保险丝盒

5910　5911　294
BN　WHGY　BNYE

UTF
5911　186
GY　BNYE

J319

X2 28　5

J318
KR94
燃油加注口
门释放执行
器继电器

−UTF

X53
后保险丝盒

5910　5911　294
BN　GY　BNYE

294　5911
BNYE　BKRD

X2 13

X500 37　35　36

5910　5911　294　5911
BN　GY　BNYE　BU

1　3　2　A23D
驾驶员侧车
门锁闩总成

1　2　M27
燃油加注口门
解锁执行器

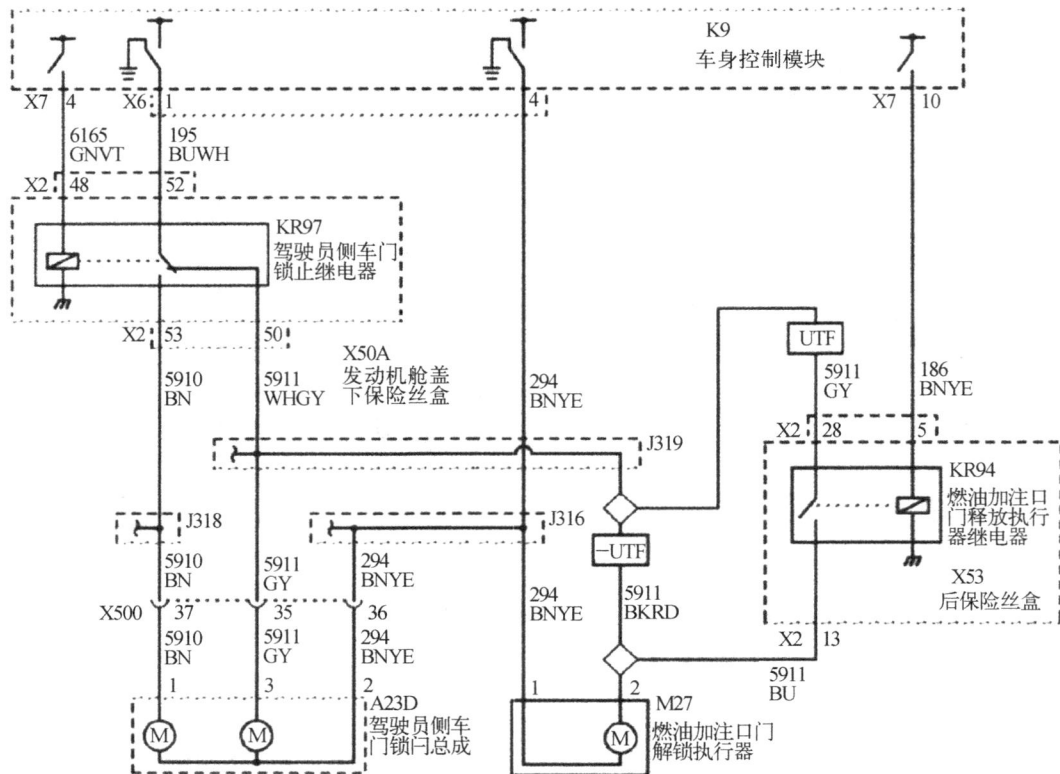

图 7-84　门锁电路

③ 无钥匙控制模块 PEPS 的电源、接地以及数据通信线路造成，启动信号无法传递。

④ 点火信号不良，因为无钥匙进入系统的操作都是在点火关闭的情况下操作的，只有在无钥匙启动时，才需要点火开关的信号，因此还需要仔细检查点火开关以及其信号传递过程。

⑤ 因为备用模式下可以成功启动着车，因此可以首先排除几个相关防盗模块以及起动机的控制线路等方面的因素。

根据上述分析，首先检查该车的车内电器情况，检查发现：该车并没有加装任何外接电器设备，车身上的保险丝盒和关键线路也没有被改装的痕迹。

其次，利用专用诊断仪，连接 MDI 诊断接口模块，使用 GDS 软件对车辆进行检测，检查发现 BCM，PEPS 模块内没有任何故障码，如图 7-85 所示。

既然诊断仪中没有故障码，于是进入 PEPS 模块的数据流中检查相关开关信号，当使用无钥匙进入系统之后笔者发现 4 个车门把手打开信号、两个上锁信号，四个车门未关等信号都完全正常，如图 7-86 所示；但是遗憾的是 PEPS 模块数据中并没有天线的启动信息，也没有点火开关的信号显示，所以目前还是无法发现无钥匙无法启动的任何线索。

之后进入 BCM 数据，检查制动信号、点火开关信号，发现完全正常。因为备用启动功能正常、遥控器本身的上锁、开锁等功能也是正常的，所以基本可以排除遥控器接收器、制动踏板、防盗系统的相关因素，因而可以决定拆卸 PEPS 模块，以检查 PEPS 的车内天线、点火开

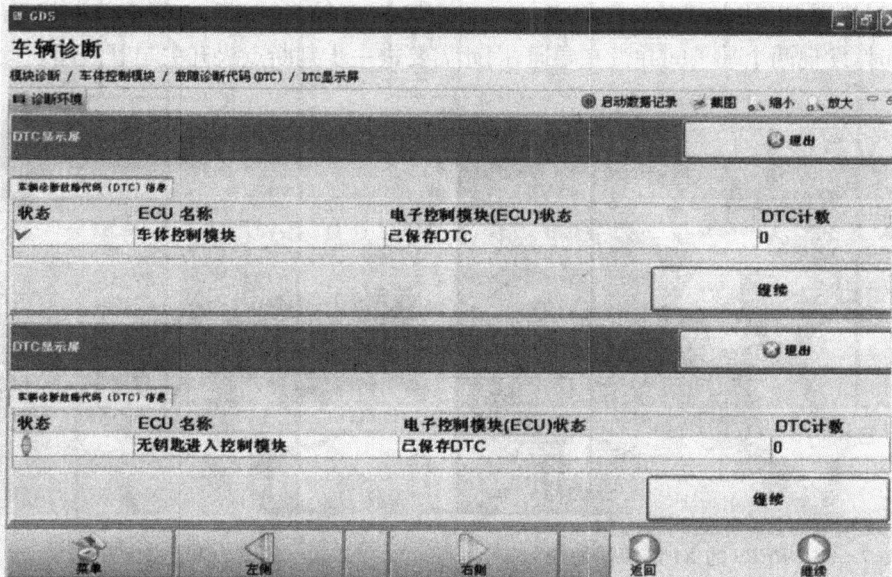
图46　车辆诊断

图 7 - 85　利用专用诊断仪没有任何故障码

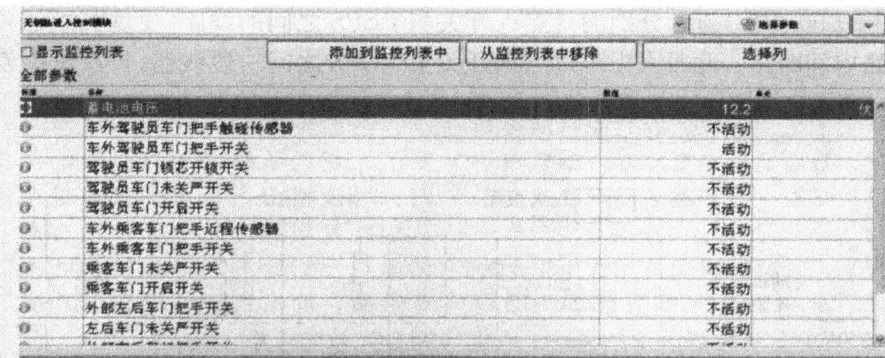
图47　数据流

图 7 - 86　PEPS 模块的数据流信号都正常

关、电源、接地与数据通信等各个线路,其中的关键就是检查 PEPS 接收到的点火开关信号。

电路图如图 7 - 87 所示。发现点火开关的信号送给 BCM 的信号是一个接地信号,而送给 PEPS 模块的信号却是一个信号的返回接通信号,因而说根据该车点火开关信号是独立传送的,很可能造成本车的故障现象,所以这点更加重我们对点火开关的怀疑。接着

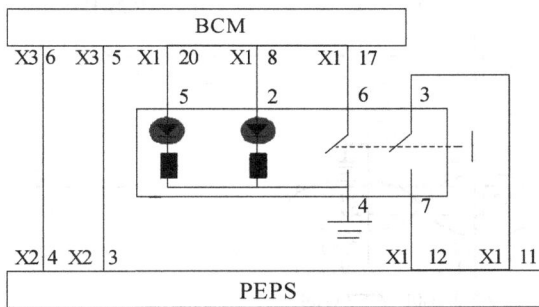

图 7 - 87　点火启动按钮的电路

笔 记 按照线路图找到 PEPS 的 X1 端子,测量 11,12 号两个端子间的通断,如图 7-88 所示。当按下点火开关时,发现两个端子间并没有导通,因此需要进一步判断点火开关与其线路。

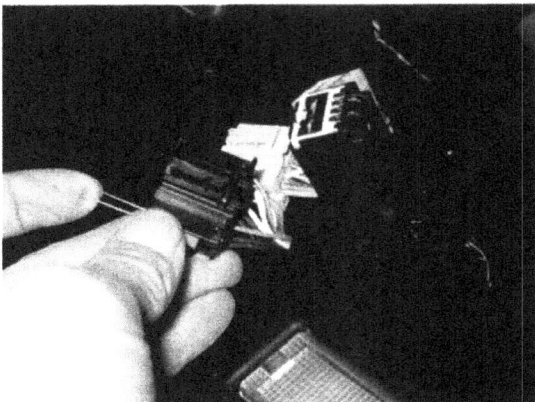

图 7-88 PEPS 的 X1 连接器短接 11 和 12 号端子

图 7-89 点火开关

之后拆卸下点火开关如图 7-89 所示,用万用表测试 3,7 号两个端子,当按下点火开关按钮后,两端子之间短路,说明点火开关信号完全正常,问题很可能在线路上。于是按照线路图(如图 7-90 所示)指示分别测量点火开关与 PEPS 之间的线路,发现其中的一段绿蓝颜色的线路中间断路。此时人为跨接点火开关至 PEPS 之间这段线路,再次试验发现无钥匙启动功能恢复正常。

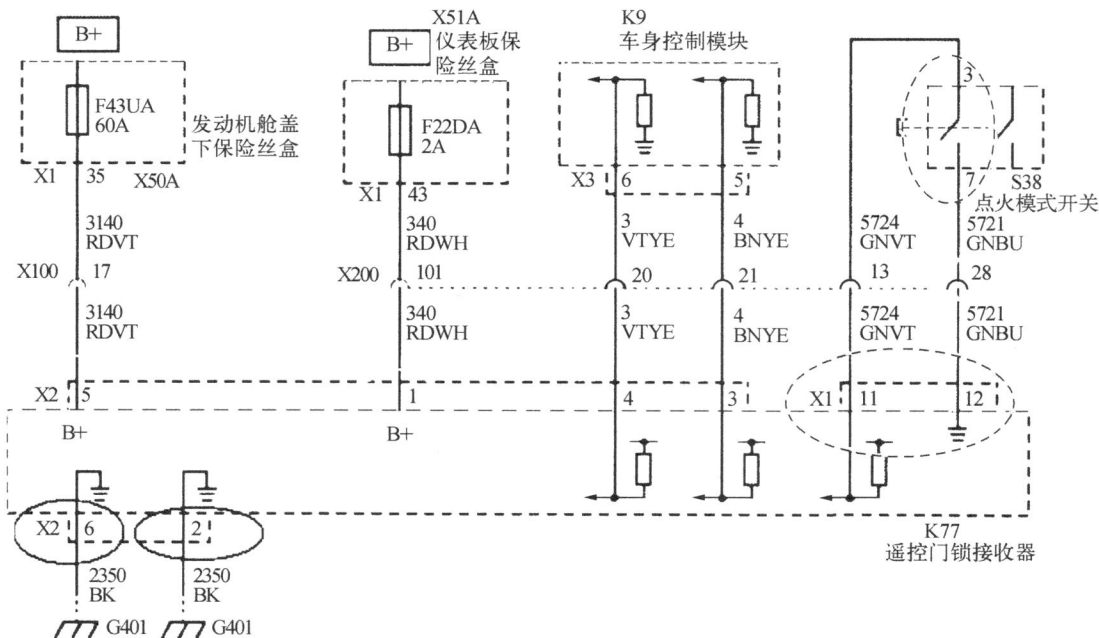

图 7-90 点火开关电路

接下来从 X200 连接器下手检查短路点的位置，但是拆卸 X200 后发现，其中 X200－28 号端子已经倾斜，没有能够插接到位，最后修复 X200－28 号端子再次试验，无钥匙启动功能完全正常。

之后阅该车历史记录得知，原来该车刚刚进行了侧围钣金、喷漆事故修复。正是由于维修人员在拆装线路时没有仔细操作，造成针脚倾斜接触不良而引发了无钥匙系统的故障。因此我们也可以看出，点火开关信号在无钥匙系统的作用，即没有点火信号无钥匙进入等外部功能不受影响，而车内无钥匙启动功能完全失效的现象。

3）新君越无钥匙系统功能失效

车型：2010 款别克新君越。

故障现象：客户报修无钥匙系统失效。

故障诊断：首先试车发现该车无钥匙系统完全失效，无法无钥匙打开车门，无法无钥匙启动着车；但是遥控器上锁、开锁正常，备用线圈启动等功能正常。

利用 GDS 诊断发现，BCM 存在失去与 PEPS 通信的故障代码；进行车辆模块诊断时发现：PEPS、倒车雷达、记忆座椅模块等几个模块均无数据通信，如图 7－91 所示；继续试验发现，后部倒车雷达功能失效、座椅没有通风、加热功能。因为上述各个模块都同属于低速数据网络上的模块，因而可以怀疑这几个相关模块的数据通信线路有问题。但是因为该车为精英版，并不存在后座娱乐、后座加热、移动电话等模块，所以其中这几个模块没有通信应该是正常的，是可以忽略不去考虑的因素。

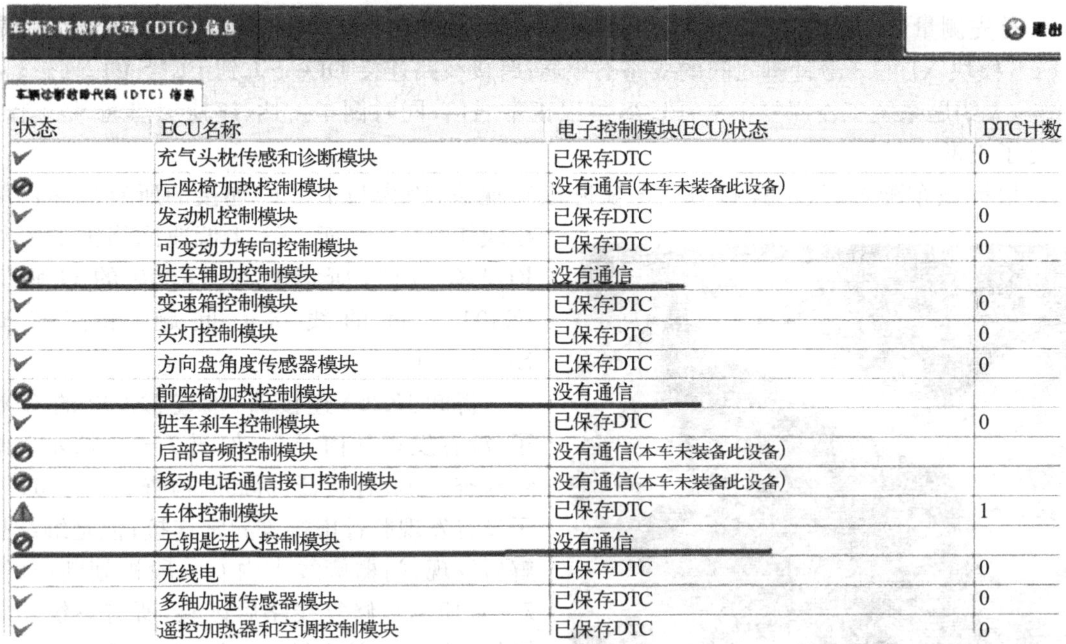
车辆诊断故障代码（DTC）信息　退出

车辆诊断故障代码（DTC）信息

状态	ECU名称	电子控制模块(ECU)状态	DTC计数
✔	充气头枕传感和诊断模块	已保存DTC	0
⊘	后座椅加热控制模块	没有通信(本车未装备此设备)	
✔	发动机控制模块	已保存DTC	0
✔	可变动力转向控制模块	已保存DTC	0
⊘	驻车辅助控制模块	没有通信	
✔	变速箱控制模块	已保存DTC	0
✔	头灯控制模块	已保存DTC	0
✔	方向盘角度传感器模块	已保存DTC	0
⊘	前座椅加热控制模块	没有通信	
✔	驻车刹车控制模块	已保存DTC	0
⊘	后部音频控制模块	没有通信(本车未装备此设备)	
⊘	移动电话通信接口控制模块	没有通信(本车未装备此设备)	
⚠	车体控制模块	已保存DTC	1
⊘	无钥匙进入控制模块	没有通信	
✔	无线电	已保存DTC	0
✔	多轴加速传感器模块	已保存DTC	0
✔	遥控加热器和空调控制模块	已保存DTC	0

图 7－91　故障信息

查阅相关低速网络数据的线路如图 7－92 所示，其中无钥匙 PEPS 模块、记忆座 MSM、驻车辅助 UPA 模块均在同一低速网络上,所以以下重点的检查方向应该首先检查相关的低速网络数据线路。

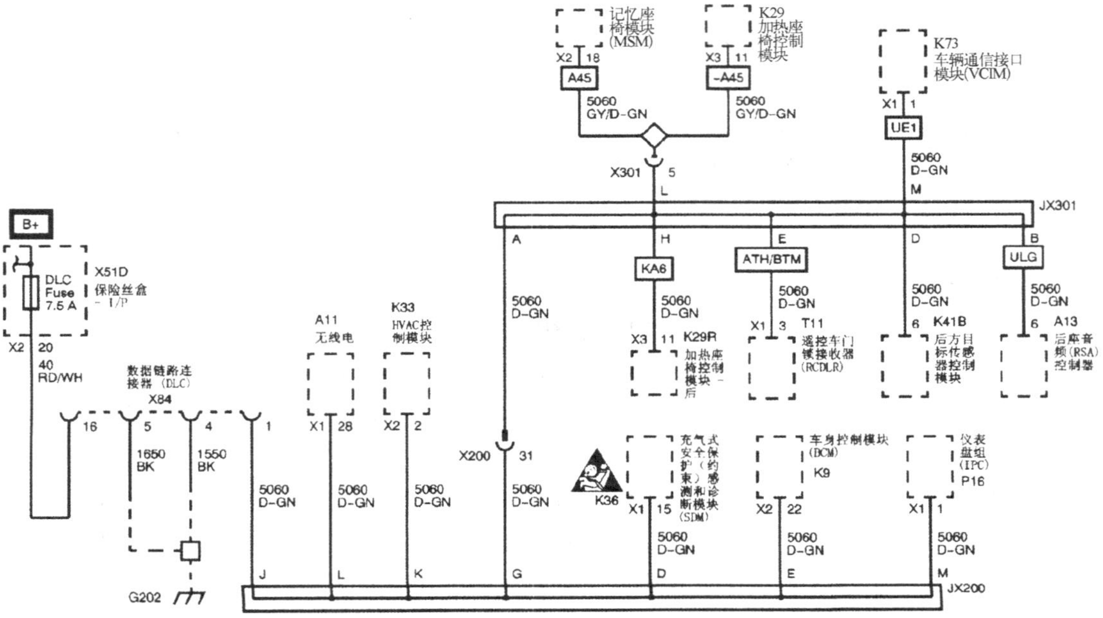

图 7 - 92 低速网络数据线路

首先测量诊断接口连接器 DLC 的 1 号针脚,发现对地无短路,测量该针脚与无钥匙 PEPS 模块 X1 的 3 号针脚之间的线路不导通;跨接线路连接 DLC - 1 到 PEPS 的 X1 - 3 后试验,无钥匙系统工作恢复正常,PEPS 可以正常通信;同时倒车雷达、座椅加热通风功能也恢复了正常。

根据该车配置、线路连接方式与实际故障现象,因为与 JX200 连接的所有低速网络

图 7 - 93 JX200 连接器

模块工作正常,而 JX301 低速网络上的模块均没有通信,所以怀疑 JX200 的 G 脚到 JX301 之间的线路有问题,重点检查 X200 - 31。

拆卸 JX200 连接器,检查 JX200 的 G 端子,没有发现任何异常,如图 7 - 93 所示。继续检查 X200 连接器,拆卸后检查 X200 - 31 端子没有发现脱针虚接等异常连接;但是继续拆解后发现,门槛侧线束内有一段被划断(如图 7 - 94 所示),修复线路后试验,所有系统功能恢复。原来在该车铺设地胶时,装饰人员由于操作不慎,将线束用刀片划破,造成了低速网络的线路断路,从而引发了无钥匙系统完全失效的故障。

笔记

图7-94　故障部位

四、信息收集与处理

按表7-35完成无线防盗门锁信息收集与处理。

表7-35　信息收集与处理

无线防盗门锁的作用	
无线防盗门锁的类型	
无线防盗门锁的组成	
无线防盗门锁的技术检查	
无线防盗门锁的拆装	
无线防盗门锁的维护	

五、制定检修计划

制订无线防盗门锁检修计划如表7-36所示。

表7-36　无线防盗门锁检修计划

检　修　项　目	工　作　内　容
查阅资料	查阅维修手册,了解无线防盗门锁的电路原理和维修注意事项
拆装检查	了解无线防盗门锁的拆装方法

续 表

检 修 项 目	工 作 内 容
检查无线防盗门锁开关	检查无线防盗门锁开关各档位导通性是否符合要求
检查无线防盗门锁继电器	检查工作情况
拆检门锁电机	能拆卸、检测和安装门锁电机
无线防盗门锁的维护	能对无线防盗门锁进行的维护保养,润滑导轨

六、实施维修作业

制订无线防盗门锁维修作业任务书,如表 7-37 所示。

表 7-37　无线防盗门锁维修作业任务书

<table>
<tr><td colspan="4" align="center">汽车无线防盗门锁检修作业任务书</td></tr>
<tr><td colspan="2" rowspan="2">1. 车辆信息描述</td><td>车上物品描述</td><td></td></tr>
<tr><td>车况描述</td><td></td></tr>
<tr><td colspan="2">2. 汽车无线防盗门锁的检测与维护描述</td><td></td><td></td></tr>
<tr><td colspan="2" align="center">检 查 项 目</td><td align="center">作业要领及技术标准</td><td>检查记录</td></tr>
<tr><td rowspan="5">3. 无线防盗门锁的检测与维修</td><td>(1) 了解汽车无线防盗门锁的检测与维护安全事项
(2) 会正确维护保养无线防盗门锁</td><td></td><td></td></tr>
<tr><td>无线防盗门锁各部分的拆卸</td><td></td><td></td></tr>
<tr><td>检查门锁开关</td><td></td><td></td></tr>
<tr><td>检测门锁 ECU</td><td></td><td></td></tr>
<tr><td>拆检顶窗电机</td><td></td><td></td></tr>
<tr><td colspan="2" align="center">检查与维修结论</td><td></td><td></td></tr>
</table>

七、检验评估

无线防盗门锁的检验评估如表 7-38 所示。

笔记

表 7 - 38   检验评估表

评价指标	检验说明	检验记录
维护检查项目	➢ 查阅维修手册 ➢ 拆装检查 ➢ 检查无线防盗门锁电路	
汽车无线防盗门锁的工作情况		

评价内容	检验指标	权重	自评	互评	总评
检查任务 完成情况	1. 完成任务过程情况	4			
	2. 任务完成质量				
	3. 在小组完成任务过程中所起作用				
专业知识	1. 能描述汽车无线防盗门锁的作用	4			
	2. 能描述汽车无线防盗门锁的结构				
	3. 能描述汽车无线防盗门锁电路图				
	4. 会描述汽车无线防盗门锁的技术检查内容				
	5. 会描述汽车无线防盗门锁的日常维护要领				
职业素养	1. 学习态度：是否积极主动参与学习	2			
	2. 团队合作：与小组成员一起分工合作,不影响学习进度				
	3. 现场管理：服从工位安排、执行实训室"5S"管理规定				
综合评议 与建议					

想一想：

1. 如何正确使用无线防盗门锁呢?

2. 汽车无线防盗门锁工作原理如何?

项目拓展

任务 7.6   电动座椅检修

一、任务导入与要求

任务导入	一辆 2003 年宝来 1.8 L 轿车,行驶里程为 13.4 万 km,驾驶员座椅无记忆功能,手动也无法进行调整,该如何排除故障呢?
目标要求	1. 掌握电动座椅的电路图及工作原理等知识 2. 掌握电动座椅的维修技能 3. 提高维修接待与人交往的素质

笔 记

续　表

学习步骤	电动座椅的组成→电路原理→检修方法→故障排除方法
任务实施	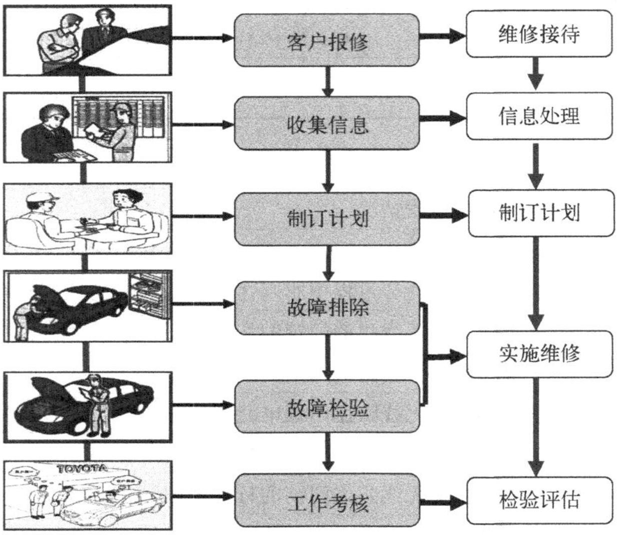

二、维修接待

通过询问客户，了解汽车电动座椅发生故障情况，按照表 7 - 39 完成待修车辆的维修接待，并准确填写接车问诊表。

表 7 - 39　维修接待与接车问诊表

接 车 问 诊 表

车牌号：_____　　车架号：_____　　行驶里程：_____（km）

用户名：_____　　电　话：_____　　来店时间：___/___

用户陈述及故障发生时的状况：**北京现代索纳塔轿车的电动座椅不工作**

故障发生状况提示：**行驶速度、发动机状态、发生频度、发生时间、部位、天气、路面状况、声音描述等**

接车员检测确认建议：**需要对电动座椅进行检查**

车间检测确认结果及主要故障零部件：**电动座椅不工作**

车间检查确认者：_____

续　表

外观确认： 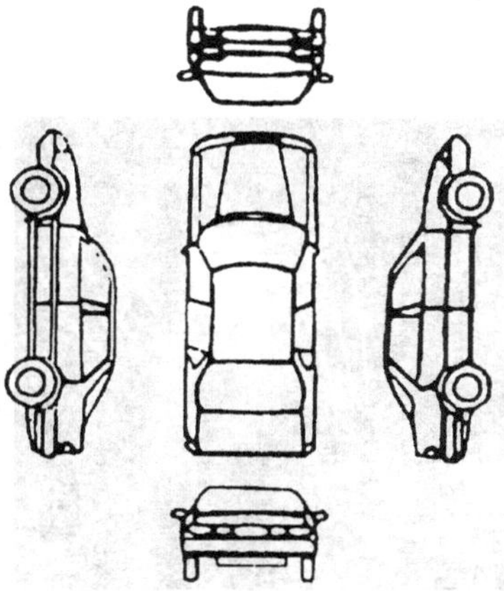	功能确认：（工作正常√　不正常×）
	□音响系统　　□门锁（防盗器）　□全车灯光　□工具 □后视镜　　　□顶窗　　　　　□座椅　　　□点烟器 □玻璃升降器　□玻璃
（请在有缺陷部位作标识）	物品确认：（有√　无×） 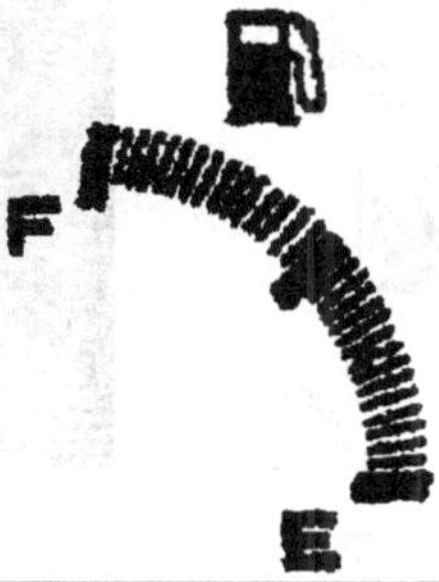 □贵重物品提示 □工具　□备胎　□灭火器 □其他（　　　　　　　） 旧件是否交还用户　□是　□否 用户是否需要洗车　□是　□否

- 检测费说明：本次检测的故障如用户在本店维修，检测费包含在修理费用内；如用户不在本店维修，请您支付检测费。本次检测费：￥＿＿＿＿元。
- 贵重物品：在将车辆交给我店检查修理前，已提示将车内贵重物品自行收起并保存好，如有遗失恕不负责。

接车员：＿＿＿＿＿＿＿＿＿＿＿＿＿　　用户确认：＿＿＿＿＿＿＿＿＿＿＿＿＿

三、相关知识

（一）电动座椅综述

1. 电动座椅的类型

按座椅移动的方向，电动座椅分为两方向、四方向和六方向3种。两方向是指往前和往后移动座椅。四方向是指前、后、上、下移动座椅。六方向是指前后移动座椅及座椅前、后部分别升降。有的车型还可调整靠背、头枕、腰部和两侧气垫。

按有无记忆功能，电动座椅分为有记忆和无记忆两种。有记忆功能的电动座椅就是将电动座椅与车载电脑结合在一起，增加座椅的记忆功能，对座椅调整信息参数实现智能化管理。

电动座椅还有加热型、腰部按摩型等如图7-95所示。

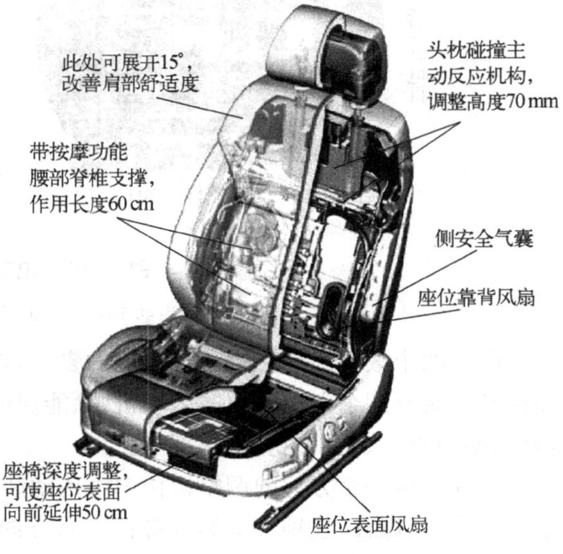

此处可展开15°，改善肩部舒适度

头枕碰撞主动反应机构，调整高度70mm

带按摩功能腰部脊椎支撑，作用长度60cm

侧安全气囊

座位靠背风扇

座椅深度调整，可使座位表面向前延伸50cm

座位表面风扇

图7-95　奥迪A8多功能电动座椅

2. 电动座椅的调节功能

电动座椅的调节功能如图 7-96 所示。① 头枕前后及升降调整；② 靠背前倾调整；③ 靠背倾斜度调整；④ 座椅前部或后部升降调整；⑤ 前后移动座椅；⑥ 腰部调整。

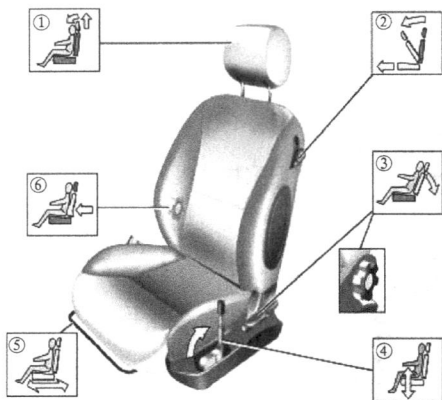
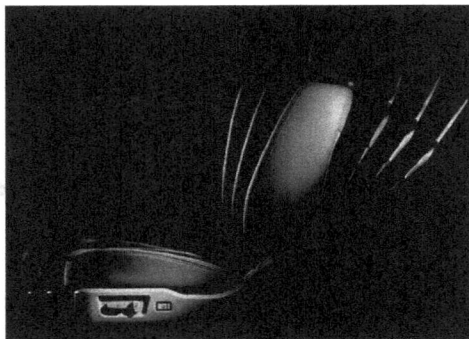

(a)   (b)

图 7-96　电动座椅的调节功能

(a) 电动座椅的调节部位；(b) 电动座椅的调节

3. 电动座椅的结构

电动座椅由双向电机、蜗杆传动装置、控制开关及线路等组成，如图 7-97 所示。

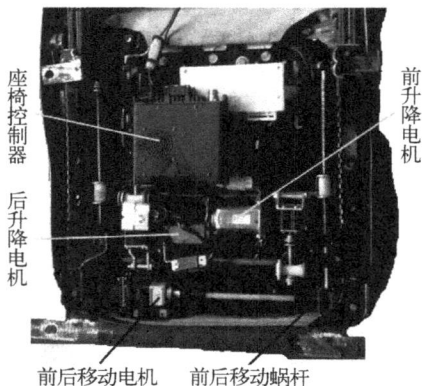

座椅控制器
前升降电机
后升降电机
前后移动电机　前后移动蜗杆

(a)   (b)

图 7-97　电动座椅的结构

(a) 电动座椅的结构；(b) 电动座椅控制开关

电机的个数取决于座椅调节功能的多少，六向移动座椅，装三个双向电动机。有的电动座椅甚至装有四个以上的双向电动机，除能保证六向移动的功能外，还能调整头枕高度及倾斜度、座椅长度、扶手位置及腰部等。

电动座椅每个方向的调整机构都由传动装置和一只双向电动机组成。传动装置主要包括上下轨道、螺杆、连轴节支架等部件。六方向电动座椅，是利用一台双向永磁式三电枢电动机驱动座椅方向的调整，如图 7-98 所示。传动方式有电动机通过齿轮带动齿条，或通过蜗杆带动蜗轮等方式。

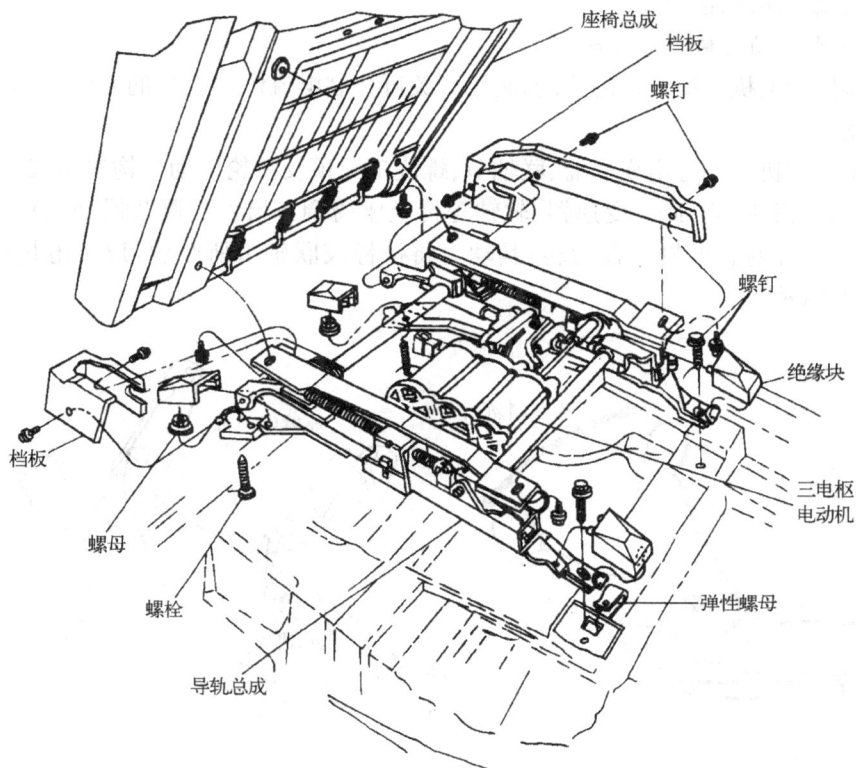

图 7-98　电动座椅前后调整的传动装置的构造

　　电动座椅调节就是可以通过电机的控制来调节座椅的前后位置、上下高度、靠背角度，更豪华车型的可以调节腿部支撑、腰部支撑等。电动座椅调节可以使人员处于一个相对舒适的驾驶位置。由于采用电机调整，底部也是在螺杆上进行移动，因此要比手动调节来的简便、省力，而且也可以实现无级调整。

　　图 7-99 是带记忆功能电动座椅的按钮，增加座椅的记忆功能，对座椅给中信息参数实

图 7-99　带记忆功能电动座椅的按钮

现智能化管理。

(二) 电动座椅的控制原理

1. 六方向电动座椅控制原理

电动座椅的电机一般是永磁式的,利用开关可控制电流流经电机的方向,从而使电机具有两个转动方向。

电动座椅的机械部分由变速器、联轴节、螺旋千斤顶及齿轮传动机构等组成。开关接通后,电机动力经齿轮、联轴节、变速器、软轴等传至座椅调节器。当调节器到达行程终点时,软轴停止运动,此时若电机仍在运转,其动力将被橡胶联轴节所吸收,以防电机过载损坏。如图7-100所示。

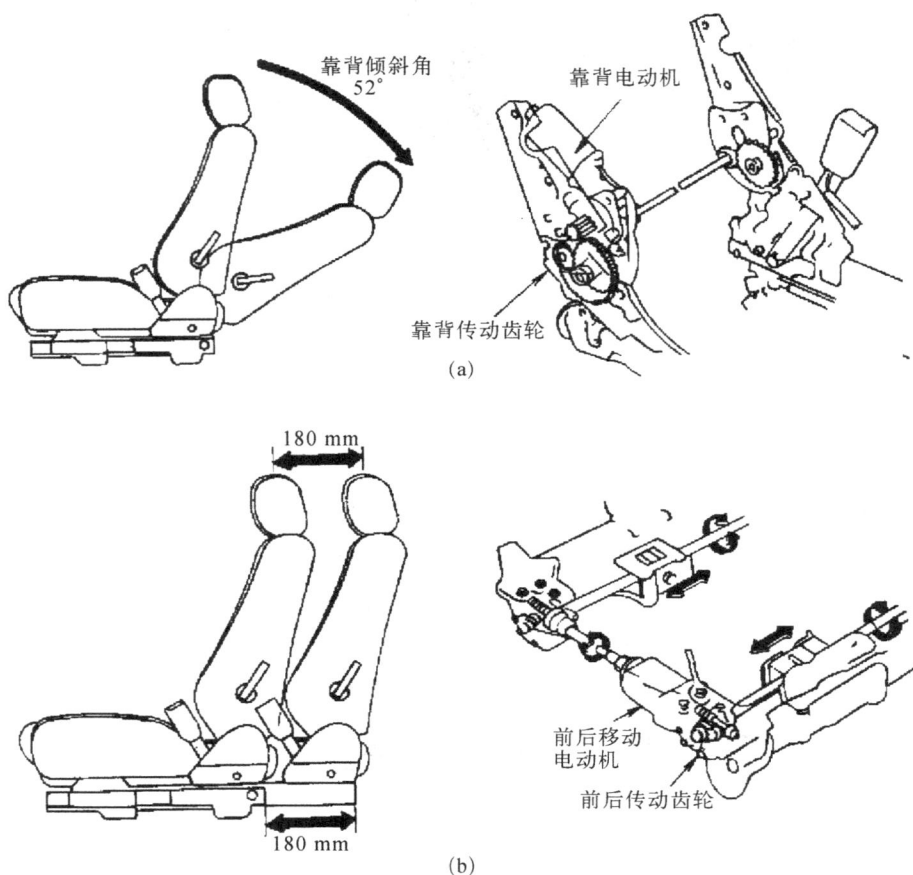

图7-100 电动座椅传动机构

(a) 靠背动作;(b) 前后动作

六方向电动座椅控制电路如图7-101所示。各开关的位置与座椅的运动状态的关系见表7-40所示。

2. 继电器控制的电动座椅

继电器控制的电动座椅如图7-102所示。其工作过程如表7-41所示。

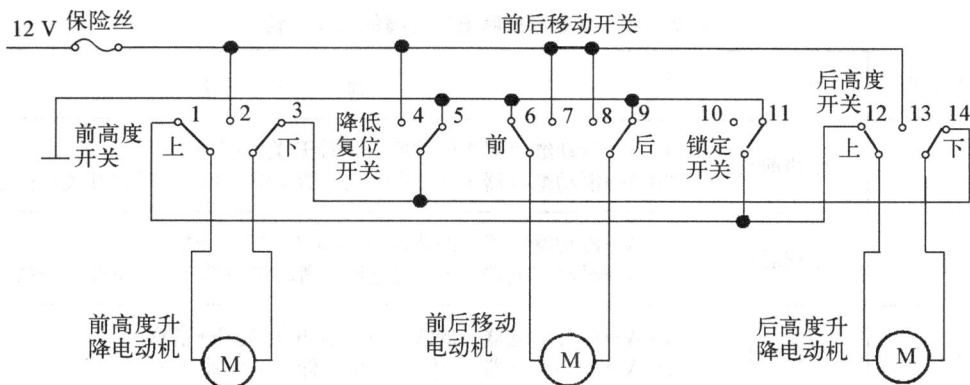

图 7 - 101 六方向电动座椅控制电路

表 7 - 40 各开关的位置与座椅的运动状态的关系

开 关		位置	动 作	电 流 路 径
前高度开关	上	2	座椅前部上升	12 V→2→上→前高度电机→下→3→复位开关5→搭铁
	下	2	座椅前部下降	12 V→2→下→前高度电机→上→1→锁定开关11→搭铁
后高度开关	上	13	座椅后部上升	12 V→13→上→后高度电机→下→14→复位开关5→搭铁
	下	13	座椅后部下降	12 V→13→下→后高度电机→上→12→锁定开关11→搭铁
降低复位开关		4	座椅前后下降	12 V→4→3 下→前高度电机→上 1→锁定开关11→搭铁
				12 V→4→14 下→后高度电机→上 12→锁定开关11→搭铁
前后移动开关	前	7	座椅向前移动	12 V→7→前→前后移动电机→后→9→搭铁
	后	8	座椅向后移动	12 V→8→后→前后移动电机→前→6→搭铁
锁定开关		10	座椅不能下降	可操作前、后高度开关,使座椅上升

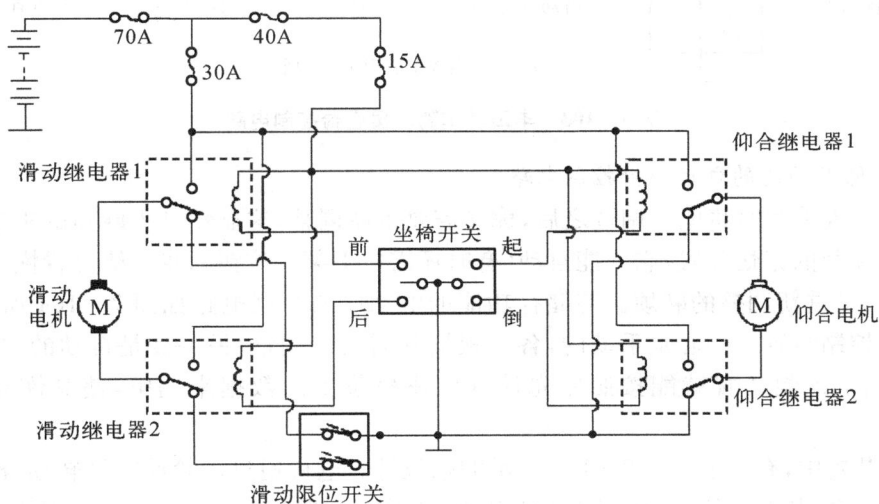

图 7 - 102 继电器控制的电动座椅

笔 记

表 7 - 41 继电器控制电动座椅的工作过程

座椅开关	动 作	电 流 路 径
前	座椅前移	15 A→滑动继电器 1 的线圈→座椅开关"前"→搭铁 30 A→滑动继电器 1→滑动电机→滑动继电器 2→限位开关→搭铁
后	座椅后移	15 A→滑动继电器 2 的线圈→座椅开关"后"→搭铁 30 A→滑动继电器 2→滑动电机→滑动继电器 1→限位开关→搭铁
起	靠背升起	15 A→仰合继电器 1 的线圈→座椅开关"起"→搭铁 30 A→仰合继电器 1→仰合电机→仰合继电器 2→搭铁
倒	靠背倒下	15 A→仰合继电器 2 的线圈→座椅开关"倒"→搭铁 30 A→仰合继电器 2→仰合电机→仰合继电器 1→搭铁

3. 丰田轿车驾驶员座控制电路

丰田轿车驾驶员座椅具有将座椅前后滑动、座椅前后分别升降、靠背调整、腰垫调整等多种功能,其控制电路如图 7 - 103 所示。

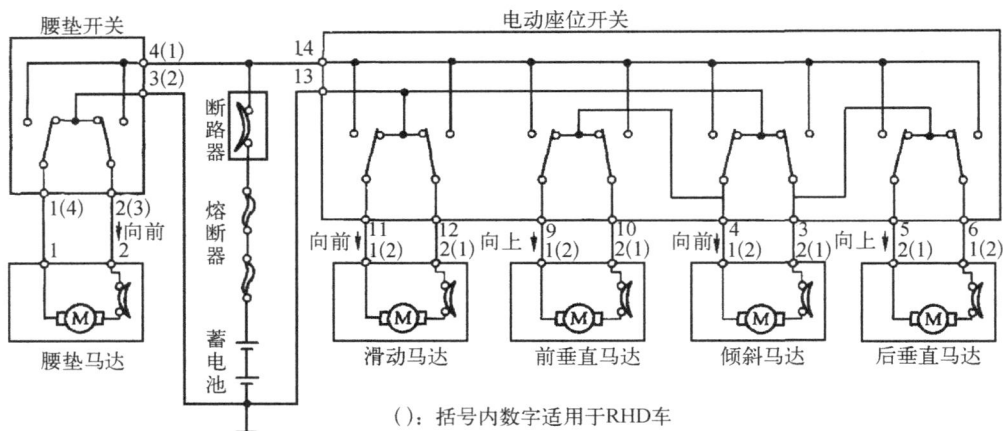

( ):括号内数字适用于RHD车

图 7 - 103 丰田轿车驾驶员座椅控制电路

4. 有储存功能的电动座椅控制电路

当其他人乘车时将座位调过之后,你又需要重新调整,这显然是很麻烦的事情。如果有了电子控制的记忆装置,它就能自动(有时还需按下某一按钮),将座椅位置恢复到原来的位置,省了重新调整的麻烦。有储存功能的电动座椅控制电路如图 7 - 104 所示,该系统有两套控制装置。一套是手动的,各人根据其需要来调整;另一套是自动的,只要按一下按钮,电子控制装置就能按照原先储存的座椅位置的数据来调整,使其恢复原来的位置。

存储装置中,有多个如图 7 - 105 所示的电位计。电机通过齿轮使螺杆转动,滑块便在电阻丝上滑动,其电压信号的大小便发生变化,滑块的位置与电压信号的大小对应。当座椅位置调好后,驾驶员按下存储器的按钮,电子控制装置就把这些电压信号储存起来,以备下次恢复座椅位置时再用。

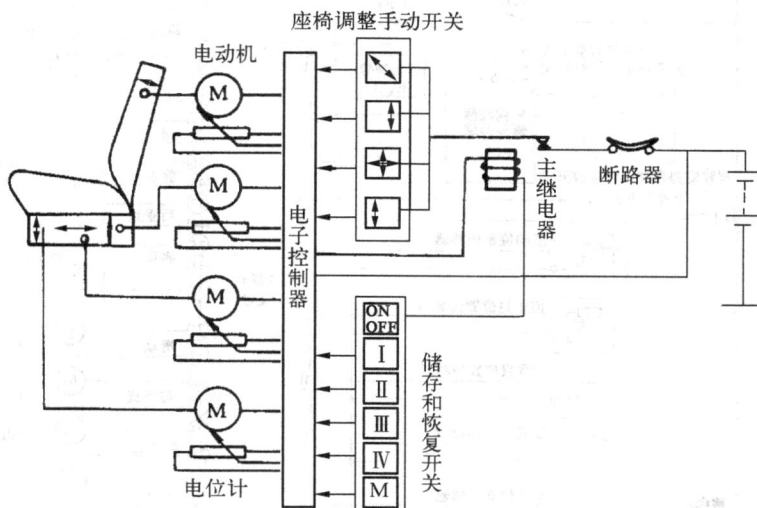

图 7 - 104　有储存功能的电动座椅控制电路

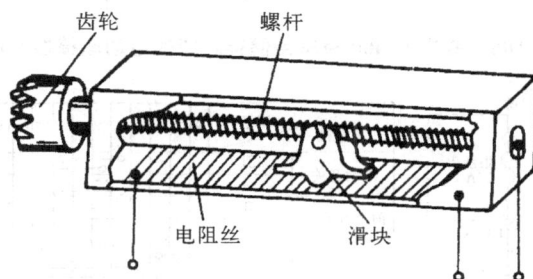

图 7 - 105　电动座椅电位计

图 7 - 106 所示为凌志 LS400 轿车带储存功能的电动座椅控制电路。

（三）电动座椅的故障检修

若电机运转而座椅不动,首先看是否已到极限位移处,然后检查电机与变速器之间的橡胶联轴器是否磨损过大或损坏,必要时应更换。

若电动机不工作,应检查电源线及电动机线路是否断路,开关接触是否良好,搭铁是否牢固等。

下面以北京现代索纳塔为例,讲述电动座椅的故障检修方法,其电路如图 7 - 107 所示。

1. 电动座椅开关的检查

电动座椅开关的检查按如图 7 - 107 所示方框图进行,操纵电动座椅开关,检查各端子之间导通状态。电动座椅开关连接器端子如图 7 - 108 所示,若有异常,更换开关。

2. 电动座椅电动机的检查

1）滑动电动机

滑动电动机连接器端子如图 7 - 109 所示,将滑动电动机端子 1 和 2 分别接蓄电池的正负极,若座椅不能前后移动,电动机不动作,应更换。

笔记

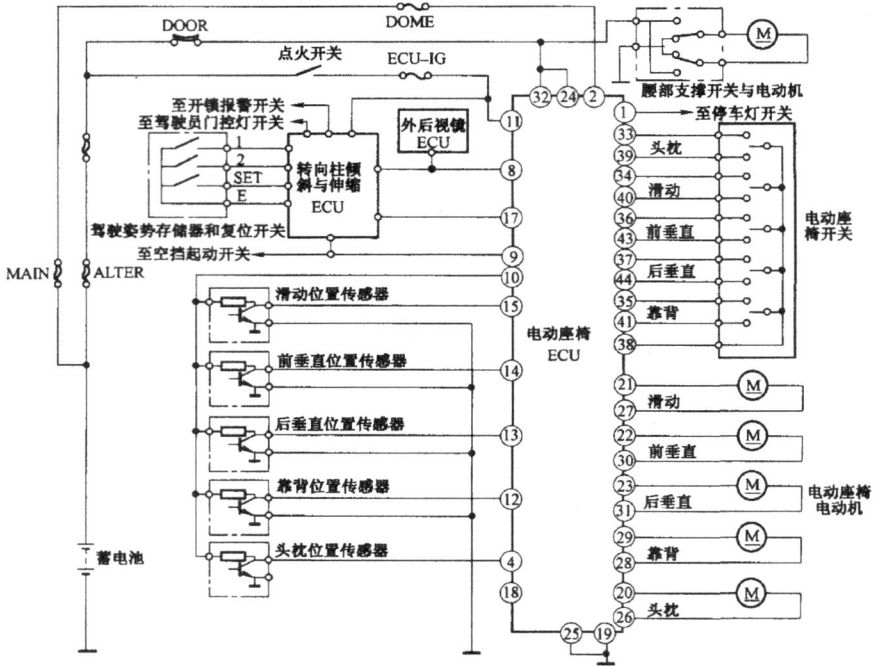

图 7-106　凌志 LS400 轿车带储存功能的电动座椅控制电路

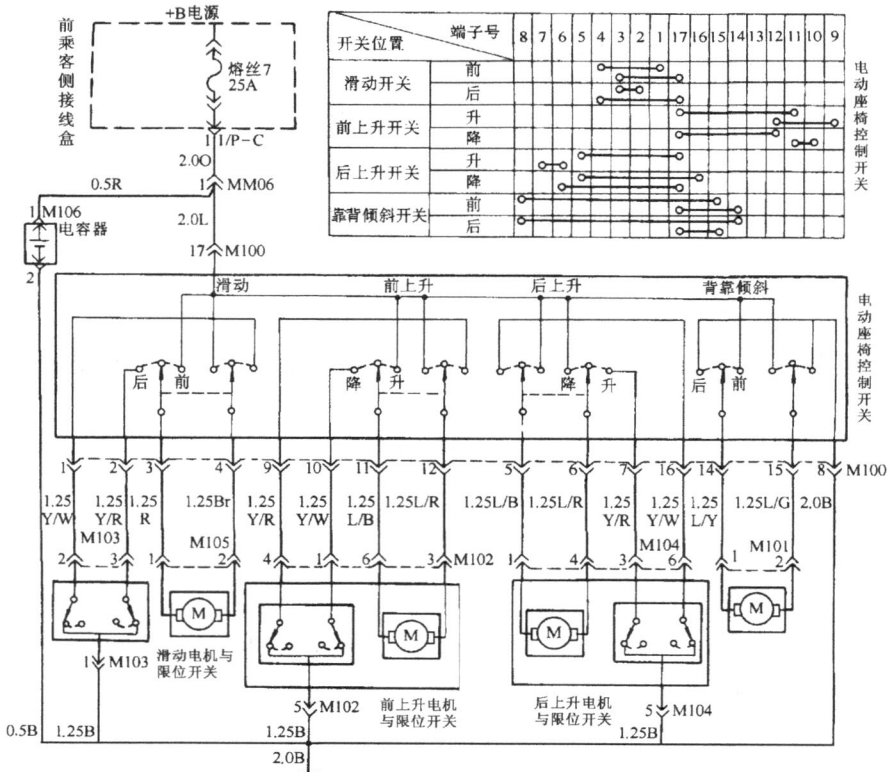

图 7-107　北京现代索纳塔电动座椅的电路

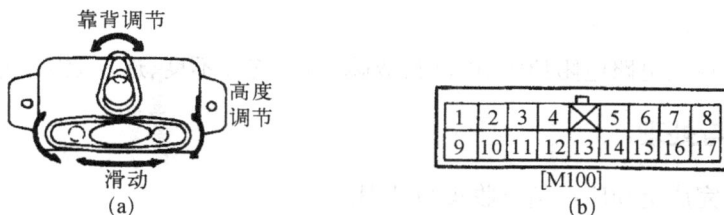

图 7-108 电动座椅开关连接器端子

(a) 电动座椅开关；(b) 电动座椅开关端子

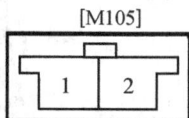

图 7-109 滑动电动机连接器端子   **图 7-110 靠背电动机连接器端子**

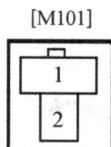

2）靠背电动机

靠背电动机连接器端子如图 7-110 所示，将靠背电动机端子 1 和 2 分别接蓄电池的正负极，若座椅靠背不能前后移动，电动机不动作，应更换。

3）高度调节电动机

将前高度调节电动机端子 6 和 3 分别接蓄电池的正负极，如图 7-111(a)所示，座椅前部应能上升和下降。若电动机不动作，应更换。

将后高度调节电动机端子 1 和 4 分别接蓄电池的正负极，如图 7-111(b)所示，座椅后部应能上升和下降。若电动机不动作，应更换。

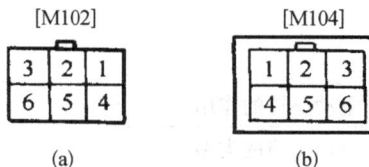

图 7-111 高度调节电动机连接器

(a) 前；(b) 后

3. 限位开关的检查

（1）滑动电动机限位开关的检查：座椅滑动到最前时，端子 1,2 之间呈导通状态。座椅滑动到最后时，端子 1,3 之间呈导通状态。若不正常，更换开关。

（2）高度调节电动机限位开关的检查：操作电动机作逆时针方向转动 1/2 圈后，电动机应停止，再让电动机顺时针方向转动 1/2 圈后，电动机应停止。若工作异常，更换电动机。

（四）故障现象

电动座椅工作不良的故障现象主要有电动座椅无动作、电动座椅间歇性动作、电动座椅调整动作慢。

1. 电动座椅无调整动作

故障原因有：开关故障、电动机故障、搭铁连接不良、控制电路连接不良、电路断电器故障、传动机构故障。

2. 电动座椅间歇性调整动作

故障原因有：开关故障、电动机故障、搭铁连接不良、控制电路连接不良、连杆故障、电路断电器故障。

3. 电动座椅调整动作慢

故障原因有控制电路电阻值大、电动机故障、搭铁连接不良、连杆故障、传动机构故障。

四、信息收集与处理

按表 7 - 42 完成电动座椅信息收集与处理。

表 7 - 42　信息收集与处理

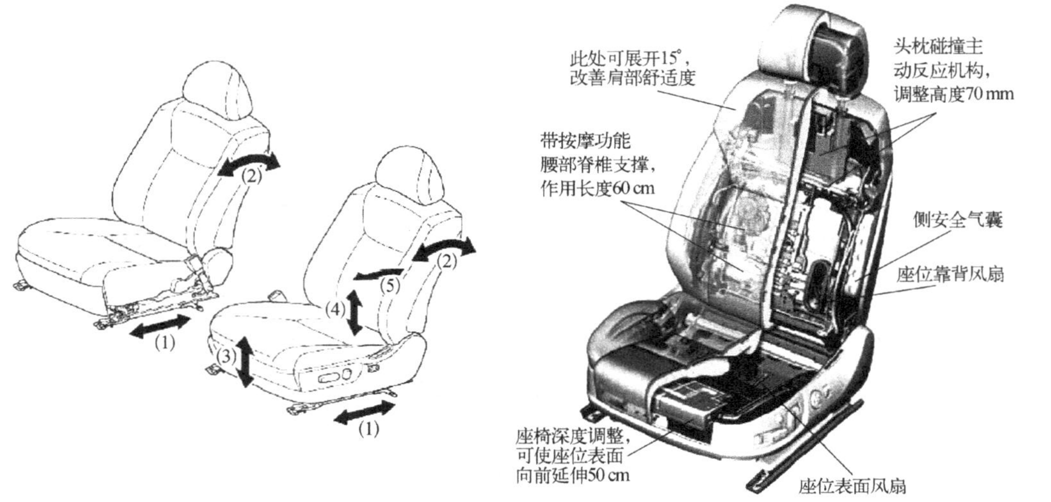

此处可展开15°，改善肩部舒适度

头枕碰撞主动反应机构，调整高度70 mm

带按摩功能腰部脊椎支撑，作用长度60 cm

侧安全气囊

座位靠背风扇

座椅深度调整，可使座位表面向前延伸50 cm

座位表面风扇

电动座椅的作用	
电动座椅的类型	
电动座椅的组成	
电动座椅的技术检查	
电动座椅的拆装	
电动座椅的维护	

五、制定检修计划

制订电动座椅检修计划如表 7 - 43 所示。

表 7 - 43　电动座椅检修计划

检 修 项 目	工 作 内 容
查阅资料	查阅维修手册，了解电动座椅的电路原理和维修注意事项
拆装检查	了解电动座椅的开关、继电器和电机的拆检方法
检查座椅开关	检查座椅开关各档位导通性是否符合要求
检查座椅继电器	检查工作情况
拆检座椅电机	能拆卸、检测和安装电动座椅
电动座椅的维护	能对电动座椅进行的维护保养，润滑导轨

六、实施维修作业

制订电动座椅维修作业任务书,如表 7-44 所示。

表 7-44 电动座椅维修作业任务书

汽车电动座椅检修作业任务书			
1. 车辆信息描述	车上物品描述		
	车况描述		
2. 汽车电动座椅的检测与维护描述			
3. 汽车电动座椅的检测与维修	检 查 项 目	作业要领及技术标准	检查记录
	(1) 了解汽车电动座椅的检修安全事项 (2) 会正确对电动座椅进行维护保养		
	电动座椅各部分的拆卸		
	检查座椅开关		
	检测座椅继电器		
	拆检座椅电机		
	检查与维修结论		

七、检验评估

电动座椅的检验评估如表 7-45 所示。

表 7-45 检验评估表

评 价 指 标	检 验 说 明	检 验 记 录
维护检查项目	➤ 查阅维修手册 ➤ 拆装检查 ➤ 检查电动座椅开关、电机和继电器	
汽车电动座椅的工作情况		

笔 记

评价内容	检 验 指 标	权重	自评	互评	总评
检查任务 完成情况	1. 完成任务过程情况	4			
	2. 任务完成质量				
	3. 在小组完成任务过程中所起作用				
专业知识	1. 能描述汽车电动座椅的作用	4			
	2. 能描述汽车电动座椅的结构				
	3. 能描述汽车电动座椅电路图				
	4. 会描述汽车电动座椅的技术检查内容				
	5. 会描述汽车电动座椅的日常维护要领				
职业素养	1. 学习态度：是否积极主动参与学习	2			
	2. 团队合作：与小组成员一起分工合作，不影响学习进度				
	3. 现场管理：服从工位安排、执行实训室"5S"管理规定				
综合评议 与建议					

项目拓展

想一想：

1. 如何正确使用电动座椅呢？

2. 汽车网络控制型电动座椅工作原理如何？

任务7.7　电动后视镜检修

一、任务导入与要求

任务导入	李先生的一辆北京现代索纳塔轿车的电动后视镜不工作,该如何排除故障呢?
目标要求	1. 掌握电动后视镜的电路图及工作原理等知识 2. 掌握电动后视镜的维修技能 3. 提高维修接待与人交往的素质

笔记

学习步骤	电动后视镜的组成→电路原理→检修方法→故障排除方法
任务实施	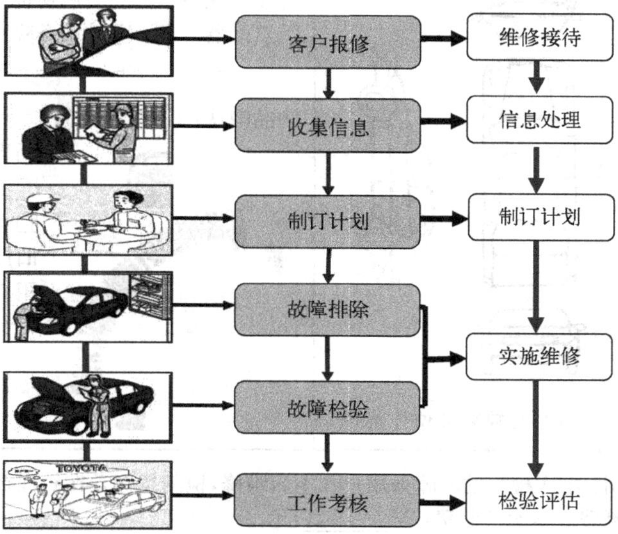

二、维修接待

通过询问客户，了解汽车电动后视镜发生故障情况，按照表 7-46 完成待修车辆的维修接待，并准确填写接车问诊表。

表 7-46　维修接待与接车问诊表

接车问诊表

车牌号：＿＿＿＿　车架号：＿＿＿＿　行驶里程：＿＿＿＿(km)

用户名：＿＿＿＿　电　话：＿＿＿＿　来店时间：＿＿/＿＿

用户陈述及故障发生时的状况：**北京现代索纳塔轿车的电动后视镜不工作**

故障发生状况提示：**行驶速度、发动机状态、发生频度、发生时间、部位、天气、路面状况、声音描述等**

接车员检测确认建议：**需要对电动后视镜进行检查**

车间检测确认结果及主要故障零部件：**电动后视镜不工作**

车间检查确认者：＿＿＿＿

外观确认：

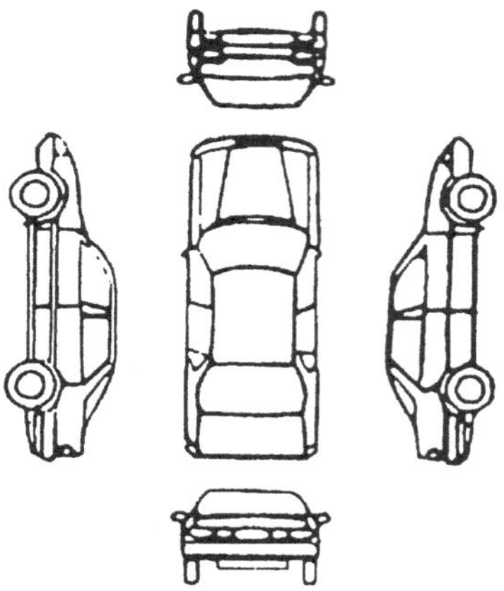

（请在有缺陷部位作标识）

功能确认：（工作正常√　不正常×）

☐音响系统　☐门锁（防盗器）　☐全车灯光　☐工具
☐左后视镜　☐右后视镜　　　☐顶窗　　☐座椅
☐点烟器　　☐玻璃升降器　　☐玻璃

物品确认：（有√　无×）

☐贵重物品提示
☐工具　☐备胎　☐灭火器
☐其他（　　　　　　）
旧件是否交还用户　☐是　☐否
用户是否需要洗车　☐是　☐否

- 检测费说明：本次检测的故障如用户在本店维修，检测费包含在修理费用内；如用户不在本店维修，请您支付检测费。本次检测费：￥_____元。
- 贵重物品：在将车辆交给我店检查修理前，已提示将车内贵重物品自行收起并保存好，如有遗失恕不负责。

接车员：_____　　　　用户确认：_____

三、相关知识

（一）电动后视镜综述

驾驶员手动调整后视镜的位置比较困难，特别是副驾驶座一侧的后视镜调整更难。由于后视镜直接关系到行车安全，因此对其反射角度要求很严格，为解决其角度难调整的问题，设计了电动后视镜，如图 7-112 所示。驾驶员只需在驾驶位置上操纵电动后视镜开关，

图 7-112　电动后视镜

就可获得理想的后视镜位置。

（二）电动后视镜的结构原理

1. 电动后视镜的组成

汽车的电动后视镜一般由镜片、驱动电动机、控制电路及操纵开关等组成。在每个后视镜镜片的背后都有两个双向电动机，可操纵其上下及左右运动。通常垂直方向的倾斜运动由一个永磁电动机控制，水平方向的倾斜运动由另一个永磁电动机控制，如图7-113所示。

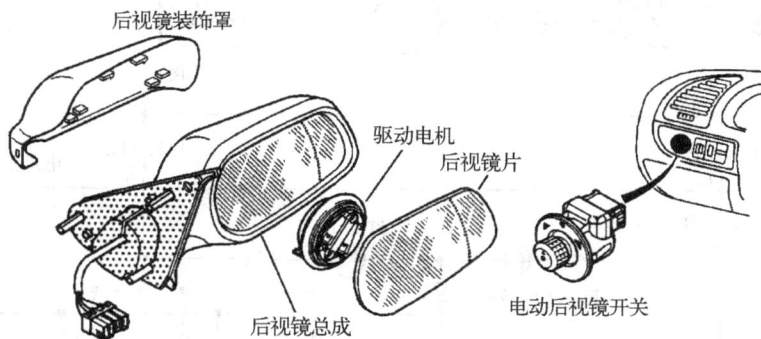

图7-113 电动后视镜的组成

2. 电动后视镜控制电路

1）控制开关

控制开关如图7-114所示，由左右侧后视镜选择开关和后视镜控制开关组成。选择开关用来选择调节左侧或右侧电动后视镜。后视镜开关具有上、下、左、右4个档位，通过电动后视镜内的两个永磁双向微型电机来调节后视镜片作垂直或水平方向的摆动，使其达到理想的位置。有的车型电动后视镜还有电动折合、镜面加热除霜、驾驶姿势存储等功能。

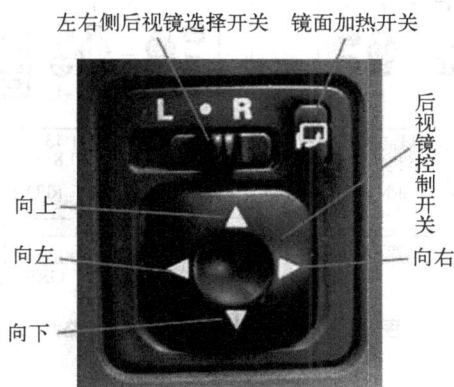

图7-114 控制开关

2）控制电路

电动后视镜控制电路如图7-115所示。图7-116和图7-117所示是左侧后视镜上下倾斜的电流路径。

笔记

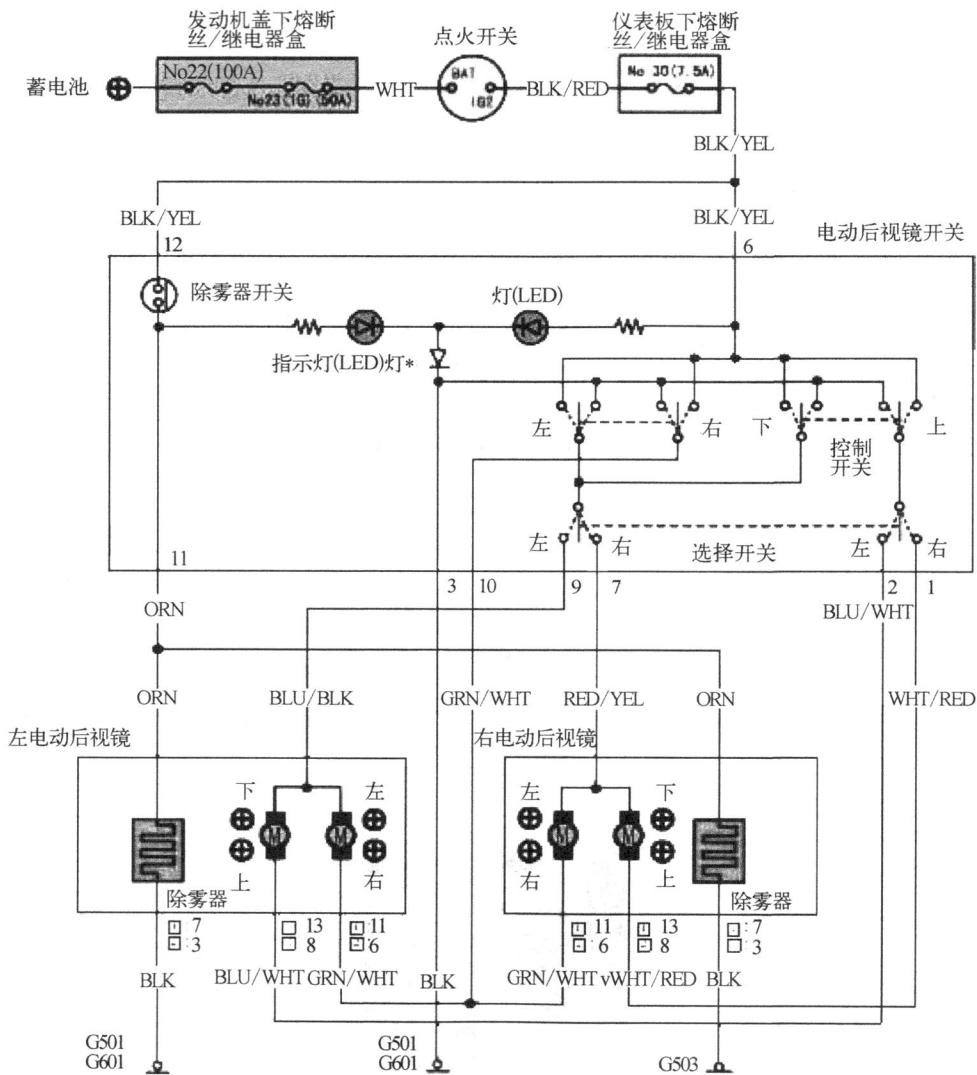

发动机盖下熔断
丝/继电器盒   点火开关   仪表板下熔断
丝/继电器盒

蓄电池   No22(100A)   WHT   IG1   BLK/RED   No30(7.5A)
         No23(1G)(50A)   IG2

BLK/YEL

BLK/YEL   BLK/YEL   电动后视镜开关
12   6

除雾器开关   灯(LED)

指示灯(LED)灯*

左   右   下   上   控制开关

左   右   选择开关   左   右

11   3 10   9 7   2 1

ORN   BLU/WHT

ORN   BLU/BLK   GRN/WHT RED/YEL ORN   WHT/RED

左电动后视镜   右电动后视镜

下 左   左 下
上 右   右 上

除雾器   除雾器

7 13 11   11 13 7
3   8   6   6   8   3

BLK   BLU/WHT GRN/WHT BLK   GRN/WHT WHT/RED BLK

G501   G501
G601   G601   G503

图 7-115   电动后视镜控制电路

笔记

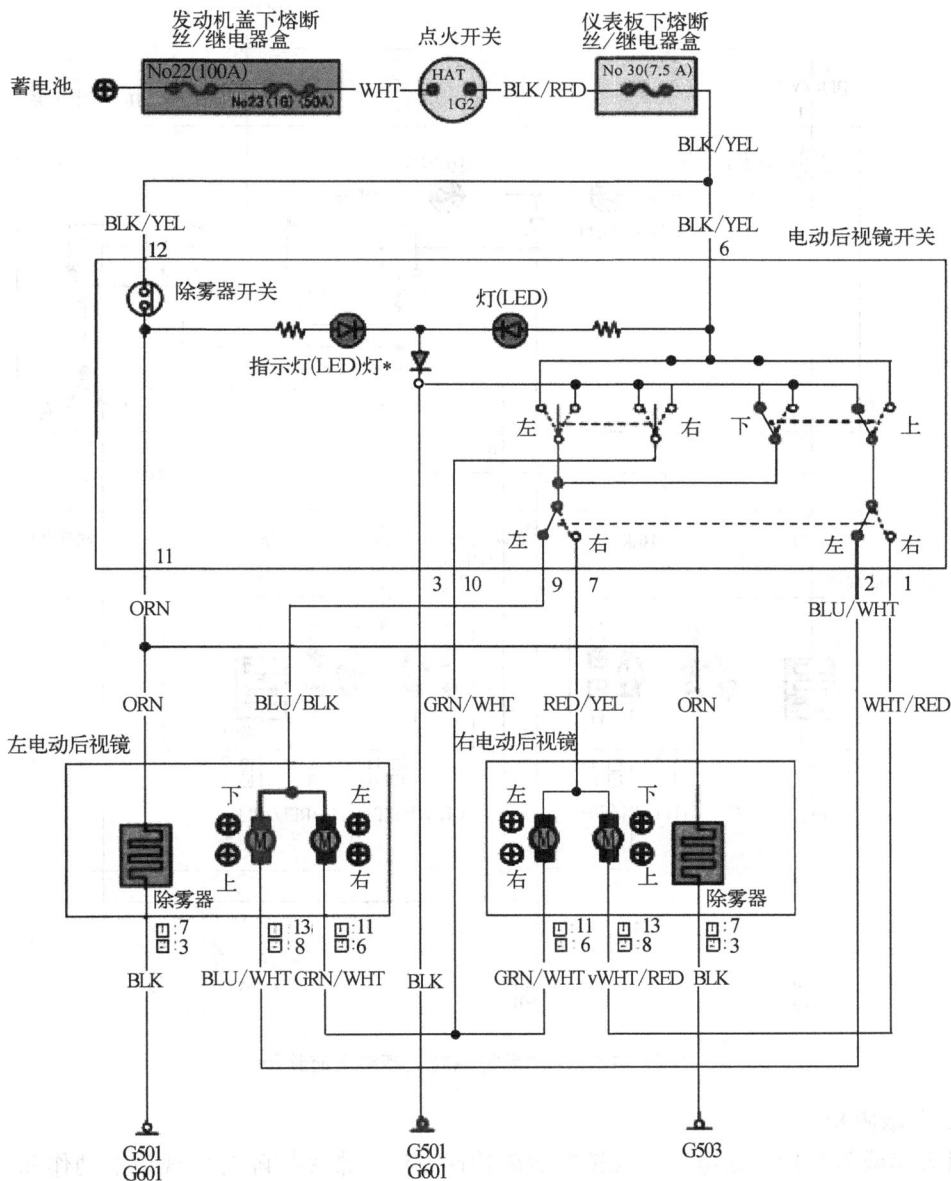

图 7-116　左侧后视镜向下倾斜电流路径

笔记

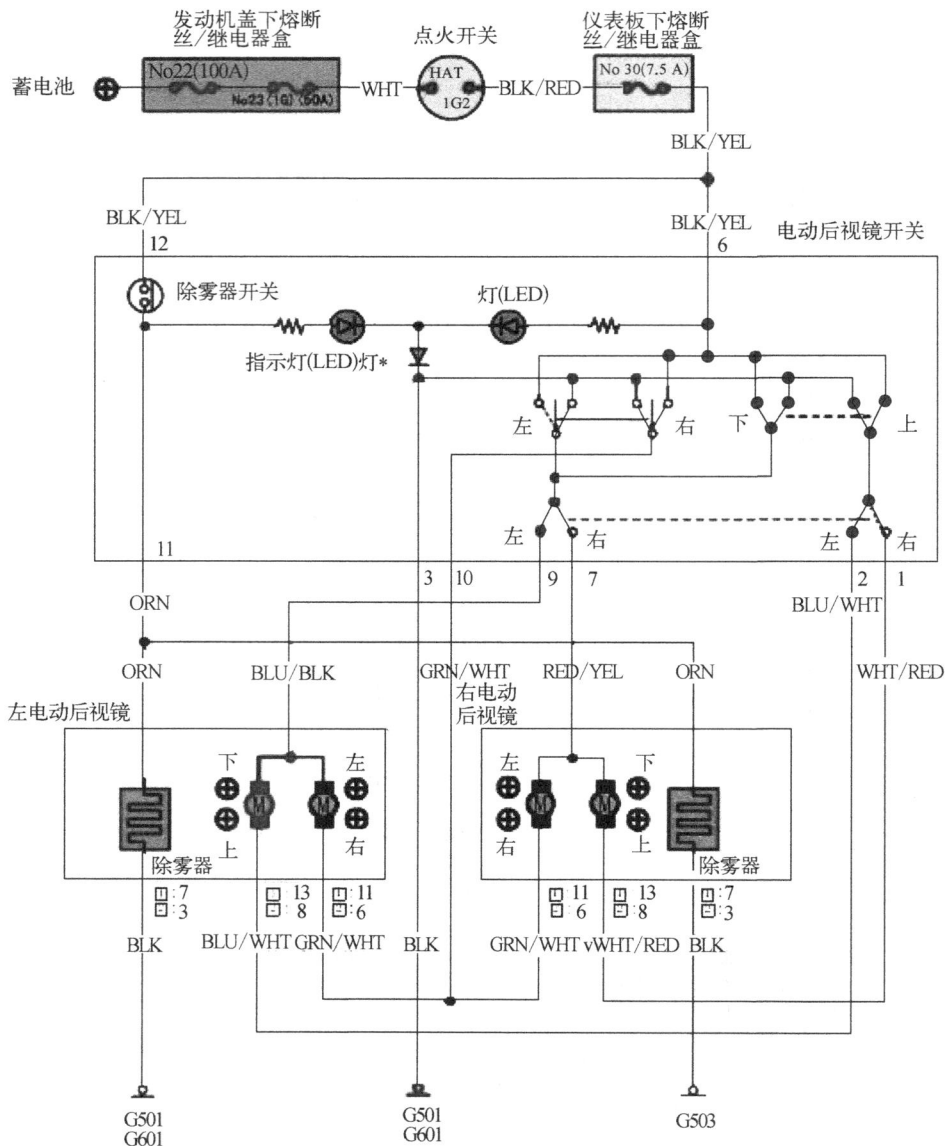

图 7 - 117　左侧后视镜向上倾斜电流路径

(三) 故障检修

以天津威驰为例讲述电动后视镜的故障检修方法。常见故障有后视镜不动作和后视镜动作不正常。

1. 天津威驰电动后视镜的电路

天津威驰电动后视镜的电路如图 7 - 118 所示。

2. 检查后视镜开关总成

后视镜开关总成及其连接器如图 7 - 119 所示。

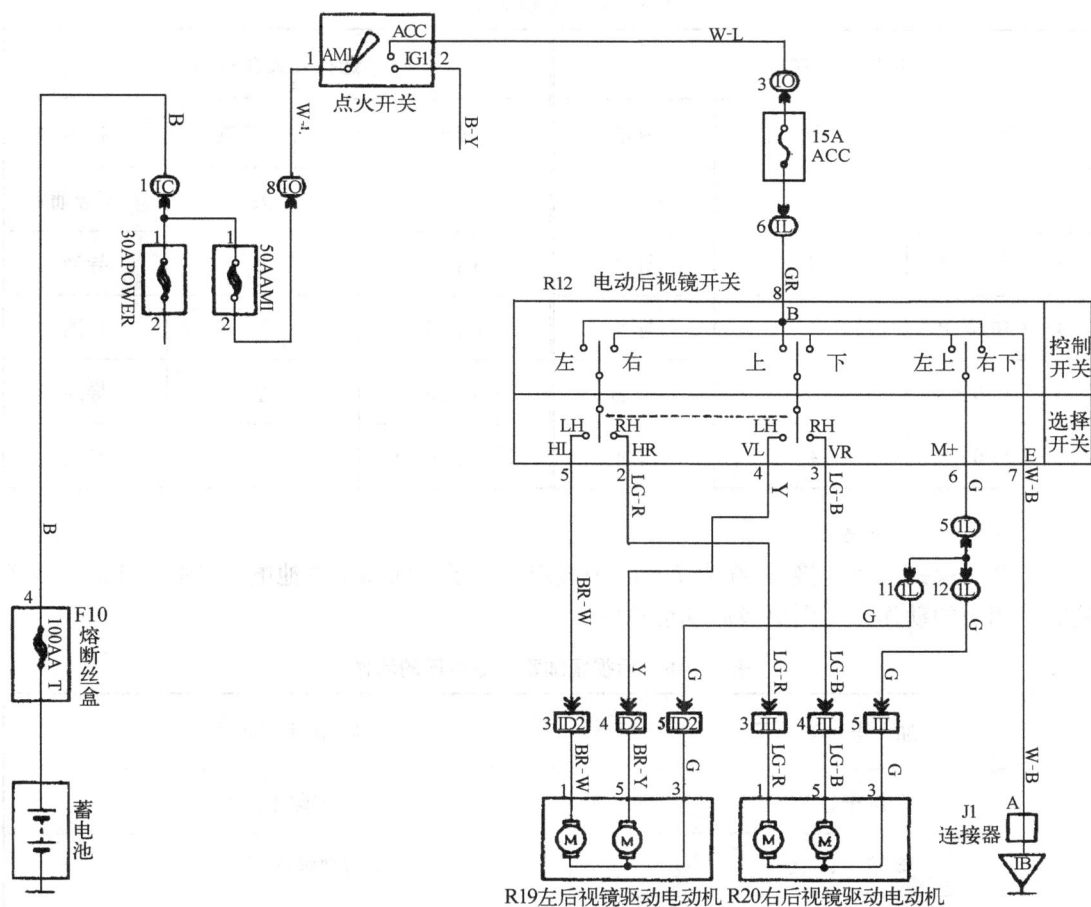

图 7-118 天津威驰电动后视镜的电路

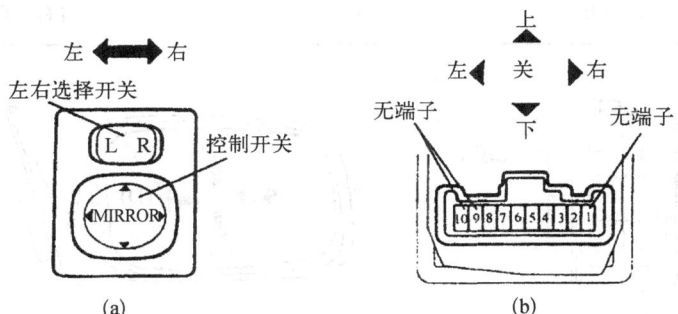

图 7-119 后视镜开关及其连接器

(a) 后视镜开关；(b) 后视镜开关连接器

（1）将选择开关打到左，各端子导通性应符合表 7-47 所示的标准。否则更换后视镜开关总成。

（2）将选择开关打到右，各端子导通性应符合表 7-47 所示的标准。否则应更换后视镜开关总成。

笔记

表 7 - 47　各端子导通性

选择开关在左侧			选择开关在右侧		
端子	开关位置	标准	端子	开关位置	标准
	关	不导通		关	不导通
4 - 8 和 6 - 7	上	导通	3 - 8 和 6 - 7	上	导通
4 - 7 和 6 - 8	下	导通	3 - 7 和 6 - 8	下	导通
5 - 8 和 6 - 7	左	导通	2 - 8 和 6 - 7	左	导通
5 - 7 和 6 - 8	右	导通	2 - 7 和 6 - 8	右	导通

3. 检查后视镜总成

断开后视镜总成连接器,在表 7 - 48 中规定的端子之间加蓄电池电压(图 7 - 120),后视镜应有相应的动作。否则更换后视镜总成。

表 7 - 48　后视镜加蓄电池电压的动作

加 电 端 子	后 视 镜 动 作
5 接＋、3 接－	后视镜向上(A)
3 接＋、5 接－	后视镜向下(B)
3 接＋、1 接－	后视镜向左(C)
1 接＋、5 接－	后视镜向右(D)

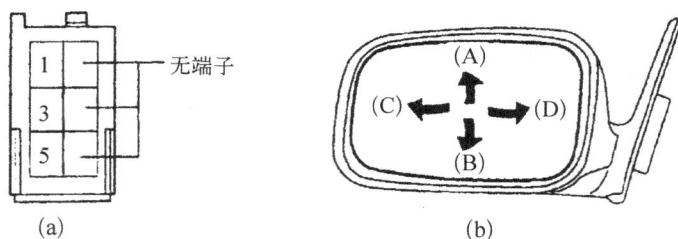

图 7 - 120　后视镜连接器和加电时的动作

(a) 后视镜连接器;(b) 后视镜动作

四、信息收集与处理

按表 7 - 49 完成电动后视镜信息收集与处理。

表 7 - 49　信息收集与处理

电动后视镜的作用	
后视镜的类型	
电动后视镜的组成	
电动后视镜的技术检查	
电动后视镜的拆装	
电动后视镜的维护	

五、制定检修计划

制订电动后视镜检修计划如表 7 - 50 所示。

表 7 - 50　电动后视镜检修计划

检 修 项 目	工 作 内 容
查阅资料	查阅维修手册,了解电动后视镜的电路原理和维修注意事项
拆装检查	了解后视镜开关、后视镜继电器和后视镜电机的拆装方法
检查后视镜开关	检查后视镜开关各档位导通性是否符合要求
检查后视镜电路	检查工作情况
拆检后视镜电机	能拆卸、检测和安装后视镜电机
后视镜的维护	能对后视镜进行的维护保养

六、实施维修作业

制订电动后视镜维修作业任务书,如表 7 - 51 所示。

表 7 - 51　电动后视镜维修作业任务书

汽车电动后视镜检修作业任务书				
1. 车辆信息描述	车上物品描述			
	车况描述			
2. 汽车电动后视镜的检测与维护描述				
3. 汽车电动后视镜的检测与维修	检查项目	作业要领及技术标准		检查记录
	(1) 了解汽车电动后视镜的检测与维护安全事项 (2) 会正确对电动后视镜进行维护保养			
	电动后视镜各部分的拆卸			
	检查后视镜开关			
	检测后视镜继电器			
	拆检后视镜电机			
	检查与维修结论			

七、检验评估

电动后视镜的检验评估如表 7 - 52 所示。

表 7 - 52　检验评估表

评价指标	检验说明	检验记录
维护检查项目	➢ 查阅维修手册 ➢ 拆装检查 ➢ 检查后视镜开关、电机和继电器	
汽车电动后视镜的工作情况		

续 表

评价内容	检 验 指 标	权重	自评	互评	总评
检查任务完成情况	1. 完成任务过程情况	4			
	2. 任务完成质量				
	3. 在小组完成任务过程中所起作用				
专业知识	1. 能描述汽车电动后视镜的作用	4			
	2. 能描述汽车电动后视镜的结构				
	3. 能描述汽车电动后视镜电路图				
	4. 会描述汽车电动后视镜的技术检查内容				
	5. 会描述汽车电动后视镜的日常维护要领				
职业素养	1. 学习态度：是否积极主动参与学习	2			
	2. 团队合作：与小组成员一起分工合作,不影响学习进度				
	3. 现场管理：服从工位安排、执行实训室"5S"管理规定				
综合评议与建议					

参 考 文 献

[1]　扈佩令,林治平. 汽车电气设备构造与维修. 北京：机械工业出版社. 2010.
[2]　周建平. 汽车电气设备构造与维修(第2版). 北京：人民交通出版社. 2010.
[3]　倪依纯. 汽车电气设备构造与维修. 北京：中国劳动社会保障出版社. 2009.
[4]　高元伟. 汽车电气设备构造与维修. 北京：人民交通出版社. 2011.

全国职业教育汽车类专业高技能人才培养论坛介绍

一、论坛介绍

全国职业教育汽车类专业高技能人才培养论坛是由中国高等职业教育汽车类专业教学委员会组织,并定期举办的汽车专业职业教育论坛。论坛旨在搭建职业教育汽车类专业交流平台,促进教学研究活动的开展,提高教育教学质量,推动我国汽车类专业高技能人才培养模式改革和发展。

二、举行时间和地点

论坛年会将于每年 8 月份举行。每年更换年会地点。

三、论坛参与人员

政府相关主管部门领导;职业院校汽车类专业院长、系主任、教研室主任、学科带头人、骨干教师;职业教育专家;汽车相关企业专家及负责人。

四、主要议题

1. 教学交流:专业建设、培养方案、课程设置、教学改革、教学经验等。
2. 科研交流:科研立项、教改研究、教学资源库建设、立体化教材编写等。
3. 人才交流:高技能师资引进和储备;高技能人才就业与创业等。
4. 信息、资源交流:招生和就业信息、校际合作机制等。
5. 校企合作和国际交流:产学研合作机制、学生国外游学项目、教师海外进修等。

五、论文与出版物

被论坛年会录用的论文将正式出版,经专家评审后的部分优秀论文将推荐在核心期刊上发表。

六、秘书处联系方式

通讯地址:上海市番禺路 951 号 D 楼 203 室   邮编:200030   传真:021 - 60403033
联系人:邓成君   电话:021 - 60403010
E-mail:39366534@qq.com

七、论坛相关资料索取

请您认真填写以下表格的内容,并通过电子邮件、传真、信件等方式反馈给我们,我们将会定期向您寄送论坛相关资料。

资 料 索 取 表					
姓 名		性别		职务/职称	
院 系					
通信地址				邮编	
联系电话			传 真		
E-mail			手机号码		
院长/系主任姓名					